선차

차를 마시며
나를 찾는다

茶의
세계

책머리에

'선차 – 차를 마시며 나를 찾는다'는 저자의 차 관계 글들을 모은 책이다. 10여 년 넘게 차 관계의 글을 쓰다 보니 적지 않은 양이 되었다. 언론계에 종사하면서 차에 관한 글을 종종 쓰기도 하였지만 내가 차에 관한 글을 본격적으로 쓰기 시작한 것은 월간 《차의 세계》 최석환 발행인의 권유 때문이었다고 할 것이다.

월간 《차의 세계》와 월간 《선문화》에 이러 저러한 차 관계 글을 쓰다 보니 차에 관한 관심도 깊어지고 차를 마실 기회도 그만큼 많아졌다. 또 차와 관련된 행사와 장소를 찾아다니다 보니 차츰 차의 정신을 생각하기에 이르게 되었다.

그리고 차를 마시고 차를 맛보는 과정에서 차의 향과 맛이 중요하지만 정작 궁극적으로 찾게 되는 것은 나의 마음이며 나 자신의 존재라는 것도 조금씩 깨닫게 되었다.

차는 마시는 음료로써 아주 중요하다. 사람이 차를 마시기 시작한 것도 수천 년이 된다는 보고가 있지만 그만큼 차는 사람에게 없어서는 안 될 음식이었다. 생존과 생활을 위해 차는 필수적이라는 이야기다. 그러나 이는 사람이 생존을 위해서는 일정한 양의 수분을 섭취해야 생활할 수 있다는 것만을 뜻하는 것은 아니다. 생활을 윤택하게 하고 풍요롭게 하며 즐겁게 하는 차원의 음료로 꾸준히 사람과 관계를 가지고 있었다는 이야기다. 차가 산업이 되고 문화가 되고 가치가 된 것이 역사의 실상이다.

육우(陸羽)가 그의 《다경(茶經)》에서 "차는 남방의 좋은 나무(嘉木)다."라고 한 것도 차의 그런 효용과 가치를 높이 평가한 것이라고 할 것이다. 차는 그 '좋은 나무'에서 잎사귀를 채취하여 이러 저러한 가공 과정을 거쳐 사람이 마시기 좋고 보관하기 좋게 만들어놓은 음료다. 그리고 그렇게 가공하여 만든 마른 찻잎을 가지고 물을 섞어 마시기 좋게 또 맛좋은 음료로 만든 것이 이른바 '차'라고 할 것이다.

차 맛은 일반적으로 쓴맛이 중심이고 마신 후에 입안에 단맛이 감도는 침이 고이게 된다는 것이 정설이다. 쓰기 때문에 어린아이들이 차 맛을 좋아하기는 어렵다는 것이다. 설탕물이나 꿀물이라면 당장 마음을 사로잡겠지만 차 맛은 쓰기 때문에 쉽사리 사람의 마음을 사로잡지 못한다는 것이다.

하지만 차의 단맛을 알고 차의 참맛을 찾게 되면 좋은 차에 대한 사랑이 점점 커지게 된다. 그리고 좋은 차를 마시다보면 차의 맛이 처음부터 쓴 것도 아니라는 것을 깨닫게 된다.

그리고 차의 맛이 아무리 좋다고 해도 많이 마실 경우 건강을 해칠 수 있다면 결코 좋은 음료라고 하기 어렵다. 차가 건강에 좋은 기호음료여야 하는 이유다. 차를 우릴 때 첫 번째 물을 마시지 않고 버린다는 것도 차에 묻어있는 온갖 독물을 제거하고 깨끗한 음료를 마심으로써 건강을 지킨다는 방략일 터이다.

그리고 나서 중요한 것은 차를 마시며 이루게 되는 정신적 가치들이다. 옛사람들이 차를 마시며 얻게 되었던 것은 마음의 평안이며 여유였고 함께 차를 나누는 사람들과의 친애감이었다.

그렇지만 당나라 때 불교 선원(禪院)의 예에서 보듯 차는 선승들의 수행과정에서 수면을 막아주고 마음의 평정에 도움을 주는 음료로 이용되었다. 선원에서 차가 일상화되면서 차는 선원에서 생산 가공되고 유통되며 심지어 황제에게 바쳐지는 공차(貢茶)의 관례까지 형성하게 되어 차를 마시는 것은 선원의 '다반사(茶飯事)'가 되었다.

때문에 조주(趙州)의 '츠차취(喫茶去, 차 한잔 드시오)' 공안(公案)이 생기고 마조의 '평상심시도(平常心是道, 마음이 바로 도다)'라는 화두(話頭)도 나오게 되었으며 원오극근(圓悟克勤)의 '차선일미(茶禪一味, 차와 참선은 한 맛이다)'라는 말도 생겨나게 되었다. 저자가 이 책의 제목을 '선차 ─ 차를 마시며 나를 찾는다'로 정한 것도 그런 뜻을 담고 있다.

그리하여 이 책은 제1장 '차의 세상에 들어가 보니'에서 '멋스러운 차생활'이라거나 '웰빙 시대와 차생활'이라거나 '대중 속으로 들어가는 선차'라는 등의 글들로 차가 바람직한 현실 생활을 어떻게 만들어 갈 수 있는지 생각해 보고 있다.

'다신에게도 차나무에게도 정성 들여 차를 올리자'라는 글도 '참나'를 찾는 일에 차가 크게 공헌할 수 있다는 확신을 표현하면서 그만큼 차의 조상들에게 감사하는 마음을 갖자는 취지를 표현했다.

제2장 '차문화의 현장'은 실제 차가 생산되는 차의 고장을 답사한 이야기나 외국의 차수행인들의 한국차 체험 현장을 르포하고 있다. '법정 스님의 숨결 깃든 길상사 헌공다례' 역시 차문화의 현장 르포 등이 담겨있다.

제3장 '세계 속의 한국차'는 차의 세계에서 실제 한국차가 차지하는 위치가 어딘가를 짚어보고 그러기 위해 '우리나라 차의 선각자는 누구인가'를 따져보고 '우리 차생활의 정신은 무엇인가'도 점검해 보았다. 그런 차원에서 '한·중·일 삼국의 차의 정신'을 비교 검토하였으며 우리 차 진흥의 문제점을 따져보았다.

특히 '제4장 한국차문화 시원과 맥락 탐구'에서 '초암차실을 밝힌다 1, 2'로 고려 시대에 유행하던 초암차실의 전통이 신라 한송정에서 비롯하여 조선초 설잠 김시습으로 이어져 마침내는 일본 초암차실로 변형되어 전해지고 있다는 가설을 세워 놓았다.

그리고 고려 이래 거의 단절되었던 것처럼 보이는 우리의 차문화가 실제로는 실학 시대와 한 말의 차 부흥기를 거쳐 일제강점기와 광복 이후 1960년대 천승복의 출현 등으로 연면히 이어지고 있다는 점을 부각하고 있다.

따라서 근래 새로운 연구의 결과로 무상의 '선차지법'을 비롯한 한국차문화 연원의 확대로 '한국차문화 논의의 중심이 옮겨가고 있다'는 점을 지적하고 있다. 한 말 다신과 초의에 의해 전개된 차의 부흥이 한국차 역사의 전부가 아니라는 점을 상기시키고자 하는 논의다.

이 책은 또 제5장 '차를 둘러싼 논의와 논쟁'에 이어 제6장 '차를 이야기한 언론인들'을 두어 우리 근현대 차 역사에서 언론인들이 주요한 역할을 담당한 점을 부각하고 언론인들이 어려운 가운데 의외로 정신의 평안을 얻기 위해 차를 즐긴 모습들을 찾아보았다.

제7장 '해외의 차와 차문화'는 세계 각국의 차문화를 엿보는 가운데 중국, 일본, 유럽과 터키, 우즈베키스탄의 차문화를 부감하였다. 특히 차의 나라 중국의 차 상품화를 위한 전략적 노력과 나를 찾는 노력이 겹치는 달마차, 마조차, 조주차의 현장을 답사한 예를 보여주었다.

제8장 '차 맛을 보며'는 중국의 대표적 고급차라고 할 수 있는 푸얼차를 탐구하는 글과 우리 차의 현장에 이미 들어온 차회 가운데 한 예인 '고수차(高樹茶)만 마신 차회'나 '쌍봉사의 연차회', '용문선원의 차회'를 르포하였다.

그리고 마지막으로 제9장 '차문화 국제교류의 현장'에서는 한국이 주도하여 한·중·일·대만 간에 전개되고 있는 세계선차문화교류대회에 참가하여 느낀 점을 보고하면서 1,200년 넘게 지켜지고 있는 백장청규의 정신을 오늘의 백장선사에서 되새겨보고 있다. 아울러 '한·중 차문화교류사에서 본 푸젠'을 통해 한·중 간에 차 교류가 얼마나 밀접하게 또 연면히 이어졌는가를 살피고 '차문화로 꽃피는 한류'도 점검해 보았다.

이 책을 출판함에 있어 많은 도움을 준 월간 《차의 세계》의 최석환 발행인을 비롯한 직원들께 깊은 감사를 드리며 내 건강 때문에 컴퓨터 글쓰기 작업을 극구 만류하며 걱정해준 아내 류영희에게도 마음으로 고마움을 전하고 싶다. 어느덧 팔순에 이르러 돌아보면 선림, 유석, 유진 등 자식들과 그 소생인 어린 외손자 옥승헌, 옥승예 남매의 재롱이 항상 눈에 밟히는 지경에 이른 것을 깨닫는다. 태어난 지 얼마 안 된 맏손자 준서가 태열로 고생하는 과정을 극복하고 건강하게 잘 자라 주기를 바라는 마음도 분명하다. 사위 옥창석과 며느리 이미숙이 우리 집과 좋은 인연을 이루어 행복하길 기대하는 마음도 크다. 부모로서 이들 모두가 행복하길 바라는 것은 인지상정이지만 차를 마시며 나를 찾는 나 자신의 남은 여정이 건강하고 즐겁기를 바라는 마음도 더욱 깊어간다.

2018년 4월 숭봉 공종원(崇峰 孔鍾源) 합장

차 례

제5장 차를 둘러싼 논의와 논쟁

제6장 차를 이야기한 언론인들

제7장 해외의 차와 차문화

제8장 차 맛을 보며

제9장 차문화 국제교류의 현장

제1장 | 차의 세상에 들어가 보니

멋스러운 차생활

조선 후기 선비들의 차생활

조선 후기를 대표하는 학자이자 명필인 추사(秋史) 김정희(金正喜)의 글씨 가운데 '일독이호색삼음주(一讀二好色三飮酒)'가 있다. 첫째는 독서요, 둘째는 호색이며, 셋째는 술 마시기라는 말이다. 자신의 인생관을 숨김없이 표현한 글이라고 할 수 있다. 어찌 추사만의 인생관이겠는가.

어떤 면에서는 오히려 '일독'이라는 말을 첫머리에 넣은 것이 보통 사람과 다른 점이라고 할만도 하다. 인생에서 독서를 첫손가락에 꼽고 있는 것이 역시 당대 최고의 학자이자 명필인 추사의 면목을 엿보여 준다.

그 일독의 모습을 더 구체화한 것이 바로 '단연죽로시옥(端研竹爐詩屋)'이다. 단계(端溪) 벼루와 차를 끓이는 대나무로 만든 화로, 그리고 시를 지으며 생활할 수 있을 만한 작은 집만 있으면 자족의 생활이 가능하다는 말이다. 그가 인생에서 가장 중시한 독서생활은 단지 책을 읽는다는 것만이 아니라 글을 쓰고 차를 끓여 마시고 시를 지으며 여유를 즐길 수 있는 공간에 대한 사랑으로 이어지고 있다. 그의 지적 생활을 가능하게 하는 최소의 조건만 충족되면 만족한다는 뜻이 담긴 글이기도 하다.

그런데 주목할 것은 추사가 단연이니 죽로니 시옥이라고 말한 것들이 모두 물질적 요소들이지만 그 밑바탕에서 느껴지는 것은 서도(書道)와 끽다(喫

茶) 그리고 시음(詩吟) 같은 지적, 정신적 영역이란 점이다. 한마디로 지고한 정신영역을 추구하는 선비의 생활을 느끼게 된다는 말이다. 그리고 바로 이것들을 통해 조선조 후기 이 나라의 선비, 문사(文士), 은사(隱士)들이 즐긴 생활의 일면을 체감하게도 된다.

특히 주목할 것은 조선 후기 선비들의 생활에서 차생활이 빠지지 않았다는 점이다. 조선조에서는 거의 남아 있지 않았던 것처럼 생각되는 음다, 끽다의 생활이 이들 일부에는 그래도 유존하고 있었다는 점이다. 대둔산의 일지암에 머물며 《동다송》을 지어 동방의 차문화를 지켜낸 초의 스님은 물론이고 강진의 다산초당에서 '정석(丁石)'이며 다정(茶井)을 가꾸며 차생활을 실수했던 다산의 존재가 있어 우리의 차문화는 너무 쓸쓸하지는 않다는 위안을 얻는다.

그렇지만 이들 다산이나 초의 그리고 추사를 제외하면 당시 이 나라의 차문화는 거의 찾아보기 어려웠다는 것이 엄연한 사실이라 할 것이다. 조선조에서 차생활을 실감할 수 있는 기록이 거의 보이지 않기 때문이다.

중국 다도 완성 이전의 신라 다도

하지만 우리가 처음부터 차생활이 없었던 것은 아니다. 《삼국유사》에는 신라 시대 경덕왕(景德王·재위 742~765)이 삼월 삼짓날 궁성 서쪽의 귀정문루에 올랐다가 사람을 시켜 위의있는 스님을 모셔 오도록 했는데 그때 온 이가 충담(忠談) 스님이었다. 충담 스님은 경주 남산 삼화령의 미륵세존에 차를 달여 공양한 후 돌아오는 길이었는데, 그가 짊어진 벗나무통에는 다구(茶具)가 담겨져 있었기로 경덕왕이 차를 청하자 충담이 그 자리에서 차를 달여 왕에게 바쳤다고 한다. 충담이 달여 올린 차 맛이 너무 특이하고 향기 또한 그윽하여 왕이 감탄한 것은 물론이다. 왕은 스님이 지은 기파랑을 찬탄하는 노래(讚耆婆郎歌)가 그 뜻이 높다하니 나를 위해 스님이 백성을 다스려 편안케 하는 노래를 지어줄 수 있느냐고 청했다. 이에 충담이 〈안민가(安民歌)〉를 지어 바치니 왕이 기뻐하여 그를 왕사로 모시고자 했다. 그러나 충담은 이를 사양했다.

이 기록은 몇 가지 사실을 알려 준다. 신라 시대에 이미 차가 있었고 차의 가치가 존숭되었다는 것이 첫째이며, 차를 달이고 시를 지어 노래하는 것이 인재등용의 한 방편이 되고 있었다는 것이 그 다음이다. 신라의 다도는 화랑의 수행요목인 도의연마(道義鍊磨)와 산수유오(山水遊娛) 곧 풍류(風流)의 한 방편이었다고 할 수도 있다. 차생활은 정신수양에도 중요한 역할을 했을 뿐더러 차의 효능을 통해 신체 단련에도 큰 몫을 했던 것이다.

특히 여기서 주목할 것은 신라의 다도가 화랑도의 일환으로 형성되고 있었고 그것이 벗나무통(앵통)에 담은 다구의 형태를 갖춰 당시 중국 다도와는 다른 이동식 다구의 형태를 보이고 있다는 점이다. 또 중국의 다도가 당나라 육우(陸羽)의 《다경(茶經)》에서 비롯했고 그 이념이 중용검덕(中庸儉德)이었음은 널리 주지되고 있다. 호주 자사 안진경(顔眞卿)이 삼계정(三癸亭)이란 다정(茶亭)을 지어 육우에게 헌정했던 773년에 중국의 다도가 완성되었다는 설명도 있다. 하지만 신라의 다도는 경덕왕과 충담스님의 일화에서 보듯 시기적으로 이보다 오히려 앞서는 감이 있다는 점에서 그 독자성을 느끼게 한다. 신라인들은 이미 부처님에게 차를 끊여 올리고 있었고 그것을 왕에게 대접하고 스스로도 음미하는 생활에 익어 있었다고 할 것이다.

미의식으로 승화된 삶과 차생활

그런 신라의 다도는 고려에 와서 더욱 확대 보급되고 심화되었다. 고려의 차인들은 수많은 시가를 통해 차를 찬미하고 차생활의 격조를 노래했다. 그들은 차를 마시며 자신의 존재를 잊는 망형(忘形)의 경지를 곧잘 강조했다. 임서하(林西河)의 〈다점주면(茶店晝眠)〉에서는 "무너지듯 평상에 누우니 문득 형체를 잃는구나"로, 이숭인(李崇仁)의 글에 "담쟁이 덩굴무늬 옷과 흰장삼 차림에 이미 형체를 잃네"라는 것으로 나타난 것이 그것이다. 여기에 망형은 곧 자신을 잊고 무위자연의 도에 몰입하는 것을 말한다. 잡념을 떨치고 무아 무차별의 경지에 드는 좌망(坐忘)과도 같다. 그런 좌망의 다도가 곧 바로 고려청자의 다기(茶器)에도 투영되어 그 비색의 아름다움으로 극적으로 표현되기도 했다. 중국 건주(建州)의 차와 더불어 고려청자 다기의 비색은 천하제일이란 소리도 들었다.

그런 고려 다도의 전통이 조선에 이어져 다산, 추사, 초의에 이르러선 소요(逍遙), 자득(自得), 무집착(無執着)의 정신으로 집약되었다고 한다. 유배지인 강진의 다산초당에서 다산은 차를 벗하여 유유자적하는 삶을 지켰으며 현실을 관조하고 긍정하는 달관의 경지를 열고 있다. 비록 스님이 참여하기는 했지만 선가의 기풍이 묻어나는 다도이기보다는 선비의 기상과 기품이 느껴지는 안빈낙도(安貧樂道)의 차생활이다.

오랜 단절의 역사를 넘어 다시 소생하고 있는 우리의 차생활을 깊이 점검하는 일이 중요하지 않을 수 없다. 우리의 다도를 새로 정립하고 널리 대중에 보급하는 일도 중요하지만 탐욕과 광기로 갈피를 잡지 못하는 요즘 우리 국민의 정신생활을 바로 잡기 위해서도 차생활은 중요하다. 삶의 아름다움과 가치창조만이 아니라 미의식으로 승화된 기품있는 삶과 화랑이 전해준 통일대업의 극기정신이 바로 우리의 차생활에서 길러져야 한다고 믿어지기 때문이다.

느리게 사는 삶의 극치, 다도

느리게 사는 삶이 요즘의 화두가 되고 있다. 세상에 태어나 사는 것은 누구나 다 한 가지이지만 어느 것이 옳고 멋있게 사는 것이냐 하는 문제에 직면해서는 대답이 간단하지는 않다. 그렇지만 근래 우리가 추구한 삶은 돈을 많이 벌어 보다 풍족하고 안락하게, 보다 편리하고 호화롭고 사치스럽게 사는 것이라는 결론의 소산처럼 단순 명쾌하고 분명해 보인다. 그러기 위해 우리는 남과의 경쟁에서 이겨야 하며, 그러기 위해 부지런해야 하고 영악해야 하며, 성공·승리·목표 달성을 위해 분투하지 않으면 안 된다.

현대의 화두

그 삶의 방법은 구체적으로 다양하게 나타난다. 남보다 낫다는 소리를 들어야 하고 남을 이겨야한다. 그러자면 고생도 감수해야 한다. 남보다 일찍 일어나 적당히 만들어놓은 음식으로 요기를 하고 되도록 빨리 학교에 가서 예습 복습을 해야 한다.

일터에 나가서도 요령 좋게 행동해 윗사람에게 잘 보이도록 해야하며, 좀 더 많은 일을 해야하며 시간을 단축해 이윤을 극대화·효율화하지 않으면 안 된다. 거리에서 헛된 시간을 단축하려면 차도 빨리빨리 몰고, 음식점에서는 주인을 재촉해 음식도 빨리빨리 먹어치워야 한다. 한국인이 '빨리빨리'

병에 걸려있다는 것은 이미 세계적으로 널리 알려진 일이다. 미국 등에서 유행하는 패스트푸드점과 한국 땅에서 더 탄산음료가 유행하는 것도 그래서 가능해졌다.

이렇게 살다보니 우리는 예전의 보릿고개 아사자 문제나 연탄가스에 중독되어 비명횡사하는 가족의 이야기는 많이 줄일 수 있게 되었다. 온 국민이 팔을 걷어붙이고 아침부터 밤늦게까지 쉬지 않고 뛴 성과다. 전쟁의 폐허에서 짧은 기간에 눈부신 경제개발을 통해 세계적 경제선진국에 진입하는 업적을 남긴 민족이라는 찬사도 그래서 듣게 되었다.

하지만 지금까지 이룩한 발전의 후유증만으로도 우리는 전에 경험하지 못한 가치관의 전도나 전통의 파괴와 같은 심각한 문제에 직면하고 있다. 살인, 강도, 사기, 폭력 같은 범죄도 범람하게 되고, 물·공기의 오염과 음식물 변질에 따른 환경공해, 각종 사고로 인한 인명피해도 급증하게 되었다. 스트레스는 쌓여 가는데 운동부족과 음식물 섭취의 부조화, 암과 비만, 각종 성인병 등 심각한 건강 문제에도 직면하게 되었다.

패스트푸드 시대

이런 문제는 여러 원인이 있겠지만 간단히 그 원인을 말하자면 패스트푸드(Fast food)와 탄산음료가 유행한 결과라고 할 것이다. 맥도널드 햄버거니 켄터키프라이드치킨이니 도미노피자니 하는 패스트푸드는 이미 서구만이 아니라 우리 식생활을 좌우하는 음식문화가 되고 있다. 패스트푸드류가 공급하는 단백질과 지방의 과도한 섭취, 운동부족이 비만을 양산하고 있다는 비판은 이미 오래 전부터 제기되고 있다.

이런 패스트푸드의 문제는 단지 단백질과 지방과 탄수화물의 과잉 공급에 국한한 것만은 아니다. 또 빨리빨리 습성이 가져오는 폐해의 문제만도 아니다. 거기에는 제대로 된 음식을 만들어 먹을 때 생기는 여러 장점을 찾아보기 어렵다는 문제가 있다. 손님을 존중하고 교감을 나누며 식사예절을 따르고 재료를 중시하는 것이 슬로푸드(Slow food)의 본질인데 이것이 패스트푸드에는 결여되어 있다.

패스트푸드에는 속성의 대량생산물에서 발생하게 되는 맛의 단순화와 획일화만이 존재하며 정성이나 품위가 결여되어 있기 쉽다. 그에 비해 제대로 만들어 제대로 먹는 슬로푸드는 전통적 맛과 조리법을 의미한다. 전통적 맛과 조리법은 곧 추억이며 역사이며 문화다. 따라서 슬로푸드를 유지하는 것은 맛의 단순화와 획일화, 맛의 상실을 방지하는 한편 우리 뿌리와 문화를 지키는 작업이기도 하다. 더 나아가 가족의 가치를 지키고 노인을 공경하며 전통을 잊지 않으며 환경을 지키고 지속 가능한 공동체를 만드는 실용적인 전략이기도 하다.

슬로푸드와 다도

그 슬로푸드의 중심에 차를 마시는 일, 곧 다도(茶道)가 있다. 슬로푸드운동의 국제 담당 부회장인 자코모 모욜리 씨는 언젠가 한 한국 신문 기자와의 인터뷰에서 "한국의 전통다도야말로 슬로푸드의 좋은 예"라고 지적했다.

그의 말이 아니라도 차 마시는 일은 슬로푸드의 대표적 예다. 절차를 갖추어 손님과 더불어 차를 마시는 전통 차 예절은 더욱 그렇다. 물론 우리의 다도나 행다(行茶)가 아니더라도 집에서 음식을 해먹고 음식점에서 음식을 주문해서 먹는 것은 모두 슬로푸드의 예가 될 것이다.

특히 어떤 이들은 우리 전통의 궁중음식인 수라를 슬로푸드의 전형이라고 말하기도 한다. 영양의 균형과 정성이 있고 재료의 본래 가치를 최대한 살린, 건강과 맛과 품위를 모두 겸비한 우리의 자랑스런 전통음식이라는 것이다. 그래서 이를 세계 주요 도시 음식점을 통해 세계인들에게 맛보인다면 틀림없이 상업적으로도 성공할 수 있을 것이라는 예상이다.

하지만 궁중음식에 앞서 우리 가정에서 이어온 전통음식인 한식은 슬로푸드의 가치를 가장 잘 대표한다고 할 수 있다. 특히 사찰음식은 더욱 그렇다. 비싼 재료나 특이한 향료를 넣지 않고 음식 본래의 소박하면서 정겨운 맛을 유지하고 있는 점에서 그 이상의 슬로푸드는 없을 듯싶다.

그리고 사찰음식 가운데도 차는 더욱 중요할 수밖에 없다. 부처님께 올리는 공양음식이란 점뿐만 아니라 스님들이 수행과정에서 잠을 쫓고 영양을 공급하며 정신을 집중할 수 있게 하는 방법으로 차를 이용했다는 점에서도 그렇다. 수행승들은 당나라 시대 이래의 사찰생활에서 행다과정에 반드시 참여해야 했던 전통도 있다. 차를 마시는 과정이 곧 수행과정이기도 했기 때문이다. 다선일미(茶禪一味)니 끽다거(喫茶去)니 하는 말이 저절로 나온 것이 아님을 알아야 한다.

차를 마시고 여유롭게 살려는 노력은 반드시 사찰에만 국한된 것은 아닐 것이다. 가정에서나 직장에서 그리고 거리의 한 모퉁이에 있는 다실에서 한 잔의 차를 앞에 놓고 여유와 격조의 한 순간을 체험하는 것을 추구하는 사람들이 늘어나고 있는 것은 너무나 자연스러운 일이다. 숨가쁘게 달리기만 하는 삶과 빨리 목표를 달성하자는 목표지상의 삶에 대한 회의와 반성이 그만큼 심화되고 있다는 뜻이다.

실제 우리나라뿐만 아니라 미국과 유럽 등에서도 치열한 생존경쟁을 자진해 청산하고 여유롭고 평화로운 인간 본연의 삶을 추구하는 경향이 점점 늘어나고 있다는 소식이 전해온다. 금전적 수입과 사회적 명예에 연연하지 않고 느긋하게 삶을 즐기고 싶어하는 사람들이 늘어나고 있다는 것이다.

다운시프트족과 만만디의 삶

이들이 바라는 것은 간단히 말해 삶의 속도를 늦추려는 것이다. 그래서 '다운시프트족(downshift族)'이라는 신조어까지 생겨났다. '저속기어로 바

꾼다'는 뜻이고 '속도 우선의 삶에 브레이크를 건다'는 뜻이다. 실제로 한 시장조사기관의 조사에 따르면 2002년 한 해 동안 유럽에서 190만 명이 스트레스를 피해 직장이나 집을 옮겼다고 한다. 또 1,200만 명이 봉급 삭감을 받아들이고 적은 근로시간을 택했다. 그래서 다운시프트족은 지난 6년간 30% 증가했고 2007년에는 1,600만 명을 넘었다고 한다.

주목되는 것은 그들이 주로 스트레스가 많은 고소득의 전문직 종사자들이라는 점이다. 이들은 고소득과 명예가 인생에서 결코 중요한 것이 아니라는 것을 체험으로 가르쳐주고 있다. 이들은 이렇게 일에서 해방되는 여유시간의 가치 속에서 인생의 참 맛을 추구한다. 먹는 것도 분명 흔한 패스트푸드가 아닌 만들어 먹는 정겨운 전통음식일 수밖에 없다.

그런 다운시프트적 삶의 연원을 거슬러 올라가면 동양적 전통의 삶, 신선 노릇이나 낚싯대를 늘어뜨리고 고기 잡을 생각도 없이 한가롭게 조는 동양화를 연상시키기도 한다. 사실 그런 식의 삶은 중국인들에게 이미 체질화된 것인지도 모른다.

중국인들은 무슨 일이 있어도 서둘지 않고 차근하게 일을 풀어가는 삶을 너무나 당연한 것으로 여기고 있다. 그게 중국인들의 '만만디(慢慢的)' 정신이다. 어찌 보면 이는 발전과는 무관하고 게으르고 못난 사람들의 삶의 특징처럼 보일 수도 있다. 그래서 식민지 침탈자들이 볼 때는 중국을 망하게 만드는 썩은 정신처럼 보이기도 했다.

하지만 가만히 따져보면 중국인들의 만만디는 여유로운 삶, 본연의 삶이며 인간 평상의 삶의 모습이 틀림없다. 그래서 마조 스님이 '평상심시도(平常心是道)'라고 한 말도 그런 기조에서 이해함직 하다. 무슨 일이 있어도 서둘지 않고 자연의 순리대로 살아가는 여유와 달관의 삶을 전제하는 말이 아닌가 한다. 단지 배고프면 밥 먹고 잠이 오면 잠을 잔다는 정도가 아니라, 삶의 전체적 테두리에서 본래성과 자연성이 잘 드러나는 삶의 모습이겠다. 여기엔 분명 슬로푸드의 대표격인 차 마시는 살림살이의 모습이 없으면 안 될 것이다.

만만디를 읊조리는 이들은 분명 차 맛을 잘 알고 있었을 것이 틀림없다. 만만디는 차를 마시며 인생을 즐기던 사람들이 만들어낸 정신적 여유를 표현하는 말이라고 할 것이다. 지금 우리는 느리게 사는 삶에서 만만디의 삶, 차를 마시며 여유와 깊이를 호흡하는 삶에서 건강하고 참된 인간 삶의 본래 면목을 되찾을 수 있을 것 같다.

웰빙 시대와 차생활

바야흐로 '웰빙의 시대'라고 한다. 대중매체에선 하루가 멀다하고 웰빙에 관련된 정보를 무더기로 쏟아내고 있다. 건강과 라이프스타일 등 생활문화와 관련된 것만이 아니라 이제는 산업과 비즈니스에 관련해서도 웰빙은 주요 소재가 되고 있다.

최근 한 신문 보도에 의하면 필립스전자의 클라이스터리 회장은 "올해 전자업계의 화두는 라이프스타일과 건강이다. 젊은이들의 생활감각을 따라가지 못하는 기업은 도태될 것이다."라고 말했다. 나와 내 가족의 건강에 도움이 되는 제품, 그리고 다양한 문화콘텐츠를 활용할 수 있는 제품이라면 지갑을 여는 데 주저하지 않겠다는 이야기다.

뿐만 아니라 세계적 식품 소재회사 다니스코의 소사 사장은 건강이나 웰빙을 중시하는 경향은 유럽, 미국이나 한국이 다르지 않다며 치아 건강 때문에 자일리톨껌이 성공했듯이 건강을 위한 제품의 전망은 앞으로도 밝다고 전망했다.

삶의 질을 강조하는 웰빙 시대

이처럼 웰빙이 기업과 그 제품에 관련해서 거론되는 시대이다 보니 웬만한 사람들은 웰빙이란 말을 흔히 듣고 또 그 내용도 대개는 알고 지내는 시대가 되었다. 일간 신문들도 1주일에 한 번 꼴로 웰빙 섹션이나 웰빙면을 만들어 독자에게 서비스하고 있는 것이다. 그 때문에 우리 사회에서도 웰빙이 무엇인가에 대해서는 누구나 대체적인 이해를 가지고 있다.

그렇지만 조금 전문적으로 따져 들어가면 쉽게 답하기 어려운 것이 웰빙이다. 사전적으로 보면 웰빙(well being)은 행복, 안녕, 복지를 갖춘 인생을 의미한다고 한다. 하지만 이런 사전적 의미가 현재 쓰고 있는 웰빙의 전체 의미를 대표하는 것 같지는 않다. 건강하며 행복한 그리고 개성 있으면서도 전통적인 그 생활양식을 요즘은 웰빙이라고 하는 때문이다.

물론 건강하고 안락한 인생에 대한 인류의 희원이 최근 갑자기 생겨난 것일 수는 없다. 하지만 2000년대에 들어 구미를 중심으로 웰빙이란 말이 유행하면서 지금은 전 세계적인 일반명사가 되었다.

오늘날 웰빙이 부각되는 것은 바로 우리가 겪은 20세기 지구 환경과 생활 문제에 대한 고민이 있었기 때문이라고 할 것이다. 20세기 산업화 사회와 이를 계승한 정보화 사회를 거치고 있는 21세기의 지구 환경 문제에 대한 인류의 심각한 고민이 전제되고, 먹고살기 위해 고군분투하는 현대인의 바쁜 일상에 대한 반동이 전제되어야 한다.

인스턴트 식품과 패스트푸드로 대변되는 대량생산 음식문화에 대한 역겨움과 피해를 겪으면서 인류가 생각해내고 삶의 새로운 행태로 채택한 것이 바로 웰빙이라고 할 것이다. 그리고 이런 생활 문제 속에서 만들어진 사람들의 스트레스와 피로 역시 새삼 웰빙에 대한 향수를 불러일으키게 한 원인이라는 것이다.

그러니까 웰빙 시대의 인류는 단지 먹고살기 위해 일하고 뛰어다니는 삶이나 명예를 위해 앞만 바라보고 달리기만 하는 그런 삶을 추구하지 않는다. 조금 덜 먹고 덜 벌며 명예나 권력을 얻는 데는 뒤지더라도 보다 의미있는 삶, 더 나은 삶, 안락한 삶 같은 삶의 질을 강조하는 라이프스타일을 추구하게 되었다는 말이다. 그렇게 되니까 당연히 웰빙족은 육체적·정신적 건강을 중시하고 전통과 자연을 중시하는 관념을 중요하게 여기게 되었다.

몸과 마음의 유기적 결합… 인간적인 삶 추구

웰빙족의 탄생은 비슷한 다른 부류의 라이프스타일 출현을 동반했다고 한다. 이 시대에 등장한 다른 하나는 보보스족이라는 것이다. 보보스(bobos)는 '부르주아 보헤미안'의 준말로 정보화 시대의 개화된 엘리트를 지칭한다. 이들은 엘리트이지만 보헤미안 또는 히피족의 자유로운 정신과 문화적 반역성, 그리고 부르주아 자본가들의 물질적 야망을 함께 지닌 새로운 문화권력이라고 할 수 있다는 평가다.

외형상 보보스족은 부르주아 같은 삶으로 보이지만 이들의 라이프스타일은 부르주아와는 확연히 다르다. 패션은 고급이지만 브랜드가 경박하게 드러나서는 안 된다는 것이 이들의 원칙이다. 이들은 무엇보다 식생활에서 확연한 차이를 보인다. 레스토랑에서 스테이크를 썰거나 프랑스 정통 코스요리를 선택하는 대신 유기농산물로 만든 음식을 먹는 것을 무엇보다 소중히 여긴다는 것이 특징이다.

이런 보보스의 삶과 라이프스타일이 보다 넓은 개념인 웰빙으로 이어지고 있다는 것이 요즘의 현실이다. 웰빙은 몸과 마음이 유기적으로 결합돼 인간적인 삶을 영위하자는 새로운 라이프스타일이다. 자연 속에서 참 생명력을 찾고자 했던 선조들의 지혜와 전통에서 빌려온 삶의 방식은 굳이 비싼 돈을 들이지 않더라도 누구나 충분히 맛볼 수 있는 삶이라는 것이다.

그래서 이들은 매일 저녁 직장동료들과 갖는 술자리 모임을 피한다. 경제개발 시대에 직장생활은 흔히 저녁의 술자리로까지 이어지곤 한다. 회사에서 못 다한 말들이나 일처리에 대해 식사와 술을 하면서까지 밤늦도록 이어가는 것이다. 상사는 부하들을 그렇게 다스리는 것을 정상적인 것처럼 생각하고, 부하도 조직이 요구하는 술자리를 거부할 수 없다는 강박관념 속에서 어쩔 수 없이 매여 살 수밖에 없었다.

하지만 웰빙족은 그런 악습을 철저히 거부한다. 퇴근 후에 곧바로 헬스클럽, 피트니스클럽을 찾거나 요가센터, 아로마테라피로 하루의 스트레스를 해소한다. 직장생활은 직장생활로 끝내고 퇴근 후에는 개인을 위한 시간을 추구한다.

그래서 웰빙족은 수당을 많이 타기 위해 특근을 하는 일도 없고 출세나 승진을 위해 상사의 눈에 들려고 고심하지도 않는다. 그러니 퇴근 후뿐 아니라 주말이면 자신을 위해 투자하고 즐기는 생활에 적극적이다. 문화행사를 즐기든가 다양한 레포츠, 여행 등이 이들이 선택하는 생활양식이다.

여행을 해도 값싼 패키지 투어를 피하고 친구와 함께 스파여행을 하거나 화려하고 세련된 리조트에서 마음껏 자신만의 시간을 가지기를 원한다. 흔한 동남아여행이 아니라 고급스런 유럽문화여행, 한적한 시골 낡은 농가에서 목가적 한때를 보낼 수 있는 자기만의 여행을 즐긴다. 그렇다고 이들이 주머니 사정이 유달리 풍족한 사람들은 아니다. 이런 휴가를 위해 몇 달치 월급을 열심히 모았다가 자신을 위한 삶에 털어놓을 수 있는 것이 이들의 특성이다.

이렇게 웰빙은 우리의 삶의 질을 한 단계 높이려는 삶의 방식이다. 빵 한 개를 먹더라도 몸에 좋은 우리밀이나 호밀로 만든 빵을 먹겠다 하고, 야채요리를 먹더라도 유기농 야채만을 고집하는 것이다.

웰빙, 전통적으로 차인들이 추구한 삶의 방식

이들 웰빙족이 좋아하는 것 중의 하나가 은은한 향초를 켜고 욕조에 몸을 담근다든가 커피 대신 솔 내음 가득한 차를 즐기는 것이다. 커피숍 대신 다양한 전통차를 구비한 차 전문점을 즐겨 이용하는 것도 이들의 특징이다. 봄이면 계절에 맞게 매화차를 골라 즐긴다. 이는 마치 전통적으로 우리 차인들이 그랬던 삶의 방식이기도 하다. 전통과 자연 속의 삶이 살아나는 듯한 삶을 온갖 노력을 다해 추구하는 라이프스타일이다.

그래선지 요즘은 웰빙 바람을 타고 명상과 차를 접목시킨 명상편의점도 도처에 생겨나고 곳곳에 티 하우스까지 등장하고 있다. 스트레스에 지친 현대인들에게 차와 명상을 통해 자신을 회복할 수 있도록 도심 가운데 특수한 공간을 마련하고 있는 것이다.

명상편의점들의 공통점은 전문 명상지도사가 쉽고 편하게 즐길 수 있는 각종 명상법을 지도하면서 몸과 마음안정에 좋다는 각종 차를 제공한다는 점이다. 꽃 명상, 그림 명상, 걷기 명상, 호흡 명상, 음악 명상, 만다라 그리기 명상 등 명상법도 다양하지만 각종 약제를 이용한 차 메뉴도 눈길을 끈다. 거기에 웰빙 강좌, 체질 점검, 자연주의 식사법, 기혈마사지 등 다양한 웰빙 프로그램까지 운영하고 또 명상 서적과 유기농 비누, 요가복 등 웰빙 제품의 판매도 곁들인다.

이렇게 웰빙은 이제 우리 사회에서도 유행하는 생활 방식이 되고 있다. 아직 사회 전체가 받아들이고 실천하기엔 역부족인 측면도 없지 않지만 적어도 이 시대의 삶의 양식으로 누구나 받아들이고 싶어하는 그런 문화가 되고 있다.

웰빙은 사람의 몸과 마음을 모두 균형있게 하는 삶, 건강하고 행복한 삶을 얻으려는 라이프스타일이니 당연한 이야기다. 그렇지만 웰빙이 추구하는 것은 단순히 몸의 건강과 안락만이 아니라 우리들의 정신과 마음의 안정, 행복을 함께 추구하는 삶이다.

따라서 진정한 웰빙을 위해선 몸의 건강을 위한 운동이나 음식 섭취만이 아니라 우리의 정신과 마음을 편안케 하는 음식물을 취하는 것이 중요하다는 인식이 불가결한 것이다. 그 점에서 명상도 중요하지만 전통차를 생활화하는 것이 꼭 필요할밖에 없다.

선인들이 다선일여(茶禪一如)라 하고 다선일미(茶禪一味)라고 한 그 차생활을 떠나서 진정한 웰빙은 불가능하다는 점을 웰빙족들은 인식하게 된 것 같다. 차생활을 통해 추구하는 것은 단지 차의 맛만이 아니라 그로써 생겨나는 정신생활의 가치라는 점을 웰빙족이 확실하게 알아야 할 것 같다.

대중 속으로 들어가는 선차

새 공연예술이 된 운림다회

제6회 세계선차교류대회와 제4차 선차문화논단이 열리고 있던 2011년 11월 13일 저녁 7시에 중국 저장성, 항저우 서자호반(西子湖畔)의 영은사(靈隱寺)에서는 '운림다회(雲林茶會)'가 열렸다. 영은사 대웅보전 앞의 넓은 광장에서 펼쳐진 운림다회에는 차가운 초겨울 날씨에도 불구하고 30여 개 찻자리가 차(茶)와 선(禪)과 악(樂)을 함께 즐기려는 사람들로 가득 채워졌다. 대부분 이 대회에 참석한 한국과 중국과 일본의 차인들이다. 찻자리마다에는 중국인 팽주를 중심으로 5명의 손님이 둘러앉게 되어있으니 참석자는 150여 명은 헤아릴 수 있을 것 같다.

대웅보전 바로 앞에 내려진 노란색 현수막에는 '운림다회'라는 글자가 쓰여있었다. '영은사'의 별칭이 '운림선사'이니 '운림다회'라는 말은 '영은사 다회'라는 뜻이란 것을 알 수 있다. 청나라 시대 강희제(康熙帝)가 강희 28년 서기 1689년에 황궁을 떠나 남순 여행길에 올라 항저우의 영은사를 방문하였을 때 '운림선사(雲林禪寺)'라는 사액을 내린 데 연원하는 이름이다.

'운림다회'는 영은사가 중요한 행사 때마다 베푸는 찻자리라 할 수 있다. 참가 인원에 따라 찻자리의 배치가 달라지기는 하겠지만 대웅보전 앞 넓은 광장에서 차와 선과 악이 함께하는 자리를 목표로 하는 점에서는 모두 일치

한다고 하겠다. 앞면에 설치된 무대에서 스님이 사회를 보고 출연자들이 돌아가며 등장하여 음악을 연주하는 것도 대동소이하다. 음악은 주로 옛 비파와 해금, 대금 같은 종류가 주류를 이루는 중국의 전통음악들이고 상당한 선기를 느끼게 하는 명상음악들이다.

린구팡의 선차락

하지만 영은사의 운림다회가 오랜 역사를 지닌 찻자리는 아니다. 영은사에 차가 있고 차회도 있었지만 차와 선과 음악을 조화롭게 혼합한 행사는 그리 오랜 역사를 가진 것이 못 된다. 2009년 봄, 중국과 대만의 양안친선을 위해 베푼 대만 차인들의 영은사 방문 차회가 운림차회의 효시라고 할 것이기 때문이다. '해협양안 선·차·락의 대화'라는 이름으로 열린 영은사 다회에 참석한 중국의 차인들은 대만 차인 린구팡(林谷芳)의 '선·차·락' 공연을 보면서 깊은 인상을 받았다. 넓은 대웅보전 앞 광장에서 큰 찻자리를 펴면서 전에는 생각도 못한 음악을 가져와 차인들과 대중을 흠뻑 취하게 하는 예술형식이 처음 중국에 소개되었기 때문이다. 린구팡은 1991년 이래 이런 예술형식을 미국과 일본, 홍콩 등지에서 200여 회 공연하고 있었다. 2000년 뉴욕 공연에선 '가을의 차·선·꽃·음악(茶禪花樂)'이란 제목을 달았고 2010년 중국 닝보 칠탑선사에선 '해상 선차락(海上禪茶樂)'이란 제목을 단 공연이 펼쳐졌다. 닝보(寧波)가 항구도시라는 특징을 표현한 것이다. 그런데 주목할 것은 린구팡이 선차락 예술을 1990년 한국 방문 때 한국 차인들이 보여준 차회에서 감동을 받고 개발해낸 예술형식이라고 솔직하게 이야기한다는 점이다. 2010년 5월호 《차의 세계》의 직격인터뷰란에서도 그 점이 확인되고 있다. 한국의 차인들이 차인들 간의 모임에서 소규모로 진행하던 음악을 선차와 결합해서 대중들과 선차를 함께 느끼며 즐기는 새로운 공연예술로 발전시켜 널리 세계에 펼치고 있는 대만인들의 개발정신이 놀라울 뿐이다. 그러니까 영은사의 운림다회는 중국 본토인들이 이런 대만 린구팡의 선차락 예술을 도입하여 자기 것으로 개발하고 발전시키고 있다는 것을 실감케 한다. 중국이 근래 이룩한 경제력을 바탕으로 지난날의 선차전통을 계승하여 선차락 예술을 더욱 발전시키려한다는 예상을 갖게 하는 대목이다.

차회에 나온 세 가지 차

이날 운림차회를 보고 중국《끽다거》잡지 총편인 수만(舒曼)은 운림차회가 대만의 무아차회 혹은 일본 다도의 일기일회(一期一會)를 연상시킨다고 했다. 차를 마시며 선찰의 고즈넉한 분위기와 옛비파 소리 속에 차향과 연향으로 선경(禪境)의 분위기가 연출되었다고 했다. 이날 찻자리에서는 팽주가 세 가지의 차를 우려 맛보여주었다. 이는 이날의 모든 찻자리가 모두 같았다. 제일 먼저 낸 차는 용정차(龍井茶)였다. 서호용정차의 원산지 일급보호구 안에 있는 영은경구의 계류봉 아래에서 나는 '법정선차(法淨禪茶)'다. 품질의 특징을 보면 외형이 뾰족하고 빛나며 색깔은 파란녹색으로 약간 누런빛이 돌며 향기가 맑아서 은은하여 난향마저 느끼게 하며 맛은 달고 순하다. 탕색은 식물의 새싹처럼 누런 기운이 있고 맑다. 광장의 양쪽에 세워진 9층 석탑에 광선이 비친 것이 더욱 차고 맑은 기운을 뿌리는 가운데 따끈한 차가 언 몸을 녹여준다.

세 순배가 돌자 이번에는 무이암차(武夷岩茶)가 나온다. 우롱차(烏龍茶) 계통의 차로 푸젠의 무이산에서 생산된 것이다. 산중의 바위 골짜기에서 주로 재배되어 향이 좋다. 그중에도 대홍포가 유명하다. 이 무이암차도 세 순배 정도 맛을 보이고는 이어 푸얼차(普洱茶)가 나왔다. 흑차류에 속하는 차로 주로 윈난지방에서 나는 것이다. 푸얼차도 숙차와 생차로 나뉘고 모양으로도 떡차, 타차, 방차, 전차, 과차, 호로차, 죽간차 등이 있으나 이날 맛보인 것은 보통의 숙병차였다. 팽주는 아쉬웠던지 홍차도 맛보여준다. 새로 나온 홍차가 다른 차 못지않게 향기롭고 맛도 달다.

수만은 이 세 가지 차가 나오는 장면을 특별하게 묘사하고 있다. 피리가 연주되면서 '법정선차'가 나오자 시방세계가 불법(佛法)으로 덮이고 향과 차 맛으로 마음이 향기롭게 되었고, 옛 비파가 연주되자 무이암차가 나오고 제불보살이 감응하여 차 맛이 무한법력에 도달하여 법계의 향기가 공명을 이룬다. 그리고 푸얼향명이 나오자 부처님이 중생 앞에 현신하여 설법하는 듯 중생이 법희원만한 경계에 이르게 되었다고 하는 것이다. 이 세 가지 차가 선의(禪意), 다취(茶趣), 향훈(香薰), 금악(琴樂), 범종 소리와 서로 응하여 생명의 장엄함과 명철한 심성, 마음정화를 통한 자비희사의 마음까지 일으켜 마침내는 '다선일미(茶禪一味)'의 경지에 이르게 한다는 것이다. 그는 또 용정차를 청년으로, 대홍포를 중년의 맛으로, 푸얼차를 만년의 중후한 맛으로 설명하고 품차는 상호존중과 예절을 갖추기를 권했다.

주목할 것은 이날 찻자리의 팽주를 맡은 이들이 모두 이 지역의 차상이거나 차농이라는 점이다. 이들은 자발적으로 자기의 차를 가지고 나와서 손님들에게 맛을 보여주고 품평의 말도 들었다. '선차락'에 취할 뿐만 아니라 더 좋은 차를 손님들에게 공급하기 위해 객관적인 품차의 기회를 갖고 있다는 점이 특이하다.

발전을 멈춘 한국의 찻자리

운림차회를 보면서 한국인 참석자들은 착잡한 심회가 마음을 괴롭혔을 듯싶다. 우리가 차농끼리 혹은 차인들끼리 조그만 찻자리로 아마추어적인 즐거움을 추구하는 동안 대만과 중국은 대규모의 찻자리로 선차를 발전시키고 차와 음악을 가미한 새로운 예술형식을 개발 발전시키고 있으니 말이다. 이들은 우물 안 개구리 같은 우리 차인들의 좁은 세계를 떨쳐버리고 선차를 대중 속으로 확대 보급하며 심지어 해외 각국에 새로운 예술형식으로 활발한 공연활동을 펴고 있으니 말이다. 거기에 그치지 않고 차농들과 차상들이 자발적으로 참여하여 대중에게 자기 차를 대접하면서 공정한 품차의 말을 듣고 더 좋은 차를 공급하는 계기도 마련하고 있으니 놀라울 뿐이다. 우리의 일부 사찰들도 근래 산사음악회라는 자리를 통해 포교의 새 경지를 개척하고는 있으나 산에서 열리는 음악회의 수준을 벗어나지 못하고 거기에 선과 차와 음악을 접목하는 새로운 예술형식으로까지 발전시키지 못하고 있는 것은 큰 아쉬움이다.

다신에게도 차나무에게도
정성 들여 차를 올리자

'다례의 나라'에 대한 아쉬움

우리나라의 차문화는 흔히 '다례(茶禮)'로 표현되고 있다. 중국의 차문화를 '다예(茶藝)'라고 하고 일본의 차문화를 '다도(茶道)'라고 하는데 비해 한국의 차문화가 다분히 예절 중심이라는 것을 상징적으로 표현하는 말이다.

아닌 게 아니라 한국에서는 설날이나 추석 같은 명절날 조상들에게 올리는 제례를 '다례' 혹은 '차례'라고 하고, 궁중에서 차를 마시는 의식을 '궁중다례', 손님을 맞아 차를 마시는 것을 '접빈다례(接賓茶禮)'로 구분하고 있다. 또 부처님이나 차문화 진흥에 공헌한 선인들에게 올리는 차 의식을 '헌다 의식' 혹은 '헌공다례(獻供茶禮)'라고 한다.

그러나 이처럼 차에 대해 유난히 차 예절을 강조하는 문화가 있는 우리나라에서 차와 차문화의 단절이라는 불행한 역사가 상당히 오래 지속되었던 때문에 그럴듯하고 번듯한 차 의례가 전승되고 있는 예는 극히 드물다.

특히 차를 있게 한 다신(茶神)이나 차를 길러내는 차밭의 지신(地神), 차문화의 근거를 제시한 공헌자를 높이고 기리는 의례는 거의 생활화되지 않고 있다.

그나마 우리나라에서는 지역단위로 차문화와 차 산업 진흥을 위한 축제가 다양하게 전개되고 그 가운데 다양한 헌다의례가 유지되어 차 공양에 대한 기초를 다지고 있는 것이 다행이라면 다행이다.

보성다향제와 하동야생차문화축전

이를테면 우리나라의 대표적인 차 산지인 전남 보성과 하동 등에서 해마다 차 축제가 열리고 그 과정에서 차 관련 헌공다례가 열리고 있는 것이 그것이다. 그중에도 보성다향제는 벌써 40회를 넘긴 가장 역사 깊은 차 행사로 다양한 프로그램으로 차문화와 차 산업 진흥을 꾀하는 것으로 유명하다. 하지만 그 보성다향제 행사 프로그램 가운데 그럴듯한 헌공다례는 보이지 않는 것이 유감이다. 지금까지의 행사에서는 '다신'에게 고하는 제례로 행사가 시작되었다는 것이고 보면 올해에도 역시 그 정도의 의례가 열린 것이라고 하겠다. 이에 비해 하동야생차문화축제는 각종 문화행사 가운데 '차 시배지 다례식'이라거나 '최고 차나무 헌다례' 혹은 '대렴공 추원비 헌다례' 등의 몇 가지 헌다의례를 지내고 있는 것이 눈을 끈다. 차 시배지 논쟁이나 최고(最古) 차나무에 대한 고증 문제가 있음에도 불구하고 지방자치단체가 자기 지역의 문화 가치를 증장시켜 나가려고 하는 노력과 정성은 매우 긍정적이며 가상한 일이라 할 것이다. 더욱이 차의 원초 공헌자에 대한 존경과 차 정신을 헌양하려는 제의가 다양하게 설정되고 있는 것은 바람직한 일이라 할 것이다.

그런 면에서는 차 산지라고 자랑하기도 어려운 경남 창원시가 '창원 다향제' 행사를 매년 열고 있으며 그 행사 가운데서 '고운 최치원'과 '창원백(회원군) 공소(孔紹)'에게 헌다례를 행하고 있는 것도 주목된다.

근본적으로 다향제라든가 차의 축제라는 것이 제례를 전제로 하여 열리고, 제례는 반드시 추원보본(追遠報本)의 정신을 선양한다는 뜻이 있는 것이다. 그렇다면 우리가 차문화를 발전시키고 차 산업을 개발하여 차생활을 고양하는 것의 근본정신은 차를 받들고 다신을 존중하는 제례를 중시하는 것에서 비롯하지 않을 수 없다.

몽정차를 심은 감로 선사를 차의 시조로

그 점에서 중국 쓰촨성 야안시(雅安市) 밍산현(名山县) 지거사(智矩寺)의 '몽정산황차채제대전(蒙頂山皇茶采制大典)'의 예를 참고할 필요가 있겠다. 이 대전은 차의 나라라고 하는 중국에서 차나무에 대한 고마움을 표하는 제사를 지낸다는 점에서 우선 중시하여야 한다. 우리의 경우 삼국 시대에도 차가 있었고 차를 즐긴 문화가 있었지만 차를 있게 한 근본인 차나무에 대해 감사하는 제사를 올렸다는 것을 찾아볼 수 없다. 차를 가지고 하늘에 제사하고 선왕이나 부처님께 공양한 이야기는 나오지만 정작 차의 신이라든가 차나무에 대한 고마움을 표하는 제례가 있었다는 전거가 없다.

그와 관련하여 중국 쓰촨성 야안시 밍산현 정부가 2003년 황차채제대전을 복원하여 공차의식(貢茶儀式)을 가진 것은 우리 차인들로서는 큰 충격이 아닐 수 없다. 몽정산 지거사에서 열린 몽정산황차채제대전은 몽정산에서 나는 몽산차를 가려 차로 만들어 차의 신에게 바치는 제사를 지내고 그 차를 가지고 다시 황제릉에 가져가 제사를 지내고 있다. 중요한 것은 이렇게 차의 신에게 바치고 황제릉에도 바치는 몽정차도 아무나 따서 만든 것이 아니라 매우 정선된 절차로 만들어졌다는 점이다. 우선 몽정산 72개 사찰에서 12명의 스님을 뽑는 일부터 시작하여 이들을 목욕재계 시킨 뒤 제상에 올릴 차를 채취하는 작업을 위해 지거사로 모인다. 이들이 지거사로 모인 것은 다신이 된 오리진이 바로 이 절을 창건한 인물이기 때문이다. 이들은 장엄한 염불 소리를 내며 황다원으로 일보일배하여 진행했고 그 뒤를 수많은 신도들이 도열하여 뒤따랐다. 이들 스님들은 오리진이 차나무를 심고 가꾸었다는 전설이 있는 몽정산 황다원에 들어가 72그루의 차나무에서 365개의 찻잎을 땄다. 이들은 그 찻잎을 정성스럽게 바구니에 담아 지거사로 내려와 찻잎을 덖는다. 12명의 스님은 1년 12개월을 상징하고 365개의 찻잎은 1년을 나타낸 것이다. 그렇게 정성 들여 만들어진 차는 두 개의 은다관에 담아 하나는 지거사에서 몽정산황차채제대전에 바쳐지고 다른 하나의 다관은 곧바로 산시성(陝西省) 황제릉으로 가져가 제사를 지내게 된다.

이렇게 몽정산 황차채제대전이라는 차 제의가 생겨난 것은 몽정차를 중국 차의 시원으로 생각하고 이를 기리기 위한 것이다. 2천여 년 전 중국 서한 시대에 농부 오리진(吳理眞)이라는 사람이 있었는데, 그가 출가하여 몽정산 의 청봉(淸峰)에 차나무 일곱 그루를 심었고 그 나무에서 난 차를 몽정차라 불렀다. 몽정차는 명산인 몽정산 정상에서 나며 '차 중의 차'라는 평가를 얻 고 있다. 이슬을 먹고 자란다는 감로차는 중국차의 시작이었다. 4월 20일 곡우가 지나면 차나무에서 솟아오른 찻잎을 따서 가마솥에 넣고 고온에 덖 어서 밤새도록 말리면 새 차가 탄생한다. 그 차가 몽정감로차이고 그 차를 있게 한 오리진은 감로보혜(甘露普慧) 선사로 불리게 되었다. 황차라는 명 칭은 황제에게 바쳐지는 촉 지역 공차 가운데 몽정감로차가 으뜸차라는 것 이다. 따라서 몽정산 황차채제대전은 몽정 감로차를 선양하자는 의식이면 서 차를 처음 심은 감로보혜 선사 곧 '식차시조 오리진(植茶始祖 吳理眞)'을 기리는 행사라고 할 것이다.

차의 신에게 감사하는 제례를

중국에서는 이렇게 차의 시조를 기리는 차 제례가 있지만 차의 가치를 논 하고 차를 심고 가꾸고 차를 만들어 맛보는 일을 보급하여 다성(茶聖)으로 모셔지는 육우(陸羽)와 같은 이의 공로를 치하하는 헌다례도 있다.

그러나 차나무 자체가 세상에 존재하게 하고 그 혜택을 만인에게 베풀어 준 것에 대해 감사하는 헌다의례는 거의 찾아보기 어렵다. 그 점에서는 우 리의 초의 선사가 중국의 《만보전서(萬寶全書)》의 차 부분을 옮겨 정리하여 《다신전(茶神傳)》이라고 한 것은 시사하는 바가 있다. 차와 차나무의 가치를 다신으로 평가한 것으로 보이고 차의 맛과 그것이 주는 이익을 신령한 가치로 보는 태도가 매우 적실하다고 보이기 때문이다.

그리고 그런 차원에서 농신(農神)인 신농씨(神農氏)가 받들어지는 것도 의미 있다고 할 것이며, 우리의 전통 가운데서도 야외에서 음식을 들 때 반드시 자연신에게 인사를 닦는 절차로써 '고수레'라는 말을 하고 먹는 풍속이 있었음도 시사하는 바 크다.

뿐만 아니라 우리는 한식 때 조상의 묘를 찾아갔을 경우에도 우선 산소 뒤로 가서 이 묘지를 관할한다고 믿어지는 산신에게 제사를 지내는 풍속이 있었다는 점도 무시할 수 없다. 이는 산신(山神) 혹은 지신(地神)에 대해 예의를 갖추는 절차였다고 할 것이다. 그리고 실상 무라야마(村山智順)의 '부락제(部落祭)'에서 보아도 우리나라의 부락들에서는 반드시 동제(洞祭) 혹은 산제(山祭)가 전승되고 있었으며 이는 부락민에게 안녕과 행복을 보장해 주는 산신 혹은 지신에 대한 정례적인 제의였다는 점을 간과할 수 없겠다. 산신, 지신, 해신들은 우순풍조(雨順風調)를 통해 농사가 잘되게 하거나 풍어를 보장함으로써 부락민의 풍요와 행복을 보장해주었다고 보기 때문이다.

그런 만큼 우리 차농과 차 산업인 혹은 차인들이 차의 덕을 찬양하고 차 풍년의 세상을 바라면서 차신이나 차나무에 제사를 올리는 것은 너무나 자연스럽고 당연한 일이겠다. 중국의 차를 만드는 사찰들에서는 새봄에 찻잎을 따기 시작할 때 차밭으로 향하는 스님들이 목탁을 치고 염불을 합송하면서 다신과 지신에게 감사를 표하는 절차를 갖는 것은 우리에게도 시사하는 바가 크다. 산제의 전통이 있는 우리가 새해 들어 처음 차를 따고 차 맛이 좋기를 기원하는 마음에서 차나무나 차신에게 감사를 표하는 행위를 아무 것도 하지 않는다는 것은 큰 아쉬움이다. 다신에게도, 차나무에게도 정성스럽게 차를 공양하는 의례를 갖는 것은 우리 차와 차문화 발전을 위해 필수 불가결한 일이라 하겠다.

제2장 | 차문화의 현장

우리 차 일번지 화개골에서
우리 차의 미래를 생각한다

버스를 타고 토요일 한낮에 하동에 들어가며 보니까 우선 눈에 띄는 것은 음식점마다 내세운 재첩국 광고다. 마침 도착 시간이 점심시간이니 읍내의 작은 음식점에서 재첩국 백반으로 요기를 했다. 선전대로 재첩국에 재첩이 듬뿍 담긴 것이 푸짐하기도 하고 맛도 시원하다. 잘 먹고 나왔지만 그게 하동의 대표음식이라고 생각하면 무언가 부족하다는 느낌이다.

그렇지만 재첩국 광고는 하동 읍내의 음식점만이 아니었다. 하동읍에서 화개골의 차문화센터까지 이르는 길에 차창 밖으로 보이는 19번 도로의 주변으로 잇달아 보이는 음식점들에도 틀림없이 재첩국 광고가 빠지지 않는다. 전에 섬진강을 소개하는 방송 프로에서 섬진강 재첩국을 요란하게 소개하는 것을 보았지만 하동 전체가 이렇게 재첩국을 하동의 대표음식으로 내놓는 데 이르러선 무언가 잘못된 게 크다는 느낌이다. 그것은 바로 어제 텔레비전 뉴스에서 '중국에서 중금속에 오염된 다량의 재첩이 수입되고 있다'는 보도가 있어서만은 아니다. 하동에는 재첩보다 더 멋있고 그럴듯한 특산물이 있는 것이 아닌가 하는 생각에서였던 것 같다.

아닌 게 아니라 화개로 들어가는 도로변에는 넓게 퍼진 들녘을 배밭 등 과수들이 차지하고 있는 것을 볼 수 있었다. 그렇지만 이곳 출신의 택시 기사는 배만 유명한 것이 아니라 하동에는 감과 밤도 유명하다고 이야기한다. 요즘엔 수박, 딸기, 단감까지 특산이 되고 있다는 이야기다. 그렇지만 외지인의 생각으로는 하동은 역시 차(茶)가 대표여야 하는 것이 아닌가 한다.

하동을 소개하는 책자에도 재첩국이나 감식초, 단감 생산자가 세 군데씩 나오고 있는데 비해 도자기가 8곳, 죽·목공예가 8곳이고, 녹차 생산자 조직은 무려 20곳이 나열되고 있다. 도자기나 죽·목공예도 기실 차 산업을 보조하는 산업이라고 할 때 하동의 산업은 누가 무어라 해도 차가 대표라고 할 수밖에 없다. 실제로 화개의 하동차문화센터에서 만난 하동군 녹차클러스트기획단의 이종국 씨 같은 공무원은 하동의 차는 하동의 산업을 대표하는 것만이 아니라 우리나라 차를 대표하는 것이라고 설명한다. 인근의 다른 군의 차 생산량이 하동을 앞서고 있는 것으로 알려져 있지만 하동은 생산·환경적 여건은 물론 사회·문화적 여건에서도 분명히 우리나라 차를 대표한다는 주장이다.

대한민국 대표 차 산지, 화개

구체적으로 하동군 농업기술센터가 작년에 펴낸 〈하동의 차 산업〉에 의하면 "하동 화개골은 추측이 아닌 역사적 객관성에 근거한 우리나라 차 시배지"라고 한다. 서기 827년 신라 흥덕왕 때 당나라에 사신으로 갔던 대렴공이 차씨를 가져와 왕명으로 지리산 기슭에 심었다는 기록만으로는 추측에 불과하지만 이후 고려 시대와 조선조를 거치면서 정사, 야사 등 다수의 기록에 화개동의 녹차가 최고의 맛과 최대의 생산량을 가진 것으로 소개되거나 예찬되고 있으며, 특히 신라 시대 대표적 학자 고운 최치원을 비롯 다성 초의 선사와 추사 김정희, 다산 정약용 등의 선현들이 모두 화개에 와서 화개의 차를 맛보고 나서 중국차를 능가하는 맛이라고 극찬한 사실을 간과할 수 없다는 이야기다.

뿐더러 이 자료는 지금 하동의 차 산업이 해를 거듭하며 발전하고 있는 모습을 보여준다. 2004년 현재 1,493호의 농가가 583ha의 차밭을 가꾸고 있으면서 216억 원의 소득을 올리고 있다는 것이다. 하지만 그 통계는 동시에 하동이 보성보다 차 농사를 짓는 농가 수는 많지만 경지 면적은 적다는 점을 보여준다. 전남 보성은 2003년에 차밭이 571ha였기 때문에 하동은 경작농지 면적도 적고 호당 경지면적 면에서도 보성에 훨씬 뒤진다는 이야기다.

하지만 차 체험관에서 만난 화개의 토박이 차농민 오시영(도심다원 대표) 씨는 "일반적으로 그렇게 알려져 있지만 하동의 차밭 면적은 1,000ha를 넘어 보성을 능가하는 게 사실"이라고 한다. "하동은 야생차가 많고 차 농가도 많기 때문에 쉽게 통계에 잡히지 않지만 보성의 차밭보다 면적이 훨씬 넓고 큰 것은 분명하다."고 말한다. 그는 화개면 정금리 도심(道心)마을 뒤에 있는 자신의 차밭 가운데 우뚝 자리잡고 있는 우리나라에서 '가장 오래되고 가장 큰 차나무[大茶樹]'를 보여주면서도 '논이나 밭이 아닌 산에서 나는 우리 차나무 잎으로 만든 차 맛에 대한 자신감'을 피력하기도 한다. 실제로 화개골의 높은 산지에서 골짜기마다 굽이치듯 펼쳐져 있는 야생차밭을 보면서 그동안 나무 숲속에 감추어져 있던 차밭의 전모가 의외로 상당한 규모라는 생각도 들었다. 오 씨도 밤나무와 대나무 등 산을 뒤덮은 수림을 베어내고 감춰져 있던 야생차밭을 키우는 중이었고, 경사가 낮은 평지 부위에는 차양을 덮은 차나무 단지에서 말차용 차를 재배하고 있다고도 했다.

우리 차 산업의 과제

이렇게 화개를 포함한 하동의 차 농업은 점차 확대일로에 있었다. 그리고 하동이 우리나라를 대표하는 차의 산지라는 자신감에서 하동은 '하동녹차'라는 지리적 표시등록도 마치고 있다. 또 군에서는 음식점 같은 곳에서 되도록 하동차를 손님들에게 내놓도록 독려한다고 한다. 하지만 그런 노력은 아직 부족한 것 같다. 하동 읍내에서도 하동차를 맛볼 수 있는 찻집이 눈에 띄지 않았고, 우리가 점심을 먹은 읍내 음식점에서도 차를 내놓지 않고 그냥 냉수를 내놓고 있었다.

또 거시적으로 우리나라가 중국 등 세계적인 차 생산국과 경쟁해야 하는 처지에 놓인 현실을 감안하면 하동 녹차의 앞길이 밝은 것만은 아니라는 생각도 든다. 마침 하동문화센터를 들른 조유행 하동군수를 붙잡고 차 선진국인 중국이 시장개방을 앞두고 한국인의 입맛에 잘 맞는 차를 개발하기 위한 연구에 몰두하고 있는 현실에 대한 대책이 있느냐고 단도직입적으로 무례한 질문을 들이밀었다. 동행한 최석환《차의 세계》발행인은 중국 항저우 매가촌을 방문했을 때의 경험을 들어 중국인들이 우리 입맛을 겨냥한 누룽지 맛 차를 개발해 한국인 관광객에게 수십억 원어치를 팔고 있는 점을 예로 들었다.

아닌 게 아니라 항저우다연촌(杭州茶緣村) 매가오 다연촌 상장(梅家塢 茶緣村 商場)에서 내놓은 용정차(龍井茶)는 그들이 '한국인의 고향의 맛' 혹은 '어렸을 때 할머니가 끓여준 숭늉 맛'이라고 선전하는 바로 그 차다. 그 차를 열탕을 넣어 우려내 마셔보면 우리의 숭늉 맛에 상당히 유사하다는 느낌을 받는다. 쌀을 재료로 한 차가 아닌 일반적인 녹차인 용정차를 이렇게 만들어 선전하며 판다는 것이 역시 중국인의 상술을 느끼게 하지만 우리로선 두렵다는 생각이 들지 않을 수 없다.

"하동의 차도 중국인들처럼 다양한 연구 개발을 해서 관광객에게 어필하려는 노력이 필요하지만 가격 면에서 우리가 중국 등과 경쟁하기 어렵다는 현실은 우리의 숙제라고 생각합니다."라는 조 군수의 신중한 대답이다. 그러나 "대중용의 티백 차나 캔 차 생산에서는 가격 면의 열세를 만회하기 어렵지만 그래도 하동의 야생차를 이용한 고급 수제차로 대응하는 것이 현실적인 방안"이라는 말도 했다. 이 자리에 있던 화개농협 가공사업소의 이동우 소장은 "어려운 여건이지만 그래도 관수시설, 기반시설에 더 자금을 지원해서 생산성을 향상하는 것이 중요하다."고 거든다.

조 군수는 "그래도 다행인 것은 우리나라 사람들이 식품에 대해서는 신토불이의 중요성을 잘 알고 있어서 차도 우리 야생의 수제 고급차의 수요가 계속 늘어날 것으로 보이며, 대신 외국산 차에 대해서는 원산지 표시 등의 강화로 소비 확산을 막는 것이 바람직하다."고 덧붙인다.

하동군수로서는 대응 노력에 한계가 있으니 그렇겠지만 국가 차원에서 수입 개방 이후에 밀려들 중국 등 차 선진국들의 차와 경쟁하는 문제를 타개하는 정책적·거시적 노력에는 미흡하다는 느낌이다. 이 나라의 차 산업을 대표하는 하동이 이럴진대 우리 차의 미래가 그저 밝은 것만은 아니라는 전망이다.

하동 화개의 작설(雀舌)차는 천년 역사를 이어온 우리의 자랑이지만 그렇다고 그 차가 다양한 브랜드와 다양한 맛을 개발해 싼 값으로 들여오게 될 중국차의 공격 앞에서도 무너지지 않고 의연히 버티고 나갈 수 있을지가 걱정되지 않을 수 없다. 화개 도심다원에서 오시영 대표가 내놓는 수제차의 맛이 맑고 달아서 차 삼매에 빠져들면서도, 우리 차가 과연 외국차를 방어하는 수준에서 한걸음 더 나아가 외국 관광객들이 찾아와서 다투어 사가는 그런 차가 되기 위한 노력은 지금부터 더 필요하다는 생각이 들었다. 그리고 중국인들이 한국인들에게 숭늉 맛이라고 팔고 있는 용정차보다도 오 씨가 내놓는 가루녹차의 맛을 보면서는 이것이야말로 진짜 숭늉 맛에 흡사한 것은 아닌가 하는 생각도 들었다. 일본의 말차와는 전혀 다른 누런 빛깔의 구수한 말차를 숭늉 맛에 비교하는 선전술도 필요할 것 같다. 수입 개방의 거센 파도 앞에서 우리 차의 전통을 지키고 나아가 우리 차의 세계적 진출을 기약하는 원대하면서 치밀한 노력이 하동을 시작으로 국가적으로 전개된다면 얼마나 좋을까 하는 생각에 잠기며 한밤에 하동을 떠났다.

법정 스님의 숨결 깃든
길상사 헌공다례

육법공양과 헌다 의식

2010년 12월 12일 오전 11시, 서울 길상사의 설법전에서 열린 길상사 창립 13주년 기념 법회에서는 부처님께 올리는 공양으로 차를 올리는 헌다 의식이 성대히 베풀어졌다. 곱게 한복을 입은 두 여인이 설법전의 맨 앞 양쪽에 자리 잡고 앉아 차를 점다하여 전면 중앙에 모셔진 석가모니 부처님 전에 바치는 의식이었다.

창립 기념 법회에서 부처님 앞에 차를 공양하는 의식을 벌인 예는 길상사에서도 처음이지만 우리나라 각 종단사찰을 통틀어 처음 있는 일이라 할 것이다. 주목할 것은 이날 헌다 의식이 부처님께 올려진 공양의 중심이었으며, 이때 두 사람 가운데 한 여인은 전면 한편에 모셔진 이 절의 창립주 법정 스님 영정 앞에도 차 한 잔을 올렸다는 점이다. 낯선 광경이긴 했어도 길상사의 신도들은 상당히 감동적인 장면으로 받아들이는 것 같았다.

이날 법회에서 부처님께 바쳐진 공양은 차 한 잔 이외에 스님들과 신도 대표들의 헌화가 전부였다. 차와 꽃 공양이 전부였다는 이야기다. 전통적으로 불교에서는 육법공양(六法供養)이라 해서 대표적인 여섯 가지를 공양물로 이르고 있다. 향(香), 등(燈), 꽃(花), 과일(果), 차(茶)와 쌀(米)이 그것이다. 이들 공양물은 흔히 올려지는 공양물이지만 각각 상징하는 바가 다르고 올려지는 때가 다르다.

우선 향은 해탈향(解脫香)이라고 해서 불교의 궁극적인 목표인 깨달음을 통한 해탈을 의미한다. 자신을 태워 주위를 밝히므로 희생을 뜻하기도 하고 화합과 공덕을 상징하기도 한다. 등은 반야등(般若燈)이라고 하여 지혜와 광명을 찬탄하는 의미를 갖는다. 꽃은 만행화(萬行花)로서 꽃을 피우기 위해 인고의 세월을 견딘다고 하여 수행을 뜻하는데 그 수행이 중생 제도에 있으므로 장엄·찬탄함을 뜻하기도 한다. 과일은 보리과(菩提果)로 깨달음의 결실을 뜻한다. 또한 차는 감로다(甘露茶)라고 해서 부처님의 법문이 목마른 중생에게 단 샘물처럼 만족스럽고 청량하다는 의미를 가지고 있다. 마지막으로 쌀은 선열미(禪悅米)라고 하여 깨침을 이룬 이가 느끼는 기쁨과 환희를 상징한다.

잊혀졌던 차 공양을 살리는 것

그런 육법공양도 실제는 늘 일상적으로 볼 수 있는 것이 아니다. 대개는 향을 올리는 것으로 다양한 공양을 대신한다. 특별히 재(齋)가 있거나 제사가 있을 때 과일과 쌀 혹은 꽃 공양을 하며, 부처님 오신 날인 사월 초파일이나 되어야 등을 공양하는 것이다. 그러니 차 공양은 조선조 시대를 거치면서 거의 끊어졌던 것이나 한가지였다.

최근에 이르러 일부 사찰에서 특별한 경우에 차인들에 의한 헌공다례를 베풀어 차 공양의 명맥을 되살리려는 시도가 이따금 눈을 끄는 것이 엄연한 현실이었다. 이런 상황에서 길상사가 법회에서 헌다 의식을 행한 것은 우리 불교계만이 아니라 우리 차계의 역사에서 특기할 일이라 할 것이다.

더욱 주목되었던 것은 이날 기념 설법을 한 주지 덕현 스님의 말이었다. 스님은 길상사에서는 매일같이 '부처님 전에 천수를 올린다'고 했다. 절에서는 '사시마지'라고 해서 오전 10시쯤에 흰 쌀밥을 부처님께 지어 올리는 것이 보통인데 길상사에서는 새벽 3시 반쯤 예불 전에 천수를 올리고 사시 예불에서도 천수를 먼저 올리고 나서 마지(마짓밥)를 올리며 저녁 예불 때에도 천수를 올리고 있다. 이렇게 하루에 세 번 천수를 올리는 것은 마치 차를 올리는 헌다 의식을 간략하게 행하는 것이나 한 가지라고 할 것이다. 또 부처님과 법정 스님 영전에 수시로 꽃을 올리는 것도 이채롭다.

차를 사랑한 법정 스님의 뜻을 받들어

길상사는 창건 당시부터 세인의 주목을 끌고 화제의 대상이 된 유별난 절이지만 우리 사찰에서 헌다 의식을 보편화하고 일상화한 사찰로 다시 부각된다는 것 또한 의미 있다. 이 절이 창건된 것이 길상화 김영한 여사가 자신이 운영하던 성북동의 요정 대원각을 법정 스님에게 무주상 보시한 것이 인연이었던 것은 세인이 모두 알고 있는 바이다. 유명한 요정이 불교의 청정한 수행도량으로 탈바꿈하는 과정에서 대중이 즐겨 찾고 마음을 편안히 닦을 수 있는 '가난한 절로 키워 가기로 마음먹었던 법정 스님의 초심이 이제 그 제자인 덕현 스님에 의해 헌다 의식의 일상화로 더욱 심화되고 있는 것이라 할 것이다.

무소유로 알려진 법정 스님이 평소에도 차를 사랑하고 즐긴 차인이었다는 것은 널리 알려진 일이지만 그가 최후의 병상에서 죽음을 맞이하기 직전에도 차 전문지 《차의 세계》를 애독하고 있었다는 것도 예삿일은 아니다. 그러니 그 스승의 뜻을 받아 제자인 주지 덕현 스님이 차를 부처님 공양물의 첫째로 삼고 그것을 통해 길상사를 차의 향기로 정화하려 공을 들이고 있는 모습은 특히 돋보인다고 하겠다.

한국차문화 되살린
《효당 최범술 문집》 간행

효당 최범술(曉堂 崔凡述 · 1904~1979)의 저작활동을 정리한 문집이 드디어 간행되었다. 이를 기념하여 편자인 효당사상연구회는 2013년 12월 20일 서울 조계사 경내의 한국불교역사문화기념관 지하공연장에서 뜻깊은 기념행사를 갖기도 했다.

효당 최범술은 스님이면서 독립운동가이며, 교육가이면서, 제헌국회의원을 지낸 정치인이었다. 하지만 그가 중요한 것은 당대를 대표하는 문화인이면서 대표적 불교학자이자 차학자였다는 사실이다.

효당은 불교학자로서 특히 원효 대사 교학연구와 그 교리 강의에 진력하여 '원효성사 반야심경복원소'나 '판비량론복원문', '십문화쟁론 복원을 위한 자료수집'에 성과를 올렸다. 원효에 심취한 효당은 1962년 원효불교교단을 선포하기까지 했다. 국가의 정책이 조계종과 태고종만을 인정하던 시대에 '원효불교교단'을 들고나온 것 자체가 충격적이다.

불교인으로서 효당은 사상적으로는 원효를 숭앙하였으나 현실의 행동적 지성으로는 만해 한용운 스님을 흠모했다. 독립운동가요, 시인이었던 만해의 업적을 기리고자 《한용운 전집》 간행에 앞장서 간행사와 연보를 집필한 것도 그였다.

효당 최범술 스님이 차에 대한 관심이 거의 없던 1960년대와 70년대에 차에 관한 저술을 두 권이나 출간한 것은 놀라운 일이다. 그는 1966년 국내에 들어와 다솔사를 방문하고 스님의 차생활을 직접 체험하고 우리 차의 역사 사실을 알려주기를 부탁한 김정주(金正柱, 재일교포단장)를 위하여 《한국차생활사》를 저술했다. 이 책은 일본의 김정주 씨만이 아니라 국내 차인들의 요구에 응해 여러 차례 인쇄 배포되어 차계에 큰 반향을 일으켰다. 우리 차의 존재를 모르고 일본의 차만 좋다고 하던 사람들에게 확실한 경책을 준 것이다. 이에 그치지 않고 효당은 1973년 《한국의 차도》를 간행하였다. 1977년에는 다솔사에서 '한국차도회'를 결성하여 회장에 취임하였다. 거기에 효당은 자신의 차법을 개발하여 증제(蒸製)차법에 의한 차를 만들어 우리 차 맛의 우수성을 입증하고 한국제다산업에 기여하였다. 그가 세상을 떠난 후 그의 아내가 반야로차로 전승한 것이 그것이다.

효당은 이 같은 활동으로 해서 차계에서 '현대 한국차도(茶道)의 중흥조'로 평가를 받고 있다. 초의의순 스님을 한국 근대 차도의 중흥조로 존경하고 있는 차계가 그 맥을 이어 효당을 현대 한국의 차를 중흥시킨 인물로까지 존경하기에 이른 것이다. 그러나 기실 초의 스님의 차생활과 《동다송》의 내용을 일반대중에 널리 알리고 나아가 초의 스님을 한국 근대 차도의 중흥조로 일컬으며 한국차문화 역사를 부각한 것은 효당의 공로라고 하는 이들이 적지않다.

따라서 효당 최범술 스님이 열반에 든 지 30여 년에 비로소 그의 저술을 일괄하여 전집으로 만든 것은 그를 위해서나 그의 사상을 연구하는 이들에게 큰 도움이 될 것에 틀림없다. 그의 사상에 관한 기본자료가 이제 비로소 정비되어 한국의 불교학계와 차학계에서 본격적인 연구가 시작되리라는 기대도 크다.

이번 간행된 《효당 최범술문집》은 전 3권으로 구성되었으며, 1권에는 '해인사사간경판 목록'을 비롯하여 '원효대사 반야심경복원소', '판비량론복원문' '십문화쟁론' 복원을 위한 수집자료 등 학술논문과 기고문, 연보와 해제들이 수록되었다. 2권에는 스님의 저작인 '한자서고(漢字書考)'와 불교적 삶을 추구한 '사람은 어떻게 살아야하나'와 '한국차생활사'와 '한국의 차도' 등 그의 대표적 저작이 수록되었으며 3권에는 효당의 일대기와 추모학술논문집 그리고 효당과 교유한 이들의 추모문집인 '노불미미소(老佛微微笑)'와 효당의 차 살림살이를 논한 아내 채정복의 글, 그리고 효당의 차와 삶을 아우른 '효당의 삶과 사상'이 수록되어있다. 효당에 대한 학문적 평가와 인간적 면모가 다양하게 소개되고 있다. 특히 그의 문인 제자라고 할 수 있는 전보삼, 김상현, 채원화, 목정배, 여익구, 여연, 석선혜, 김종규, 박동선 등의 추모글이 앞으로 효당 연구와 이해에 큰 도움이 되리라 믿어진다. 임혜봉이 효당을 친일인사로 몰아 고발한 사건은 친일인사 규정작업의 어려움을 아울러 적시하기도 한다. 앞으로 이 자료들이 효당 연구의 산 자료로써 크게 기여하리라 기대된다.

제3장 | 세계 속의 한국차

우리나라 차의 선각자는 누구인가

　　시대마다 차의 선구자는 있지만 우리 차를 말하고 우리 차의 공로자 선각자를 언급할 때 우리는 상당한 망설임에 빠지곤 한다. 우리 차의 선각자라면 차를 처음 심은 이, 차를 처음 보급한 이, 차의 격을 높이고 차의 정신을 일구어 차인들을 문화적으로 성숙시킨 인물, 차생활이 침체된 시기를 지나 차를 소생시키고 차문화를 개발한 인물이 그런 사람이 아닐까 논의는 분분하면서 딱히 차인들이 일치하여 내세우는 인물은 아직 없는 데에 문제가 있는 것 같다.

　　과연 그럴 것 같다. '차의 나라'라고 하는 중국 같으면 차를 발견한 이는 신농(神農)씨이고 차를 심어서 차의 시조로 인정되는 이는 다조(茶祖) 오리진(吳理眞) 곧 감로보혜(甘露普慧) 선인(仙人)이며, 차의 성전이라고하는 《다경(茶經)》을 지어 차문화를 일으킨 다성(茶聖) 육우(陸羽)를 추앙하는 것이 관례이겠으나 우리의 경우는 그런 차 역사와 차문화가 정착하지 못하고 있는 것이 숨김없는 현실이니 말이다.

　　다만 우리의 경우는 역사의 굴곡이 있을 때마다 차생활의 단절과 비슷한 현실이 존재했기 때문에 이를 극복하고 새로 차의 생산과 차생활을 부흥시킨 인물들이 '차의 선각자'로 지칭되는 경우가 없지 않았다. 조선왕조시대의 말년에 차를 부흥시키려 차 계몽서를 집필한 위암 장지연(韋菴 張志淵)이나 일제강점기 동안에 일인들에게 모두 접수되어 버릴 위기에 놓인 우리 차문화를 우리의 손으로 정리해야겠다고 '다고사(茶故事)'를 집필한 문일평(文一

平), 이 시대에 우리 차도(茶道)의 중흥조(中興祖) 역할을 한 효당 최범술(曉堂 崔凡述)이 모두 그 시대의 차 선각자가 된 것은 물론이지만 심지어 광복 후 잊혀졌던 우리 차문화의 족적을 더듬어 이를 되살리려 노력한 명원 김미희(茗園 金美姬)와 1960년대에 불모의 땅에서 우리의 전통다법을 실제 생활에서 계승했던 언론인 천승복(千承福) 등이 그 예일 것이다.

그러나 이들을 '차의 선각자'라고 거론은 할 수 있지만 이들은 어디까지나 한 시대의 인물로 한정할 수밖에 없다고 하는 한계가 있다는 것을 솔직히 인정하지 않을 수 없다. 우리 차 역사를 관통하여 '차의 선각자'로 내세우기는 무엇인가 역시 부족하다는 느낌이 있기 때문이다.

초의의순은 너무 가까운 옛날 사람이고 그 점에서는 우리 대부분의 차인들이나 일반 국민들이 거의 일치하여 '차의 선각자'로 내세울 수 있는 인물로 초의의순(草衣意恂) 선사를 상기하지 않을 수 없겠다.

초의 스님은 차를 거의 잃어버리고 있었던 조선 후기에 차를 심고 차를 키우며 차를 마시고 심지어 차를 널리 보급하였으며 '동다송(東茶頌)'을 저술하고 다선을 실수하여 다선삼매에 들곤 하였다. 그의 다선일미사상(茶禪一味思想)은 차와 선이 별개가 아니라는 생각에서 비롯한 것이다. 그는 차를 마시되 법희선열식(法喜禪悅食)하여야 한다고 강조하였다. 한잔의 차에서 법희와 선열을 느껴야 한다는 것이다. 그는 중정(中正)을 다도가 지향할 최후의 목표라고 하였다.

말하자면 초의(1786~1866)는 조선 후기 선다도의 정립자라고 할만한 인물이었다. 그는 다산 정약용과 추사 김정희와 교유하면서 차생활과 차 정신을 더욱 심화시켰다. 어떤 면에서 그는 조선 후기 차문화의 보급자였다고 해도 과언이 아니다. 그러나 그런 공헌이 있다 해도 그를 한국차의 제1의 선각자로 치켜세우기는 면구스럽다. 18세기에서 19세기 중반까지 산 인물을 우리 차의 선각자로 내세운다면 우리 차의 긴 역사와 문화를 우리 스스로가 평가절하한다는 비판을 피할 수 없게 된다고 할 것이다. 그리고 근 2천

년의 차문화를 자랑하는 중국이나 일본 등 국제 차계에 150여 년의 역사를 가진 한국차문화를 자랑스럽게 제시한다는 것이 너무 쑥스럽기도 하다.

한잔의 차를 노래한 함허득통

그래서 근년에 우리 차인들은 우리 차문화의 연륜을 더듬어 그럴듯한 인물을 새로 발견해 내고 있다. 조선 초기의 차인인 세 사람이 그 예다. 한 사람은 스님이고 다른 한 사람은 스님도 되고 속인도 되며 또 한 사람은 유학자라는 점이 흥미롭다. 스님이었던 기화(己和)는 호가 득통(得通), 당호가 함허(涵虛)로 흔히 '함허득통'으로 불렸다. 그는 무학 대사로부터 법을 이어 조선초 배불정책에 맞서 불교를 수호하였다. 유가에서 불교를 '허무적멸한 가르침'이라고 매도하는 것을 피하여 그는 현실생활과 일상생활을 포용하여 차생활을 즐기면서 선불교를 선양하였다. 그가 자신의 사형 진산 옥봉 스님의 입적에 접하여 영전에 향과 차를 올리며 남긴 차게가 유명하다. 일완차가(一椀茶歌)의 한글 역은 이렇다.

한 잔의 차는 한 조각 마음에서 나왔느니
한 조각 마음은 한 잔의 차에 담겼네
이 차 한잔 맛보시게나
한번 맛보면 한량없는 즐거움이 생긴다네
이 차 한 잔에
나의 옛정을 담았구려
차는 조주 스님의 가풍이라네
그대에게 권하노니 한번 맛보소서.

도반의 열반을 보며 인간적인 정으로 차 한잔을 권하는 것도 멋스럽거니와 차가 결국 조주 스님의 가풍이니 선수행으로 진정한 해탈의 맛을 보라는 최상의 축사다. 이렇게 함허득통의 선차는 평범하고 정으로 충만하면서 최상의 깨달음을 추구한다는 점이 눈에 띈다.

초암차 정신을 일본에 전한 설잠

스님이기도 하고 속인이기도 한 설잠 김시습(雪岑 金時習·1435~1493)은 호가 매월당(梅月堂)이다. 서울 삼각산 중흥사에서 학문을 닦다가 어린 시절 그를 귀애하던 세종의 장손 단종이 숙부 수양대군에게 죽임을 당하는 것을 보고 큰 충격을 받아 책을 불사르고 전국을 유랑하였다. 세상을 비관한 단순한 은둔이 아니라 세상을 조롱하고 세속적 유교질서에 구속받지 않는 자유분방한 삶을 추구하였다. 하지만 그는 미치광이 같은 풍광의 삶속에서 '매월당문집'에 무려 2,200수의 시를 남겼고 '금오신화'와 같은 훌륭한 한문소설을 남겼다. 뿐더러 그는 조선 초기의 대표적 차인다운 차생활도 했다. 그는 차인으로서 직접 차를 심고 가꾸며 차를 만들어 스스로 마시며 많은 차시를 남겼을 뿐 아니라 일본국왕의 사절로 조선을 방문한 일본 승려 월종준초(越宗俊超)를 만나 자신의 '초암차 정신'을 전하였다. 신라고도 경주 남산의 용장사에서 진정한 차생활로 6년간 깊은 사유생활을 하였던 그는 자신을 방문했던 일본 사신 월종준초에 대한 답례로 울산 염포의 왜관에 있었던 준장로를 찾아가 차담을 나누었다. 그때 쓴 '일동승 준장로와 이야기하며(與日東僧俊長老話)'란 시에서 "선의 경지와 나그네의 마음 함께 아담하니 / 밤 새워 오순도순 이야기 할 만하여라" 한 것처럼 두 사람의 마음이 통하였던 것 같다. 그래서 설잠은 초암차 정신인 청빈과 자연, 선과 풍류도의 경지를 이야기 하였고 월종준초는 일본에 돌아가 다이도쿠지의 잇큐(一休)에게 매월당의 초암차 정신을 감격하여 전하였던 것 같다. 이에 잇큐는 제자 무라타 슈코에게 전하여 일본의 '와비차'와 '다도(茶道)'를 형성하는 기틀이 되게 하였음 직하다.

백성을 생각하는 한재 이목의 차

유학자인 정간공 한재 이목(貞簡公 寒齋 李穆 · 1471~1498)은 점필재 김종직(金宗直)의 문인으로 연산군 때 사화에 연루되어 아직 젊은 나이에 처형되었다. 24세 때 연경에 사행하여 육우의《다경》을 읽고 중국의 차 산지를 둘러보고 귀국하여 장편의 '다부(茶賦)'를 지었다. 차를 심고 가꾸어 차를 만드는 일은 물론 중국의 차 산지과 경관을 서술하고 차의 6덕과 차 심일여의 경지에 대한 깊은 이해를 표현하고 있다. 이는 필시 그의 스승 점 필재 김종직(佔畢齋 金宗直)이 성종 2년 함양군수로 부임하여 관영 차밭을 조성하였던 것을 일깨워준다. 함양에서 차가 생산되지 않는데도 백성들이 차세(茶稅)로 고통을 당하자 김종직이 엄천사 인근의 대나무밭에 다원을 조성하여 차세를 부담했던 일이다. 진정으로 백성을 위한 정치를 추구하였던 스승과 제자의 곧고 맑은 정신이 차 정신으로 승화되고 있다는 점에서 주목되는 바다.

그러나 이런 조선 초기의 차의 선구자로도 우리는 만족할 수 없다. 우리의 장구한 차 역사 전통을 생각하면 500~600년 정도를 거슬러 차의 선구자를 찾는 것으로는 만족스럽지 않다. 그래서 고려 시대로 거슬러 올라가며 중국에서 선과 함께 차를 도입하여 선차생활의 선구가 되었던 태고보우(太古普愚)라든가 엄청난 차시를 남긴 이규보(李奎報)라든가 하는 인물들을 우리 차의 선구자로 삼을 수 있지 않을까 생각해 본다. 그래서 어떤 이는 아예 신라 말 고려초에 구산선문을 세운 이들 가운데서 차와 연관지어 차의 선구자역을 맡겨야한다고 한다. 그런 인물 가운데는 중국 남전보원의 제자 철감 도윤(徹鑑道允)을 들기도 하고 장흥 보림사로 화엄경과 차를 가져온 원표(元表)가 거론되기도 한다.

'선차지법'을 창안한 정중무상

그러나 이쯤해서 차인들의 시야는 중원 땅에서 '선차지법(禪茶之法)의 창시자'로 모셔지고 있는 신라승 정중무상(淨衆無相·684~762)에게로 모아지지 않을 수 없다. 영국인 펠리오에 의해 돈황문서 가운데서 발견된 '무상오경전(無相五更轉)'과 '무상어록(無相語錄)'이 중국의 초기 선종 역사에서 무상이 차지하는 위치를 재인식시킨 데 이어 무상이 중국의 주요사찰 나한당에 오백나한 가운데 제455번째 나한으로 모셔지고 있다는 점은 그가 중국 대중들에게 얼마나 중요하게 인식되고 있는 것을 깨닫게 한다.

무상의 중요성은 그가 중국에서 '선차지법'의 창시자로 인정되고 있다는 점이다. 차계에서는 보통 조주종심(778~899)의 끽다거(喫茶去, 츠챠취) 공안이 송나라 시절 원오극근(圓悟克勤)을 거쳐 일본에서 다선일미(茶禪一味)로 전개되었다고 보고 있는데 최근 중국 차계는 정중 무상의 '선차지법'이 마조와 남전을 거쳐 조주종심의 '끽다거'로 이어진 것이니 선차 정신의 원조(元祖)는 필경 정중무상일 수밖에 없다고 한다. 특히 이런 관점은 중국 쓰촨성 대자사(大慈寺)의 따이은(大恩) 방장이 스스로 거론한 것이니 더 신빙성이 있다.

그렇게 볼 때 우리의 차 선구자는 자연스럽게 '선차지법'의 창시자이며 중국 초기선종에서 중요한 입지를 다진 정중무상일 수밖에 없다는 결론에 도달한다. 신라인 정중무상이 비록 국내가 아니라 외국 땅에서 선종을 일으키고 선차를 폈다고 해도 그가 우리 민족의 일원이라는 것은 두말할 여지가 없다. 그렇다면 그가 중국에서 활동한 점은 오히려 좁은 국내를 떠나 넓은 세계에서 국제적 인정을 받은 것이라고 할 것이기에 더욱 중요하다고 할 것이다. 게다가 무상이 이미 1,300년 전에 선차지법을 펴고 있다는 점이 간과되어선 안 된다. 그만한 역사가 뒷받침되어야 국제사회에서도 한국의 차문화의 뿌리를 인정하고 재평가할 것이니 말이다. 그러니 우리 차의 선구자는 다른 누구보다도 정중무상이 되어야 할 것이다.

우리 차생활의 정신은 무엇인가

차는 지금 세계인의 음료가 되었다. 하지만 차가 처음부터 인류의 음료였던 것은 아니다.

인류 역사시대 초기에 중국의 서남부 산악 지역에서 조금씩 음용하던 차가 차츰 중국 내에 전파되고 7세기경 신라에 전해지기도 했다. 12세기엔 송나라에 갔던 일본 승려 에이사이가 일본에 차씨를 전했다.

차는 16세기 말 예수회 신부들에 의해 유럽에 전해졌다. 인도 아삼 지방의 차가 재배되기 시작한 것은 19세기 중엽이 되면서부터다.

그런 차의 역사를 돌아볼 때, 지금 차를 산업적으로 영국이나 미국이 지배하는 것처럼 보이지만 차생활의 정신은 중국과 일본, 그리고 한국을 제외하고 거론하기 어렵다는 것도 자명하다. 따라서 우선 중국의 차 정신부터 살펴볼 필요가 있다.

중국차, 염담 · 청담 · 무욕의 사람만이 도달할 수 있는 경지 추구

중국에서 차에 관해 가장 먼저 체계적으로 논술한 것은 당나라 때 육우(陸羽)의 《다경(茶經)》이지만 차를 어떻게 즐길 것인가를 세 가지로 요약해 제시한 것은 송나라 채양(蔡襄)의 《다론(茶論)》이다. 채양은 그 책에서 차는 맛(味)과 함께 색(色)과 향(香)이 중요한 요소라는 점을 분명히 했다. 이에 따라 오늘날 중국차를 마실 때 다탕의 색을 우선 완상하고 이어 그 향기를 맡으며 마지막으로 그 맛을 음미하는 순서가 정해지게 되었고, 이것이 바로 중국식 품차(品茶)의 전통이 된 것이다.

그러면 그 중국인의 품차 정신을 무엇이라고 할 것인가. 당나라 때 시인 노동(盧仝)은 '맹간의가 새로 만든 차를 보내 주니 황급히 그 고마움에 감사한다(走筆謝孟諫議惠寄新茶)'는 한시에서 감동적인 품차 정신의 일례를 보여 준다. 노동은 차를 마실 때 "첫 잔은 우선 목구멍과 입을 부드럽게 적시고 둘째 잔은 적적함을 달래 준다. 이어 셋째 잔을 마시면 움츠러들었던 시정(詩情)이 소생하여 문자가 5천 권을 솟구친다. 넷째 잔을 마시면 가벼운 땀이 나며 평생의 불평불만이 모두 씻겨가 버린다. 다섯째 잔을 마시면 몸이 청결해지고 여섯째 잔을 마시면 신령에 통한다. 일곱째 잔을 마실 수는 없을 것이다. 이미 양 겨드랑이에 맑은 바람이 일어나는 것을 느낄 테니까. 신선이 사는 봉래산은 도대체 어디 있는가. 나 옥천자는 이 맑은 바람을 타고 돌아갈 것이니"라고 읊고 있다.

차를 마실 때 처음엔 차가 목구멍을 적시고, 땀을 내 모든 불평불만을 털 구멍에서 흩어지게 하지만 그에 그치지 않고 청정(淸淨), 고상(高尙), 탈속(脫俗), 풍아(風雅)한 신선의 세계로 승화시켜 주는 힘을 갖는다고 한다. 이 같은 노동 시인의 음다(飮茶)이념과 의취(意趣)가 바로 역대 문인들에게 깊은 감동을 주었으며 그것이 바로 중국차 정신의 일각을 이루었던 것이다.

하지만 중국차 정신의 다른 일면은 실천적이고 도덕적인 데에 있기도 하다. 육우는 《다경》에서 차의 다양한 면모를 서술하는 가운데 "차의 효용은 맛이 지극히 찬 것에 있으며 바로 그 때문에 음용이 가장 적합한 것은 정행검덕(精行儉德)한 사람이다."라고 주장한다. '정행검덕'이란 것은 질박하게 살면서 나날이 인격향상을 위해 노력하는 것을 말한다. 수행에 매진하는 산사의 선승들이나 인격도야에 정진하는 유학적 문인들에게 차는 매우 효용이 크다는 이야기다.

그러나 이 같은 노동의 '청풍'이나 '신령에 통함', 그리고 육우의 '정행검덕'은 청나라 시대 시인 진정혜(陳貞慧)의 '염담(恬淡)'으로 이어지면서 합일점을 찾는다. 차의 성질이 찬 것[寒]이라고 생각한 육우나, 더러움 없는 무욕의 세계를 차의 색과 향, 맛에서 느꼈던 채양, 그리고 그것을 다시 '염담'이란 말로 표현한 진정혜는 하나의 합일점을 말하고 있다. 중국인의 끽다·음다와 품차의 세계는 결국 염담·청담·무욕의 사람만이 도달할 수 있는 경지를 추구하는 것이며 이는 결국 중국차가 지향하는 최고의 정신세계라는 점이다.

규범과 질서를 중시하는 일본 다도

그런 중국차의 정신이 다른 나라 사람들의 차 정신과 크게 다르다고 생각할 수는 없다. 차문화가 중국에서 발생해 널리 전파된 것에서 그 점은 부인할 수 없다. 하지만 그 차문화가 일본에 전해지면서 일본에서는 중국과 구별되는 독특한 차 정신과 음다의 미의식이 조성되었다는 것 역시 부인할 수 없다.

노동과 육우로 대표되는 당나라 시대의 전차(煎茶), 송대의 투다(鬪茶), 현대 중국의 다예(茶藝) 등은 무라타 슈코와 센 리큐들에 의해 형성된 일본의 다도(茶道)와 함께 동아시아 끽다 문화의 내용을 심화시켰다. 리큐는 특히 차를 가르치면서 화경청적(和敬淸寂)의 사규(四規)의 덕목을 세웠다. 평화와 경건, 깨끗함과 고요함은 바로 일본 다도의 정신이 되었다. 물론 화경청적의 근원은 센 리큐의 스승 다케노 조오가 말한 '와비'와 '사비'를 발전시킨 것이고, 그것은 은자의 삶처럼 고독하고 한적한 삶의 모습을 표현한 것이다.

따라서 일본 다도는 규범과 절차를 중시한다. 부처님에게 차를 바치는 헌공다례 절차는 오로지 센 리큐의 가문인 우라센케의 이에모도만이 집전할 수 있다든가 차를 마시기 위해 특별한 다실(茶室)을 만들고 그 다실의 크기와 내부 장식 차 도구 등을 모두 특별한 미의식에 따라 엄격히 규정한 것도 그것이다. 이처럼 형식에 집착하면서 유파를 형성하여 발전한 것도 지극히 일본적이라고 할 것이다.

또 전국 시대의 살벌한 무사 문화를 순화하기 위해 차를 통한 마음의 평화와 사회 안녕을 추구한 전통에 따라 일본 다도는 다소 비장미가 강조되는 측면도 있다.

시대의 어려움을 차로 초극하고자 했던 우리

그에 비하면 한국의 차문화는 특별한 규범이 없다고 할 수도 있다. 차생활 자체가 한동안 단절되다시피 했다는 것도 한 원인일 것이다.

조선왕조의 성립과 함께 억불정책이 심화되면서 말차의 음용이 사라진 이후 우리 차의 명맥은 거의 단절되었다. 일부 궁중다례와 민가의 명절 다례에서 그 편린이 이어지기도 했지만 초의 선사가 《동다송》을 지으며 차생활 회복에 나선 조선말까지 민간의 차생활은 거의 인멸의 길을 걸었다고 할 것이다.

하지만 그 와중에도 우리의 차 정신은 일본보다 중국의 음다 정신과 매우 유사한 전통을 유지하고 있다고 할 수 있다. 특별히 다실을 만들지도 않고 또 유다른 유파로 나누지도 않는 가운데 차를 음용하는 것은 어디까지나 개인적인 일이 된 것이다. 손님과 차를 나누는 데 있어서 약간의 격식이 있지만 그것은 어디까지나 자연스런 대접과 응대 절차일 뿐이다.

그 때문에 우리에게는 차에 관한 규범이 강조되는 것은 오직 궁중다례와 명절 차례, 그리고 부처님에 대한 헌다 의식이 고작이라고 해도 과언이 아니다. 하지만 그럼에도 불구하고 한국인은 끽다 의식을 다도나 다예(茶藝)가 아닌 다례(茶禮)로 인식한다. 좋은 음식을 바치는 예절의 차원에서 보는 것이다. 그렇다고 손님과 차를 나누는 예절이 과도하게 형식적인 것도 아니다. 편안하고 즐거운 가운데 맛을 음미하고 향을 즐기며 찻잔의 멋을 완상하는 것이다. 마음을 열고 깊은 다담이 이어지는 자리를 마련하게 되면 족하다고 할 수도 있다.

더 나아가 중국 선승들이 청규를 만들어 다회를 가질 때, 차는 개인이 가질 수 없었고 오로지 승단 전체의 수행 행위의 일환이었다는 것도 상기해야 한다. 차는 선승들이 잠을 쫓기에 유용한 음료에 그치지 않고 단체 수행 과정의 예의 작법이기도 했다는 것을 간과할 수 없다. 따라서 우리의 차 정신도 '정행근검'과 '청정염담'의 수준으로 발전시키지 않으면 안 될 것이다. 초의 스님과 완당, 다산이 모두 차를 즐기면서 그런 정신세계를 추구했다는 것을 생각할 때도 그 점을 간과할 수 없다.

우리는 특히 시대의 어려움을 차로 초극하고자 했던 굳건한 정신이 돋보인다. 다산과 완당이 유배지에서 초의 스님과 차를 마시며 학문을 이야기하고 정신생활을 고양했던 것도 그 점을 실감케 한다. 물론 초의 스님은《다신전(茶神傳)》에서 이미 중국 노동 시인 등이 갈파한 차를 통해 정신의 정화나 입신지경에 이르는 것을 기약한 바 있다. 하지만 실제 생활에서 보이는 이들의 차생활은 단순히 신선의 경지를 얻어 초탈하려는 것이 아니다. 차를 나누며 현실의 고통을 딛고 희망을 향해 견인불발한 의지로 나아가는 용기와 힘을 더욱 얻고자 했던 것은 아닌가 싶다. 우리가 귀히 여기는 것은 차를 마시며 정신수양을 하는 데에 그치지 않고 몸과 마음의 기운을 돋우고, 어려운 때에 벗과 고통을 함께하며 상대의 행복마저 기원해 주는, 그런 큰 뜻이 우리 차생활의 정신에 보태졌다는 점이라 하겠다.

'조주의 차'가 한국에 미친 영향

1. 머리말

오늘날 선(禪)을 말하거나 선차(禪茶)를 말할 때 반드시 거론하게 되는 인물에 조주종심(趙州從諗·778~891) 선사가 있다. 선종의 역사에 끼친 그의 공로가 클 뿐 아니라 차를 수행의 도구 방편으로 이용한 인물로서 차의 정신적 가치를 확실히 제고한 업적을 잊을 수 없기 때문이다. 조주는 이미 1,100년 이전에 살았던 인물임에도 불구하고 그가 선차에 남긴 위대한 업적으로해서 중국과 일본, 한국에서 점점 더 중요한 인물로 부각되고 있는 것은 놀라운 일이다. 그런 그의 위대성이 바로 그를 '천하조주(天下趙州)'라고 말하게 하고 '조주고불(趙州古佛)'이란 소리를 듣게 하는 것 같다.

조주는 거의 120세까지 살면서 무수한 제자를 길러냈다. 그가 남긴 일화들은 영원불멸의 공안이 되어서 후세 선수행자들의 화두가 되곤 했다. '개는 불성이 없다[狗子無佛性]'라거나 '달마가 서쪽에서 온 의미를 뜰앞의 측백나무[庭前栢樹子]'라고 한 것은 모두 선가에 잘 알려진 조주가 던진 화두다.

그러나 조주의 화두 가운데 가장 유명한 것은 '끽다거(喫茶去)'일 것이다. 선차와 관련된 화두라는 점에서뿐 아니라 조주선의 진수를 가장 잘 설명하는 화두라는 점에서 그렇다. 조주선(趙州禪)을 간단하게 보자면 '끽다거'와 '평상심시도(平常心是道)'와 '다선일미(茶禪一味)'로 요약될 수 있을 것이다.

이 세 화두는 각기 독립적으로 존재하면서 사실은 서로 밀접하게 연관되어 뜻을 서로 통하고 있다.

당나라 시대 조주 선사가 조주 관음원[觀音院, 지금의 자오현(趙縣) 백림선사(柏林禪寺)]에 머물며 참구를 위해 몰려오는 학인들을 맞고 있었다. 어느 날 두 명의 행각승이 관음원의 조주 선사를 찾아뵙고 수행과 깨달음의 도를 물었다. 조주 선사는 이들 가운데 한 사람에게 이전에 이곳에 온 적이 있느냐고 묻자 그는 온 적이 없다고 대답했다. 그러자 조주 선사는 "차나 들게나[喫茶去]!"라고 했다. 이어 선사는 다른 행각승에게 이전에 다녀간 적이 있느냐고 물었는데 이번에는 다녀간 적이 있다는 대답을 들었다. 하지만 조주선사는 역시 "차나 들게나[喫茶去]!"라고 말했다. 이때 곁에서 지켜보던 절의 원주(院主)가 의문을 품고 물었다. "스님, 다녀간 적이 없는 자에게 '차나 들게나!'라고 하시더니 어째서 다녀간 적이 있는 자에게도 역시 '차나 들게나'라고 하시는지요?" 그러자 조주 스님은 원주의 이름을 부르더니 역시 "차나 들게나!"라고 말했다.

이 공안과 관련하여 징후이(淨慧, 중국 백림선사 전 방장) 스님은 이렇게 설명하고 있다.

"다녀간 적이 있는 자, 다녀간 적이 없는 자, 원주 이 세 사람에게 조주 선사는 일률적으로 차 한잔 씩을 주었다. 이 차는 조주 선사의 수용이자 선심(禪心)이다. 조주 선사는 아무 망설임 없이 남에게 그것을 나누어 준 것이다. 이 차는 선림(禪林)에서 '조주차'라고 불리며, 천년의 세월 동안 무수한 선객들을 길러냈다. 이것 이외에 수행에 대하여 조주 선사가 어떤 가르침을 주기를 바란다면, 그것은 참으로 어리석은 짓이요, 조주의 차를 저버리는 것이다. '차나 들게나![喫茶去]', 이것은 절대적인 것이다. 생각과 분별을 허용하지 않고, 일체의 의혹과 근심을 씻어내고, 일체의 망상을 털어내고, 진실하고 순박하게 당하(當下)에서 살아가는 것이다. 원주의 의문은 망망한 고해(苦海)이자 마음의 추락이었다. 조주 선사는 차 한잔을 통하여 그를 구한 것이다. 본분사를 해결함에 있어 경전의 문구를 논할 필요가 없다. 조주 선사에게는 오직 '차 한잔'이 있을 뿐이다. 생활과 신앙, 형이상과 형이하의 것, 가장 초월적인 정신적 경지와 가장 물질화된 일상생활이 전혀 빈틈없이 긴밀하게 연계된 것이다."(동아시아선학연구소편《다선일미(茶禪一味)》서문 참조)

징후이 스님은 "이것이 바로 '다선일미(茶禪一味)'의 진제(眞諦)이며, 다도(茶道) 정신의 원천이며, 동양의 지혜가 인류의 문화에 바친 가장 귀중하고 찬란한 보배이다. 일체의 망상과 분별을 버리고 본연의 절대심으로 자족하며 당하에서 살아간다면 정토는 자신의 발 아래에 있고, 부처와 함께 나란히 걸어가며, 삶 자체가 하나의 커다란 해탈의 장소가 되는 것이다."라고 부연하고 있다. 이는 생활 속의 모든 것이 '도' 아닌 것이 없고, '진실' 아닌 것이 없는 것이라는 확신이 없으면 할 수 없는 말이다.

조주의 그런 정신은 그 스승들에게서 전해진 것이다. 마조(馬祖)로부터 남전(南泉)을 거쳐 조주로 이어지는 가풍에서 '평상심이 도다[平常心是道]'라는 것은 핵심적 가르침이었다.

조주가 스승인 남전 선사에게 가르침을 받은 지 20여 년 되었을 때 조주는 스승에게 이렇게 물었다.

"어떤 것이 도(道)입니까?"

"평상심(平常心)이 도이니라."

"향해 나갈 수 있습니까?"

"향하려 하면 벌써 어긋나느니라."

"향하려고 하지 않으면 어떻게 도인 줄 알겠습니까?"

"도는 알고 모르는데 속하지 않느니라. 아는 것은 허망한 깨달음이며 알지 못함은 곧 무기(無記)니라. 만일 의심치 않는 도를 참으로 통달하면 마치 허공이 탁 트인 것과 같으리니 어찌 억지로 시비를 일으키리오."

이 문답으로 조주 스님은 태허와 같은 미묘한 도리를 깨쳤다고 한다.

이렇게 보면 조주의 '끽다거'는 '다선일미'의 정심을 꿰뚫고 있고 또 '평상심시도'의 가풍을 잘 설명한다고 할 수 있다. 그 점에서 '조주의 차'는 선림의 대표적 공안이 될 수 있고 차를 진실한 마음공부의 도구로 격상시키는 정신적 의미를 부여한다고 할 것이다.

2. '조주의 차'와 철감도윤

중국의 선종이 한국에 전래된 것은 흔히 통일 신라 시대라고 한다. 이 시기에 신라에는 구산선문(九山禪門)이 형성되어 급격하게 선종이 전파되었다. 신라 출신의 학자 최치원이 쓴 문경 봉암사의 '지증대사적조탑명(智證大師寂照塔銘)'에는 당시 중국에서 선을 배우고 귀국하여 선종을 편 신라승의 이름이 거론되고 있다.

"중국에서 귀국한 선사들은 앞에서 말한 북산(雪嶽山 陳田寺)의 도의(道義)와 남악(智異山 實相寺)의 홍척(洪陟)을 들 수 있다. 그 뒤로 태안사의 혜철(惠哲) 국사, 혜목산의 육(育, 玄昱), 지력문(智力聞, 智勒寺의 聞) 스님, 쌍계사의 혜소(雙磎寺 慧昭), 신흥사의 충언(新興寺 忠彦), 용암체(湧岩體, 覺體), 진구사의 각휴(珍丘寺 覺休), 쌍봉사의 도윤(雙峰寺 道允), 굴산사의 범일(孤山寺 梵日), 성주사의 무염(聖住寺 無染), 보제사의 광종(菩提寺 廣宗) 등이 차례로 귀국하여 선법을 폈다."

이 적조탑명에는 이밖에도 당에 건너갔다가 신라로 귀국하지 않고 그대로 남아 중국 땅에서 불법을 편 정중사 무상(淨衆寺 無相)과 상산 혜각(常山 慧覺)의 이름도 적시되어 있다.

하지만 '조주의 차'를 한국에 누가 전했는가라는 관점에서 보면 아무래도 이들 유학승 가운데 가장 주목되는 이가 쌍봉사 도윤일 것이다. 철감도윤(澈鑑道允 · 798~868)은 유학생 가운데 조주와 가장 가까운 인연이 있었다고 여겨지기 때문이다. 그는 825년 당나라로 가서 남전보원(南泉普

願·748~834)의 법을 받았으며 847년 귀국할 때까지 중국 땅에 머물렀다. 무려 22년간이다. 이 시기의 상당 부분을 도윤은 남전보원의 슬하에서 조주 스님과 같이 수행했다고 보여지기 때문이다.

물론 '조주의 차'는 조주 혼자만의 것이라고 보기 어려우며 그의 스승 남전보원의 법을 이은 것이기도 하고 한 걸음 더 나아가 남전의 스승 마조도일의 법이 이어 내려온 것이라고 할 것이다. 때문에 신라의 구산선문은 각기 마조나 서당지장, 염관제안에게서 선법을 배워온 신라인들에 의해 마조가문의 '평상심시도' 정신을 이미 터득하고 있었을 수도 있지만 그 가운데 철감도윤은 조주와 함께 남전보원의 밑에서 동문수학한 만큼 남전과 조주의 선법을 가장 생생하게 신라 땅에 전파하였을 것에 틀림없다. 하지만 철감도윤이 한국 땅에 심어놓은 '조주의 차'가 금방 생생하게 꽃피었던 것은 아니다. 철감도윤의 사자산문의 법만이 아니라 다른 구산선문들도 부침을 거쳐 서로 영향을 주고받으면서 선종 특히 '조주의 차' 정신을 계승해 갔다고 할 것이다.

3. '조주의 차'를 처음 말한 진각혜심

고려 시대에는 차를 마신 시인 묵객과 선승이 적지 않아 이들이 남긴 시문도 상당하다. 하지만 '조주의 차'를 상기할 만한 선객의 시문은 쉽게 찾기 어렵다. 그런 중에 진각혜심(眞覺慧諶·1178~1234) 국사의 존재가 특이하다. 스님은 1202년 보조지눌(普照知訥·1158~1210)의 밑에 출가하여 차와 선을 배워 마침내 송광사의 2대 주지가 되었다. 1205년 억보산(현재의 광양 白雲山)에 머물던 스승 지눌을 찾아 가다 산 밑에서 쉬다가 국사가 시자 부르는 소리를 듣고 게송을 지었다.

呼兒響落松蘿霧　　아이 찾는 소리는 송라 안개 속에 울리고
煮茗香傳石徑風　　차 달이는 향기는 산길따라 바람에 실려온다

纔入白雲山下路　백운산 아랫길에 겨우 들어섰는데
已參庵內老師翁　암자 안의 스승님을 벌써 찾아뵈었네.

혜심은 멀리서 들려오는 스승의 아이 부르는 소리와 바람결에 묻어 오는
차 향기를 맡고는 만나기도 전에 스승의 진면목을 보았다는 표현 속에 스승
과의 대화가 차와 함께 이루어지는 면목을 보여주고 있다.

여기서 더 나아가 혜심은 '다천(茶泉)'에서 조주의 차를 직접 노래한다.

松根去古蘇　소나무 뿌리의 묵은 뿌리 걸어내니
石眼迸靈泉　돌구멍에 신령한 샘이 솟아나네
快便不易得　상쾌한 그 맛은 쉽게 얻기 어려운데
親提趙老禪　조주 스님 선미(禪味)를 친절히도 드러내네.

송광사의 이런 조주차 정신은 6대 국사 원감 국사 충지(圓鑑沖止 · 1226
~1292)에서도 볼 수 있다. 병중의 심정을 표현한 시 가운데서 그는 "서리
가 차가우니 누빈 옷을 급히 찾고 / 빈방에는 오직 하나 향로만 마주할 뿐 /
사미승은 나물밥이 담백함을 모르고 / 산차를 끓여와서 맛을 보라 권하네
[霜冷急尋三事納 室空唯對一爐香 沙彌不解蔬飡淡 來點山茶勸我嘗]."라고
읊고 있다. 조주 스님이 행각승에게 차를 권한 것과는 달리 여기서는 어린
사미가 산차를 끓여 스님에게 맛보기를 권하는 모습이다. 하지만 차를 권
하는 상황 속에서 누구나 '조주의 차'를 저절로 느낄 수 있을 것 같다.

태고보우(太古普愚 · 1301~1382) 스님은 삼각산 중흥사 동쪽에 태고사
를 짓고 '태고암가'를 지었다. 1346년 중국에 가 호주 하무산에서 석옥청공
(石屋淸珙)의 법을 잇고 동국 임제종의 초조(初祖)가 되었다. 그의 태고암가
마지막 구절은 다음과 같다.

趙州古佛老 坐斷千聖路　조주 늙은 고불이 앉아 천성의 길을 끊었소
打破牢關後 淸風吹太古　굳은 관문을 쳐부순 후 맑은 바람 태고에 부네.

태고보우 역시 조주차를 벗삼아 장벽을 타파하고 마침내 태고에 맑은 바람을 일게 한다는 확신을 노래하고 있다.

4. 조선 시대에도 드러난 조주차

신라와 고려와는 다르게 조선왕조는 배불숭유(排佛崇儒)로 일관한 나라였다. 그 조선 건국 초기에 조정의 배불숭유 정책에 맞서 불교를 수호하는 이론을 펴며 한편으로 평이한 선불교를 통해 백성들의 삶을 위로하고자 한 승려가 있었다. 기화(己和·1376~1433)가 바로 그 인물로 호가 득통(得通), 당호가 함허(涵虛)로 흔히 '함허득통'으로 불렸다. 스님은 그의 사형인 진산(珍山)과 옥봉(玉峯) 스님이 입적하자 각각 영전에 향과 차를 올리고 이런 차게(茶偈)를 남겼다.

一椀茶出一片心　한 잔의 차는 한 조각 마음에서 나왔나니
一片心在一椀茶　한 조각 마음은 한 잔의 차에 담겼네
當用一椀茶一嘗　이 차 한잔 맛보시게
一嘗應生無量樂　한번 맛보면 한량없는 즐거움이 생긴다네

此 一椀茶　이 차 한 잔에
露我昔年情　나의 옛정을 담았구려
茶含趙老風　차는 조주 스님의 가풍이라네
勸君嘗一嘗　한번 맛보면 한량없는 즐거움이 생긴다네.

도반의 열반을 보며 인간적인 정으로 차 한잔을 권하는 것도 멋스럽거니와 차가 결국 조주 스님의 가풍이니 선수행으로 진정한 해탈의 맛을 보라는 수행자다운 축사다.

조선 중기의 고승 휴정(休靜 · 1529~1604)도 좋은 선차시를 남겼다. 호는 청허(淸虛), 별호는 서산대사(西山大師), 백화도인(白華道人) 등이다. 그의 차시 가운데는 선기가 뚜렷한 것이 적지 않다.

우연히 읊는다(偶吟)

松榻鳴山雨	소나무 탁자가 산비에 울리는데
傍人詠落梅	옆 사람은 떨어지는 매화를 노래한다
一場春夢照	한바탕 봄꿈이 끝나니
侍者點茶來	시자가 차를 다려오누나.

이처럼 차를 일상화한 것은 서산대사 휴정이 "승려가 일생 동안 하는 일은 차를 달여 조주에게 바치는 것"이라고 한 말에서도 드러난다.

도운선자(道雲禪子)

衲子一生業	중이 평생 할 일이란
烹茶獻趙州	차를 달여 조주 스님께 바치는 일이라네
心灰髮已雪	마음은 재가 되고 머리는 이미 희었는데
安得念南洲	어찌 남주를 생각하리오.

서산대사의 차시 가운데는 차를 권하는 산의 인정을 읊은 것도 있다.

행주선자(行珠禪子)

白雲爲故舊	흰구름을 옛벗 삼으니
明月是生涯	밝은 달이 생애라네
萬壑千峰裏	겹친 골짜기와 천의 봉우리 속에서
逢人卽勸茶	사람을 만나면 곧 차를 권한다오.

차를 권하는 선가의 가풍은 조선조 선사에서는 일상적이었던 것 같다.
서산 대사의 제자 소요태능(逍遙太能 · 1562~1648)의 다게 '조주차(趙
州茶)'도 그 점을 잘 표현하고 있다.

三等茶甌換眼睛	셋째 찻사발이 눈을 맑게 바꾸는데
幾人言下入門庭	말이 떨어지자 문에 든 이 몇이던고
應機隨手用無盡	임기응변의 즉각 작용은 다함이 없어
後代兒孫直使明	후대의 자손을 오로지 밝게 한다네
雷例逢人喫茶去	만나는 사람마다 큰소리로 모두 차나 마시라고 하니
淸平一曲少知音	청평의 한 곡조를 아는 이 적다네
叢林待客只如此	총림의 손님대접이 다만 이러했으니
劫外家風直至今	겁 밖의 가풍이 지금까지 이어진다네.

이렇게 전해지던 조주차의 정신은 조선 후기에도 계속 이어졌다. 조선말
한국선다도의 중흥자인 초의의순(草衣意恂 · 1786~1866)은 중국의 '만보
전서(萬寶全書)'를 초출하여 《다신전(茶神傳)》이란 차 교양서를 만든 데 이
어 조선의 차를 설명하는 《동다송(東茶頌)》을 저술하여 널리 폈다. 중요한
것은 초의가 《다신전》을 초출하면서 그 마지막에 당시 조선 승가의 상황을
소개하고 있는 점이다. "총림(叢林)에도 조주풍(趙州風)이 있어 이제껏 알지

못했던 다도(茶道)를 탐구하고자 외람되지만 이에 초시(抄示)하는 바이다."
라고 한 것이다. 승가에 조주풍은 남아있으되 당시 차를 제대로 키우고 만들어 음다하는 습관은 많이 쇠퇴하고 있었기 때문에 그 아쉬움을 해소하기 위해 채다 조다 등 기본부터 다시 교육하고자 했던 뜻이 드러나고 있다.

그 영향으로 초의 스님의 제자 범해각안(梵海覺岸 · 1820~1896)은 그의 '차노래(茶歌)'의 중간 부분에서 당시 조선의 선가에서 당나라 조주의 차 풍속이 전해 지고 있는 모습을 이렇게 노래했다.

"…禪家遺風趙老話   선가의 유풍은 조주 스님의 말씀이고
見得眞味霽山先   참맛 보고 얼음은 제산이 앞섰다…"

범해각안의 제자 금명보정(錦溟寶鼎 · 1861~1930)은 '다송자(茶松子)'로 자호하고 80여 편의 차시를 남긴 이다. 그의 차시 '차를 달이다(煎茶)'의 첫머리는 이렇게 시작되고 있다.

有僧來叩趙州局   스님네가 찾아와서 조주 문을 두드리면
自愧茶名就後庭   다송자 이름값에 후원을 나간다.

선가의 조주다풍이 조선 후기의 선사들 사이에선 너무나 당연하였던 것을 미루어 짐작하게 한다.

조선말의 대표적 선승이었던 경허(鏡虛)의 제자 만공(滿空)역시 조주차의 정신을 드러내 보였다.

끽다헌다
어느 날 스님이 차를 마시다가 고봉선화가 들어오는 것을 보고 말했다.
여보게! 나 차 한잔 마시네

하니 고봉이 말 없이 앞에 나아가 차를 한잔 따라 올리고 합장한 뒤 물러났다.

스님은 아무 말 없이 문득 쉬었다.

'평' 꽃 피고 새 노래하는 평화로운 봄이로다.

喫茶獻茶

古峰禪和 有時 便入室 師適喫茶 顧示

'善來古峰 吾今喫茶'

峰卽進獻椀茶 而合掌拜退

師便休去

'評' 花笑鳥歌平和春

　조주차는 이처럼 차시의 좋은 주제가 되었다. 그러나 다만 차 맛을 즐기는 차원에 그치지 않고 깨달음의 실체를 체험하는 현장 방편으로 이용되었다. 조주 화두가 선가의 중요한 화두로 탁마되고 선차와 더불어 깨달음을 성취하려는 선객들의 희원이 되었다고 보인다. 조주가 천 년 전에 말했던 차는 천 년이 지나고도 이웃나라 한국에서조차 깨달음을 위한 방편이었음을 실감케 한다. 평범한 이들이 '끽다거'라고 할 때는 그 말은 다만 차를 권하는 말이겠지만 참선을 통해 열반을 구하는 선사에서는 선배 선지식이 차를 내어주는 넉넉한 인심과 배려 속에 후학들에게 깨달음의 진수를 그 자리에서 당장 느끼게 하는 현실공간이자 마음의 공간을 활짝 열어주고 있었다고 할 것이다.

5. 염다래와 끽다래

　조주의 '끽다거'는 한국의 선가에도 큰 영향을 미쳤다. 한국의 선사들은 '조주의 차'를 말하면서 차를 끓이며 차를 마시고 차를 권하였다. 한국의 선가에서 '조주차'라든가 '조주노인(趙州老人)'을 말하는 것은 곧 선정을 통해 깨달음을 성취하려는 강한 기대를 반영하는 증표나 한 가지였다. 때문에 한국 선종사찰에서 '끽다거'는 깨침의 지침이 되었지만 동시에 '다선일미(茶禪一味)'의 정신과 '평상심시도(平常心是道)'를 이루어온 마조 남전 조주가풍(馬祖 南泉 趙州家風)을 전승하는 것이나 한 가지였다.

한데 한국의 선가(禪家)와 차계(茶界)에서는 '끽다거'나 '조주차'를 그대로 받아들이는 데 그치지 않고 이를 응용한 선어로 조주의 선 정신을 에둘러 계승하는 경향이 나타났다. 그 대표적인 예가 경봉(鏡峰·1892~1982) 스님의 '염다래(拈茶來)'와 차인 금당 최규용(錦堂 崔圭用·1903~2002)의 '끽다래(喫茶來)'라 하겠다.

통도사(通度寺) 방장을 지낸 경봉 스님은 시 서 화(詩書畵)는 물론 차(茶)와 선(禪)에 두루 회통하여 '오절(五絕)'의 경지에 이르렀다는 소리를 들은 근대 고승이었다. 그는 특히 고려 이래의 한국 선차를 계승하여 '선다일미'의 경지를 선가만이 아니라 일반인에게도 널리 맛보여준 차인으로 높이 평가되었다. 그런 그가 늘 그를 찾아온 객에게 묻곤 한 것은 "자네 지금까지 차 몇 잔이나 마셨나?"였다고 한다. 조주의 '끽다거'나 마찬가지로 경봉 스님의 "자네 지금까지 차 몇 잔이나 마셨나?"는 수행을 위한 화두가 되었다. 그러다가 경봉 스님은 그의 뜻이 통하고 말귀를 알아듣는 눈 밝은 이가 찾아오면 "시자야 염다래 해라!"라면서 차를 달여 내오게 했다.

염다래는 '차를 달여서 내오라'는 말로써, 그에게는 한 그릇의 맑은 차[一椀淸茶]로 손을 맞는 것이 최상의 대접이었다. 그는 조선의 막사발에 말차 대신 잎차를 넣어 우린 차를 즐겨 마시곤 했다. 따라서 경봉 스님은 조주의 차를 살리면서 동시에 한국의 전통 선가 다법을 계승하였던 이였다.

한편 금당 최규용은 원래 토목기술자였으나 차를 알면서부터는 차의 매력에 흠뻑 빠져 평생 차 마시기 운동을 폈다. 중국과 일본과 한국에서 차를 찾아다니던 그가 조주의 '끽다거'를 알면서는 그 매력에 경도하여 스스로 '끽다래(喫茶來)'라는 말을 만들어냈다. 전하는 이야기로는 그가 1988년 해인사에서 건물 보수공사를 하면서 해인사의 선승 일타(日陀) 스님과 달마도를 그리던 석정(石鼎) 스님과 의기투합하여 차를 매개로 교유하는 가운데 '끽다래(차를 마시러 오게)!'라는 말을 지어낸 것이라고 한다. 그는 비록 선객은 아니었지만 스스로 몇 해 동안 해인사에서 선수행을 하면서 깊이 선차를 체험한 후로는 평등과 검소함으로 차 마시기 운동을 주도하였다. 금당의 차 사랑은 차의 대중화를 넘어 '차를 천천히 마시며 음미하노라면 저절로 마음의 평안을 얻는다'는 차의 선적 효험을 강조하는 단계까지 나아갔다. 그의 차 사랑과 국제차교류에 대한 공로를 인정받아 한국의 해인사와 중국, 호주 등에는 '끽다래비(喫茶來碑)'가 세워졌다. 그의 '끽다래'가 비록 조주의 '끽다거'를 바탕으로 한 것이기는 하지만 그가 승속(僧俗)을 가리지 않고 차 마시기 운동을 통해 지향했던 바는 보다 진전된 '정신성을 고양한 차 대중화'였다고 할 것이다.

6. 결어

조주 스님의 '끽다거(喫茶去)'가 처음 발설된 것은 9세기 중엽 중국 자오현의 관음원에서라고 한다. '차를 마시라'는 말이 그때 처음 나온 말은 아니었지만 80세를 넘은 조주노인이 삶의 진실을 찾아헤매던 젊은 행각승들에게 그 말을 하였을 때는 분명 특별한 분위기를 연출했을 것 같다. 노인의 풍부한 인생경험과 수행의 결실이 어려울 것 없는 친절한 한마디에서 행각승들의 몸과 마음의 평안을 주었을 것이다. 차를 내어주고 목마름을 해소해주는 시간과 공간을 제공해줌으로써 행각승들은 일상의 생활에서 만나는 차를 넘어 마음의 해탈을 얻는 순간의 경험을 할 수 있었을 것 같다.

이처럼 조주의 '끽다거'는 마조 남전 조주로 이어지는 선문가풍의 모습을 단적으로 보여준다. '차 한잔 마시게!'라는 한마디를 통해 '평상심시도(平常

心是道)'를 구체화할 수 있고 차 마시는 지금 속에서 '일기일회(一機一會)'의 절대성이 드러나며 나아가 '다선일미(茶禪一味)'를 체감하게 된다.

따라서 조주의 '끽다거'는 선문의 화두가 되었고 천 년을 넘는 세월을 지내며 한국과 중국과 일본의 선문의 중심적 화두가 되었다. 특히 한국에서는 조주와 함께 남전의 문하에서 수학한 신라인 철감도윤이 귀국하면서 마조 남전 가풍의 선이 많이 보급 확산되었고 이후 고려와 조선조를 거치면서 조주의 차는 선문 화두의 중심으로 전승되었다.

중요한 것은 이렇게 조주의 끽다거는 한국 선종의 중심 화두로 계속 전승되면서 한국의 사찰을 중심으로 차문화가 계속 유지될 수 있었다는 점이다. '숭유억불(崇儒抑佛)' 정책을 펴던 조선조의 상당 기간에는 차생활이 크게 위축되었다. 거기에 차농에 대한 지나친 부담 강요로 차 농사가 기피된 시기도 있었다.

하지만 선사의 차가 존속하면서 차를 즐기는 문화도 회복될 수 있었고 차 대중화와 부흥도 가능해졌다. 따라서 한국 선가의 조주차 선호는 한국 선종을 깊이있고 풍부하게 했을 뿐 아니라 일반인의 차문화 향상에도 크게 기여했다고 할 것이다. 경봉 스님의 '염다래(拈茶來)'가 선종사찰에서 대단한 의미를 갖지만 동시에 세속인인 금당 최규용의 '끽다래(喫茶來)'가 그에 못지않게 중요한 의미가 있다고 할 것이다.

한 · 중 · 일 삼국의 '차의 정신'

1. 머리말

차는 한 · 중 · 일 삼국에서 오래전부터 즐겨 마시는 음료다. 중국의 경우는 2천 년 이상의 차 역사를 자랑하고 한국과 일본 역시 그렇다. 차가 생활화되면서 단순한 음료의 차원을 넘어 차츰 문화가 되고 정신적 영역의 자산으로 진화하였다. 차는 역사를 통해 단순한 산업적 생산물이나 기호품의 수준에 머물지 않고 품차와 투자의 단계를 거치며 다양한 문화를 산출하였다. 차 자체의 품질이나 차를 마시는 방법 혹은 차를 끓여 마시는 도구인 다구의 다양함도 사람들이 추구하는 바이지만 차를 마시는 예절 형식이나 차를 마시면서 체험하는 정신의 가치에 대한 다양한 논의도 제기되었다.

그 차의 정신적 가치는 한 · 중 · 일 삼국이 서로 교류를 통해 영향을 주고받았지만 그런 가운데도 각각 다른 역사 지리적 특성 때문에 자기 나름의 독특한 모습을 보이고 있다. 또 중국은 '정행검덕(精行儉德)'을 중국 다도사상의 핵심이라고 하고, 한국은 '중정(中正)'을, 일본은 '화경청적(和敬淸寂)'을 제시하고 있는 것이 그 일례다. 물론 이들 이외에도 다양한 정신가치가 계속 제시되고 있으며 앞으로도 새로운 차의 정신은 계속 개발될 수 있으리라 생각된다.

하지만 이 논문에서는 앞에 제시된 각국의 대표적 다도 정신의 요체를 중심으로 그 연원을 따져봄으로써 삼국의 차 정신의 상호보완적 모습을 모색해 보고 싶다.

2. 중국 차의 정신

중국에서 다도사상(茶道思想)을 단편적이나마 최초로 언급한 것은 다성(茶聖) 육우(陸羽 · 733~804)로 알려져 있다. 그는 자신의 저작인 《다경(茶經)》에서 "차는 성질이 차서 정행검덕지인(精行儉德之人)이 마시기에 가장 좋다."고 하였다. 또 그는 "차의 성질 자체가 검소하다[茶性儉]."고도 했다. 《다경》에는 "안영(晏嬰)이 제나라 경공의 재상으로 있을 때 현미밥을 먹고, 세 꼬치의 구운 고기와 알 다섯 개와 차나물뿐이었다."는 이야기도 실려 있다. 승상의 검소한 생활상이 '찻잎으로 만든 나물'로 표현되고 있다.

그렇다면 어떤 사람이 '행동과 덕을 닦는 사람[精行儉德之人]'일까? 왕총린(王從仁)이 쓴 '중국의 차문화'에는 명대 이일화(李日華)의 설명을 들고 있다. "차는 향기와 맑음으로 정신을 씻고, 책을 읽고 도를 말하지 아니하면 사용하기에 적합하지 않다. 그리고 진정으로 도를 닦는 사람이 아니면 차의 맛 또한 평가하기 쉽지 않다." 이 말을 부연하자면 첫째는 차를 마셔서 그 맑음으로 정신을 씻은 다음에 책을 읽고 도를 말할 수 있다는 취지이고 둘째는 학문이 높고 도행이 출중한 사람만이 차를 마시더라도 그 맛을 깨달아 알고 평가할 수 있다는 이야기다.

그렇지만 현실에서 차는 일상적인 음료이며 누구나 즐기는 기호물이다. 덕이 높지 않더라도 마셔서 즐기고 학문이 높지 않은 사람도 자주 마시며 즐긴다. 이들 차 마시는 사람이 모두 높은 덕을 기르거나 도행을 할 수 있게 된다고 장담하기는 어렵다. 다만 이렇게 차를 마시고 즐기는 사이에 자신의 정신이 맑아지고 소박해지는 경우는 없지 않을 듯싶다.

중요한 것은 이렇게 차의 성질과 사람의 인격, 덕성과 연결 짓는 사고의 경향이 벌써 오래전부터 있어왔으며 심하게 말하자면 차의 출현과 더불어 함께하였다고 할 수 있다는 점이다. 그 결과 중국에서 차는 유교, 불교, 도교와 특별히 관련되고 있다. 육우의《다경》에서도 이런 면이 모두 투영되고 있지만 육우 자신은 유가적 경향이 강하다고 할 것이다.

중국에서 차 마시는 풍습이 보급된 것은 바로 불교와 관련이 있다. 좌선 과정에 정신을 진작하고 수마를 퇴치하며 타액이나 체액 분비를 촉진하고 갈증과 피로를 해소하는 데 차가 특별한 효능을 발휘했다. 당대 이후 선종이 번성하면서 사찰 내 차생활도 제도화하였다. 심지어 사찰은 차 경작에도 큰 공헌을 했다. 다도(茶道)와 선열(禪悅)이 중시된 것은 물론이다. 이런 가운데서 백장회해(百丈懷海 · 720~814)와 조주종심(趙州從諗 · 778~897)의 출현은 차의 정신성을 결정적으로 고양시켜 주었다. 육우의《다경》에서 겨우 보일 듯 말 듯 하던 차의 정신성이 이들에 의해 비로소 뚜렷해 지고 있다. 마조의 제자인 백장은 '백장청규'를 제정하여 선원생활의 규약을 제정하면서 '하루 일하지 않으면 하루 먹지 않는다[一日不作 一日不食]'는 원칙을 제시하고 선원의 구성원들이 참선공부와 함께 스스로 노동하는 생활의 중요성을 체득케 하고 있다. 중국 선종의 특징이 '농선병중(農禪竝重)'으로 이어지고 있는 것도 그 영향이다. 참선공부를 하는 것이 중요한 것은 물론이지만 몸소 농사일을 하면서 생산성을 높이는 것도 중요하다는 것을 선종 사찰에서는 몸으로 실천함으로써 깨달아 실천했다고 할 것이다. 차 맛을 보는 것도 중요하지만 차를 심고 가꾸며 차를 덖고 말려서 나중에는 끓여서 여러 사람과 함께 나누어 마시는 보차(普茶)의 과정까지의 모든 일을 하는 것이 이 못지않게 중요하다는 것을 백장은 가르쳤던 것이다. 어찌 차를 마시는 것만으로 잘 안다고 할 것인가. 차를 심고 가꾸어 찻잎을 채취해서 끓여먹을 때까지 모든 과정이 차 마시는 맛과 동떨어질 수 없다는 논리가 아닌가. 실제로 이는 백장의 스승인 마조도일(馬祖道一)의 평상심시도(平常心是道)를 이어받은 것이라고 할 수 있다.

그러고 보면 조주종심이 말한 '끽다거(喫茶去)'도 평상심시도와 같은 맥락이라 할 것이다. 물론 백장청규에서 규정한 '끽다'는 원래 엄격하게 제한된 예법이었다. 차를 마시는 다당(茶堂)도 별도로 있었고 차를 마실 때 북을 두드려 승려들을 모으던 다고(茶鼓)도 따로 있었다. 차를 전담하는 다두(茶頭)도 있었고 손님에게 차를 접대하는 시다승(施茶僧)도 있었다. 좌선할 때는 먼저 향을 한 개 피우고 나서 차를 마셔 정신을 들게 한 후 참선에 들어갔다. 절에서 쓰는 차와 차 도구도 까다로운 구분이 있었다. 하지만 조주는 '끽다거'라고 하면서 그런 모든 형식과 제한에 구속되지 않는 활발하고 자유로운 기풍을 보여주었다. 좋은 차냐 아니냐의 여부나 차 도구의 우열을 초월하고 차를 우리는 솜씨나 차 예절에 집착하지 않고 그저 차 한잔을 마시는 가운데 차를 마신다는 생각조차 잊는 여유와 자유를 추구했다고 할 것이다. 거기서 선다일미(禪茶一味)가 드러난다.

'다선일미'는 원래 《벽암록》의 저자로 알려진 송대 선림의 거장 원오극근(圓悟克勤·1063~1135)이 일본인 제자에게 전해준 묵적으로 해서 널리 전파된 일구다. 일본에서 잇큐 소준(一休宗純)과 무라타 슈코(村田珠光)가 차인으로 유명하게 되면서 이들이 전승하였다는 이 묵적의 의미가 확대되면서 '다선일미'는 중국에서보다도 일본에서 더욱 그 의미가 심화된 듯하다.

이 점과 관련하여 육우의 친구인 시승 교연(皎然)이 처음 제시한 '다도(茶道)'라는 말이 중국에서보다도 일본에서 더욱 유행하게 된 사연도 음미할 만하다. 교연의 시 '음다가초최석사군(飮茶歌誚崔石使君)'에는 차를 마시면 도에 이르고 다도를 완전히 숙지하는 것이 중요하다는 점을 갈파하고 있다.

"한 번 마시면 잠이 달아나고, 심사가 청량해지고, 두 번 마시면 정신이 맑아지는 것이 마치 갑자기 비가 내려 가벼운 먼지를 제거해주는 것과 같고, 세 번 마시면 도를 얻으니 어찌 고심하면서 번뇌를 제거할 필요가 있으리! … 다도를 모두 완전하게 숙지하니 오직 단구(丹丘)에서 이와 같음을 얻을 것이다."

여기서 보듯이 교연은 차를 맛보는 품차와 도를 깨닫는 오도(悟道)를 '다도(茶道)'를 통해 처음으로 연계시켰다고 할 수 있다. 교연이 말한 '다도'라는 말이 일본으로 건너가 크게 유행하게 된 것도 일본 차인들이 교연의 이같은 연계를 잘 인식한 결과라고 할 것 같다. 명대에 이르러서는 승려는 물론 거사가 매일 해야 할 일 가운데서 '자명(煮茗)'을 의외로 분향 다음으로 중요하게 보고 봉불(奉佛)이나 참선보다 더 중시하였다. 하지만 그렇게 차를 중시하면서도 정작 차의 정신을 발견하고 심화시키는 노력은 증장되지 않았다.

3. 한국의 차 정신

한국의 차는 대체로 2천 년의 역사를 가지고 있다. 대가야의 시조인 김수로왕(金首露王 · ?~199)의 아내인 허황옥(許黃玉)이 아유타국으로부터 배에 싣고 온 것이 처음이라는 기록이 있다. 더 나아가 신라 문무왕이 즉위한 661년에 김수로왕의 묘를 합설하고 차와 술, 떡과 과일을 가지고 제사를 지냈다는 기록도 있다. 또 신라 경덕왕(景德王 · ?~765) 때에는 향가 작가이며 승려인 충담사(忠談師)가 매년 3월 3일과 9월 9일에 경주 삼화령의 미륵세존에게 바치던 차를 임금에게 끓여 올렸다는 기록도 있다. 충담은 '안민가'를 지어 백성의 행복을 기원하기도 했다. 그러나 공식적으로는 신라 흥덕왕 때인 828년 대신 대렴(大廉)이 당나라에 사신으로 갔다가 차씨를 얻어와 지리산 등지에 심었다는 기록이 한중 차사를 장식하고 있다.

이 시대의 차생활에서 주목할 것은 차가 봉불(奉佛) 의식용으로, 혹은 제왕의 제사용으로 쓰였고 임금을 위한 대접으로도 쓰였다는 점이다. 차가 매우 소중한 공물이었다는 뜻이다. 차가 몹시 귀한 물건이었기에 아무나 마시고 사용할 수 있는 것이 아니었다는 뜻이기도 하다. 그런 귀한 차를 신라의 청년수련단체인 화랑들이 하늘에 바치고 동시에 자신들이 심신단련과 즐김을 위해 마시고 놀았다는 기록도 있다. 신라 진흥왕(540~575) 때 신라 화랑들이 호국의지와 심신수양을 위해 전국 명승을 순회할 때 강릉 한송정(寒松亭)에 와서 차를 끓여 마시며 호연지기를 길렀다는 이야기다. 최치원(崔致遠)은 '난랑비서(鸞郎碑序)'에서 "나라의 현묘한 도가 있으니 이름하여 풍류라 한다[國有玄妙之道曰風流]."라 하면서 풍류가 유불선(儒佛仙) 삼교를 회통한 것임을 거론하였다. 풍류를 즐기고 행하는 화랑들이 수양의 도구로 차를 이용하였다는 것은 한국에서 차의 정신적 시원을 엿보여준다. 최치원은 풍류도가 '집에서는 효도하고 나가서는 나라에 충성[入則孝於家 出則忠於國]'하는 유교의 가르침과, '무위로 일을 처리하고 말하지 않은 가르침을 행[處無爲之事 行不言之敎]'하는 도교의 가르침, 그리고 '모든 악은 행하지 않고 모든 선은 받들어 행한다[諸惡莫作 諸善奉行]'는 불교의 가르침을 모두 포함한다고 강조하고 있다. 그러나 풍류도의 특징은 이런 3교의 가르침을 넘어 단결화합하며 함께 인생을 즐기는 데[和樂] 더 의미가 있었던 것 같다.

그러나 최근 중국의 따이은(大恩) 스님이 '신선소각사지(新選昭覺寺志)'를 인용하여 신라 출신 무상(無相) 선사가 선차지법(禪茶之法)을 처음 개창하였다고 거론하면서 한국의 차의 정신적 토양이 선종과 밀접하다는 주장이 제기되고 있다. 따이은 스님은 "청두 대자사의 당나라 시대 조사는 신라 왕자로서 출가한 무상 선사이다. 참선, 품차를 하는 기나긴 과정에서 '무상 선차지법'을 개창하였으며, 선차문화에 매우 큰 공헌을 하였다. 대자사에서 참학과 강경을 한 송대의 불과극근(佛果克勤) 선사는 선차문화를 간접적으로 일본에 전했다."고 하고 있다. 여기서 중요한 것은 신라승 무상 선사가 중국 땅에서 선차지법을 열었으며 대자사에서 무상의 선차지법을 배운 원오극근이 일본에 선차문화를 전했다는 두 가지 점이다. 일본 차계가 신주처럼 모시는 원오극근의 '다선일미'가 결국은 무상 선사의 '선차지법'을 이어받은 것이 분명하기 때문이다.

그러나 선차지법이나 다선일미는 차의 정신성을 부각하고는 있지만 구체적으로 차를 하면서 추구하게 되는 정신, 곧 다도철학을 집어내 가르쳐주지는 않는다.

그 때문에 한국에서 차의 중흥이 이루어지던 19세기 중반에 초의(草衣 · 1786~1866) 선사가 《동다송(東茶頌)》에서 거론한 '중정(中正)'이 한국차를 대표하는 차의 정신으로 상당한 지지를 얻고 있다. 초의는 《동다송》에서 "몸과 정신(體神)이 비록 온전해도 중정을 지나칠까 두려우니[雖全猶恐過中正]"라고 하고 "중정을 넘지 않으면 건전한 신령 아우른다[中正不過健靈倂]."고 하였다. 또 이를 주석하여 "차의 많고 적음을 가늠하여 마땅하게 중정을 넘거나 잃지 않도록 한다."고 설명하고 있다. 물과 차는 각각 차의 몸(體)과 신(神)이기 때문에 중정이 균형을 이룰 때 체와 신이 어우러질 수 있다고 보는 것이다. 이는 차인들에게 넘치지도 모자라지도 않은 최적의 균형상태를 유지하는 것이 중요하다는 취지다. 중정의 의미는 원래 유가의 경전인 '중용(中庸)'에서 유래한 것이라고 할 수 있다. '중용'에서는 "엄숙하고 올바름은 족히 공경함을 있게 한다[齊莊中正足以有敬也]."고 하여 안과 밖, 내용과 실질이 모두 가지런하고 엄숙한 군자(君子)라면 족히 존경을 받을만하다는 뜻이다. 차인들이 차를 끓이고 마시며 음미하는 과정에서 모자라지도 않고 넘치지도 않는 중정을 깨우치고 범사에 실천하면 자연 군자(君子)의 경지를 유지할 것이라고 하겠다. 차를 마시는 과정에서 정신의 수행과 중용의 의미를 깨달아야 한다는 것이 한국차의 정신이다. 그러고 보면 이는 육우가 말한 '정행검덕지인'과도 일맥상통하는 바가 있다.

4. 일본의 차 정신

일본의 다도 정신은 흔히 '화경청적(和敬淸寂)'이라고 한다. 이는 센 리큐(千利休 · 1522~1591)에 의해 정립된 것으로 '화'는 화합과 조화를, '경'은 공경과 존경을, '청적'은 깨끗하고 맑고 고요함을 표현하고 있다. 차를 통해 상대에게 화합과 존경을 표하게 되면 자연스럽게 누구나 마음이 맑고 깨끗하며 고요하게 된다는 이치다.

　그런데 이 말의 원류는 일본 다도의 창시자인 잇큐 선사의 '근경청적(謹敬淸寂)'이었다. 잇큐의 이전에는 비록 차는 있었어도 아직 차의 정신을 논할 단계가 아니었다. 일본에 처음 차를 전한 것은 중국 천태산에 유학했던 최징(最澄)이 805년 차엽을 가지고 귀국하여 히예산(比睿山)에 심은 것에서 비롯한다. 그러나 일본에서 조금이나마 차의 정신이 깃들인 차를 이야기할 때는 에이사이(榮西 · 1142~1215) 스님이 중국에 다녀와 '끽다양생기(喫茶養生記)'를 쓰고 '나한공차(羅漢供茶)'를 소개한 것이 처음일 것이다. 그리고 같은 시기 중국의 원오극근이 일본인 제자에게 전한 '다선일미'라는 네 글자의 묵적이 일본을 자극하면서 비로소 일본 차의 정신이 부각된 것이라 할 것이다. 그를 바탕으로 15세기에 이르러 잇큐 소준과 무라타 슈코가 '다도'를 정립하였다.

　잇큐는 '주광문답(珠光問答)'에서 이렇게 말했다. "일미청정(一味淸淨)하고 법희선열(法喜禪悅)하니 조주 선사는 이를 체득했지만 육우는 이런 경지에 이르지 못했다. 사람이 다실에 들어가면 겉으로는 남과 나의 구별을 떨쳐버리고, 안으로는 부드럽고 온화한 덕을 함양하며, 서로 간에 교제함에 있어서는 삼가고[謹], 공경하고[敬], 사념을 품지않고[淸], 평온해지며[寂] 결국 온 세상이 평안해 진다." 이때 잇큐가 제시한 '근경청적'이 후에 센 리큐에 의해 '화경청적'이 되었다.

　그리고 센 리큐의 '화경청적'이란 차의 정신을 구체화한 것이 와비즈키(侘數寄)다도다. 흔히 '와비차'라고 하는 것이다. 이는 불완전하고 평범한 다구를 몹시 좋아한다는 의미다. 화려하고 완전한 다구보다 어딘가 불완전하고 자연스럽지만 그 가운데 단순 소박하며 고고 유현한 탈속의 미가 있는 찻그릇을 높이 평가하는 다도다. 황금으로 만든 다실에서 금으로 만든 다구로 차를 우려마시는 왕후장상 귀족들의 차 사치를 비판하고 조선의 막사발인 이도다완(井戸茶碗)을 오히려 최고의 다구로 귀히 여기는 다도다. 때문에 센 리큐는 도요토미 히데요시의 차 취향에 정면으로 배치되어 결국 할복 명령을 받고 목숨을 바치게 된다. 그렇지만 센 리큐의 다도 정신은 그 후 일본의 다도를 지배하는 정신으로 확고한 자리를 차지했다. 차를 마시는 일이 목숨을 걸 정도의 치열한 정신과 세밀한 다도를 정립하기에 이른 것이다.

한편으로 '다도'라는 말이 교연으로부터 온 것이고, '선다일여'라는 말이 원오극근으로부터 온 것이며. 심지어 '화경청적'이라는 말이 백운수단(白雲守端)으로부터 비롯했다는 주장이 제기되면서 밀본의 독창성을 의심하는 측면도 있다. 하지만 일본의 차 정신이 실제로는 일본의 독자적인 것이 아니라 중국의 영향이라는 비판에도 불구하고 중국이 차의 정신을 보다 심오하고 정치하게 체화하지 못하고, 대신 차 맛 중심, 차 기술 중심으로 빠져드는 사이에 일본 차인들은 중국인들의 속물적 취향을 뛰어넘는 고귀한 정신성을 심화시켜 보여주고 있다는 논의도 가능하다 할 것이다.

5. 결론

위에서 본 바와 같이 중국의 차 정신은 육우의 '정 · 행 · 검 · 덕'이요, 한국의 차 정신은 초의의 '중정', 그리고 일본의 차 정신은 '화 · 경 · 청 · 적'으로 대표되고 있다. 그렇지만 그것은 어디까지나 일반적이고 대체적인 주장이지 전체가 동의하는 완전한 것은 되기 어렵다. 한 나라의 차 정신을 어떤 한 사람의 주장으로 수렴한다는 것은 사실은 실질적으로 매우 어려운 일이기 때문이다. 그래서 역사를 보면 많은 차인들과 차 사상가들이 자신들의 주장을 계속 제기해왔다.

차가 부흥되고 차생활이 훨씬 더 널리 보급되는 근래의 경우만 하더라도 차연구가들의 차 정신에 대한 탐색은 간단없이 계속되고 있다.

그 구체적인 예로 중국의 경우 장티엔푸(張天福)는 '검청화정(儉淸和靜)'을 들고 나오고, 웬화이시아(文懷沙)는 '정청화(正淸和)'를 말하고 있으며 징후이(淨慧)는 거기에 '아'를 덧붙여 '정청화아(正淸和雅)'를 주장했다. 또 좡완팡(庄晚芳)은 '염미화경(廉美和敬)'이라고 하기도 했다.

그런가 하면 대만의 차문화 기수인 저우이(周渝)는 '정정청원(正靜淸圓)'이 대만을 이끌어온 차의 정신이라고 하였다. 그는 중국의 다예(茶藝)세계에는 중국 역사문화 속에 녹아있는 천(天)·지(地)·인(人) 삼재의 정신이 자연스럽게 영향을 주었기 때문에 다인들이 '정정청원'의 정신으로 차를 생활화해야 한다고 한다.

한국에서도 차 정신은 '중정'으로 만족되지 않고 있다. 최규용(崔圭用)은 육우의 정신을 계승해 '정행검덕'을 주장하면서 조주의 '끽다거'에 맞서 '끽다래(喫茶來)'를 제창하였으며 정상구(鄭相九)는 '화경검진(和敬儉眞)'을 말하고 김운학(金雲學)은 '화순질미(和純質美)'를 내세웠다. 그에 그치지 않고 효당(曉堂) 최범술(崔凡述)은 '다도무문(茶道無門)'을 거론했고, 경봉(鏡峰)은 '염다래(拈茶來)'라고 하였고 명원(茗園) 김미희(金美姬)는 '청정(淸淨)·검덕(儉德)·중화(中和)·예경(禮敬)'을 제시하였다. 그리고 최근에는 무상의 '선차지법(禪茶之法)'에 대한 관심이 높아지면서 선차도(禪茶道)가 한국차 정신의 시원에 가깝다는 논의도 제기되고 있다.

이같이 한·중·일 삼국의 차 정신을 둘러보면 각기 특색이 있으면서도 내용적으로 보면 서로 영향을 주고받아 비슷한 모습을 보이는 것이 사실이다. 세 나라가 서로 어깨를 나란히 하여 수천 년의 역사를 통해 계속 교류해온 결과일 것이다.

하지만 여기서 중요한 것은 차를 생산하고 마시며 차 도구와 차문화를 진흥 발전시키는 것도 중요하지만 더 중요한 것은 차를 다만 농산물이나 음료만으로 보지 않고 거기에 내재된 정신성, 사상성을 발견해 내고 이를 심화시키는 작업일 것이다. 차를 생산하고 마시며 즐기는 사람들이 차를 통해 심신의 위안을 얻고 정신의 가치를 높일 수 있다면 그처럼 좋은 것이 없기 때문이다.

가루차 보급과 전통의 복원

얼마 전까지만 해도 우리 국민의 차생활을 지배한 것은 커피였다. 찻집에 들어가서 가장 많이 찾는 것이 커피이고 가정에서 흔히 마시는 차도 커피가 대종을 이루었다. 그 커피도 대부분은 가루로 가공된 것을 이용하던 것이 원두커피로 바뀐 지도 그리 오래지 않았다.

그러다가 우리가 '녹차'라는 차를 의도적으로 찾아 마시게 된 것은 근 십년 안팎에 불과하다. 차나무에서 나는 잎으로 만든 차는 서양에서는 주로 홍차가 중심을 이루지만, 중국과 일본 그리고 우리나라에서는 녹차가 널리 보급되고 있다.

그런데 그 녹차도 지금 우리나라에서는 80%가 티백이 차지하고 있고 나머지가 그야말로 잎차 혹은 엽차라고 한다. 잎차도 전차니 발효차니 하며 다양한 음다 형태가 있다. 그렇지만 실상은 찻잎을 찌고 덖어 말려서 제품화한 것을 끓인 물에 넣어 마시는 것이 보통의 음다법이라고 할 것이다.

이렇듯 티백이 우리 차생활의 주류를 형성한 것은 차를 쉽게 마시려는 요구 때문이다. 차를 마시고 싶어도 음다법이 너무 번거로우면 선뜻 차를 마실 생각을 할 수가 없다.

차 자체가 비싼 데다가 찻주전자며 찻잔이며 물그릇 등 차 도구가 복잡하면 자주 쉽게 차를 마실 엄두가 나지 않는다. 그래서 고안해 낸 것이 티백이다. 물만 주전자에 넣고 끓이면 찻잔에 티백을 넣고 물을 부어 우려내 마실 수 있으니 얼마나 간편한가. 그렇게 해도 차 맛이 나고 차 찌꺼기가 생기지 않아서 오히려 마시기 좋다는 사람도 늘고 있다.

차문화의 근본을 되살려

하지만 차 마시는 것은 편의성만으로 다 되는 것은 아니다. 좋은 벗과 차를 마시는 가운데 정을 나눌 수 있고 정신을 풍요롭게 할 수 있다면 차 끓이고 마시는 음다 절차의 번거로움도 멋이 될 수 있는 것이다. 그러기에 일본 다도와 중국 다법의 번다한 절차도 그 나름의 가치가 있다고 여긴다. 그리고 이런 우리 차생활의 보급에 따라 우리 차 산업이 조금씩 발전해가고 우리의 차문화가 풍요로워짐을 즐겁게 생각하게 되었다.

그러면서도 무언가 마음 한구석에 아쉬움과 부족함이 있다는 것을 감출 수 없다. 우리의 차생활이 전보다 크게 발전하고 우리의 차 산업과 차문화가 전례없이 성황을 이루고 있다. 하지만 이것이 중국과 일본 등의 것을 모방하고 뒤따르는 수준은 아닌가 하는 의심도 생기고 우리 차문화의 미숙함이 몹시 부끄럽고 자괴스럽다고 느끼기도 한다.

차 보급이 일본식 다도를 흉내내고 있는 것이라는 생각도 있고 우리 차보다는 중국의 푸얼차나 용정차만 좋다고 생각하는 경박한 외제 선호의식이 유행하는 것에 마음이 답답하기도 하다. 이러다가 WTO 협정에 따라 농산물 시장이 개방되면 중국이나 일본의 차가 쏟아져 들어와 우리 차생활이 모두 그들의 문화 식민지화되고, 우리의 차 산업도 모두 말라죽고 마는 것은 아닌가 하는 걱정도 생긴다.

그럴 때 생각하게 되는 것은 우리 차문화의 근본을 되살려 복원하고 발전시키는 일이 지금 가장 중요하다는 점이다. 우선 우리의 차 품종과 제품에 대한 자신감 회복이 중요하다.

옛날 신라의 김지장은 중국 구화산 지역에 금지차(金地茶)를 보급하여 신라차의 위상을 크게 높였다는데 과연 우리의 차 품종이 저들의 차만 못한 것인지 지금 좌절할 일은 아니라는 생각을 펴야 한다. 그리고 차 도구에 대한 자신감도 회복해야 한다.

반드시 청자찻잔만 좋았던 것은 아니다. 조선통신사들이 일본에 갔을 때 선조들은 한결같이 일본의 왕후장상들이 우리의 일상 생활자기를 무척이나 귀하게 대접하고 있음을 보고 놀랐다. 저들이 그토록 진귀하게 생각하는 이도다완이 결국 막사발이나 제기였다는 점에 이르러 우리의 심미안과 문화력을 실감할 수 있겠다.

말차는 우리의 전통 차생활

그리고 더 중요한 것은 우리 전통의 가루차, 말차 생활을 복원하는 일이다. 우리의 차생활은 신라와 고려말에 이르기까지 말차가 주류를 이루었던 것은 주지의 사실이다. 그랬던 것이 조선이 건국되면서 말차 생활이 사라지고 전다로 바뀌었던 것이다. 그것조차 일반 백성의 생활에서는 거의 사라지고 일부 선비와 스님들의 생활로 유존되었다는 것이 저간의 우리 차생활이었다.

그렇다면 이제 차생활이 새로 보급되고 차 산업이 확장되는 이 즈음에 우리의 전통 차생활인 말차, 가루차 생활을 복원하는 일이 중요하지 않을 수 없다. 일본 사람들이 차실에서 커다란 이도다완에 말차를 넣고 조심스러우면서도 능숙하게 차선을 젓는 모습이 사실은 저들의 문화가 아니고 조선 시대 이전 우리의 차문화이며 차생활이라는 사실을 생각하면 안타까움이 클 수밖에 없다.

물론 가루차 생활은 이미 중국 당·송대에도 유행했던 문화였다. 그리고 한국전쟁 전까지는 우리나라에서도 전남 강진과 장흥 등지의 민가에서도 볼 수 있었던 생활이었다. 주로 약용으로 이용되기는 했지만 전차(錢茶)로 만들어 보관하였다가 이것을 칼로 긁거나 하여 약탕관에 넣고 달여 마셨다.

우리가 잃어버린 우리의 문화와 생활을 고스란히 간직해온 일본인들의 노력에 큰 고마움을 느끼게도 된다. 이런 상황에서 마침 우리나라에도 가루차를 만드는 공장이 생겨났다는 소식이다. 신라와 고려인들이 가루차를 즐겨 마셨던 그 전통을 되살릴 수 있게 되었다.

생각하면 가루차는 엽차를 달여 마시는 것보다 한결 쉬운 음다법이다. 복잡하지도 번거롭지도 않다. 큰 찻잔을 싸게 보급하고 차선만 갖춘다면 누구나 말차를 쉽게 마실 수 있을 듯 싶다. 가루차를 차선으로 저어 마시는 것은 무슨 대단한 사치와 예절을 필요로 하는 것도 아니다. 그러나 말차 음다법은 어찌 보면 티백의 무미한 음다법보다는 그래도 나름의 정성이 담긴 음다법이라 생각한다.

또 가루차 생활은 건강에도 좋은 음다법이다. 엽차로 만들어 보관하는 과정에서 농약이 개재할 가능성은 없지만 가루차는 특히 직접 녹즙을 식용하는 듯한 영양 섭취 방식으로 수용하기도 쉽다. 말차는 엽차를 우려내서 먹는 것보다 차 그대로를 식용하는 느낌이 훨씬 강한 것은 사실이다.

녹차가 건강에 좋다는 것은 이미 널리 사회적으로 인정을 받고 있는 사실이다. 건강에 관심이 많은 요즘 사람들의 취향에 어필할지도 모른다. 뿐더러 말차가 가미된 국수, 떡, 과자 등 음식물의 개발도 활성화할 수 있을 것이다. 말차를 생활화하는 것은 전통 차문화를 복원하는 것만이 아니라 현대인에게 좋은 건강 음다법이라 여긴다.

《다업통사》에 한국차는 없다

중국 차학자 진연의 《다업통사》

중국농업출판사가 안후이농업대학 차와 식품과기학원의 협조로 2008년 5월에 진연(陳椽) 편저의 《다업통사(茶業通史)》 제2판을 내놓았다. 원래 이 책은 일대의 차학종사(茶學宗師)이며 제다학(製茶學), 다사학(茶史學), 다업경제학(茶業經濟學)의 개척자인 진연이 1977년에 초고를 완성하고 1984년 중국농업출판사에서 정식 출판하여 전 세계에 걸쳐 성가를 높인 저술이다. 초판이 4천 부에 불과하여 그간 차를 연구하는 사람들과 차문화계의 아쉬움이 컸었는데 1999년 진연이 세상을 떠나면서 이 책의 중간을 기대하는 요구는 더욱 높았다. 이에 중국농업출판사와 안후이(安徽)농업대 다업계(茶業系)가 서로 상의하여 이 책의 증보 재판을 만들기로 하고 2008년 5월에 발간한 것이다.

그만큼 이 《다업통사》는 차의 기원에서부터 차엽(茶葉) 생산의 추이, 중국 역대 차엽 생산량 변화, 차업(茶業) 기술의 발전과 전파, 국제 차학(茶學), 제다기술의 발전, 차루(茶樓)와 제다화학, 역대명차, 음다의 발전, 차와 의약, 차와 문화, 다엽(茶葉) 생산 발전과 다업 정책, 다업 경제정책, 중국내 다엽 무역, 다업 국제무역, 중국다업 금석(今昔) 등 여러 편에 걸쳐 다양하고 폭넓은 기술을 하고 있다. 국판으로 526면에 달하는 분량의 내용이니까 차에 관한 모든 이야기가 빠짐없이 수록되고 있는 역사책이라고 해도 과언이 아니다.

이 책은 머리말에서 중국의 차 산업을 다양하게 자랑하고 있다. "우리나라는 차나무의 원산지이며 차엽 생산의 역사가 유구하여 전설 가운데 '신농(神農)' 시기(B.C. 3000~2000), 노동인민이 야생차나무를 발견하여 이용하고 해독약물로 차를 길렀으며 '시경'(B.C. 11세기)에는 차나무를 재배하기에 이르렀다고 하고 있다. 주(周) 문왕이 주(紂)를 정벌하던 때(B.C. 1135)에 이르러는 찻잎이 진상품으로(貢品)으로 기재되었고 차나무가 원림으로 재배된 춘추 시대(B.C. 770~476)에는 찻잎 생산에 발전이 이뤄졌다. 찻잎은 이미 제사용으로 혹은 채소로 이용되었으며 전국시대(B.C. 475~221)에는 찻잎 생산이 계속 발전하여 서한(西漢) 시대(B.C. 206~A.D. 8)에는 찻잎이 이미 주요상품이 되었다. 서진(西晉) 시대(A.D. 265~317)엔 절이나 묘사에서 재배하는 차나무가 진상품으로 만들어졌다. 남북조(420~589) 시대엔 불교가 성하여 산중에도 사찰이 많이 생겼으며 차를 기르지 않는 절이 없었고 이들 사묘(寺廟)에서 명차가 만들어졌다. 찻잎생산의 발전이 없었다면 이른바 명차(名茶)의 생산도 불가능했을 것이다. 당나라 시대에 이르러 차를 기르는 곳이 전국으로 확대되고 차는 사람들이 좋아하는 음료가 되었다." 이렇게 《다업통사》는 중국이 차나무의 원산지이며, 차엽 생산의 선구로서 명차를 만들어내고 차를 생활화하고 있는 차의 종주국이라는 점을 확인시키려 애쓰고 있다.

세계의 차 연구 저술들

이 책은 이 같은 차엽 재배, 제다 기술을 바탕으로 중국은 차에 관한 문학과 학문을 발전시켰다는 점을 강조한다. 전설 시대의 《신농본초(神農本草)》에서 차를 거론한 것을 필두로 당시대 육우(陸羽)의 《다경(茶經)》은 물론이고 차에 관한 찬사와 논의는 송 휘종에서부터 청나라 말년의 '명계제생(明季

諸生)' 유장원(劉長源)에 이르기까지 너무도 많다.

하지만 중국에도 참다운 차에 대한 전문연구가는 육우를 제외하면 거의 찾아보기 어려웠다. 차의 재배와 증청제다(蒸靑製茶)의 연구는 육우에서 비롯되고, 품차(品茶) 연구는 송나라 채양(蔡襄)에서 비롯했다. 초청(炒靑)제다 연구는 명나라 때 비롯했으며《다소(茶疏)》,《다전(茶箋)》같은 현실의사를 반영하는 저술이 이때 나왔다. 일본동방문화연구소의 좌백부(佐伯富)가 1941년 6월 중국 송나라 시대 다업 사료를 모아 '송대다법연구자료(宋代茶法研究資料)'를 내놓은 것은 대단한 업적이다. 모두 1,215면에 이르는 방대한 자료제시만으로도 '역대다업전서'라 할 만한 연구라는 평가다.

《다업통사》는 또 중국 이외 다업 문헌을 조사하여 열거하고 있다. 세계다업 발전과 차 과학의 진보를 대체적으로 알 수 있는 귀중한 자료들을 세세한 자료들까지 수백 종을 거론하고 있다.

우선 이 책은 일본 다서(茶書)의 비조격으로 나가에이(長永齊) 스님이 1191년에 출간한《종다법(種茶法)》을 거론한다. 이어 1191년 일본 승려 에이사이(榮西)가 중국에 유학한 뒤 귀국하여 쓴 '끽다양생기(喫茶養生記)'가 일본 제1의 다서라고 한다. 에이사이는 차를 마시면 병을 낫게 하고 기운을 키운다고 하여 승려와 귀족들이 차를 마시게 하는데 결정적 역할을 했다.

이에 비해《다업통사》는 1559년 유럽에 차를 최초로 소개한 책으로 베니스 작가 지오반니 바티스타 라무지오의《차》,《중국차 이야기》,《여행기》등의 셋을 든다. 라무지오는 페르시아 인도 사카르 지역을 여행하고 베니스로 돌아와 이렇게 썼다. "대진국(로마제국)에는 한 가지 식물이 있는데 그 잎을 음용에 쓴다. 사람들이 이를 중국차라고 하며 귀중한 식품으로 취급한다. 이 차는 중국 쓰촨의 가주부(嘉州府, 지금의 쓰촨성 러산시)에서 자라며 그 생잎이나 말린 잎을 물을 써서 끓여 공복에 마시며 한두 잔을 마시면 몸의 열을 없애고 두통 위통 요통과 관절통을 없앤다. 그밖에도 여러 가지 질병을 낫게 하는데도 효력이 있다. 음식을 많이 들어 위장이 불쾌할 때, 이 차를 조금 마시면 오래지 않아 소화시켜서 사람들이 차를 귀하게 생각하고 여행할 때에도 반드시 가져가야 하는 물품이다."

러시아에서도 1567년에 중국을 여행한 두 사람이 신문에 중국차를 소개하는 기사를 실었다. 이어 1588년에는 로마출판 지오반니 마페이의 《인도사》가 일본인의 음주, 찻잎 가루를 끓는 물에 넣어 상용하는 일, 찻잎제조에 정성을 들이는 것과 차를 마실 때 뚜껑 있는 주발을 쓰며 귀빈을 접대할 때 반드시 차를 대접한다는 것을 소개했다. 1598년에는 런던출판사가 네덜란드 여행가 얀 후고 반 린슈텐의 《항해와 여행》을, 네덜란드출판사가 그의 《여행담》을 냈는데 이것이 영국 최초의 차 관계 저작이었다. 이때 처음으로 영국인이 차를 'Chaa'로 칭하였다. 그리고 1679년에 이르러 의학자 코르넬리스 본테코의 《커피·차·카카》가 여러 나라 말로 출판되어 유럽에 차를 널리 유행하게 했으며 특히 이해 그가 네덜란드출판사에서 낸 《차엽 미담》은 사람이 차를 많이 마셔도 아무 탈이 없다고 하여 대량 음차를 선전하는 데 기여했는데 이는 네덜란드 동인도회사가 차엽 무역을 통해 큰 이익을 보는 데도 기여했다.

이리하여 유럽에서는 1848년 런던출판사가 새뮤엘 볼의 《중국차의 재배와 제조》라는 저술을 출판하고 1871년 J.F.왓슨의 《인도차의 제조》와 1872년 에드워드 머니의 《차 제배와 제조》가 출판되어 본격적인 차 관계 저술이 계속 나타났다.

이런 과정을 거쳐 마침내 1935년 뉴욕에서 윌리엄 우커스의 《다엽전서(茶葉全書·All About Tea)》가 출판되었다. 이 책은 역사·기술·과학·상업·사회·예술 등 6편과 부록이 붙어 모두 54장 1,152면이나 되는 차 관계 대 저작이다. 차 연구자들의 기초자료가 망라되었지만 계통성이 부족하다고 《다업통사》는 지적하고 있다.

이어 1943년 일본 하출서방(河出書房)은 가또(加藤博)의 《차의 과학》을 냈으며 러시아에서는 《차나무 생물학》, 《차작학(茶作學)》, 《차나무재배》,

《제다공예학》 등의 저술이 계속 나왔다. 1956년에는 E.L.케비세드의 《실론차 제조》가 나왔다.

세계 각국의 음차 발전

《다업통사》는 또 각국의 음차 발전을 다루었다. 중국이 음차의 원조임을 과시한 후 다음으로 거론한 것이 일본이다. 일본이 제일 먼저 중국차를 받아들였으며 따라서 음차의 역사도 길다고 하고 있다. 그 다음이 이란과 인도, 그리고 유럽에서 가장 먼저 차를 마신 사람은 16세기 중국과 일본에 들어온 예수교 선교사들이라는 이야기다. 이 책은 한국에서 이미 삼국 시대에 신라인 대렴이 차씨를 가져와 심었다는 역사 기록 같은 것은 전혀 무시하고 있었다. 그리고 16세기 예수회 선교사에 이어 17세기 초에 네덜란드 동인도회사의 소수의 고귀한 인사가 차를 진귀한 일로 알고 귀빈을 맞을 때나 전례 의식을 거행할 때 음다를 했다고 했다. 이렇게 해서 1635년 네덜란드 궁정의 음료가 되고 1680년에 이르러 네덜란드의 많은 주부들이 집안에 차실을 만들고 차를 가지고 손님을 맞았다. 그렇게 해서 17세기 중반에는 영국의 소수 귀족들이 중국차를 일종의 만능묘약처럼 마셨고 손님 접대에도 차를 썼다. 영국의 궁중음차는 1661년 찰스 2세가 포르투갈의 캐서린 공주와 결혼하면서 시작되었으며 다른 유럽나라들의 음차는 동인도회사의 중국차를 들여옴에 따라 보급되었다. 미주의 음차 역시 네덜란드와 영국의 부유한 교민들이 아름다운 다구와 본국의 차생활을 들여와 시작되었다.

한국차를 왜곡 소개한 《다업통사》

이에 비해 이 책은 아시아에서 태국과 일본을 특별 취급했다. 태국은 토착민이 아주 일찍 차를 마셨다고 하면서 일본의 '다도'를 여러 면에 걸쳐 특별하게 소개한 것이다. 이에 비해 한국은 기타 나라들의 음다 방법을 소개하는 절에서 단지 세 줄을 할애하여 간단히 언급하고 있을 뿐이다. 러시아, 몽골, 베트남, 미얀마, 말레이시아와 인도, 인도네시아, 스리랑카, 이란, 아라비아와 터키까지 소개하는 속에서도 한국은 너무 소루하게 취급되고 있는 것이다.

그것도 "조선은 대부분의 사람이 일본차를 음용한다. 찻잎을 다탕에 넣고 끓는 물로 익혀 마시며 날달걀과 쌀떡을 준비해 먹는다. 먼저 차를 마시고 달걀을 빨아 마시는데 달걀을 다 마신 뒤 쌀떡을 먹는다. 현재는 소수가 중국차로 바꿔 마시며 음차 방법은 중국과 비슷하다."고 하는 식의 왜곡된 내용이다.

이런 《다업통사》의 한국차 상황에 대한 기술은 누가 보아도 잘못된 것이다. 한국 차업의 역사와 현실에 대해 너무 무식하다는 측면도 있고 한국차를 잘 알려고 하는 노력의 자취를 읽을 수 없어 실망스럽기도 하다. 이는 일차적으로 세계적인 역저로 자찬하는 중국의 《다업통사》의 권위를 위해 안타까운 일이다. 나아가서는 한국의 차 역사가 1천 년을 넘고 고려 때도 한국인이 차를 마셨다는 것이 《선화봉사고려도경》 등 자료에도 나오고 있으며 조선말에도 초의의 《동다송》 등 저술이 있을 뿐 아니라 현재 한국의 차 산업이 약진하고 있다는 사실에 대해 중국인을 포함한 세계인들에게 널리 일깨우지 못한 한국의 차인과 차 업계에 통렬한 반성을 촉구하는 근거가 되기도 한다.

《다업통사》가 한국차의 역사와 발전에 대해 전혀 무식한 측면도 있으나 전 세계의 차를 포괄적으로 상세하게 소개하고 있으면서도 한국차를 이토록 외면 무시하고 있는 것은 근본적으로는 한국 차인들의 역량과 노력이 부족한 데 원인이 있다고 할 수 있기 때문이다. 한국에는 한국차를 포함해 세계의 차와 차 산업을 연구 소개하는 저서가 아직 뚜렷한 것이 없고 한국차를 세계에 소개 보급하는 무역 역량도 아직 너무 미약한 수준이라는 것이 확실하게 드러나기 때문이다. 한국의 차업계와 차인들이 분발하여야 하는 이유이다.

《조선의 차와 선》을 재평가한다

조선차를 정리해 놓은 《조선의 차와 선》

《조선의 차(茶)와 선(禪)》은 1940년 10월 일본인 두 사람 모로오까 다모쓰(諸岡存 · 1879~1946)와 이에이리 가즈오(家入一雄) 공저로 출간되었다. 처음 이 책을 기획한 것은 이에이리 가즈오였다. 그는 수원고농(지금의 서울대 농대)를 졸업하고 1932년 전라남도 산림과 기사로 발령을 받아 근무하면서 식물학 전공자로서 이 지역 산야에 차나무가 많이 있다는 사실과 재배에 적당한 곳도 많다는 사실을 확인하고 놀라움을 금치 못했다. 차 재배 적지가 3천 정보는 되리라는 어림짐작도 했다. 이에 그치지 않고 그는 차 재배에 대한 경험이 없었지만 도 임업시험장 구내에 차나무를 심고 시험 재배까지 했다.

그러다가 당시 조선총독부가 농산어촌 진흥상 물자생산 확충강화라는 정책을 펴면서 전라남도가 병참기지로써의 기능을 해야 한다는 인식 아래 차 재배에 관한 조사연구를 본격화하기에 이르렀다. 그는 숨어있는 자원개발이라는 목적에다 당시 조선인이 음차를 모르고 막걸리에 빠져있는 것을 딱하게 보고 좋은 습속인 음차를 장려해야겠다는 취지도 내세워 조사에 착수했다. 그는 우선 좋은 차가 나오는 광저우 일대의 자생차 연구를 위해 민가에 묵으면서 주민들로부터 이야기를 들어가며 여행일기 형식으로 세밀하게 기록하였다.

그 상황을 알게된 당시 일본의 대표적 차 연구가인 모로오까 박사가 여기에 조선차의 근원을 각종 전적을 통해 밝히면서 조선의 음차문화가 선종 사찰에서 발달한 역사사실을 자료로 부가하여 이 책을 완성할 수 있었다.

따라서 이 책은 모로오까 다모쓰가 쓴 《조선차의 역사와 분포》를 상권으로 하고 이에이리 가즈오가 쓴 《현지답사》를 하권으로 하여 만들어졌다. 이에이리가 조선에도 차가 있다는 사실을 소개하였다면 모로오까는 조선차의 역사를 써서 보충한 것이다.

그 결과 이 책은 당시로써는 일본과 한국에서 한국차를 아는 데 없어서는 안 되는 절대적 자료라는 평가를 얻었다. 한국의 입장에서는 거의 차문화의 존재에 대한 학적 연구가 전무한 상황에서 한국인 아닌 외국인이 이룩한 지대한 업적이라고 해도 과언이 아니었다.

한국 떡차를 최초의 차로 공인한 일본인들

특히 이 책의 공헌은 일본인들이 한국차의 우수성을 공인한 점이다. 이 책의 서문을 쓴 후지하라 긴지로(藤原銀次郎, 전 상공장관)가 "조선은 중국 문화를 일본에 전한 중개자 역할을 했기 때문에 지금도 중국에서도 알 수 없고 일본에서도 설명하지 못하는 당송 시대 차에 관한 문화의 일단이 확실하게 이 책에 의해 밝혀질 수 있게 되었다."고 한 것도 그것이다. 당시 조선에 남아있는 '청태전(靑苔錢)' 즉 '돈차(錢茶)'의 실물을 보면서 이것이 중국 당대(唐代)의 '단차(團茶)'와 같은 것이라고 비정하고 있는 점이다.

그리고 이렇게 조선에도 중국 당나라 시대의 단차에 가까운 것이 있다는 것을 발견한 것이 이 책에 앞서 이미 나까오 만조우(中萬万三) 박사에 의해 이뤄졌다는 것도 확인된다. 나까오 만조우 박사는 원래 약학박사이며 도자기 전문가이자 차인으로서 한국의 차와 도자기에 큰 관심을 가지고 있었다. 그는 대정 14년 도자기 연구를 위해 조선에 와서 강진의 청자요를 조사하고 죽천리라는 마을에서 일박하면서 떡차를 발견하고 이것이 당의 단차와 비슷하게 만들어졌으나 다만 마시는 방법이 달라 말차가 아니라 오래 끓여 먹는 방식이라는 것을 알았다. 그의 유고인 《중국 도자기와 차의 연구》에서 조선의 떡차를 자세히 도해 설명한 바 있다. 그리고 그 이전에 이나바(稻葉君山) 역시 한국의 차를 연구했다는 점도 이 책에서 드러나고 있다. 조선총독부 수사관(修史官)이었던 또 다른 이나바 이와키치(稻葉岩吉) 박사는 조선차에 관해 상당한 관심을 가진 끝에 이미 1936년 7월 《조선의 차》라는 제목으로 경성중앙방송국에서 방송강의를 한 바도 있다. 그도 이미 조선의 '돈차'를 '고형차(固形茶)', '청태전'이라고 하면서 이것이 당나라 시대의 유물이며 역사적으로 최초의 것이라고 말하고 있다.

조선의 차 쇠락의 이유를 처음으로 분석한 책

《조선의 차와 선》이 주목한 것 가운데 하나는 그토록 좋은 차를 가지고 있는 조선에서 왜 차와 차생활이 사라졌는가 하는 것을 규명하고 있다는 점이다. 그리하여 이 책은 첫째 조선차가 거의 사원차라는 것을 들고 있다. 그런데 조선 불교가 주자학(朱子學)의 수입과 중세(重稅) 부과 때문에 점차 쇠퇴하여 오늘과 같은 상황이 되었다고 하는 것이다. 주자는 차의 고장 안후이 출신이고 그의 사상도 푸젠의 문공서원(文公書院)에서 완성되어 차철학(茶哲學)이라고 할 정도이지만 조선이 숭유억불 정책을 펴면서 불교가 위축되고 이에 따라 차를 중심으로 생활하던 사람들이 없어져 차도 쇠퇴하였다는 설명이다.

둘째는 음료수 관계다. 좋은 물이 별로 없는 중국에서는 차가 절대적 필수품이지만 조선에선 수질이 너무 좋아 《조선불교통사》를 쓴 이능화의 말처럼 조선 사람이 차를 마시지 않는다는 것이다.

그리고 셋째는 근래 증가한 끽연 때문이라는 것이다. 쇠퇴한 음다풍 대신

과도한 끽다풍의 유행은 아편에 찌드는 악습을 보는 것 같다는 지적이다. 불음주(不飮酒)를 강조하는 불교의 5계에 따르면 술도 차로 대치될 수 있었음에도 불구하고 불교가 쇠퇴한 조선에선 음주풍이 풍미하게 되었다는 것이다. 고려의 이규보는 술을 즐기던 인물이었지만 "다행히 건계명이 있다면 어찌 술에 취해 날을 보내겠는가[幸有建溪茗 胡用日酩酊]"라고 하였듯이 고려 시대만 해도 차가 술을 밀어낼 정도는 되었다. 그러나 조선에 오면 전주 봉서사의 진묵일옥(震默一玉)처럼 술을 '곡차(穀茶)'라고 불러가며 마셨을 정도로 선승조차도 차 대신 술을 즐기게 되었다.

거기에 조선에는 '대용차'가 있다는 점을 들었다. 정다산도 《아언각비(雅言覺非)》에서 "동인(東人)은 단지 달여 마시는 것은 모두 차라고 하여 생강차, 귤피차, 모과차, 상지차, 송절차, 오과차에 익숙해있는데 중국에서는 그런 법이 없다."고 하고 있다. 백두산 인근에서 즐겨 마시는 '백산차' 혹은 '석남차(石南茶)'의 존재도 대용차의 예다.

조선의 차는 바로 사원차라고 한 책

《조선의 차와 선》의 또 다른 공로는 한국 선차의 역사를 체계적으로 서술하지는 못했으나 신라 전기로부터 자료에 입각해 거의 모두 거론하고 있다는 점이다. 신라 화랑인 사선이 강릉 경포대 한송정(寒松亭)에 와서 그곳의 돌부뚜막과 돌절구 그리고 차샘을 이용해 차를 끓이고 이를 천신에 바쳤다는 것이나 경덕왕 23년에 충담 스님이 남산 삼화령의 미륵세존께 차를 올렸다는 《삼국유사》의 기록을 거론한 것이다.

모로오까 역시 1938년 가을 처음으로 조선에 와서 이에이리를 만나고 조선자생차를 시찰할 수 있었고 다도면 불회사(佛會寺)에서 돈차의 제조법, 음용법 등을 들을 수 있었다.

그리고 이들은 고려의 뇌원차(腦原茶)가 《거란국지》에도 나오듯이 금이나 여진에 보내진 차라는 설명을 하고 있다. 이나바 박사의 의견에 의하면 "송과 금의 국교 단절 시기에 고려가 거란, 여진에 차를 공급했는데 통도사 근처 다촌의 '조다공시(造茶貢寺)' 등은 고려 조정이 사원차에 특별한 보호를 한 것을 드러낸다."고 한다.

또 고려 때는 납차(臘茶, 무이산 혹은 북원에서 나는 건주차)와 용봉단차(龍鳳團茶)가 송나라로부터 공식적인 선물로 왔으며 인기가 높아 차상들의 거래도 많았다. '용단승설(龍團勝雪)'이라는 작은 단차는 휘종 시대 선화 2년에 만들어진 것으로 휘종 등이 금나라에 끌려간 선화 7년(1126)까지 사이 몇 해 동안에 고려에 전해졌다. 《고려도경》을 쓴 서긍의 사신들이나 의천 대각국사가 중국에서 돌아오면서 이 용단을 가져왔을 것이라는 해석이다.

사찰 선차 못잖은 거사 선차를 선도한 이규보

고려 23대 고종 시대(1214~1259)에 이르러 승풍이 타락하여 거란과 몽골의 외침이 자심하였다. 이 시기에 고려에서는 남송에 상당하는 거사선(居士禪)의 대표 인물인 이규보(李奎報)가 《동인시화》를 냈다. 이규보, 이인로 등 소위 7현은 음주부시(飮酒賦詩)로 풍류를 즐겼는데 이들의 다풍은 남송식으로 명차인 촉의 몽정아(蒙頂芽)나 건계명(建溪茗)이 빠지지 않았으며 차를 갈아 말차를 이용했다.

《조선의 차와 선》의 중요 거론 점의 하나는 다식판(茶植板)을 논한 것이다. 현재 남아있는 다식(茶食)은 다과자(茶菓子)를 뜻하는 것이지만 원래는 조선에서 단차가 떡의 형태로 만들어질 때 이 판을 이용했는데 차가 쇠퇴하면서 과자용으로만 사용되게 된 것이라는 이야기다. 이익의 《성호잡기(星湖雜記)》에도 "지금의 제사용 다식은 즉 점다의 뜻이지만 이름만 남고 물건은 바뀌었다."고 하고 있다.

이 책은 또 근대 차의 연구로써 조선 제일의 다인인 정다산과 그 우인 초의 선사의 사적을 실지로 답사 기술보고한 공로가 있다. 초의 선사가 머물고 있던 대흥사에 비장되었던 《다신전(茶神傳)》이 《만보전서(萬寶全書)》를 발췌한 것이며 그 작업이 1830년에 완성되었다는 사실과 저서에 《초의집》 2권과 《동다송(東茶頌)》 1권이 있다는 것도 밝히고 있다.

이 책은 또 《동국여지승람》에 소재한 조선토산차 목록을 정리하여 전라도 11군과 경상도 8군을 자세히 설명하고 있다. 여기에 당시 조선의 차 생산 수량 조사표도 작성하여 실었다. 사찰과 차의 분포관계도 분명히 했다. 통도사, 원효방, 소래사, 무등산 증심사, 지리산과 제 사찰이 조목조목 설명되고 다시 지리산을 더 자세히 보면서 지리산 수정사기(水精社記), 지리산 함양 영원사(靈源寺), 지리산 연곡사 현각선사, 천은사, 용천사, 불회사, 백양사, 송광사, 수선사, 만덕산, 백련사, 불갑사, 월출산, 도갑사, 무위사, 강진현, 조계산 선암사, 가지산 보림사, 해남 대흥사 등이 소개되고 있다. 그 사이에 이들 사찰과 관련된 스님들과 차 관계 사실이 언급되고 있는 것은 두말할 것이 없다. 원효와 자장을 선차인으로 기술한 것도 그 하나다.

사찰과 스님들과 차 자료를 망라한 공로

이로써 보면 《조선의 차와 선》은 우리나라 차 역사와 관련 있는 사찰과 스님들을 거의 다 논의에 포함하고 있다고 할 것이다. 비록 이들의 관계 사실이 체계적으로 또 역사적 맥락을 따라 정리 설명되고 있지 못한 것이 유감이지만 적어도 원자료로써 차 연구가들에게 자료의 적시로써 상당히 많은 부분을 거론하고 있다는 것은 대단한 공헌이라 할 것이다. 물론 《조선의 차와 선》 이후에 새로 발견된 자료도 많고 새로 공개 평가된 자료도 적지 않지만 당시로써는 최선을 다한 자료수집 정리였다는 이야기다.

거기에 하권에서 이에이리는 현장답사로써 생생한 차농의 현실을 보고하고 있다. 제일 먼저 소개된 것은 무등산 증심사 인근에 터잡은 '무등다원의 상황'이다. 돗토리현 출신의 일인 오자끼 이치조(尾崎市三)가 1912년 야생 차밭을 일구고 7정보를 가꾸어 생엽 1만 2천 관과 건엽 3천 관을 성공적으로 생산하는 현장이다. 이어 '나주군 다도면 마산리 불회사의 돈차(단차)'를 실지 답사한 내용이다. 기록에 의하면 1,700년 전 이 절을 세운 원진 국사가 차나무를 심은 이래 이 절에서는 차를 계속 사용해왔으나 차의 생산량 부족을 해결하기 위해 벽돌차(磚茶)를 고안하게 된 것이라고 한다. '전라남도 해안지방의 청태전을 찾는 기록'은 보림사 인근의 차 생산의 모습을 전한다. 또 해남 대둔사와 영암 부근의 차도 소개된다.

또 '전남해안지방 차의 조사'에선 강진읍 목리의 청태전, 만덕산과 백련사, 만덕리와 정다산 선생, 해남 윤정현 씨 댁을 방문하고, 백운옥판차, 다신전 등이 자세히 설명되었으나 《조선다서기》에서 《동다기(東茶記)》를 열수 정약용이 강진에 적거하면서 쓴 것으로 잘못 설명하고 있다. 《동다기》는 근년에 정민 교수가 새로운 자료의 발굴로 정약용의 저술이 아닌 이덕리(李德履)의 저술이라고 밝히고 있으니 이 책의 저자들도 당시는 오류를 범할밖에 없었겠다.

'전남해안지방의 차의 조사'는 제4회 조사에 이르러 정 씨 소장 차 관계 참고서에서부터 시작한다. 곡성의 장서가 정봉태(丁鳳泰)댁을 방문하여 조사한 내용이다. 그리고 화엄사와 지리산 탐방안내기, 거기서 차의 유래기가 덧붙여졌다. 그리고 차의 종류와 음차법도 소상하다.

차 시배지 논쟁도 처음 거론

이에이리의 조사로 당시 지리산에서 차나무가 발견된 곳은 화엄사, 연곡사, 천은사와 경남의 쌍계사 등 네 곳이었다. 대렴이 차를 심은 장소가 어느 절 경내인가에 대해서는 분명하지 않지만 일찍이 정다산은 이를 쌍계사로 보았고 화엄사 전 주지 정병헌(鄭秉憲)은 화엄사의 장죽전(長竹田)이라고 말하고 있다. 시배지 논쟁의 시원이 여기서 비롯한 것 같기도 하다.

이렇게 거론한 이 책은 지리산(智異山)이 '대지문수사리(大智文殊師利)'에서 두 글자를 모아 만든 이름인 것을 보아 이 산 전체가 문수보살을 드러내고 있는 것인 만큼 중국 산시성의 오대산이 차의 본산이듯이 지리산 대화엄사가 조선차의 본산이 된 것도 이해할만 하다고 설명하고 있다.

다만 이 책은 중국에 사행을 다녀오면서 차종을 가져온 '대렴(大廉)'을 가끔 '김대렴'으로 쓰고 있어서 대렴이 김씨라는 근거 없는 거명으로 혼동을 일으킨 잘못도 저지르고 있는 것이 눈을 끈다.

'음주망국 음차흥국'은 모로오까의 말

또 사람들은 흔히 "술을 마시면 나라가 망하고 차를 마시면 나라가 흥한다."고 하는 말을 다산 정약용이 한 것으로 간주하고 있으나 문헌을 들추어 보아도 정다산의 발언 가운데서는 아직 근거가 발견되지 않고 있다. 그런데 《조선의 차와 선》의 후서(後敍)에서 유성암(有聲庵) 구리다(栗田天靑)는 그 말의 출처가 어디인가를 분명히 밝히고 있었다. "선배 모로오까 박사는 우리 《일본의 다도》 창간 이래 해박한 식견으로 〈영국의 끽다사〉를 30회에 걸쳐 연재하고 '국민이 음주하면 그 나라가 망하고 녹차를 마시면 그 나라가 흥한다'고 결론을 지었고"라고 쓰고 있는 것이다. 이 책의 공동 저자인 모로오까 박사가 바로 그 말을 한 주인공이라는 이야기가 분명하게 드러난 것이다. 이렇게 명백한 이야기인데도 우리나라 사람들이 아직도 그 말의 출처를 모르고 아무 근거 없이 정다산만 거론하는 것은 안타까운 일이다.

《조선의 차와 선》이 출판된 지 어언 73년이 되는 현재에 이르러도 아직 일본인들이 저술한 이 책을 능가할 만한 좋은 한국 차서가 별로 보이지 않는 것은 유감이 아닐 수 없다.

제4장 | 한국차문화 시원과 맥락 탐구

김지장, 중국 땅 구화산에
차를 처음 심은 신라인

지장신앙 성지 구화산을 연 김지장

구화산(九華山)은 중국 양쯔강 하류 안후이성 츠저우시 칭양현(安徽省 池州市 靑陽縣)에 있는 산이다. 이 산이 유명한 것은 중국 사대 불교 성지의 하나인 지장신앙의 본거로 알려져 있기 때문이다. 구화산은 지장왕보살의 도량이 있던 곳이며 동시에 구화산에서 나는 명차로 유명하다. 그러나 그렇게 된 연유를 따져 올라가면 그 모두가 신라 사람 김교각(金喬覺)으로 귀착한다.

김교각(696~794)은 중국에서 지장왕(地藏王) 혹은 김지장(金地藏)으로 불리는 인물이다. 옛 신라 국왕 김씨의 근족(近族)으로 당나라 현종 개원 7년(719) 24세 때에 바다를 건너 중국에 와서 각지를 순유하다가 구화산에 이르러 마음이 끌려 이곳에 작은 초옥을 짓고 수선오도(修禪悟道)를 위한 고행을 거듭하며 널리 불교를 선양하여 대중적인 존경을 받아오다가 794년 음력 윤 7월 30일 밤에 99세를 일기로 원적에 들었다. 그의 사후 3년 후 임시로 모셨던 항아리를 열자 그의 몸은 아직도 부드러웠고 얼굴도 살아있는 듯 하여 육신탑(육신보전)을 만들어 모시게 되었다.

김지장은 구화산에서 홍법하면서 어떤 종파를 창종하지도 않았고 특별한 저술을 남긴 바도 없지만 그의 행적이 지장보살 같은 생애라고 하여 인심에 깊은 신심을 일으키는 원천이 되었다. 역사적으로 볼 때도 구화산에는 수많은 사찰이 서고 사라졌지만 오직 김교각을 모시는 지장신앙만이 계속 융성하여 지금에 이르고 있다. 구화산의 지장신앙은 중국 불교에서도 특이한 현상이며 한·중 불교문화 교류의 불후의 역사적 성과라는 평가를 받을 만 하다.

구화산에 처음 차를 심은 사람

김지장은 구화산을 지장신앙의 본거지로 만든 것에 그치지 않았다. 그는 처음으로 구화산에 차나무를 심은 사람으로 역사에는 기록되고 있다.

1669년에 나온 청나라 유원장(劉源長)이 쓴 《개옹다사(介翁茶史)》에는 구화산에서 나는 '공경차(空梗茶)'가 김지장이 신라에서 가져와 처음 이곳에 심은 차라고 기록하고 있다.

"구화산에는 공경차가 있는데 이는 김지장이 심은 바이다. 대체로 보건대 구름과 안개가 자욱하여 기후가 항상 온습하여 이곳에 심은 차 맛이 자생차로 같지 않았다 ⋯ 김지장은 신라 스님으로 당나라 지덕 연간(756~758)에 바다를 건너 구화산에 거처하며 이 차를 심었다[九華山有空梗茶 是金地藏所植 大低煙霞雲霧中氣常溫潤 與地植味自不同 ⋯ 金地藏新羅國僧 唐至德間渡海 居九華乃植此茶]."

대만에서 영인된 '사대명산지(四大名山志)' 가운데 수록된 '구화산지(九華山志)' 8권에는 "금지차는 나무줄기가 속이 비어 작은 대나무와 같다. 전하는 바로는 김지장이 가져온 차씨였다고 한다[金地茶 梗空如蓧 相傳金地藏携來種]."고 되어 있어 구화산의 공경차가 바로 금지차라는 것을 알려주고 있다.

또 구화산이 소재하고 있는 안후이성 츠저우시의 '청양현지(靑陽縣志)'에도 이와 유사한 기록이 나온다.

"금지차는 전해오기를 김지장이 서역에서 가져온 것이며 오늘날 경공차라는 것이 이것이다[金地茶 相傳爲金地藏西域携來者 今傳梗空箇者是]."

또 남송 시대 진암(陳岩)의 《구화시집(九華詩集)》에는 〈금지차〉라는 제목의 시가 실려있는데 스스로 주석하기를 "(금지차)는 구화산에서 난다. 전해오기를 김지장이 서역에서 가져온 것이라고 한다."고 하였다.

이들 중국 측 기록들은 모두 김지장이 신라에서 바다를 건너 중국에 와 구화산에 차씨를 심었다고 증언하고 있다. 다만 의심스러운 것은 《청양현지》나 《구화시집》에 보이는 '김지장이 서역에서 가져온 종자'라는 표현이다. 김지장이 신라 사람이고 바다를 건너 차씨를 가져와 심었다는 앞의 기록에 비추어보면 여기서 말하는 '서역'은 '신라'를 잘못 표현한 것이라 할 것이다. 실제 '서역'이 티베트와 신강 서쪽 지역을 말하는 것이라면 이곳은 전혀 차가 생산되지 않는 곳이니 그곳에서 김지장이 차씨를 가져왔다는 말은 성립할수가 없다. 다만 김지장이 멀리 바다를 건너 온 이국 사람이고 고행과 중생교화에 정진하는 모습에서 당시 중국 사람들이 '달마가 서쪽에서 온 까닭은 [達摩 西來意]?'과 같은 의미를 똑같이 느껴서 신라를 '서역'으로 말한 것이라는 생각도 든다.

김지장의 율시에도 차가 이어졌다

김지장은 구화산에 차씨를 심었을 뿐아니라 참선 수행인다운 차생활을 했다는 것을 보여주는 구체적인 증거를 남겨주었다. 청나라 강희 42년(1703)에 나온 《전당시(全唐詩)》에는 김지장의 〈동자를 보내며(送童子下山)〉란 율시가 실려있다.

空門寂寞汝私家　　절간이 적막하여 네가 집 생각하더니
禮別雲房下九華　　승방에서 작별하고 구화산을 내려가누나

愛問竹欄騎竹馬	대난간의 죽마타기를 즐겨 묻더니
嬾於金地聚金沙	불문에서 수행하기 게을렀지
添瓶澗底休招月	돌샘 물 길으며 달 보기도 이제 그만
烹茗甌中罷弄花	차 달이며 꽃 희롱하기도 이제는 그만
好去不須頻下淚	잘 가거라 부디 눈물 흘리지 말고
老僧相伴有煙霞	노승 곁에는 노을과 안개가 있지 않느냐!

이는 한국인이 차를 노래한 최초의 율시라는 의미도 있지만 김지장이 구화산에서 동자와 더불어 차를 달이며 자연을 즐기던 모습이 너무도 정겹게 묘사되고 있다. 동자를 보내는 노승이 노을과 안개가 있어 괜찮다고 자위하지만 이 가운데 숨김 없는 외로움의 감회가 아름답게 표출되기도 한다.

진암의 《구화시집》에는 '전다봉(煎茶峰)'이란 것도 있는데 함께 수록된 주석에는 "옛날 김지장은 도반들을 전다봉 앞에 초대하여 샘물을 길어 차를 끓였다[昔金地藏招道侶于峰前 汲泉烹茗]."고 하였는데 이는 김지장이 홀로 차 마시는 것을 즐긴 것이 아니라 늘 도반을 초대하여 함께 차를 마시며 경을 읽었다는 것을 밝혀주고 있다. '전다봉'이란 이름이 생겨난 것도 그 연유에서였다.

중국 학자들의 부정논리

그렇지만 이런 김지장의 구화산차에 대한 공헌에 대해 이의를 달 수 없게 되면서 대신 김지장이 가져와 심은 차가 신라에서 가져온 것이라는 점을 부정하려는 논리가 중국학계 일각에서 심심찮게 제기되고 있다.

주지파(竺濟法, 닝보차문화촉진회 비서장)가 중국의 차잡지 《차주간(茶周刊)》 2008년 9월 16일자에 〈김지장의 차와 구화산〉이란 글에서 문제를 제기한 것이 그 첫 시도라 할 것이다. 그는 우선 '전해오는 말'이 불분명하다고 지적한다. '휴대해서 왔다', '가져왔다'는 말도 분명하지 않다고 했다. 그리고 결정적으로는 신라에서 차씨를 가져왔다고 하려면 신라에 차나무가 있어야 하는데 그런 기록이 없다고 말한다. 한국에는 원래 차가 자라지 않는 데다가 대략 6~7세기에나 중국에서 차가 한국에 건너가 심어졌다는 기록을 증거로 들었다.

2009년 5월 닝보에서 열린 제2차 해상차로연토회에서 〈김교각과 구화산〉이라는 논문을 발표한 딩이쇼우(丁以壽, 안후이농대 중화차문화연구소) 교수도 이에 동조하여 "김교각이 개원 7년(719)에 중국에 왔는데 당시 신라에는 차나무가 없었다. 그가 신라에서 가져왔다거나 서역에서 가져왔다는 신화는 근거가 없고 만약 구화차를 김교각이 가져왔다면 그것은 구화산 부근에서 가져온 중국 차씨이다."라고 주장했다.

이때 딩 교수가 중요한 전거로써 인용한 것이 김부식의 《삼국사기》 신라본기 흥덕왕 3년의 기사였다. "겨울 12월 입당 조공하는 사신을 파견하였는데 문종이 인덕전에서 이들을 불러보고 연회를 베풀었는데 층하가 있었다. 입당회사(入唐回使)인 대렴(大廉)이 차 종자를 가지고 돌아와 왕이 이를 지리산에 심으라고 하였다." 흥덕왕 3년은 828년이니 신라에서 차를 심은 것은 9세기 전반일 뿐이라는 지적이다.

7세기의 신라차, 2세기의 허왕후차

하지만 딩 교수는 자신에게 유리한 기록만을 인용하여 당시 신라에는 차나무가 없었다고 단정지었으나 사실은 그와 다르다는 것이 같은 역사기록에 드러나고 있다. 같은 흥덕왕 3년조에는 곧 이어서 "차는 이미 선덕왕(善德王 · 632~646) 때부터 있었으나 이때에 이르러 성행하였다."고 분명히 나와 있기 때문이다. 이 기록만 가지고도 이미 7세기에 신라에는 차가 있었다는 것이 드러나고 있는데 딩교수는 이를 고의로 무시하고 있었다는 말이 된다.

이에 그치지 않고 한국의 사서에는 대렴 이전에 이미 차를 생활화한 흔적이 남아있다. 《삼국유사》 가락국기에는 신라 문무왕이 661년에 자신의 15대 선조인 가락국 시조 수로왕을 제사하게 했는데 "이때 술과 단술을 만들고 떡과 밥과 차와 과자 따위 많은 제물로서 제사했다."는 기록이 남아있다. 대렴이 차를 들여온 것보다 160여 년 전에 이미 차를 제물로 쓰고 있었다는 이야기다. 그리고 이를 근거로 근래 이능화(李能和)는 《조선불교통사(朝鮮佛敎通史)》에서 "김해의 백월산에 죽로차가 있다. 세상에 전하기로는 수로왕비 허씨가 인도에서 가져온 차씨라고 한다[金海白月山有竹露茶 世傳首露王妃許氏 自印度持來之茶種]."라고 기록했다. 왕비 허씨가 대략 기원 100년 전후에 이 땅에 온 것이란 점을 감안하면 대렴 이전 600~700년이나 앞서 이미 차가 이 땅에 들어왔다는 이야기다. 그렇다면 김지장이 신라의 차씨를 가지고 중국 땅에 건너가 구화산에 이를 심었다는 이야기는 너무나 당연한 주장이 된다.

물론 중국 학자들 가운데 이같은 기록을 근거로 '신라차종의 구화산 전래'에 동조하는 이는 아직 없다. 하지만 씨에슈티엔(謝澍田, 중국 安慶사범학원) 교수는 "그가 신라에서 휴대하고 온 신라차의 종자는 구화산에서 꽃을 피워 열매를 맺었으니 이것 또한 중국인민의 문화교류에 있어 불후의 공을 세웠다."고 솔직히 중국 기록 자체를 긍정하였고, 왕쩐헝(王鎭恒, 안후이농업대) 교수는 1995년 "구화차와 벼는 중국으로부터 조선으로 전파되어 개량된 후 다시 김지장에 의해 구화산에 재수입, 재배되었다."는 절충설을 제기하였다. 보다 긍정적이고 합리적 문헌 해석이 요구되는 시점이다.

구화산에는 지금도 김지장이 심었던 차 종자가 남아있고 명차의 명성을 유지하는 차가 생산되기도 한다. 왕쩐헝 교수는 구화산에서 제일 높은 산정 소천태(小天台)의 남대암(南臺岩) 인근은 김지장이 수행하던 동굴 바로 인근인데 이곳에 약 열 그루의 차나무가 남아있다고 지적한 바 있으며 최석환(崔錫煥, 동아시아선학연구소) 소장은 1999년 구화산 정상근처 노호동에서 세 그루의 차나무 거수를 발견, 공개한 바 있다. 이런 구화산 차를 바탕으로 지금 '남대공심차'니 '모봉차', '운무차', '구화산 불차' 등이 명차로 명성을 드날리고 있다.

신라차의 구화산 전래를 입증하는 논의는 차에 국한된 것만은 아니다. 김지장이 차와 함께 신라에서 구화산에 가져간 것이 황립도(黃粒稻)와 오차송 그리고 신견(神犬)이라는 개였다는 것도 상당한 근거가 된다. 중국의 농업이 발전하였기는 했어도 김지장이 신라에서 중국에 건너가면서 신라의 벼종자와 소나무 그리고 한국 토종인 삽살개로 보이는 신견을 동반해 구화산에 들어가 생활한 것은 넉넉히 이해됨 직하다. 김지장이 신라에서 가져간 것이 결코 차만이 아니었다는 것이 방증이 되는 때문이다.

때문에 중국학계가 김지장의 구화산 차에 대한 연구를 하면서 소략한 기록을 바탕으로 신라차가 아니라 중국차종이라고 억지 주장하는 양상을 보이는 것은 안타까운 일이다. 적은 기록이지만 이미 존재하는 기록을 전설이니 신화니 하며 그 가치를 깎아내릴 이유는 없기 때문이다. 이미 존재하는 기록 자료들은 그 나름의 근거를 가지고 만들어진 것이며 학문을 한다고 자의적인 억지 해석을 강행하는 것은 금물이기 때문이다. 한·중의 학자들이 관심을 가지고 김지장의 신라차 구화선 전래설을 제대로 조명하는 연구를 해주었으면 좋겠다.

초암차실을 밝힌다 1

노산(鷺山)이 읊은 우리 차와 차실

차를 마시는 곳이 따로 존재하는 것은 아닐 것이다. 거리에서나 들판에서나 혹은 집안에서 차를 마실 수 있는 것은 물론이겠다. 사람이 물 대신 목을 축이는 음료로써 차를 찾아내 마신 이후에 차 마시는 장소가 특별히 문제된 것은 적어도 차의 맛과 멋을 알게 되고 차의 문화를 형성해가는 가운데 비로소 가능했다고 할 것이다.

차의 종류와 품질이 구분되고 차를 만드는 제법이 논의되고 나서야 차를 달이는 방법이나 차를 달이는 솥이 가려지고 찻잔을 비롯한 다구의 다양성이 논의되면서 차를 마시는 장소가 어느 곳이 좋으냐 하는 문제도 가려질 수밖에 없었다. 차의 종류와 차문화가 다양하게 발전한 중국이나 일본에서 다실과 초옥과 다정의 문화가 특별한 관심의 대상이 되는 것은 물론이다.

차의 문화가 대단하게 발달하지 못한 우리의 경우 역시 예외는 아니다. 우리 사회에 아직 차와 차문화에 대한 관심이 별로 드러나지 않았던 1950년대에 쓴 노산(鷺山) 이은상(李殷相)의 〈죽로차(竹露茶)〉라는 시조에서 보면 우리 차의 역사와 차문화에서 잊지 못할 차실의 실제를 구체적으로 읊고 있어 주목된다.

대렴(大廉)이 심은 차를 초의 선사 가꾸어서

다산(茶山)이 따 둔 것을 기우자(騎牛子) 물을 길어

포은(圃隱)의 돌솥에 넣고 월명사(月明師)가 끓였나

사포(蛇巴)도 아닌 이가 원효도 아닌 이가

위생당(衛生堂)도 아닌 곳에 맑은 향기 주무르다

바라밀(波羅蜜) 칠불암(七佛菴) 죽로차(竹露茶)

삼매(三昧) 속에 드놋다.

여기에서 보듯 '죽로차'는 지리산 칠불암 죽림 가운데서 나는 차를 말한다.

이 시조는 칠불암 죽로차가 선 수행으로 얻는 삼매를 이야기하기에 앞서 우리나라 차의 역사를 전개하고 있다. 사신으로 중국에 갔던 대렴이 신라 흥덕왕 3년(828)에 당나라에서 차씨를 가지고 돌아와 처음으로 지리산에 차를 심은 것을 발단으로 우리나라에 차가 보급되었다는 역사가 드러나고 있는 것이다. 더불어 차를 가꾸고 차생활을 보급한 이로서 조선말의 대흥사 초의 선사를 상기시킨다. 초의 선사는 《동다송(東茶頌)》을 짓고 다도를 편 것으로도 유명하다. 또한 시조에서는 다산(茶山) 정약용(丁若鏞)이 19년 동안 강진에 귀양 가면서 학문 연구와 저술 활동, 그리고 차문화를 키웠던 점도 거론한다.

뿐만 아니라 이 시조는 차를 끓이는 데 쓸 물을 긷는 이로 기우자(騎牛子) 이행(李行)을 들고 있다. 이행은 고려말에서 조선초의 인물로 물맛을 잘 보기로 이름난 이다. 그는 예문관 대제학으로서 정몽주를 살해한 조영규를 탄핵하고 고려가 망하자 은거했으며, 이성계를 무고했다 하여 가산을 빼앗기고 울진으로 귀양 갔다 풀려나기도 한 기개 있는 인물이었다. 그리고 이 시조에선 포은 정몽주가 늙어서 〈석정전다시(石鼎煎茶詩)〉를 지은 점을 상기시키며 아울러 신라 스님 월명사가 유리왕에게 〈도솔가〉와 〈제망매가〉 등 향가를 지어 바치고 그 공으로 왕으로부터 차를 하사받았다는 소식도 전한다.

나아가 이 시조는 신라 때 사포(蛇包)성자가 원효방에서 원효에게 차를 끓여 준 일을 들고 조선초의 문신 상곡(桑谷) 성석인(成石因)을 거론한다. 이 시조에 나오는 위생당은 바로 상곡 성석인의 다실(茶室) 이름이다. 조선 태종조에서 대사헌과 우정승을 지낸 성석인은 서울 도성 서쪽에 있는 약현(藥峴)에 자리잡고 밤나무 수천 그루와 여러가지 화초와 수목을 심고 지내면서 성씨 일가는 물론 기우자 이행 등 많은 문인들이 자주 모여 소요하는 명소를 만들었다.

도성의 남쪽에 살면서 이곳을 자주 찾아 소요했던 기우자 이행은 이곳 상곡의 〈한거즉경(閑居卽景)〉을 이렇게 읊었다.

깨끗한 새 집엔 흰 널을 깔았는데
도서와 화죽이 깊은 정취 보여 주네
담장 머리에 푸른 그늘 느티나무 세 그루
누런 꾀꼬리 좋은 소리 은은히 들리누나.

초의의 일지암(一枝庵)

그러고 보니 이 시조에서는 다실로써는 상곡의 다실인 '위생당'만이 거론되었지만 다른 이들의 다실도 저절로 생각나지 않을 수 없다.

초의 선사하면 해남 대흥사와 백련사가 생각나고 지리산 칠불암도 생각나지만 빼놓을 수 없는 것은 '일지암(一枝庵)'일 것이다. 그곳이 초의 차와 조선 후기 차문화의 산실 같은 역할을 했기 때문이다.

초의의 다실인 '일지암'은 대흥사 뒷산에 위치한 하나의 암자다. 그것은 곧 불교적 수행처라는 말이다. 하지만 일지암이 중요한 것은 그 주인인 초의 선사가 선승으로서 선정을 추구하면서 동시에 차를 수행생활에 도입하여 '다선일미(茶禪一味)'를 실천했다는 점이다. 일지암은 불교의 한 암자이자 다실(茶室)이며, 다정(茶亭)이었다는 말이다. 그곳은 초의 스님 한 사람의 수행공간이 아니라 그와 교유한 이들의 차생활과 정신생활의 보금자리였던 것이다.

초의 선사와 다산 정약용, 그리고 완당 김정희의 교유에 관해서는 널리 알려져 있다. 그렇지만 초의 선사의 일지암을 제일 먼저 방문한 사람은 이들 중 한 사람이 아니라 사실은 추사의 부친인 김노경(金魯敬)이었다고 한다. 전라남도 강진 고금도에서 4년간 유배생활을 하던 김노경은 그의 아들의 친구인 초의 선사의 안내로 일지암을 찾았다고 한다. 일지암에서 하룻밤을 보낸 김노경은 시, 서, 화 등 다방면에 뛰어난 초의 선사에게 첫눈에 매료되었다고 한다. 초의의 인품에 반하고 차에 반하고 그의 학문과 기예에 반한 김노경은 초의의 친절에도 감복했을 것이다.

이에 초의 선사는 김노경에게 일지암의 유천에 대해 시로 답했다고 한다.

> 내가 사는 산에는 끝도 없이 흐르는 물이 있어,
> 시방의 모든 중생들의 목마름을 채우고도 남는다네
> 각자 표주박을 하나씩 들고와 물을 떠가시오
> 갈 때는 달빛도 하나씩 건져 가시오.

이런 초의 선사의 시를 보면서 김노경은 유천의 물맛이 소락(蘇酪)보다 낫다고 극찬했다. 그리고 1840년 9월 즈음에 추사 역시 제주도로 유배를 떠나며 초의 선사를 찾아 일지암을 방문했다. 가을 단풍에 휩싸인 일지암에서 초의 선사와 추사는 하룻밤을 지새운다. 추사의 부자가 모두 유배길에 초의 선사를 만나기 위해 일지암을 찾았던 사실은 특별한 인연일 수 있을 것이다.

그 후 초의 선사는 자신의 제자이면서 추사의 제자기도 했던 허유를 통해 추사가 유배 중인 제주도로 차와 서신을 보냈다. 유배지인 제주도에서 차와 서신을 받아본 추사는 그 고마움에 답해 '일로향실(一爐香室)'이란 글을 써서 허유 편에 보냈다. 일로향실이란 '차 끓이는 화로가 있는 다실'이란 뜻인데 차를 사랑하고 학문과 예술을 이야기할 수 있는 지기에게 고마움과 정을 전하는 글씨라고 할 것이다. 그 글씨는 지금도 대흥사에 보관되어 있다.

다산초당과 수종사

우리 다실을 찾는 이들에게 다산(茶山) 정약용(丁若鏞)의 강진 '다산초당(茶山艸堂)'도 빼놓을 수 없을 것이다. 다산은 그곳에서 학문과 차를 함께 성숙시켰기 때문이다. 다산은 이곳에서 유배생활을 하며《목민심서》를 비롯해 약 5백여 권의 저술 활동을 했으며 차를 만들고 차를 널리 알리는 데 큰 공헌을 했다.

다산초당에서 다산은 아암혜장(兒庵惠藏)뿐만 아니라 추사 김정희, 초의 선사를 만나고 차를 통한 교유를 깊게 했다. 다산은 이곳에서 이웃에 있는 백련사의 혜장 스님을 만나 차를 이야기하고 즐기기도 했다. 다산은 혜장에게서 차를 배우고 혜장은 다산에게서《주역》을 배웠다고 한다. 다산은 1805년 아암 혜장 스님에게 차를 청하는 편지인 '걸명소(乞茗疏)'를 보내기도 했다.

초의 선사가 24세 때인 1809년 유배 중이던 다산을 혜장 스님을 통해 이곳에서 만났다. 혜암 스님이 다산과의 6년간의 교유 끝에 40세로 세상을 떠난 후 초의는 다산을 스승처럼 모셨다. 유학과 시학을 배우고 차도 서로 배우며 즐겼다. 다산이 강진에서 유배생활을 할 때 그는 차인으로서 차를 직접 제다했을 뿐 아니라 주민들에게 제다법을 가르쳐 주기도 했다. 다산초당 마당에 다조가 마련되어 있고 '약천(藥泉)'이란 샘이 있는 것으로 보아도 다산의 차생활을 짐작할 수 있다. 그것이 인연이 되어 그가 강진을 떠날 즈음 그를 따르던 제자들 18명이 중심이 되어 차를 매개로 신의를 나누는 계를 조직했다. 이른바 다신계(茶信契)다. 다신계는 강진의 차밭에서 차를 수

확해서는 다산의 고향인 남양주의 양수리 마재(마현) 마을로 가져와 나눠 마시는 빌미가 되었다. 다산이 유배에서 풀려나 고향으로 돌아간 후에도 이들 간의 교유는 계속되었다는 이야기다.

그러니까 다산과 관련해서는 다산초당만 중요한 것이 아니라 그의 고향인 경기도 양수리의 마재 마을도 간과할 수 없다. 그러니 마재 마을에도 그럴 듯한 다실이 마련되었음 직하다. 그러나 초의 선사가 한양에 올라왔을 때는 늘 경기도 남양주의 수종사(水鍾寺)에 머물렀다. 인근의 마재(馬峴) 마을에 평생의 스승인 다산과 다신계원이기도 한 그의 아들 정학연(丁學淵)이 살고 있었기 때문이다.

다산 고향집 사랑방이 다실이 되었음 직하지만 이 일대에서 수종사만큼 멋진 다실과 다정을 갖춘 곳은 찾을 수 없었을 듯싶다. 다산과 그 아들 학연은 수종사의 샘물로 늘 차를 달여 마셨다. 수종사의 경치가 대단하다는 것도 물론 중요하지만 인근에서 차를 끓이는데 수종사의 샘물만큼 훌륭한 물을 찾을 수 없었기 때문이다.

실제로 서거정(徐居正)은 운길산(雲吉山) 수종사에 올라 '동방의 절 가운데 첫째 가는 전망'이라고 격찬한 바 있다. 남한강과 북한강이 만나는 풍광이 한눈에 들어오는 것을 내려다보며 그런 감흥을 느끼는 것은 너무도 자연스러운 일이다. 초의 선사가 수종사에 얽힌 차시(茶詩)를 남긴 것 역시 자연스런 일이겠다.

夢回誰進仰山茶	꿈에서 깼는데 누가 나서 산차(山茶)를 줄까
懶把殘經洗眼花	게을리 경전 쥔 채 눈꽃을 씻는다네
賴有知音山下在	믿는 벗이 산 아래 살고 있어
隨緣往來白雲家	인연을 좇아 수종사까지 왔다네.

초암차실을 밝힌다 2

죽로지실

　추사의 작품에는 '죽로지실(竹爐之室)'이라는 글씨도 있다. 그는 종이와 비단만이 아니라 금석문 취향에 맞게 나무판에도 글씨를 썼다. 목판에 글씨를 쓰고 다시 자획 언저리 주변을 섬세하게 파내는 서각(書刻)도 했다. 그가 남긴 글씨 가운데 '죽로지실'은 종이에 써서 친구 황상에게 준 것이 지금까지 전해지고 있지만 목판에 서각한 것들은 후세에 복각한 것으로 추정되고 있다. 어떻든 추사의 '죽로지실'은 현재에도 차를 즐기는 이들이 많이 인용하는 글귀가 되었다.

　죽로는 '차를 달이는 화로'를 뜻하기 때문에 죽로지실은 차를 달여 마시느라 늘 차향이 그윽한 선비의 서재를 연상시킨다. 혹 어떤 이는 대나무 숲으로 둘러싸인 선비의 집을 죽로지실이라 한 것이라고 해석한다. 하지만 초의선사의 《동다송(東茶頌)》에 마침 죽로에 대한 이야기가 나오는 것을 보면 그 의미가 명료해지는 것 같다.

　중국 송나라의 나대경이 차를 끓이고 마시는 법을 논하며 이렇게 말한 것이 인용되고 있다. "솔바람 소리나 전나무에 내리는 빗소리처럼 차 끓는 소리가 나면 급히 죽로 위의 구리 주전자를 내려놓는다. 이윽고 끓던 소리가 잔잔해진 후에 차를 따라 마시면 이 차는 하늘의 신이 마신다는 불로장생의 제호(醍醐)보다도 낫다."는 것이다. 그러니까 이 나대경의 글은 차를 끓이는 온도와 시간 조절에 대해서만 언급하고 있지만 여기 나오는 죽로는 바로 차를 끓이는 도구라는 것을 알 수 있다. 죽로는 단순한 화로가 아니라 차를 끓이는 화로이며 여기 쓰인 대나무는 차의 향기를 좋게 하거나 차 마시는 분위기를 돋우기 위해 동원된 소도구일 것이다.

그런데 '죽로지실(竹爐之室)'이란 글씨는 원래 추사의 당호로써 그의 서실 앞에 현판으로 달렸을 것이라 한다. 추사가 차를 얼마나 사랑했는가는 그가 죽로지실을 당호로 삼은 것만으로도 알 수 있다. 추사가 자신의 당호인 죽로지실을 종이에 묵서로 친구 황상(黃裳)에게 써준 것이 지금 호암미술관에 전해지고 있다. 후일 목판에 서각한 복각본이 많이 나온 것은 물론이겠다. 추사의 다실인 죽로지실과 더불어 황상의 다실인 '일속산방(一粟山房)'도 아울러 염두에 두어야 할 것이다.

한송정과 청평식암

그러나 역사를 거슬러 올라가면 조선초 성석인의 '위생당'을 간과할 수 없고 더욱 거슬러 올라가서는 신라 시대 원효의 수행처인 '원효방(元曉房)' 역시 우리 차실의 한 시원이라 할 수 있을 것이다.

이규보의 《동국이상국집》〈남행월일기(南行月日記)〉에 의하면 1200년 이규보가 부안의 원효방을 찾았을 때에도 원효방과 그 옆에서 원효 스님에게 차를 공양하던 사포성인(蛇包聖人)이 머물렀던 암자가 있었다고 한다. 원효방은 겨우 8척(2.4m)쯤 되는 동굴로 당시에도 한 늙은 스님이 누더기 옷을 입고 불상과 원효의 초상을 모시고 수행하고 있었다고 한다. 유마 거사(維摩居士)가 사방일장(四方一丈)의 방에 살았다고 해서 선을 수행하는 사찰의 주지를 '방장(方丈)'이라고 하는 것이 불교계의 통념이라면 원효방은 그보다는 넓은 방이 아닌가 생각된다.

그러나 18세기에 표암(豹庵) 강세황(姜世晃)이 이곳을 찾았을 때는 암자는 없어지고 깎아지른 절벽 위에 커다란 동굴 하나만이 남아 있었다고 한다. 그 동굴이 원효방이라 전하지만 원효 스님은 동굴을 주 거처로 이용할 때, 그곳을 풀과 띠풀로 뒤덮어 감싼 방으로 만들었을 것이 분명하다. 그리고 그것이 바로 '초옥'의 원초적 모습이 아닐까 생각된다.

우리의 옛 문학작품을 들춰보노라면 다실이 초옥이나 모옥(茅屋)의 형태로 유지되었다는 사실도 간과할 수 있다. 물론 신라 때 충담사(忠談師)가 경주 남산 삼화령의 미륵부처님에게 차 공양을 올렸을 때는 그런 모옥이나 초당조차 없었을 것이라고 생각하는 것이 옳을 것이다. 충담사가 경덕왕에게 차를 끓여 올린 것이 경주 귀정문(歸正門)의 문루였다는 것은 그나마 조금 나은 환경이었던 것 같다.

어떤 면에서 우리의 다실 문화는 엄격한 규격화보다는 자유롭고 편안한 공간을 선호했다고 할 것이다. 차를 마시는데 무슨 한정된 공간이 필요한가. 아름다운 경치가 있고 차를 끓일 수 있는 좋은 물과 적합한 다구만 갖추어 있으면 된다는 그런 정신이 중심이었다고 하겠다. 그래서 삼국 시대에 충담사나 월명사 같은 스님이 향가를 읊고 차를 즐긴 곳도 그런 곳이고 우리 차 유적 가운데 가장 오래된 곳으로 알려져 있는 강릉 한송정(寒松亭) 역시 그런 상황을 보여준다.

고려조에도 귀족층에 차가 유행하면서 정원이나 다실이 차생활의 품격을 높여주었다. 대표적인 것은 이자현(李資玄)의 '청평식암(淸平息庵)'일 것이다. 이자현은 1087년부터 37년간 춘천의 청평사에 머물면서 문수원(文殊院) 고려정원(高麗庭園)을 만든 인물이다. 그는 그곳에서 선수행을 하면서 수많은 전각과 정사를 새로 지었으며 정원과 영지를 조성했다. 이 가운데도 대표적인 것은 그가 오봉산 정상 아래에 조성한 인공석실과 자신이 새겨넣은 청평식암(淸平息庵) 각자(刻字)다.

물론 고려 시대의 정원과 정자로는 김치양(金致陽), 이공승(李公升), 최충헌(崔忠獻), 최우(崔瑀) 등의 것을 빼놓을 수 없다. 이들은 당대 최고의 권력을 가진 귀족이었기 때문에도 당연한 것이겠지만 이는 모양이 화려하고 아름다웠다는 전언도 기억해야 할 것이다. 특히 최충헌의 모정(茅亭)은 초옥의 대표격이다. 하지만 이들의 모정은 명색만 띠나 볏짚을 얹은 집으로 서민적인 맛을 드러낼 뿐이지 사실은 호화로운 전각이었을 것이다.

지금은 이들 정원이나 정자의 자취가 전혀 남아있지 않을 뿐 아니라 이들의 풍류가 주로 술을 즐겼던 유흥의 문화로써 기억될 수 있을지언정 정신수양을 동반해야 하는 차생활의 모습을 보여주었다고 하기는 어렵겠다. 따라서 고려의 다정은 이자현의 청평식암을 능가하는 것은 없었을 듯싶다.

초암차실의 원형, 고려초옥다정

그러나 결코 간과할 수 없는 것은 청평식암 이외에 적지 않은 다실, 초옥, 다정들이 고려의 다풍을 전하고 있다는 사실일 것이다. 이는 눈보라 휘날리는 밤에 홀로 서재에 누워서 차를 돌솥에 끓이며 솔바람 소리 같은 찻물 끓는 소리를 듣는 것에 만족할 뿐 따로 차를 마시기 위한 차실을 갖추지 않았다는 이야기다. 그러니까 포은에게 있어서는 그의 서재가 바로 차실이었고 그곳이 그의 마음을 편안히 하고 삶을 즐기는 가장 소중한 장소였다고 할 것이다.

뿐만 아니라 이규보(李奎報·1168~1241)의 다시(茶詩) 〈다마를 보내준 것을 감사하며(謝人贈茶磨)〉에 보이는 그의 초당(草堂)도 있다. 여기에 보이는 초당은 자신의 집을 겸양하는 의미도 있지만 정말로 차를 마시고 마음 수양을 위해 지은 작은 초옥을 말한다고 할 수도 있다. 고려의 다정은 주로 초옥이라는 것이 이미 최충헌의 예에서도 보였으니 말이다.

조선조에 들어서 초당의 명맥은 계속 이어진다. 비록 차를 마시는 초옥이었는지는 확인할 수 없지만 적어도 조촐한 삶의 향기를 느끼게 하는 환경이라는 확신은 갖게 한다. 그 일례로 세종조의 집현전 학사였던 사육신 유성원(柳誠源)의 시조에도 초당은 나온다. 조선 중기에는 광해군의 폭정을 피해 숨어살던 문인 곽기수(郭期壽)의 시조도 있다. 이 시조에는 밝은 달빛과 맑은 시냇물 소리만이 있을 뿐 차에 대한 내용은 없지만 차를 마시는 초당의 정취를 느끼게 하는 장면을 연상하기에 부족함이 없다.

그러나 추사가 유배 생활을 보낸 제주의 초옥은 스산하고 삼엄하다는 느낌에도 불구하고 우리 다사(茶史)에선 중요한 초가 다실일 것이다.

초의가 평생의 도반 추사 김정희를 처음 만난 것은 그의 나이 30세이던 1815년이었다. 1786년 같은 해에 태어난 동갑내기 초의 스님과 추사는 한눈에 서로 뜻이 통했다. 추사가 제주에 유배를 가버리자 초의는 1843년 봄에 제주로 그를 찾아간다. 추사가 불교적인 달관의 세계를 배운 것도 실은 초의 스님과의 교유로 얻은 여유였을 것이라는 추측도 가능해진다. 초의가 제주를 떠나간 후 추사는 유명한 〈세한도(歲寒圖)〉를 그려 제자 우선 이상적(李尙迪)에게 보낸다. 소나무와 잣나무의 지조는 눈이 내린 후에야 그 절개를 알 수 있다는 화제(畫題)가 담긴 그 그림은 선비의 기개 못지않게 그 자신의 다실을 연상케 한다.

이런 초옥 가운데 설잠 김시습(金時習)의 매월당(梅月堂)도 빼놓을 수 없다. 그는 경주 남산 용장사 터에 '매월당'이란 초막(草幕)을 짓고 은거하여 차나무와 대나무와 매화를 가꾸며 한문소설 《금오신화(金鰲新話)》를 집필했다. 그리고 그는 여기서 '작설(雀舌)'이니 '차를 끓이며(煮茶)' 등의 차시도 남겼다. 산 속의 작은 초옥이었을 매월당에서 그는 뜻맞는 벗과 더불어 차를 마셨다고 하는 것이 옳을 것이다. 그럴 경우 산당은 산 속의 초당(草堂)이며, 초옥(草屋)이며, 초암(草庵)이라 할 것이다.

일본에서 무라타 슈코(村田珠光)에 의해 정립된 초암다법이니 초암차실이니 하는 말들은 결국 15세기 조선의 매월당 김시습의 산당인 초암차실에서 전래된 것이라는 말이 그래서 나온다. 일본 다도의 최대 유파인 우라센케의

15대 종장 센 겐시츠 역시 일본의 차가 한반도에서 전래한 것이라고 말하고 있는 것은 너무나 당연한 말이지만 다법과 다도(茶道)마저 한국에서 건너갔다는 것 또한 부인하기는 어렵다는 이야기다.

얼마 전 이어령(李御寧) 전 문화부 장관이 《차의 세계》와 가진 인터뷰에서 "일본 문화 속에 되살아난 4조 반의 축소 문화는 차문화의 콜럼버스였던 무라타 슈코가 자신의 서재를 4조 반으로 나누고 그 공간을 병풍으로 둘러싼 순간 새로운 우주를 발견하게 된 것"이라고 말한 바 있다. 중국식의 넓은 서재에서는 마음의 안정을 얻을 수 없고 일부러 방을 병풍으로 막고 벽으로 둘러싸 좁은 다실을 만들어 청정(淸淨)과 염결(廉潔)의 미학을 통해 화ㆍ경ㆍ청ㆍ적의 공간을 창조한 것이다. 그러면서 그는 이런 무라타 슈코의 초암차실 전통의 원형을 '매월당의 초암'이라고 보고 있는 것이다.

그러나 사실 따지고 보면 우리의 초암차실의 전통은 매월당 이전 시대인 고려의 초당, 모옥, 띠집 차실들을 제외하고 논하기 어렵다. 특히 청평식암 등에 그 근원이 있다고 보는 것이 더 옳을 것이다. 다만 일본의 초암차실이 좁고 밀폐된 공간을 추구하여 외부 자연과도 차단되는 상황을 추구했다면 우리의 초당차실들은 전체적으로 좁은 공간으로 만들지언정 일부는 차단된 공간이지만 자연과 소통하고 융화하는 공간인 점이 특징이라 할 것이다.

우리의 초당들은 비록 좁은 공간에 하늘을 지붕으로 막고 사방의 일부를 벽으로 막는 경우에도 창을 통해 혹은 빈 벽을 통해 외부의 자연을 시원스럽게 바라볼 수 있었다. 아니면 적어도 대나무 소리, 새가 우짖는 소리, 물이 흐르는 소리를 들으며 차를 마실 수 있는 자연 친화의 환경을 추구했다는 것이 저들과 분명 다르다고 할 것이다.

《백장청규》에서 영향 받았다

궁중다례 연구의 개척자

조선 시대 궁중다례(宮中茶禮)의 역사적 배경과 의례의 특징 등을 종합적으로 다룬 세미나가 2011년 9월 20일 고려대학교에서 열렸다. 부경대학교 인문사회과학연구소와 역사문화연구소가 주최한 이 세미나는 1970년대 이래 논의되기 시작한 우리나라 전통다례와 궁중다례 연구에 대해 비판적 시각을 가지고 나아가 본격적으로 그 학문적 근거를 정립하기 위한 학계의 첫 시도라는 점에서 주목받았다.

우리나라의 전통다례와 궁중다례에 대한 연구는 1970년대에 고 김미희(金美姬) 여사의 노력으로 비롯하였으며 현재 그 결실로 '궁중다례의식'이 서울시 문화재 제27호로 지정되어 김의정(金宜正, 명원문화재단 이사장) 여사가 보유자로 지정되어 있을 뿐 문화재청이 지정하는 국가지정 중요무형문화재로는 아직 지정되지 못하고 있는 실정이다. 이는 이 분야의 학문적 정립이 아직 미진하다는 증거라고 하겠다.

이 점에서 이번 세미나는 우선 한·중·일 3국의 각종 자료를 바탕으로 고려와 조선 시대 궁중다례의 실체를 복원하는 데 초점이 맞춰졌다. 부경대학교 이근우, 신영호 교수와 한국학중앙연구원 이욱 연구원, 부산대학교 서은미 강사, 국립민속박물관 정종수 유물과학과장 등 발표자 7명이 각각 《조선왕조실록》과《승정원일기》등 연대기 자료와 중국 사신 영접에 관한 전말을 적은 《진연의궤》,《각사등록》, 그리고 중국 송·원·명·청대에 고려와 조선에 파견된 사신들이 남긴 기록을 집대성한 《사조선록(使朝鮮錄)》, 조선 왕실 마지막 상궁들의 구전자료 등을 토대로 궁중다례의 실체를 밝히려 시도했다.

그 가운데 특히 이근우 교수는 〈조선시대 궁중다례의 역사적 배경〉이란 논문에서 조선 궁중다례의 연원이 《선원청규(禪苑淸規)》(1103)나 《칙수백장청규(勅修百丈淸規)》(1388)와 같이 송·원대에 편찬된 중국 불가(佛家)의 청규 속에 나오는 다례에 영향을 깊이 받은 것으로 보인다고 발표하였다.

'청규'는 중국 불교 가운데서도 선종(禪宗)에서 스님들이 참선수행의 대중 생활과정에서 지켜야할 규칙을 정하여 밝힌 책이다. 따라서 이 세미나에서는 불교를 배척하고 유교를 국시로 삼았던 조선 사회에서 중국 불가의 다례에 영향을 받았다는 주장은 신뢰성이 없다는 의견도 제시되었다.

또 〈조선 시대 궁중의 접빈(接賓)다례와 진연(進宴)다례의 종합적 검토〉를 발표한 신명호 교수는 조선 시대 궁중에서 사신을 접대하는 접빈다례에서는 주로 인삼차가 사용되었다고 말했다. 또 다른 발표자들도 '다례'라는 말이 흔히 사용되었지만 실제로는 '주례(酒禮)'라는 말이 적합할 정도로 차보다는 술이 자주 사용되었다는 점도 거론하였다.

이러한 논의들은 앞으로 보고서로 혹은 자료집으로 출판되어 논의의 폭과 깊이를 더하는 연구를 촉발할 것이다. 그리고 그 결과로 우리나라의 전통다례나 궁중다례도 국가 문화재로 지정될 필요도 절실할 것 같다.

차생활의 보급은 선원에서부터

그러나 이에 앞서 우리 차학계는 차의 연원과 차 마시는 풍습이 보급된 근본에서부터 '다례' 논의를 시작하는 것이 필요할 것 같다. 조선 시대의 궁중다례라는 훨씬 후대의 국한된 분야에 집착하다보면 그 연원을 너무 협소한 직접 영향에만 한정하기 쉽기 때문이다.

그 점에서 생각하면 차의 나라 중국에서 이미 3천 년 전에 윈난성(雲南省) 지방에서 차의 생활이 있었다는 문헌들의 증거는 너무나 멀다고 하더라도, 중국에서 남북조 시대에 남조에서는 이미 차를 마시는 습관이 널리 퍼졌어도 북방에서는 아주 낯선 풍습이었다. 5세기 말에 남제(南齊)의 무제(武帝)는 자기가 죽은 뒤 영전에 제사를 지낼 때 살생을 하지 말고 단지 떡과 과일, 차와 밥 그리고 술과 육포를 올리면 되고 천하의 귀한 사람이나 천한 사람이나 모두 이 제도를 따라야 한다는 유지를 내렸다. 이렇게 차가 약용에서 음용으로 되고 심지어 조정과 재야의 제사음식으로 등장하면서 차는 보편적으로 마시게 되고 일반 백성의 집에까지 널리 전파되었다. 하지만 북위(北魏)의 효문제 시대까지만 해도 북방에서는 조정 연회에서 양고기를 먹고 유락죽(乳酪粥)을 마셨다. 물고기도 나왔으나 차는 아직 인기가 없었다. 차는 낙의 노예 곧 '낙노(酪奴)'라고 천대되는 판이었다.

그러다 수·당 시대에 이르러 차는 비로소 중국인의 음용풍습으로 정착했다. 그 보급에는 《다경》을 쓴 중당의 다성 육우(陸羽)의 공이 크다. 그가 절에서 자라고 불경에 통달한 인물이며 그가 섬기던 지적(智積) 법사가 차를 즐겨 늘 육우가 차를 끓여야 했기 때문에 자신도 차를 잘 알게 되었다는 것은 모두 차가 불교와 매우 인연이 깊고 밀접했다는 것을 알게 한다. 특히 품다예술의 창시자인 육우가 시승(詩僧) 교연(皎然)과 절친한 사이였다는 점도 간과할 수 없다. 교연이 차를 맛보는 품차와 도를 깨닫는 오도(悟道)를 처음으로 연계시켰다고 주장하는 이도 있는 판이니 육우가 그런 교연의 선열(禪悅)을 짐작하게 되었을 것도 같다. 찻잎이 중국에서 한국과 일본으로 전파된 것도 결국 스님들을 통해서 가능했다는 것을 잊어서는 안 될 것이다.

불교의 선종에서는 특히 참선을 할 때 정신의 진작, 수마 퇴치, 체액이나 타액 분비를 촉진하고 갈증과 피로를 해소하기 위해 차를 애용했다. 동진

(東晉) 시대 단도개(單道開)가 업성의 소덕사(昭德寺)에서 좌선수행을 할 때에는 밤낮없이 장좌불와 하며 매일 몇 개의 환약을 다소(茶蘇) 한두 잔과 함께 마셨다. 다소는 바로 차와 생강, 계피, 도라지, 대추 등을 같이 끓인 음료였다. 그러나 선종이 빠르게 전파되면서 이렇게 여러 가지 향료와 재료를 넣어 만든 다소 대신 순수하게 찻잎만을 끓여 마시는 음다풍으로 정착된 것이다.

이와 함께 선원 안에서 차를 마시는 것을 제도화하면서 전문적으로 차를 마시며 담론과 빈객을 하기 위해 '다당(茶堂)'을 설치했다. 법당의 서북쪽에 '다고(茶鼓)'를 설치하여 북을 두드려 스님들을 모아 차를 나누어 마셨다. 선승은 좌선할 때 매번 향 한 개를 피우고 나서 바로 차를 마셔 정신을 들게 하고 화두에 집중하였다. 그 때문에 선원에는 '다두(茶頭)'가 있어 물을 끓이고 차를 타서 손님에게 차를 대접하는 일을 전담하였다. 심지어 어떤 선원의 앞에는 '시다승(施茶僧)'이 있어서 선원을 찾아오는 이들에게 찻물을 보시하였다. 이렇게 해서 자연 '사원차(寺院茶)'도 생겼다.

사원차가 다례를 만들다

'사원차'는 절에서 스님들이 차나무를 길러 만든 차를 의미하기도 하고 절 안에서 이뤄지는 차 예절의 종류를 말하기도 한다. 전자의 경우를 말하자면 보타산의 '불차(佛茶)', 황산(黃山)의 '운무차(雲霧茶)', 천태산의 '화정차(華頂茶)', 윈난성 다리(大理) 감통사(感通寺)의 '감통차', 항저우 법경사(法鏡寺)의 '향림차(香林茶)' 등이 유명하다.

또 후자의 경우를 말하자면 우선 부처님이나 보살 혹은 조사(祖師)님께 올리는 '전차(奠茶)'를 들 수 있고 수계 연한의 선후를 따라 마시는 '계랍차(戒臘茶)'가 있으며 다음으로 많은 스님들이 함께 마시는 '보차(普茶)'를 들 수 있다. 참선을 하고 스승과 선문답을 나누는 것은 보통 '보차의례'라고 한다.

이렇게 중국 선원의 다례 의식은 《백장청규》로부터 비롯하였지만 백장회해(百丈懷海 · 720~814) 선사의 《고청규》는 당나라 말기와 오대를 거치는 동안에 거의 모두 잊히고 다시 청규가 정리된 것은 종색(宗賾) 선사의 《선원청규》였다. 《칙수청규》는 송 · 원대까지의 청규를 집성하였던 만큼 고려와 조선의 선원생활에도 상당한 영향을 미쳤다고 할 것이다.

《선원청규》 등을 통해 선원에서 이뤄진 다례 의식을 보면 매우 장엄하고 경건하였던 것을 알 수 있다. '전차의례' 가운데 부처님이나 보살님께 차를 올리는 의례 이외에 조사들과 주지에 올리는 의식이 있었다. 보통 조사재에 해당하는 것으로는 달마기(達磨忌), 백장기, 개산역대조기(開山歷代祖忌), 사법사기(嗣法師忌) 등이 모두 포함된다. 주지에 관련해서도 주지일용(住持日用) 다례와 새 주지를 청할 때의 예법, 입원 퇴원의 예법 등이 모두 다양하게 마련되어 있다. 주지의 일 가운데는 빈객의 예가 흔했다. 고관대작이나 지방관을 맞아 행하는 주지의 빈객다례도 그 한 가지다. 주지가 차를 대접하는 일을 '당두전점(堂頭煎點)'이라고 하여 세심하면서도 권위를 잃지 않는 예의작법으로 마련하였다.

이런 다례의식에 다탕을 끓여 나누어 마시는 절차에는 다양한 법기(法器)가 대에 맞추어 사용되었다. 흔히 절에서는 법고와 범종, 목어(木魚)와 운판(雲板) 같은 사물이 필수적으로 사용되지만 구체적으로는 목어, 추(椎), 경(磬), 요발(饒鈸), 고(鼓), 대종(大鐘), 승당종(僧堂鐘), 전종(殿鐘), 판(版)이 동원되는 의식이었다.

따라서 이런 절의 다례 의식들이 궁중의례에 영향을 주었다는 것은 상식일 것이다. 절의 의례에서 중시된 다례가 다만 궁중의 빈례, 가례, 흉례에도 대개 전수되었을 가능성이 크다고 보는 것이 상식일 것이다. 다만 조선에서 억불숭유(抑佛崇儒)의 기풍이 주류가 되면서 차를 빈객 절차에 쓰던 관습이 약화되고 대신 인삼차나 술로 대치되었을 가능성은 크다고 할 것이다. 궁중의 차생활이 이럴진대 일반 사대부가에서 차생활이 사라진 것은 물론

이겠다. 중국에서 차회(茶會)나 다관(茶館) 혹은 다실(茶室) 문화는 보편적이었다. 특히 북송 때인 1120년 휘종은 여러 신하를 초청하여 연복궁(延福宮)에서 차회를 열었고, 환관에게 다구를 가져오게 하여 자신이 직접 탕을 주입하여 격불을 하고 잠시 기다렸다가 하얀 거품이 잔 위에 뜨면 차를 신하들에게 하사하였다고 하는 기록까지 남겼다. 이렇게 황제의 차를 받은 신하들이 얼마나 감읍하였을 것인가는 짐작되고도 남는다.

청대에는 다연이 더욱 많았다. 위로는 조정연회에서부터 아래로는 손님을 접견할 때에도 모두 차를 우선으로 하였고, 감미로운 술보다 더 좋다는 평을 들었다고 한다. 이런 영향으로 우리나라에서도 적어도 고려 때에는 팔관회와 연등회 이외에도 차를 이용한 연회가 적지 않았을 것 같다. 다만 조선 시대에 들어서면서 궁중다례는 차를 차츰 배제한 채 의례만 술과 음식으로 바뀌어 발전하였을 가능성이 크다. 이에 관한 연구는 학계에서 더욱 심도 깊게 논의가 진행되어야 할 것이다.

한국차문화 논의의 중심이
옮겨가고 있다

한국차의 역사를 논한 중국 차학자들

서울에서 2013년 10월 17일부터 사흘간 열린 제7회 세계선차문화교류대회에는 한·중·일의 학자들이 발표한 45편의 논문이 실려 있는 논문집이 공개되어 차계에 큰 충격을 주었다. 우선 우리나라 차 관계 모임에서 이처럼 많은 차 관계 논문이 한꺼번에 발표된 전례가 없었다는 점에서도 그렇지만 한국의 차학자만이 아니라 중국과 일본의 차 관계 학자들의 논문이 대거 수록되었다는 점이 경이라면 경이이다.

특히 주목되는 것은 중국의 학자들이 한국의 차와 차문화에 대해 관심을 가지고 이에 대한 논문을 쓰고 있다는 점이다. 한국인들이 마땅히 거론하고 선양해야 할 한국의 차문화와 위대한 한국의 차인에 대한 기록을 찾아 외국 학자들이 적극적으로 논의하는 모습은 한국인 차학자들에게 큰 자극이 되었음직 하다. 이번 논문집에서도 한국의 학자들은 외면하고 거론조차 않고있는 한국의 위대한 차승들을 중국인 학자들이 여러 번 이곳저곳에서 거론하고 있는 것은 우리를 부끄럽게 하기도 한다. 한국인 차학자들이 스스로 한국차사와 차문화에 대한 자신감 부족으로 그같이 자기 선조 차인들의 존재를 모르고 무시하게 된 것이라고 한다면 참으로 면구스러울 뿐이다.

그리고 또 하나 더 중요한 것은 우리 차 학계가 지난 30여 년간 다산과 초의를 중심으로한 한 말의 차문화 논의에 경도하고 있는 동안 2천 년에 이르는 한국차문화 역사를 외면하고 그 중심에 바로 세워야할 자랑스러운 한국차문화와 차 정신을 잃어버리고 있다고 하는 점이다. 다산과 초의가 차문화와 차생활이 소멸되다시피 하던 조선 시대의 상황에서 차의 가치를 드러내고 차문화와 차 정신을 부흥 재건한 공로는 물론 지대하지만 그렇다고 계속 거기에 머물러 우리 차 역사 속에서 더 큰 차문화의 보고를 찾아내지 못하고 만다면 그처럼 어리석고 안타까운 일은 없겠다.

물론 자료의 빈곤으로 논의가 어려운 측면이 없지는 않겠지만 한국의 차 역사와 차 전통을 천착하여 우리 차문화의 자산을 확대해야 하는 것은 바로 우리 차인들과 차학자들의 과제가 아닐 수 없다. 우리의 차 역사에는 김수로왕비 허왕후의 차 유입과정으로 한국차 역사를 올리는 것도 중요하고 대렴의 차씨 수입에 앞서 이미 존재하였던 신라 사회의 차생활과 차문화를 조명하는 일도 급하다. 원효의 무애차 정신과 김지장 원표에 대한 연구도 물론 빠뜨릴 수 없다. 더 중요한 것은 신라인 정중무상이 중국 쓰촨지방에서 '선차지법'을 창안하여 중국 선차의 시조가 되고 있는 점도 주목해야하고 그의 제자 마조도일과 그 제자들로부터 선법을 이어받은 신라구산선문(新羅九山禪門)의 선차 정신도 다양하게 연구해야 한다. 뿐만 아니라 이를 이은 고려의 차문화도 심도 있게 논의해야 한다. 석옥청공의 법을 이은 태고보우의 차 정신과 중국 천태종을 들여와 고려에 천태종을 세운 의천의 차 정신도 연구해야 한다. 진정·원감·백운·나옹의 차 정신도 연구되어야 하고 고려말과 조선초를 잇는 두문동 차인들도 연구되어야 한다. 함허득통, 설잠 김시습, 청허휴정, 송운유정 등으로 이어진 조선 시대의 선차맥도 외면할 수 없다. 심지어 한 말 이후 다시 단절되었던 우리 차문화 맥의 숨결을 다시 찾은 일제 하와 광복 이후의 차문화복원운동의 양상도 진지하게 검토되어야 한다.

그 중에도 이번 제7회 세계선차문화교류대회 논문집에서 가장 중점적으로 거론되었던 한국차문화와 차 정신의 양상이 무엇인가를 알아보면 앞으로 우리 차 학계가 집중하여 진행해야 할 논의 초점을 짐작할 수 있겠다.

부각된 정중무상의 '선차지법'

그 점에서 이번 논문집에 실린 논문들을 살펴보면 가장 중요하게 또 중점을 두어 논의한 것은 정중무상이라는 것을 깨닫게 된다.

우선 스따이은(釋大恩, 중국 쓰촨성 대자사 방장)은 '무상 선사(無相禪師)와 대자선차(大慈禪茶)'에서 신라 왕자 김화상인 무상이 쓰촨 청두에 이르러 정중 보당선파의 인성염불과 무억(無憶), 무념(無念), 막망(莫忘) 등 삼구법문을 펴고 아울러 '무상선차(無相禪茶)'를 창안하였다고 말하고 있는 점이 주목된다.

스따이은은 이 글에서 "무상 선사가 정좌하여 참선 오도하는 과정에서 정신을 맑게 하고 피로를 멀리하는 음다 습관을 갖게 되었으며 아울러 '선차지법(禪茶之法)'도 창안하였다."고 하고 마침 쓰촨몽산차(四川蒙山茶)가 한대(漢代) 이래 유명하게 되어 742년 당 현종 때는 조정에 공차로 들어가기 시작하면서 몽산의 스님들이 몽산차를 만드는 일을 맡게 되고 동시에 선차 교류활동도 활발히 하게 되었다고 설명하고 있다.

특히 안사의 난이 일어나자 당 현종은 촉 지역으로 피난하면서 무상 선사를 초청하였고 무상은 청두 정중사에 주석하였다. 현종이 그곳에 대자사를 창건하면서 무상을 청해 절을 이루게 하고 100무의 밭을 주어 주지를 맡게 하였다. 무상은 대자사의 당대 중흥조사가 되었고 이곳에 있으면서 '선차지법'을 계속 제창하였다. 따라서 지금의 '대자선차'는 '무상선차'를 계승 발전시킨 것이라고 할 것이다. 무상이 자주에 있을 때 처적 선사의 가르침을 받았듯이 마조도일은 무상을 스승으로 받들어 그 선법을 계승하였다. 마조의 제자 백장회해는 총림을 만들고 청규를 제정하여 선종의 제8, 제9대조가 되었다. 대자사도 총림이 되고 대자사차도 유명해졌다.

스따이은은 무상선차가 세 갈래로 전파되었다고 한다. 하나는 1,200여 년을 거치면서 대자사에서 직접 전승되어 현대의 '대자선차'가 되었고 둘째는 무상 선사의 숭고한 지위와 영향으로 그 신도와 차인이 전파하여 한국의 '무상선차예술'로 이어졌고 셋째는 무상의 재전제자가 직접 혹은 간접으로 전파하여 일본의 '무상다도(無相茶道)'를 만들었다고 분석하고 있다. 대자 사에 참학한 불과극근(원오극근)이 일인승 주광(珠光)에게 선법을 알려주고 '다선일미' 묵적을 전하는 등 간접적으로 일본 차문화에 영향을 끼친 것이 그 것이다. 송대 고승 도융(道隆)이 대자사에 출가하고 1246년 일본에 건너가 건장선사(建長禪寺)를 창건하여 일본의 선종 체계를 세우고 선차를 통해 일 본 다도에 영향을 끼친 것도 간과할 수 없다고 한다.

또 주목되는 것은 무상의 선차지법을 직접 거론하지는 않지만 무상으로부 터 비롯한 선차 정신을 계승한 무상의 제자들과 재전제자들 그리고 이들이 전한 선법을 이어받은 한국과 일본의 차승들에 대한 논의가 적지 않았다는 점이다.

도윤과 의통 그리고 의천의 선차

우선 인원한(尹文漢, 안후이 츠저우학원 교수)의 '생활선과 끽다거 남전 (南泉) 조주(趙州)로부터 신라 도윤(道允)까지'를 보자. 그는 조주의 '끽다 거' 공안이 선차일미(禪茶一味)의 경전 사례이며 '평상심시도(平常心是道)' 사상운동과 선의 생활화운동 성공의 본보기라고 하면서 그 조주의 '끽다거' 가 선과 차 양면에서 남전의 영향을 받은 것이라고 하고 있다. 남전은 홍주 종의 주요인물로 마조도일의 '평상심시도' 사상의 진정한 계승인이며 홍양자 였다. 그 '평상심'을 '평상인의 마음'으로 해석하고 농선(農禪) 결합으로 보면 선적 생활화운동이라고 할 수 있다. 츠저우는 강남다엽의 본고장이기에 남전에게 음다 습관이 있었던 것은 자연스런 일이며 그것이 제자 조주에게 영향을 미쳤다고 보는 것은 당연한 일이다. 남전의 신라 제자 도윤(道允)을 남전이 극구 칭찬한 것을 생각하면 도윤 또한 당연히 선차의 고수였다고 할 것이라는 것이 그의 주장이다. 도윤은 남전 슬하에서 10년을 포함해 중국 생활 20여 년을 접고 귀국하여 구산선문 가운데 하나인 사자산문(獅子山門)을 개창하였고 '평상심시도'의 선법과 차법을 널리 폈다는 것이다.

치엔한동(錢漢東, 중국 안후이 츠저우학원 교수)도 '남전−사자산파의 발원지'라는 논문에서 남전산(南泉山)이 불교와 인연이 깊은 산이라는 점을 거론한 뒤 남전보원 선사가 이곳에 터를 잡고 일생을 보낸 점을 지적한다. 보원 선사는 도윤과 잠깐 대화하고 "우리 종파의 법인이 동국으로 가는구나[吾宗法印 歸東國矣]."라고 하였을 정도로 남전보원의 선이 도윤에게 이어져 신라 사자산문으로 곧장 전해졌다고 할 수 있다는 것이다.

또 천웨이취엔(陳偉權, 닝보차문화촉진회)은 '고려 왕자와 닝보(寧波) 다선'에서 고려 왕자 의통(義通)과 의천(義天)이 명주(明州 · 닝보)를 통해 중국에 들어와 불교를 공부하는 가운데 닝보인들과 돈독한 인간관계를 맺었을 뿐아니라 다선(茶禪)을 통해 불문 홍법에 기여했다고 쓰고 있다. 의통은 고려로 돌아오지 못하고 중국에 머물다가 아육왕사와 그곳의 영봉(靈峰)명차를 즐기다가 원적후 아육왕산에 묻혔다. 의천은 중국 천태종을 배워 귀국후 고려 천태종을 창종하였다. 이들이 차선의 중요한 공헌을 했다는 것이 논문의 주지이다.

원표와 태고보우의 선차 정신

한편 시엔즈(釋賢志, 푸젠성 푸딩 자국사 주지)는 〈푸젠다선의 세계 차문화에 대한 공헌〉이란 제목의 논문에서 민동(閩東) 차문화 동전(東傳)의 사자(使者) 구가이와 원표 대사를 거론하였다. 구가이(空海)는 일본 진언종의 창시자로 중국에서 불법을 공부하는 가운데 아울러 차를 배워 일본에 차를 심고 보급한 인물이다. 홍법 대사로 알려진 구가이는 804년에 중국에 왔다가 806년 귀국하면서 일본 각지 사찰에 차를 심게 하고 차문화를 보급하였는데 815년 차아천황이 사하(滋賀) 범석사(梵釋寺)에서 차를 대접받은 후 차 맛에 매료되어 수도 인근 지역에도 차를 재배하도록 한 후로 일본에 차 보급이 본격화했다는 것이다.

한편 신라인 원표(元表) 대사는 중국에 온 후 다시 서역의 불교유적을 찾아가 심왕보살을 만나고 지제산(支提山) 영부(靈府)를 지도받고 화엄경 80권을 등에 지고 곽동(霍童)을 방문하여 천관(天冠)보살에 예를 갖추었다. 원표는 지제 석실에 이르러 자리를 잡았는데 이 산은 일찍이 누구도 살 수 없었던 곳이었다. 뇌성벽력 등 살벌한 자연조건에 온갖 맹수와 독충이 창궐하는 곳이었다. 심지어 귀신이 사람을 흘리는 곳이기도 했다. 도를 닦는 스님들조차 이르지 못하는 곳이었다. 하루를 자려해도 산신이 노하여 쫓아냈다. 경전을 모시고 동굴에서 묵으며 목식(木食)을 마시며 버티었다. 그렇게 살던 원표가 뒤에 어디로 갔는지 종적이 없었다는 것이 《송고승전》 등의 기록이다. 시엔즈는 원표가 '목식을 마셨다[木餉]'는 것은 차를 마신 것이라는 해석이다. 그리고 그는 한국 박현규(朴現圭, 순천향대) 교수의 연구를 인용, 원표가 신라로 돌아와 화엄종을 전파했으며 이로 보면 원표 대사는 민동의 차문화를 전파한 조선의 사자라는 점을 의심할 바 없다고 한다.

커우단(寇丹, 중국 차 연구가) 역시 〈인생의 여로 눈밝은 사람-석옥과 태고의 선사상은 한맥으로 통한다-〉라는 논문을 통해 660년 전에 중국의 석옥청공과 고려의 태고보우 스님이 대단히 어려운 상황을 극복하고 중국 호주의 하무산 천호암에서 만나 서로 마음을 통하고 선풍 시를 가지고 전법하였던 것을 거론하면서 이들의 공동의 마음의 소리가 바로 불법(佛法)이며 선리(禪理)는 국경을 초월하는 것이라고 말하였다.

조주와 원오극근의 영향

물론 이번에 공개된 논문집 안에는 한국과 관련된 것만 있었던 것은 아니다. 중국과 일본에 관련된 것, 일본과 중국의 선차 교류에 관한 것, 일본 다도 혹은 와비차에 관한 것, 그저 순수한 차와 차문화에 관련된 것이 적지 않았다. 또 한국의 차생활, 차문화, 차 정신에 관련된 것이라도 개별적인 연구로 계속 전개될 것들이 적지 않았다. 이런 연구들이 진전되면 차츰 논의의 주류가 될 수 있는 것들이라는 생각이다.

그런 논의 가운데는 조주의 '끽다거'라든가 원오극근의 '선다일여'의 영향을 논한 것이 다수 나타나고 있었다는 것이 눈을 끈다. 그 가운데 시옌파(釋演法, 중국 쓰촨 昭覺寺 방장)은 〈소각사와 선차일미〉라는 논문에서 1,400여 년의 역사를 자랑하는 쓰촨 소각사가 소각연미(昭覺延美), 소각순백(昭覺純白), 원오극근(圜悟克勤) 등 저명한 선사를 배출한 사찰이며 그 때문에 소각사는 '선차일미'와 깊은 관계를 가진 사찰이란 점을 강조한다. 원오극근의 묵적이 일본에 전해져 다도형성에 큰 영향을 끼친 것과는 별개로 일본 승 난포조묘(南浦紹明)가 중국 사찰의 음다 의례를 입수하여 일본에 제일 먼저 전한 것 속에도 유원보(劉元甫)의 《다당청규(茶堂淸規)》가 포함되어 있었다. 유원보가 중국 선종 양기파(楊岐派) 제2조 백운수단(白雲守端)의 제자이며 오조법연(五祖法演)과 동문이란 점에서 청두 대자사의 다례가 일본에 전승되었다고 보는 것이다.

조선 시대의 선차맥

1. 머리말

조선 시대(1392~1910)는 숭유억불(崇儒抑佛)의 시대였다. 삼국 시대와 통일 신라 시대 그리고 고려에 이르기까지 거의 모든 정권이 불교를 국교로 삼았던 것에 비하면 현저한 변화다. 이는 조선왕조가 전 왕조와 철저히 단절하겠다는 의지의 표현이기도 하지만 성리학을 개혁적 통치이념으로 삼아 전 왕조 시대의 누적된 불교의 폐해를 광정하겠다는 뜻을 반영한 것이기도 하다. 이런 조선조의 숭유억불은 지나치게 확대된 불교 재산을 회수하여 새 왕조의 재정을 충실히 하겠다는 뜻도 담겨있다.

그런 조선왕조의 숭유억불 정책에 따라 수많은 사찰이 폐쇄되고 승려의 환속이 강행되었으며 심지어 승려들의 도성 출입이 통제되는 불교 탄압이 진행되었다.

하지만 이런 조선조의 숭유억불 정책 속에서 불교의 명맥이 완전히 끊어지게 되었던 것은 아니었다. 일반 민간의 부녀자들을 중심으로 심지어 왕실의 비빈들까지도 불교신행이 은밀히 진행되었으며 엄혹한 유림치하에서조차 공공연하게 기복적 불교가 성행하는 처지였다. 그런 상황에서 승가도 억불의 어려움 가운데서도 꾸준히 뛰어난 인재들을 배출하여 동방선맥의 오랜 전통을 계승하는 노력을 그치지 않았다.

동방의 선맥은 이미 통일 신라 시대에 중국에서 들어온 신라 구산선문(新羅九山禪門)으로 확실한 발자취를 남기고 있다. 중국 쓰촨성 청두(成都)에서 정중종을 일으킨 신라인 정중무상(淨衆無相·684~762)은 보당무주(保唐無住)에게 전법하였다. 하지만 무상에게서 배운 마조도일(馬祖道一)의 법이 서당지장(西堂智藏)을 거쳐 신라인 홍척(洪陟)에게 전해져 실상산문(實相山門)을 열게 하고, 도의(道義)의 가지산문(迦智山門)과 혜철(惠哲)의 동리산문(桐裏山門)을 열게 하였으며, 같은 마조의 제자인 염관제안(鹽官濟安)에게서 배운 범일(梵日)은 굴산산문(堀山山門)을 열고 마곡보철(麻谷普徹)에게서 법을 이은 무염(無染)은 성주산문(聖住山門)을 열었으며 남전보원(南泉普願)의 법을 이은 도윤(道允)은 사자산문(獅子山門)을, 장경회휘(章敬懷暉)의 법을 이은 현욱(玄昱)은 봉림산문(鳳林山門)을 각각 열게 되었다.

여기서 주목하게 되는 것은 신라인 무상 선사가 세운 선법이 마조라는 걸출한 제자를 통해 다시 신라로 전수되었고, 특히 무상의 '선차지법(禪茶之法)'이 또한 선차의 맥으로 한반도로 유입되었다는 점이다. 남전보원 문하에서 수학한 철감도윤이 끽다거(喫茶去)를 제창한 조주종심(趙州從諗)과 동문 수학한 법형제라는 점이나 도윤이 주석한 쌍봉사가 차의 주요거점이라는 것도 시사하는 바 크다.

뿐만 아니라 고려 시대에도 선차(禪茶)의 맥은 새롭게 살아나고 있었다. 그 대표적인 예가 태고보우 국사(太古普愚 國師·1301~1382)의 경우다. 태고보우는 38세에 대오견성한 후 임제정맥의 18대 적손인 석옥청공(石屋淸珙)에게서 가사 부법의 인가를 받았다. 〈석옥청공선사탑비명〉에는 "사의 제자에 태고보우가 있으니 고려 사람이다. 친히 사의 종지를 얻었기에 게송을 설하여 인가했다."는 글이 적혀있다. 수많은 중국 구법승 가운데 중국 문헌에 제자로 등장하는 특이한 예가 태고보우다. 그 때문에 태고보우를 한국 불교의 중시조로 보는 시각이 강하다. 물론 대각국사 의천(大覺國師 義

天 · 1055~1101)이 천태종을 개종한 것이나 보조국사 지눌(普照國師 知訥 · 1158~1210)이 정혜결사 운동을 통해 간화선의 중요성을 강조한 것을 간과할 수 없다.

태고보우의 법맥은 환암(幻庵)에게 이어지고 환암은 구곡(龜谷)에게, 구곡은 벽계정심(碧溪正心)에게, 정심은 벽송지엄(碧松智嚴), 지엄은 부용영관(芙蓉靈觀)에게 전하고 영관은 서산(西山)과 부휴(浮休)에게 법을 이었다. 서산 대사 청허휴정은 송운에게 법을 전하고 부휴는 벽암에게 법을 이었다. 선법이 이처럼 계승되었지만 동시에 선차법도 똑같이 계승되었다.

한편 보조지눌의 결사로 문을 연 송광사는 진각국사 혜심(眞覺國師 慧諶 · 1178~1234)과 원감국사 충지(圓鑑國師 沖止 · 1226~1292)로 이어지는 선차맥을 유지하였고, 마찬가지로 인도승 지공으로부터 법을 전해받은 나옹혜근(懶翁慧勤 · 1320~1376)이 조선 태조의 귀의를 받은 무학 대사(無學大師)로 이어지는 선차맥이 회암사(檜巖寺) 등을 중심으로 또한 존재했다는 점이다. 나옹은 지공만이 아니라 중국에서 임제의 18세손인 평산처림(平山處林)의 법맥도 이어와 중국의 선차맥과도 연결되고 있다. 태고보우가 임제 18세손인 석옥청공의 법을 받아 동방으로 왔다는 점을 생각하면 이 또한 기연이라 하겠다.

이처럼 선맥이 확연하게 정해져있다지만 선차의 맥은 반드시 일정하게 계승된 것은 아니다. 역사의 큰 그림에서 보면 뛰어난 인재가 연속해 나타나는 것은 아니며 한 계통을 이어서만 반드시 인물이 나는 것도 아니다. 조선시대 선차계를 전체적으로 바라볼 때, 태산 준령 같은 인재들 가운데서 중요한 의미를 갖는 이들을 추려 뽑아서 그들의 행적과 차시를 음미하는 것이 중요한 것도 그 때문이다.

2. 조선초 배불 정책에 맞서 불교를 수호한 기화

기화(己和·1376~1433)는 호가 득통(得通), 당호가 함허(涵虛)다. 따라서 세인들은 그를 '함허득통'이라고 한다. 1396년 관악산 의상암에 들어가 삭발하고 다음 해 회암사로 무학 대사(無學大師) 자초(自超)를 찾아가 법요를 듣고 여러 산에 편력하였다. 그후 다시 회암사에 돌아와 수행하여 크게 깨쳤다. 1431년 문경 희양산 봉암사로 가서 퇴락한 절을 크게 중수하고 그곳에 머물렀다. 그는 자초의 법을 이은 선승이었으나 스승과는 달리 교에 대한 많은 저술을 남겼다. 그의 선사상에는 현실생활과 일상생활을 수용하고 포용하는 특징이 있는데 이것은 그가 차생활을 한 이유이기도 하다. 한편으로 그런 평이한 선불교를 통해 당시 불교를 '허무적멸지도(虛無寂滅之道)'로 매도하는 유가에 맞설 수 있었다. 그는 불교와 유교 도교 등 삼가의 회통을 주장하기도 했다.

그는 "출발에 앞서 눈을 들어 바라보니 / 온통 푸른 하늘 / 아무 것도 없는 그 속으로 난 길 / 바로 서방 극락가는 길[臨行擧日 十方碧落 無中有路 西方極樂]"이라는 열반송을 남겼다.

함허득통은 1426년 강화 마니산 정수사(淨水寺)를 중창했으며 그곳의 샘물을 칭찬하였다. 그리고 차시를 통해 깊은 산속 차생활로 '인간 세상 시끄러운 일 꿈꾸지 않고 다만 차를 마시며 선열 즐기며 앉아서 세월 보내는 것'을 높이 자랑하고 있다.

山深谷密無人到	산은 깊고 골은 은밀해 아무도 찾아오지 않고
盡日廖廖絶世緣	해지도록 쓸쓸히 세상 인연 없어라
晝則閑看雲出岫	낮이면 한가로이 산굴에서 나오는 구름을 보고
夜乘空見月堂天	밤이면 하염없이 하늘 가운데 달을 보나니
爐㶳馥郁茶煙氣	화로에 차 달이는 연기가 향기로운데

堂上氤氳玉篆煙	누각 위 옥전의 연기 부드러워라
不夢人間喧擾事	인간 세상 시끄러운 일 꿈꾸지 않고
但將禪悅坐經年	다만 선열 즐기며 앉아서 세월 보내네.

여기에 그치지 않고 함허득통 스님이 그의 사형인 진산(珍山)과 옥봉(玉峯) 스님의 입적 소식을 접하고 영전에 향과 차를 올리고 차게를 남긴 것이 유명하다.

一椀茶出一片心	한 잔의 차는 한 조각 마음에서 나왔느니
一片心在一椀茶	한 조각 마음은 한 잔의 차에 담겼네
當用一椀茶一嘗	이 차 한잔 맛보시게
一嘗應生無量樂	한번 맛보면 한량없는 즐거움이 생긴다네

此一椀茶	이 차 한 잔에
露我昔年情	나의 옛정을 담았구려
茶含趙老風	차는 조주 스님의 가풍이라네
勸君嘗一嘗	그대에게 권하노니 한번 맛보소서.

도반의 열반을 보며 인간적인 정으로 차 한잔을 권하는 것도 멋스럽거니와 차가 결국 조주 스님의 가풍이니 선수행으로 진정한 해탈의 맛을 보라는 것은 최고의 축사다. 이런 함허득통의 차 정신은 바로 한국 선차맥의 표현이라 할 것이다.

함허득통이 무학 스님의 제자였던 것을 생각하면 또 하나의 선차맥이 그의 정신 가운데 있음을 상기할 수 있다. 무학이 바로 인도 108대 조사인 중국의 지공 선사(指空禪師)에게서 법을 배운 나옹혜근(懶翁慧勤·1320~1376)으로부터 차법을 전수받은 인물이기 때문이다. 나옹은 또한 중국의 평산처림(平山處林) 선사로부터 법을 전해 받은 인물이었던 점도 시사하는 바 있다. 평산처림은 석옥청공과 마찬가지로 임제의 18세 손이다.

3. 영원한 방외인 설잠 김시습

설잠 김시습(雪岑 金時習 · 1435~1493)은 호가 매월당(梅月堂)이다. 그는 본시 장래가 촉망되던 천재였다. 기록에 의하면 그는 태어난 지 여덟 달 만에 글을 알았고 세 살 때 한시를 지었으며 다섯 살 때는 중용과 대학을 읽고 통달했다고 한다.

서울 삼각산 중흥사에서 학문을 닦던 김시습은 어릴 때 은고를 입은 세종대왕의 장손 단종이 숙부 수양대군에게 죽임을 당하는 상황을 보면서 큰 충격을 받아 책을 불사르고 삭발하고 스님이 되어 전국 방방곡곡을 방랑 유력하였다.

그는 선비들이 추구하는 출세를 마다하였을 뿐더러 고향에 칩거하여 은둔하는 것으로 일생을 마치지도 않았다. 그는 세상을 조롱하고 세속적 유교질서에 구속받지 않는 자유분방한 삶을 추구하였다. 그는 유교적 리(理)와 불교적 공(空), 선교(仙敎)적 기(氣)를 통섭하는 미치광이 같은 풍광(風狂)의 삶을 실천하였다.

하지만 그는 그런 삶 속에서《매월당문집(梅月堂文集)》에 무려 2,200수의 시를 남겼으며《금오신화(金鰲新話)》와 같은 불멸의 한문소설을 남겼다. 거기에 설잠은 조선 초기의 대표적 차인다운 차생활을 했다. 매월당은 차인으로서 직접 차를 심고 기르고 법제하여 마시면서 많은 차시를 남겼을 뿐아니라 일본 국왕의 사절로서 조선을 방문한 일본 승려 월종준초(越宗俊超)를 만나 자신의 '초암차(草庵茶) 정신'을 전달하였다.

매월당은 한때 신라고도 경주의 남산 용장사(茸長寺)에서 깊은 사유생활을 했다. 1462년부터 6년간 그는 그곳에 머물며 독서와 시작에 전념했다. 그리고 차를 심고 가꾸며 마시는 진정한 차생활도 했다. 그 시절에 그는 자신을 방문해온 일본 승려 월종준초에 대한 답례로 울산 염포의 왜관에 있었던 준장로를 방문하여 차를 나누기도 했다. 〈일동승 준장로와 이야기하며(與日東僧俊長老話)〉란 시도 남겼다. 매월당은 준장로에게 자신의 초암차 정신인 청빈과 자연, 선과 풍류도의 경지를 이야기해주었다.

遠離鄕曲意蕭條	고향 멀리 떠나니 마음 쓸쓸하여
古佛山花遺寂寥	옛 부처와 산꽃 속에서 고적함을 달래네
鐵罐煮茶供客飮	쇠 다관에 차를 달여 손님 앞에 내놓고
瓦爐添火辦香燒	질화로에 불을 더해 향을 사르네
春深海月浸奉戶	봄 깊으니 바다의 달이 쑥대 문에 비치고
雨歇山麝踐藥苗	비 그치니 산 사슴이 약초 싹을 밟는구나
禪境旅情俱雅淡	선의 경지와 나그네의 마음 함께 아담하니
不妨軟語徹淸宵	밤 새워 오순도순 이야기할 만하여라.

매월당과 월종준초가 차를 나누던 시점에 두 사람은 맑은 밤을 이야기로 지새울 만큼 마음이 통한 것 같다. 그러니 "선의 경지와 나그네의 마음 함께 아담하니"라는 정황이 그걸 설명해준다. 이런 정도로 마음이 통했으니 월종준초가 일본에 돌아가 다이도쿠지(大德寺)의 잇큐(一休)에게 매월당의 초암차 정신을 감격하여 전하였고 잇큐는 그의 제자 무라타 슈코(村田珠光)에게 전하여 일본의 '와비차'와 '다도(茶道)'를 형성하는 기틀이 되게 하였음 직하다.

설잠의 차생활은 선열의 경지라 해도 과언이 아니다. 〈장난삼아 짓다(戲爲)〉에서 우리는 설잠의 선차 생활의 진수를 느낄 수 있을 것 같다.

皆酒禁肉不可得	좋은 술 맛난 고기야 얻을 수 없지만
淹菜粗飯日日飽	절인 나물, 거친 밥으로도 하루하루가 배부르네
飽後偃臥又入睡	실컷 먹은 뒤엔 벌떡 누워 다시 잠이 들고
睡覺啜茗從吾好	잠 깨면 차 마시며 하고 싶은 대로 하네.

　그는 6년여의 경주 남산 생활을 접고 한양으로 돌아와 결혼도 하였으나 가정 생활을 오래 하지는 않았다. 방외인의 삶을 버릴 수 없었다. 그리하여 설잠은 경치 좋은 곳을 찾아 다닌 끝에 부여 무량사(無量寺)에서 말년을 보낸다. 거기서 그는 비슷한 처지의 김효종(金孝宗)과 더불어 의기투합하는 세월을 보냈다. 무량사 산신각과 청일사에는 그의 영정이 모셔져있다.

4. 태고의 7세 법손 휴정

　휴정(休靜 · 1529~1604)은 조선 중기의 고승이며 승군장이다. 호는 청허(淸虛), 별호가 서산 대사(西山大師), 백화도인(白華道人) 등 많다. 지리산의 여러 사찰을 유력하던 중 영관 대사(靈觀大師)의 설법을 듣고 불법연구를 시작, 깨달은 바 있어 숭인장로를 모시고 머리를 깎았다. 그 후 영관으로부터 계를 받고 운수행각에 나섰다. 1549년 승과에 급제하였고 대선을 거쳐 선과양종판사의 직을 받았다. 그러나 그는 중에게 관직이 무슨 일이냐면서 1556년 그 직을 떠나 금강산 등지를 두루 행각하며 보임 기간을 보냈다.

　1592년 임진왜란이 일어나자 임금은 평양으로 피란하면서 그를 불렀다. 휴정은 노구를 이끌고 나아가 나라를 구하기로 하였다. 곧 전국에 격문을 돌려 승군을 모았다. 이에 제자 처영이 지리산에서 궐기하고 유정은 금강산에서 일어나 평양으로 왔으며 휴정 자신은 1,500의 승군을 이끌고 순안 법흥사에서 궐기하여 평양 탈환에 나섰다. 그 공로로 선조는 그를 팔도 선교도총섭에 임명하였으나 휴정은 노령을 이유로 이를 제자 유정에게 넘겼다.

휴정은 《선가귀감(禪家龜鑑)》을 통해 "선은 부처님의 마음이요, 교는 부처님의 말씀이다."라고 하였다. 휴정의 선교관은 선이 주가 되고 교는 종이 되어 깨달음으로 나아간다고 보고 선을 교보다 우위에 두었다. 그는 선교일치의 입장보다는 사교입선(捨敎入禪)을 고수했다.

태고의 선맥을 계승한 고승답게 휴정의 드높은 선적 기개를 느낄 수 있는 선시(禪詩)가 있다.

萬國都城如垤蟻	만국 도성은 개미 둑이요
千家豪傑若醯鷄	천집의 호걸들 초파리일세
一窓明月淸虛枕	창에 비친 밝은 달은 청허한 베갯머리에
無限松風韻不齊	끝없는 솔바람은 소리가 고르지 않네.

이외에도 휴정은 수많은 선시를 남겼다. 인정에 얽매어 일어나는 생각을 꾸밈없이 토로한 것이 많지만 그야말로 선적인 경지를 노래한 것도 적지 않다. 강월헌(江月軒)도 그 하나다.

강월헌(江月軒)

左手捉飛電	왼손엔 나르는 번개를 잡고
右手能穿鍼	오른손은 바늘에 실을 꿴다
山雲生定眼	산 구름은 고요한 정안을 일으키고
江月入禪心	강 달은 선심에 들어온다.

고개에 올라 두류산을 생각함

北地新爲客	북녘 땅 새 손이 되니
南天舊主人	남녘 하늘 옛 주인이네
十年山獨在	십 년 동안 산만 홀로 있건만
千里月相親	천 리에 달 서로 따르는구나.

휴정의 시 가운데는 차를 노래한 것도 있다. 직접 차 맛을 이야기한 것은 아니지만 차를 가까이하는 선적인 분위기가 남다르다.

우연히 읊는다(偶吟)

松榻鳴山雨	소나무탁자가 산비에 울리는데
傍人詠落梅	옆 사람은 떨어지는 매화를 노래한다
一場春夢照	한바탕 봄꿈이 끝나니
侍者點茶來	시자가 차를 달여오누나.

휴정이 조선을 대표하는 선승이지만 차를 즐기며 차의 선미를 찬양한 차승이었던 점을 간과할 수 없겠다. 태고의 차맥이 선맥과 함께 그에게 이어지고 있다는 것을 실감하게 된다.

5. 조선 중기를 대표하는 선승 유정

유정(惟政·1544~1610)은 조선 중기의 고승으로 호는 사명당(四溟堂) 혹은 송운(松雲)이다. 1559년 김천 직지사로 출가하여 신묵의 제자가 되었다. 3년 뒤 승과에 합격하고 많은 유생과 교유하였으며 당시 재상인 노수신으로부터 노장(老莊) 등의 서적과 시를 배웠다. 1575년 사람들의 천거로 봉은사의 주지로 추천되었으나 사양하고 휴정을 찾아 묘향산 보현사에 가서 선리(禪理)를 참구하였다. 이후 여러 산을 돌며 수행하다가 1586년 옥천산 상동암(上東庵)에서 오도하였다.

유정은 1592년 임진왜란이 일어나고 스승 휴정의 격문에 접하여 의승병을 모아 순안으로 갔다. 유정은 의승도대장으로 2천 명의 승군을 이끌고 전공을 세웠으며 선조는 그를 선교양종판사(禪敎兩宗判事)에 제수하였다.

전쟁 중 그는 네 차례에 걸쳐 적진에 들어가 왜장 가토(加藤淸正)와 회담하고 일측이 제시한 5개 강화안을 논파하였다. 그 과정에서 유정은 〈토적보민사소(討賊保民事疏)〉를 선조에게 써 올렸으며 '을미상소'를 통해 난국에서 국가민족을 살리는 길을 제시하였다.

1604년 유정은 선조의 부름을 받고 조정으로 가서 일본과의 강화를 위한 사신으로 임명되었다. 8월에 도일하여 도쿠가와 이에야스를 만나는 등 9개월 동안 일본과의 교섭으로 큰 성과를 얻었다. 그 결과 유정은 1605년 4월 잡혀갔던 우리 백성 3,500여 명을 이끌고 귀국하였다. 국가가 맡긴 임무를 완수하고 산으로 돌아간 유정은 병을 얻어 해인사에서 요양하다가 결가부좌한 채 입적하였다. 저서에는 《사명당대사집》 7권과 《분충서란록》 1권이 있으며 해인사 홍제암 옆에 부도와 비석이 있다.

유정의 시는 주로 그 일본 생활 중에 지어진 것이 많다. 선시나 차시가 모두 그러하다. 〈선소의 운을 따라(次仙巢韻)〉란 선시를 보자.

黃蘗老人轟霹靂	황벽노인은 벼락을 쳤고
白拈臨渗捲風雲	백염한 임제는 풍운을 일으켰다
固知佛法無多子	진실로 알겠다 불법이 별것 아닌 줄
八兩元來是半斤	여덟 량이 원래 반 근이니라

城市曾聞大隱在	이 성안에 큰 인물이 숨어있단 소리를 들었는데
老師方丈正依然	노사 방장이 바로 그러하구나
點茶示我宗門句	점다하고 나에게 종문의 글을 보이니
知是西來格外禪	서쪽에서 온 격외의 선임을 알겠네.

유정이 일승 선소와 마주하여 차를 나누며 선의 경지를 시험하고 있는 장면이 눈에 들어온다. 유정의 선 공부 바탕도 보이고 동시에 일본 승들의 선 공부를 독려 고취하고 있는 모습이 아름답다.

유정은 일본 교도에서 도쿠가와 이에야스의 장자(실제는 차남) 히데야스(秀康)가 선학에 뜻을 두고 부지런히 불도를 구하기에 시를 지어주기도 했다.

一太空間無盡藏	일태 우주 공간은 다함이 없고
寂知無臭又無聲	적지(깨침)는 냄새도 없고 소리도 없도다
只今聽說何煩問	지금 말을 듣고 어찌 번거롭게 묻는가
雲在靑天水在瓶	구름은 푸른 하늘에 있고 물은 병 속에 있느니라.

유정은 한 일승이 선에 대해 가르침을 구하자 이런 시를 씨주기도 했다.

無位眞人沒形段	무위진인은 형상없어도
尋常出入面門行	언제나 바로 얼굴 문으로 출입하도다
徜能一念回機了	아마도 한 생각에 기를 돌리면
踏斷電光流水聲	번갯불, 흐르는 물소리 밟아 끊으리.

유정이 〈일본 승에게 준 시(贈日本僧)〉에서는 누구에게도 얽매이지 않고 독립적인 주체의식이 뚜렷한 선지를 느끼게 해준다. 그야말로 대자유인(大自由人)의 본래면목을 그대로 드러낸 시라고 할 것이다.

本自無生無滅時	본래 나지도 않고 없어지지도 않는데
阿誰下捧又誰治	누가 방망이를 내리며 또 누구를 다스리는가
春深紅入桃花發	봄은 깊어가고 복숭아꽃은 붉게 피니
更向高枝笑展眉	다시 높은 가지를 향해 눈썹 피고 웃어라.

이 시기에 유정은 일승과 더불어 차를 마시며 차를 논한다. 이때 유정은 신선이 마시는 차 '선차(仙茶)'를 동경하는데 그에게는 이것이 바로 '선차(禪茶)'를 의미하는 것이 아닌가 싶다.

원길의 운을 따라(次元吉韻)

聚散皆因宿有緣	모이고 흩어짐이 모두 속세 인연이라
海東那料此同筵	바다 동쪽이 한 자리에 만날 줄 뉘 알았으랴
春亭烹進仙茶飮	봄 정자에서 선차를 달여 마시니
靑草煙花滿眼前	푸른 풀 연기 속 꽃이 눈앞에 가득하도다

欲把黃庭問神訣	황정경을 잡고 신결을 물으려고
遠勞桑海疑仙歆	멀리 바다 건너 신선의 문 두드리니
喚沙彌進茶三琬	사미 불러 차 석 잔을 내 온다
東院宗風古典刑	동원의 종풍이 예와 같도다.

6. 조선 후기 선다도의 정립자 초의의순

의순(意恂·1786~1866)은 조선 후기의 대선사이며 다도의 정립자다. 자는 중부(中孚), 호는 초의(草衣), 당호가 일지암(一枝庵)이다. 16세에 출가하여 운흥사 민성(敏聖)을 은사로 득도하고, 대흥사 민호(玟虎)

에게 구족계를 받았다. 22세 때 전국의 선지식을 찾아 배우다가 연담유일(蓮潭有一)의 선지를 이어받았다. 정약용에게서는 유학과 시부(詩賦)를 배웠다.

명성이 높아지면서 대흥사 동쪽 기슭에 일지암을 짓고 40년 동안 지관(止觀)에 전념하였고 불이선(不二禪)의 깊은 뜻을 찾아 정진하여 다선삼매(茶禪三昧)에 들곤하였다. 의순은 차를 익히면서 《동다송(東茶頌)》을 저술하여 차생활의 멋을 설명하였고 범패와 원예에도 능하였다. 이는 다산 정약용, 추사 김정희 등과의 교유의 영향일 것이다. 1866년 나이 80, 법랍 65세로 입적하였다.

불교인으로서 그가 가장 존경한 이는 진묵(震默)이었으며 진묵을 표상으로 삼은 그의 생애는 결국 그를 대흥사 13대 대종사가 되게 하였다. 그러나 그의 다맥은 청허휴정을 이은 것이다. 청허휴정의 제자는 천여 명에 이르렀으나 그 중 사명유정과 편양언기(鞭羊彦機)가 가장 뛰어났다. 대흥사의 다맥은 그 편양언기(1581~1644)를 거쳐 연담유일에 이어졌으며 그것이 다시 초의의순과 아암혜장(兒庵慧藏)으로 이어진다.

그의 사상은 선사상과 다선일미사상으로 집약된다. 선사상은 《선문사변만어(禪門四辨漫語)》에 드러나고 있으며 그의 다선일미사상(茶禪一味思想)은 차와 선이 별개의 것이 아니라는 데에서 비롯한다. 의순은 차를 마시되 '법희선열식(法喜禪悅食)'하여야 한다고 강조했다. 한 잔의 차에서 법희와 선열을 느껴야 한다는 것이다. 그는 차의 성품이 삿됨이 없어서 어떠한 욕심에도 사로잡히지 않는 것이라고 하여 때 묻지 않은 본래의 성품 같은 것이라고 하여 '무착바라밀(無着波羅蜜)'이라고 하였다. 그리하여 의순은 "더러움 없는 차의 정기를 마시거늘 어찌 큰 도를 이룰 날이 멀다고만 하겠는가[塵穢除盡精氣入大道得成何遠哉]!"라 하였다.

그는 차를 심고 키우며 법제(法製)하여 불을 피우고 물을 끓여 좋은 차를 적절히 조합하여 중정(中正)의 맛을 유지함으로써 법희선열을 얻는 것으로 일생을 전념하였다. 그것은 달리 복잡한 생활이 아니라 평범하고 일상적인 생활이기도 했다.

그는 《동다송》 원주(原註)에서 "천품에 차는 물의 신(神)이요 물은 차의 몸(體)이라 하였다. 유천(乳泉) 석지(石池) 등의 진수(眞水)가 아니면 다신(茶神)을 나타낼 수 없고 진다(眞茶)가 아니면 수체(水體)를 나타낼 수 없다 하였다. 비록 수체와 다신이 모두 온전하여도 물 끓이는 데 중정을 넘을까 염려된다. 만일 물을 끓이는데 중정(中正)을 잃지 않으면, 신건(神健)과 체령(體靈)이 모두 갖추어진다."라고 하였다. 그는 '중정'을 다도가 지향할 최후의 목표라고 하였다.

그의 차 살림은 《동다송》의 마지막을 장식하는 제31송에 잘 나타나 있다.

明月爲燭兼爲友	밝은 달 촛불 삼고 또 벗 삼아
白雲鋪席因作屛	흰 구름 자리 펴고 또 병풍도 하여
竹籟松濤俱蕭凉	대나무 소리 솔바람 소리 시원도 해라
淸寒瑩骨心肝惺	청한함은 뼈에 저려 몸도 마음도 깨워 주네
惟許白雲明月爲二客	흰 구름 밝은 달 두 손님 모시고
	(나 홀로 차 따라 마시니)
道人座上比爲勝	도인의 자리 이것이 가장 뛰어나구나.

7. 조선 후기 대둔사 차맥의 계승자 각안

각안(覺岸 · 1820~1896)은 조선 후기 대둔사 선차맥의 계승자다. 법호는 범해(梵海)이고 자호가 두륜산인 구계(頭輪山人 九階)다. 두륜산 대둔사에 산 사람으로 완도 구계에서 태어났다는 뜻이다. 1833년 두륜산 대둔사에 가서 출가하였으며 1835년 호의(縞衣)를 은사로 삼고 하의(荷衣)에게서 사미계를 받았으며 초의(草衣)로부터 구족계를 받았다. 이 세분 삼의 등을 스승으로 불법을 배웠으며 이병원(李炳元)에게서 유학(儒學)을 배웠다.

1846년 호의의 법을 이어 진불암(眞佛庵)에서 개당하여 '화엄경'과 '범망경'을 강설하고 선리(禪理)를 가르쳤다. 22년간 강당에서 학인들을 가르치다가 다시 조계산 지리산 영축산 등지의 사찰을 순례하였고 1873년에는 제주도에, 1875년에는 한양과 송악을 거쳐 묘향산과 금강산을 순례하였다.

뒤 다시 대둔사로 돌아와 후학을 지도하다가 나이 77세, 법랍 64세로 입적하였다. 저서로는 고승전인 《동사열전(東師列傳)》을 비롯하여 《범해선사유고》, 《범해시고(梵海詩稿)》 등이 있다.

범해각안은 초의에게서 차를 배웠으며 초의 스님의 입적 후에는 〈초의차〉라는 시를 지어 초의 스님의 차 법제 과정을 자세히 기록하였으며, 〈다약설(茶藥說)〉과 〈다시(茶詩)〉를 짓고 30편 가까운 차시를 남겼다. 그는 선사로서 혹은 강사로서 뛰어나 대둔사 13대 종사의 한 사람으로 추앙되기에 이르렀다.

범해는 대둔사 산내의 남암(南庵)에서 수행할 때 이질에 걸려 10여 일 동안 사경을 헤맸다. 입실 동기인(無爲)와 사제 부인(富仁)이 이 사실을 듣고 달려와 차를 달여 마시게 하여 범해의 병을 낫게했다. '차약설'은 범해가 차를 마시고 약효를 얻은 사실에 대한 기술이다.

"말한 대로 차를 달이고 말과 같이 차를 마셨다. 첫 잔을 마시니 마음과 속이 조금 편안해지고, 두 잔을 마시니 정신이 또렷해졌으며, 서너 잔을 마시고 나니 온 몸에서 땀이 흐르고 맑은 바람이 뼈에서 일어나는 듯하였다. 상쾌하여 마치 처음으로 병이 나은 듯 하였다. 이로부터 음식을 조금씩 먹게 되었고 하루하루 좋아졌다."

노동(盧仝)의 〈칠완다가(七椀茶歌)〉에서도 비슷한 차의 효능을 설명하고 있지만 범해의 기록은 죽을 병을 앓고 차의 힘으로 다시 깨어난 사람의 절실함이 잘 표현되고 있다. 주목해야할 것은 범해가 마신 차가 조선의 고유 탕법(湯法)인 뜨거운 물에 우리는 탕법을 채용하고 있다는 점이다. 그리고 범해는 병을 고치는 것은 인간과 인간 간의 감응(感應)이 중요하다는 것을 강조하면서 차 역시 인간 간의 정(情)이 감응해야 비로소 효험이 발동한다고 강조하고 있다.

범해의 〈다가(茶歌)〉는 당시 조선 땅 각지에서 산출되던 차의 장단을 논한 후에 차의 효능도 아울러 설명했다. 범해는 특히 이 〈다가〉에서 당시 조선의 선가(禪家)에서 당나라 조주 선사의 차 풍습이 전해지고 있는 것을 노래하고 있다.

禪家遺風趙老話	선가의 유풍은 조주 스님의 말씀이고
見得眞味霽山先	참맛 보고 얻음은 제산이 앞섰다
挽日工了玩月夜	만일암의 공사도 끝나 달밤을 즐기는데
茗供吹籥煎相牽	풀무 불어 견군을 거느리고 차 달여 바치네
政筒彦鉥臘日取	정사와 언질 정무결정은 납일을 취하고
聖學汲泉呼太蓮	성인의 가르침이 샘물 대면 큰 연꽃 부르네
萬病千愁都消遣	만병과 온갖 걱정 모두 없애버리고
任性逍遙如金仙	제멋대로 소요하기 부처님 같네
經湯譜記及論頌	물 끓이기 헤아려 제보에 적고 칭송하는데
一星燒送無邊天	별 하나가 없는 하늘에 불타며 흘러가는데
如何奇正力書與我傳	어찌하여 이 훌륭한 책을 나에게 전하는가.

이 노래를 보면 범해가 선차를 배우고 선지를 익히면서 초의로부터 전해받은 선차맥에 대한 상당한 자부심과 함께 큰 사명을 느끼고 있는 것 같다. 국가로부터 혹은 사회적 인식으로부터 외면받고 결국 불모지와 같은 상황이 되어있었던 조선 시대 차를 되살리고 선가에서 선차맥으로 되살려야한다는 것이 그의 뼈저린 각성이었던 것 같다. 그에게 전해진 선차 정신의 귀

중함을 후대에 전하기위해 그는 〈약차설〉도 쓰고 〈다가〉도 지었으며 〈다시〉도 지었다.

8. 송광사 선차맥의 계승자 다송자

조선 말기에 송광사 다맥을 대표하는 인물은 금명보정 선사(錦溟寶鼎禪師·1861~1930)라 할 수 있다. 김해 김씨의 후예인 그는 17세에 송광사에 출가하여 전국 유명 강원을 찾아 큰 스승에게 수학하고 육경(六經)과 노장에까지 두루 통하였다. 30세에 스승 금련(金蓮) 화상의 법을 이어 화엄사에서 개강하고 뒤에 송광사로 옮겨와 후학을 지도하다가 나이 70세, 법랍 55세로 입적하였다.

그는 스스로 '다송자(茶松子)'라 자호하고 '다송문고(茶松文稿)'와 '다송시고(茶松詩稿)' 속에 천여 편의 시문(詩文)을 남겼으며 그 가운데 80여 편의 주옥 같은 차시가 들어있어 근세 한국차시문학을 대성시켰다. 그는 또 《금명집》 등의 저서도 남겼다. 특히 그는 30여 년에 걸쳐 송광사 관련 문헌을 수집 정리하여 《송광사 사고(松廣寺史庫)》를 남겼다.

'다송자'라는 자호에서 보듯이 그는 송광사에서 차를 즐긴 스님이었다. 차를 법제하고 차를 마시며 차시(茶詩) 쓰기를 즐겼다. 그런 차생활은 곧 그가 송광사의 선차맥을 계승한 인물이라는 것을 직감케 한다.

우선 다송자의 차시들은 담담한 차 살림만이 아니라 깨침을 지향하는 선승이 차를 통해 도달하는 선적 체험의 경지를 실감하기에 부족함이 없다. 그의 차시 〈차를 달이며〉에서 "어느 스님 찾아와서 조주 문을 두드리면"이라고 한 것은 다만 스님이 차를 마시고 싶어서 찾아온 것이 아니라 진리를 묻고 깨치기 위한 갈망으로 찾아온 것을 느끼게 하며, 그를 맞아 다송자가 차를 끓여 내놓을 때 "한잔의 작설차가 제호보다 신령하다"고 하는 것에서는 바로 조주의 '끽다거'에서 보듯 차 마시는 가운데 찾는 평상적인 마음을 실감케 하고 있다.

차를 달이며(煎茶)

有僧來叩趙州扃	어느 스님 찾아와서 조주 문을 두드리면
自愧茶名就後庭	다송자 이름값에 후원으로 나간다
曾觀海外草翁頌	해남 초의 선사의 동다송을 진작 읽고
更考唐中陸子經	당나라 육우의 다경도 보았었네
養精宜點驚雷笑	정신을 깨우려면 뇌소차가 알맞겠고
待客須傾紫筍馨	손님 오면 향기로운 자용이 제격이라
土竈銅瓶松雨寂	질화로 동병 속에 솔 빗소리 멎고 나면
一鍾禽舌勝醍靈	한잔의 작설차가 제호보다 신령하다.

더 나아가 다송자는 〈다로장로와 함께 읊다〉에서 송광사에서 수행하는 스님들이 천백 칙이나 되는 공안을 내걸고 수행하다가도 한밤중 차를 마시며 진정한 안심을 얻는 모습을 실감케 한다.

다로장로(茶爐長老)와 함께 읊다

吾家道本沒規模	우리 집 도는 본래 규모가 없으니
抹却蒼山刹海圖	창산과 찰해 그림 모두 치워버렸네
泉是靈源通竹筧	영원에서 대통 홈을 이어 샘물 긷고
飯從香積忌煙廚	향적세계 연기 없이 지은 밥을 먹는다
公衆如何千百則	공안은 어찌하여 천백 칙이던가
齋羞只爲一身枯	공양함은 이 한 몸 마르는 걸 위함일세
燈深露滴茶腸鬱	깊은 밤 이슬 맺어 차 생각이 간절하니
更引銅瓶掛地爐	다시 구리병 끌어다가 질화로에 걸었네.

그런 수행생활의 모습이 〈다송명〉에 이르러서는 한층 초월의 멋을 부린다. "한 주머니 솔잎에 한 병의 차 마시고 모든 인연 상관 않고 이 집에 누웠으니" 옛날 보조 국사 지눌 같은 선배 스님들이 올바른 수행을 위해 결사하여 이곳에 들어왔던 결의조차 우습다고 하고 있다. 차를 마시며 새소리 듣고 꽃을 완상하면 되었지 복잡하고 거창한 목적이 무슨 뜻이 있느냐는 경지는 바로 최고의 선승들이 깨침을 표현하는 아름다운 오도송(悟道頌)과 다름이 없겠다.

다송명(茶松銘)

一囊松葉一瓶茶	한 주머니 솔잎에 한 병의 차 마시고
不動諸緣臥此家	모든 인연 상관 않고 이 집에 누웠으니
堪笑昔人修結社	옛 사람들 수행하려 결사한 일 우습구나
何妨聽鳥又看花	새소리 듣고 꽃 보는데 무슨 방해 있으리오.

다송자의 차시 〈국천을 찾아(訪菊泉)〉 역시 그런 선차의 경지를 읊고 있다.

秋滿山家露滿天	가을이 산가에 가득하고 이슬도 하늘을 채웠다
輕輕葛袖訪詩仙	가벼운 갈옷 입고 시선을 찾아갔네
沈唫久坐寒窓下	오래 앉아 읊조리는 차가운 창 아래
法語淸茶忽罷眠	법어와 맑은 차에 홀연히 졸음을 깬다.

9. 결론

조선 시대는 숭유억불의 시대였다. 그만큼 불교가 힘을 잃고 뛰어난 승려가 출현하기도 어렵고 민중도 신행이 쉽지 않은 시대였다. 그런 시대이니 차생활도 쉽지 않은 시대였다. 나라의 경제가 차를 즐길 여유를 허락하지 않았을 뿐 아니라 나라의 차 공출이 자심하여 차농이 차 농사 자체를 기피하던 시대였다. 그러니 차가 극히 제한된 사림과 승려들 사이에서 근근히 유지되던 시대였다.

그럼에도 불구하고 그런 어려운 여건 속에서도 선리를 추구하고 차를 하며 차시를 지어 차문화를 보급하려 한 승려들이 있었다. 심지어 이들은 오래 전부터 이어져온 선차맥을 잇는 데 각고의 노력을 기울였다.

한반도에서 선차는 통일 신라 시대 구산선문에서 크게 유행하였다. 신라인 무상이 중국에서 정중종을 열고 '선차지법'을 개척한 이래 그의 제자인 마조와 지장을 잇는 선법이 차와 함께 신라 유학승들에 의해 신라에 전해졌다. 조주의 법형제였던 쌍봉도윤이 사자산문을 열고 선차를 보급한 것은 대표적 예이다.

하지만 고려 시대에 중국의 임제 법맥을 대표하는 석옥청공으로부터 태고보우가 선법을 배워오면서 새로운 선차 부흥이 이루어졌다. 고려 시대에는 의천도 천태산에서 지의의 천태종을 배워왔으며 나옹혜근도 중국에 온 인도승 지공의 법통을 잇고 동시에 평산처림의 임제선법도 배워온 바 있다. 심지어 외국에 나가지 않았던 보조지눌이 정혜결사를 통해 송광사를 중심으로 선을 펼쳤던 것을 간과할 수 없다.

이 같은 선대의 선수행 역사의 축적을 기초로 조선 시대에는 불리한 여건 속에서도 선법과 선차의 법이 꾸준하게 선가에 이어지게 되었다. 함허득통이 '일완차(一椀茶)'를 말하고 설잠 매월당이 '초암차(草庵茶)'를 이야기한 것은 조선 시대 차의 신 경지 개척의 예라 할 만하다.

마찬가지로 조선 시대 선맥을 지켜낸 청허휴정이나 일본에 가서 선을 가르친 사명유정의 차 정신도 볼만하다. 유정은 '선차(仙茶)'를 말하고 있으나 그가 대단한 선장(禪匠)이었던 만큼 그 선차는 결국 '선차(禪茶)'를 말한 것이라고 할 것이다.

그런 선차의 역사는 조선 후기에 들어오면서 초의에 의해 한국차의 부흥 시대를 열면서 더욱 튼실해 졌다. 초의는《동다송》을 짓고 차를 직접 기르고 법제하며 마시면서 차의 질적 발전을 도모하였고 선차 정신도 심화시킬 수 있었다. 때문에 그의 가르침을 받은 범해나 다송자가 수많은 차시를 남기면서 비로소 새로운 차의 시대를 열기에 이르렀다고 할 것이다. 현재 한국차의 발전은 실질적으로 이같은 조선 시대 차승들이 온갖 고난 가운데서도 맥맥히 이어온 선차 정신이 밑거름이 되었다고 할 것이다.

실학 시대의 차생활을 조명한다

조선왕조 시대에 차와 차문화는 거의 와해 지경에 있었다. 이 시대에 차가 완전히 없어졌다든가 차를 마시는 사람이 아주 없었던 것은 아니지만 우리나라의 차의 생산과 차생활이 번듯하게 존재했다는 이야기는 하기 어렵게 되었다.

하지만 잊혀졌던 이 땅의 차문화는 18세기에 접어들어 비로소 새롭게 되살아났다. 부안현감 이운해(李運海 · 1710~?)가 고창 선운사 차밭에서 찻잎을 따다가 7종의 향차를 만들고 그 과정을 《부풍향차보(扶風鄕茶譜)》란 기록으로 남긴 것이 1755년이고 이것이 우리나라 최초의 차에 관한 저술로 되었다. 이에 이어 이덕리(李德履 · 1728~?)가 1785년을 전후하여 귀양 생활 중에 《동다기(東茶記)》를 저술하였다. 이들 18세기의 두 차서가 조선의 차문화를 되살리는 초석이 되었다.

물론 한재 이목(寒齋 李穆 · 1471~1498)이 《다부(茶賦)》를 짓고 잠곡 김육(潛谷 金堉 · 1580~1658)이 백과전서격인 《유원총보(類苑叢寶)》의 차편에서 차를 설명하고 서유구(徐有榘 · 1764~1845) 또한 《임원십육지(林園十六志)》에서 차를 설명한 것이 모두 우리 차 역사의 무게를 두텁게 하고 있는 것은 두말할 것도 없다.

하지만 이 같은 차 저술과 함께 조선 말기에 우리 차문화를 촉진하는 데 결정적 역할을 한 이가 다산 정약용(茶山 丁若鏞 · 1762~1836)이다. 다산은 일찍이 중국의 차 관계 서책을 접하고 또 중국에서 들어온 차를 맛본 경험을 바탕으로 유배 중인 강진과 해남에서 차를 직접 만들고 가르치며 보급하는 데 선봉이 되었던 것이다. 다산이 기거하던 '다산초당'은 그 거점이 되었고 그와 교유하던 선비들과 스님들이 차를 되살리는 결정적 역할을 했던 것이다.

다산은 이덕리가 《동다기》에서 차 무역을 논했듯이 스스로 《각다고》를 써서 차를 전매하여 국고를 풍부히 하자고 주장하고 있다. 다산의 제자 초의 의순(草衣意恂·1786~1866)은 1837년에 《동다송(東茶頌)》을 지었고 스승의 가르침에 따라 대둔사에서 차밭을 일구고 차를 만들어 보급하였다. 물론 그 이전에 사찰에서 아주 차가 없었던 것은 아니다. 다만 제대로 된 차제법의 보급이 이뤄지지 않아 사찰에서 만든 차의 차 맛을 논할 수준이 못되었다.

다산은 1805년 우연히 만덕산 백련사로 놀러갔다가 주변에 야생차가 많이 자라는 것을 보고 아암혜장과 그 제자 수룡색성 등에게 차 만드는 법을 알려주었고 이들은 뒤에 다산이 가르쳐준 제법에 따라 만든 차를 다산에게 드리곤 했다. 이후 다산의 제다법은 백련사에서 보림사와 대둔사로 전해졌다. 다산의 떡차 제다법은 1830년 제자 이시헌에게 보낸 편지에 자세히 나와있다. 삼증삼쇄니 구증구포니 하는 것이 여기에 있었다.

초의가 다산초당으로 다산을 찾아뵌 것은 1809년이었고 칠불선원에서 중국의 다서 《만보전서》를 베껴 《다신전(茶神傳)》을 만들어 그곳 스님들에게 차생활을 지도한 것은 1828년이었다. 그리고 초의가 만든 차가 세상에 알려진 것은 1830년 이후였다. 추사 김정희는 특히 초의차의 마니아였다. 추사는 이미 24세 때 연행을 통해 용단승설차를 맛본 이후 그 차 맛을 잊지 못하다가 국내에서 접한 초의의 차에 깊이 매료되어 수십 통의 편지를 보내 차를 보내라고 졸라댔다. 추사는 초의뿐 아니라 호의나 향훈, 색성 같은 스님들에게서도 수없이 차를 구걸하였다. 그리고 차를 받은 고마움을 표해 자신이 쓴 글씨를 선물했다. 차가 조선 선비사회의 문화가치가 된 것은 이런 과정을 통해서다.

다산만이 아니라 다산의 두 아들은 호의에게 수십 통의 편지를 보내 차를 구했는데 정학유는 자신이 먹는 차의 양이 1년에 수십 근이 넘을 것이라고 했다. 추사의 동생 김명희는 《다법수칙》을 써서 향훈에게 제다법을 귀띔하였고 초의와도 시를 주고받았다. 심지어 이유원은 다옥을 마련하여 차를 즐겼고 푸얼차와 일본차에 대해서도 언급하고 있고 이상적은 백두산에서 나는 백산차와 가야산 5층탑에서 나온 용단승설차에 관한 증언을 남겼다. 전국 각지의 차와 샘물 차 도구에 대한 관심도 심화되었다. 범해 각안은《차약설》과 《차가》를 지어 조선 후기 차문화를 증언하였다.

그러나 이같은 18세기와 19세기에 걸친 조선 후기 차문화 재건의 역사를 조감하면서 조선의 차문화 부흥을 가능하게 한 바로 그 이전의 황폐한 조선차문화를 조심스럽게 주시할 필요가 있다고 할 것이다. 조선의 차 생활이 정말 완전히 소멸해버린 것인가. 아니면 미약하나마 그래도 어느 한구석에서나마 차를 지키고 즐긴 차생활의 근거가 없었는가를 면밀히 살펴볼 필요가 없겠는가 하는 것이다.

그런 관점에서 18세기 초엽 조선 사회에서 미약하게나마 존속하였던 차생활의 흔적을 조명해볼 필요가 있겠다. 이른바 실학의 시대에 조선에서 차가 존재한 모습을 찾아보자는 이야기다.

그러자면 우선 조선 후기 대표적 차 관계 저술인 《동다기》의 저자인 이덕리가 16세 때인 1743년 계해년 봄에 상고당(尙古堂) 김광수(金光遂 · 1699~1770)의 집에 들러 처음으로 차를 맛본 점에 착목하지 않을 수 없다. 정민의《새로 쓰는 조선의 차문화》에 실린 이덕리의 글《동다기》를 보면 당시 상황이 눈앞에 확연히 펼쳐진다.

"계해년(1743, 영조 19년) 봄에 내가 상고당에 들렀다가 요양(遼陽)의 사인(士人) 임(任)아무개가 부쳐 온 차를 마셨다. 잎이 작고 창(槍)이 없었으

니, 생각건대 손초(孫樵)가 말한 우렛소리를 들으며 딴 것인가 싶었다. 당시
는 한창 봄날이어서 뜨락에 꽃이 시들지 않았다. 주인은 자리를 펴고 소
나무 아래서 손님을 접대하였다. 곁에 차 화로를 놓아두었다. 화로와 차관
은 모두 해묵은 골동품 그릇이었다. 각자 한 잔씩을 다 마셨다."

이덕리가 차를 처음 마셨다는 상고당(尙古堂)은 조선 후기의 유명한 골동
품 수장가였던 김광수의 당호다. 그는 이조판서를 지낸 김동필의 둘째 아들
로 일찍이 사마시에 합격하였으나 과거 공부를 그만두고 골동품 수집으로
일생을 보낸 인물이다. 집안에는 온통 고서화와 진귀한 그릇들로 가득찼는
데 모두 천하의 명품이었다. 신유한의 《상고당자서후제(尙古堂 自敍後題)》
에 의하면 "집안에 모은 고서화와 진기는 모두 천하명품이며 고시문 등도 천
하의 기서(奇書)인데, 뜻에 맞는 것이 있으면 가재를 기울여 비싼 값으로 구
입하였다."고 하고 있고 또한 "감식이 신묘했다."고 할 정도였다. 그러니까
상고당은 골동 수집의 대가였을 뿐아니라 미술품 감식가로서도 높은 평가를
받았다. 박지원은 그를 '감상지학(鑑賞之學)의 개창자'라고 했다. 그는 그림
에도 능했다고 한다.

상고당 김광수가 능했던 것은 이것만이 아니었다. 그는 차에도 조예가 깊
어서 박제가는 "차 끓임은 오직 다만 김성중(金成仲, 김광수의 자)을 허락
하니, 송풍성(松風聲)과 회우성(檜雨聲)을 알아듣기 때문일세."라고 노래한
바 있다. 김광수의 집 상고당은 와룡암(臥龍庵)으로도 불렸는데 거기서 열
린 찻자리를 그린 심사정의 그림 '와룡암소집도(臥龍庵小集圖)'가 지금 전한
다. 그림에 붙은 김광국의 발문에는 "갑자년(1744) 여름, 내가 상고자를 와
룡암으로 찾아가서 향을 사르고 차를 마시면서 서화를 평하였다."는 내용이
있다. 이덕리가 상고당에서 차를 처음 맛본 이듬해의 일이다.

이로써 보면 김광수는 상고당에서 아는 사람들과 더불어 미술품을 감상
하고 차를 마시곤 했던 것 같다. 이덕리도 김광국도 그 찻자리를 이야기하
는 것을 보면 당시 경화세족 자제들이 그런 찻자리를 자주 가졌다는 것을 유

추하기에 어렵지 않다. 그가 마신 차는 주로 중국에서 가져온 차였던 것 같다. 앞의 경우처럼 요양에서 보내온 차도 있었지만 사행들에 부탁하여 마련한 차라고 할 것이다. 그러니까 김광수는 1760년 전라도 해안에 표류해온 중국배에 실려있다가 조선 전역에 유통되어 10여 년간 온 나라에서 마셨다는 그 차를 마시기 이전에도 넉넉히 중국차를 즐겼다고 할 것이다. 그의 찻자리에 나온 화로와 차관이 모두 골동품이어서 각별한 운치와 격조를 갖추고 있었다는 것을 알 수 있다.

하지만 조선 중기, 실학의 시대에 미술품 감식과 차를 한 사람이 김광수에 그치는 것은 아니다. 연암 박지원(燕巖 朴趾源 · 1737~1805)은 여오 서상수(汝五 徐常修 · 1735~1793)를 오히려 더 높이 평가하고 있다. "근세의 감상가로서 상고당 김광수 씨를 흔히 일컫는다. 그러나 그에겐 창조적 사고가 없으니 감상가로서 완전하다 할 수는 없다. 대체로 김씨는 감상하는 방법을 개창한 공이 있었고, 여오(서상수)는 꿰뚫어보는 식견이 있어, 눈으로 볼 수 있는 온갖 사물의 진위를 변별하고, 게다가 창조적 사고까지 겸했으니 감상을 잘하는 사람이다."(박지원 지음 · 김혈조 옮김 《그렇다면 도로 눈을 감고 가시오》)

연암 박지원은 여기에 그치지 않고 서상수를 극구 칭찬한다. "여오는 성품이 총명하고 슬기로워서 문장에 능하고 작은 해서(楷書) 글씨에 공교했다. 아울러 미불(米芾)의 발묵법(潑墨法)을 잘하고 한편으로 음악에도 정통했다. 봄 가을 틈이 있는 날이면 뜰과 집에 물을 뿌리고 깨끗이 쓸어 향을 사르며, 차 맛을 품평하였다. 집이 가난하여 좋은 골동품을 수장할 수 없음을 탄식하였고 더욱이 세속적인 무리들이 이들 두고 입방아를 찧어댈까 염려하였다."

이로써 보면 여오 서상수는 문장에 능하고 글씨와 그림에 능하며 심지어 음악에도 정통했다. 그에 그치지 않고 그의 골동을 감식하는 능력은 그 누구도 감히 견주지 못할 수준이었다. 어려운 살림 때문에 좋은 물건을 보아도 이를 구입하여 수장할 수 없었을 뿐이다. 그런 서상수가 봄 가을 틈이 나는 날이면 뜰에 물을 뿌리고 집안을 정결히 한 후에는 향을 사르고 차 맛을 품평하곤 했으니 그런 그를 차인이 아니라고 하기는 어렵겠다.

서상수는 당시 실학자들인 박지원, 이덕무(李德楙), 이서구(李書九), 유득공(柳得恭), 박제가(朴齊家) 등과 1768년 무렵 원각사지(현재의 파고다공원) 부근에 살면서 백탑청연(白塔淸緣)을 맺고 술과 시문서화(詩文書畵)를 즐기며 교유하였다. 서상수가 차를 즐겼으니 이들이 차를 함께 즐겼을 것이라는 것은 넉넉히 짐작되고도 남는다.

박지원의 〈운종교 위를 취하여 걷다〉에서 보면 초가을 어느날 밤 박제도(朴齊道, 박제가의 큰 형), 이희경(李喜經), 이희명(李喜明) 형제, 원유진(元有鎭) 그리고 이덕무 등이 박지원의 집을 방문한 후 술에 취해 운종가(종로)를 거닐다가 운종교 다리에서 노닐던 장면을 전하고 있다. 그 글에선 그보다 6년 전 대보름 밤에 류연(柳璉)이 다리 위에서 춤을 추고 유득공은 거위를 데리고 희롱하며 즐기다가 일행이 백석 이홍유(白石 李弘儒)의 집에 가서 차를 마셨다는 이야기도 나온다. 박지원 등 백탑청연의 또래 친구들이 술과 차를 즐기며 놀던 모습은 실학 시대의 조선 경화세족의 자제들의 차생활의 일단을 엿보여 준다.

차의 부흥에 기여한
다산 · 혜장 · 초의 · 추사

    우리나라의 차는 삼국 시대부터 있었다. 차는 부처에 올려지기도 하고 임금에게 맛보여지기도 할 정도로 퍼지고 있었다. 고려에 이르면 송나라에서 들어온 용단승설차의 맛이 논의되고 문인들의 차시가 수백 편에 이를 정도로 한 문화를 형성하기에 이르렀다. 하지만 조선에 이르러 차는 갑자기 사라졌다. 병차와 말차 시대의 청산과 잎차의 등장에 따라 차문화 자체가 사라지고 말았다. 생산량 자체가 적은 데다 무리한 납공을 감당할 수 없었던 농민들이 차 농사를 피하여 차밭을 황폐하게 만든 것도 한 원인이었다.

    그러던 우리 땅에서 차가 부흥되고 재건되는 시기가 도래하였다. 바로 다산 정약용(茶山 丁若鏞 · 1762~1836)이 해남에 귀양온 후 차를 가르치고 차생활을 선도한 것이 계기가 되어 우리나라에는 일찍이 없었던 '차의 시대'가 전개되기에 이르렀다.

    다산은 이미 서울에서 벼슬하는 동안 차를 익히고 차 맛을 알고 있었다. 사행을 통해 중국에서 들어온 차가 서울의 귀족들에게 이미 상당히 보급되어있었다. 귀양 시절 초기였던 1805년 4월 17일 다산은 우연히 만덕산 백련사에 놀러갔다가 주변에 야생차가 많이 자라는 것을 보고 아암 혜장(兒菴 惠藏 · 1772~1811)등 백련사 승려들에게 차 만드는 법을 가르쳐주었다. 아암 혜장과 그 제자 수룡색성(袖龍賾性) 등이 다산이 일러준 제법에 따라 차를 만들어 차를 마셔보고 이를 다산에게도 맛보였다. 차가 떨어지면 다산은 〈걸명소〉 같은 애교 섞인 글을 보내 이들에게 차를 보내달라고 청했다. '혜장상인에게 차를 청하며 부치다(寄贈惠藏上人乞茗)'란 편지가 다산과 혜장이 처음 만난 4월에 보내진 것을 보면 다산의 차 독촉이 매우 급박했던 것을 알 수 있다. 그리고 그 사실로 혜장이 이미 백련사 주변에 차가 많이 나는 것을 알고 이를 이용해 차생활을 하고 있었다는 것을 유추할 수도 있다. 다만 다산이 걸명시에서 "모름지기 찌고 말림 법대로 해야 / 우렸을 때 빛깔이 해맑으리라[焙曬須如法 浸漬色方澄]."라고 한 것처럼 아직 법대로 차를 만들지 못해 맛이 좋지는 않았을 것이라는 가정이 가능하다. 그렇게 해서 다산의 제다법은 백련사에서 보림사와 대둔사로 퍼져나갔다.

한편 다산은 1808년 다산초당으로 거처를 옮기면서 아예 차를 자급자족하기에 이른다. 다산은 다산초당에 약천과 다조 등 각종 차 도구를 두루 갖출 수 있었고 1810년에는 다른 사람에게 자신이 만든 차를 선물하기도 했다. 1815년 호의 스님에게 떡차 10개, 1816년 우이도에 떡차 50개를 보낸 것이다.

하지만 당시 다산에게 차는 기호음료이기보다 체증을 내리는 약이었다. 1810년 장흥 정수칠에 보낸 편지에선 차를 너무 마시면 원기를 손상케 된다는 경고까지 하고 있다. 다산이 마신 차는 주로 떡차였다. 1830년 다산이 제자 이시헌에게 보낸 편지에는 떡차를 만드는 법이 상세하다. 삼증삼쇄 혹은 구증구포가 그것이다. 차의 독성을 누그러뜨리기 위해 찻잎을 여러 번 찌고 말려 곱게 빻아 가루를 낸 후, 돌샘 물에 반죽하여 작은 크기의 떡차로 만든다는 것이다. 다산의 제자들이 만든 '다신계 절목'에는 곡우날 어린 차를 따서 잎차 한 근을 만들고, 입하 전에 늦차를 따서 떡차 두 근을 만든다고 했다.

초의의순(草衣意恂 · 1786~1866)이 다산 초당을 처음 찾은 것은 1809년이었다. 당시 다산이 48세, 초의가 24세였다. 훗날 대표적 다승(茶僧)이 된 초의가 처음 차를 배운 것은 다산으로부터였다. 15세에 출가하여 근 9년 동안 영호남을 주유하며 선지식을 찾아 헤매다가 결국 그가 찾아낸 스승이 다산이었다. 초의는 다산으로부터 차도 배우고 학문도 배웠다. 다만 하나 이들 사이의 장벽은 두 사람이 각각 유가와 불가의 소속이란 것뿐이었다. 초의는 1820년대부터 스스로 차를 만들기 시작하였는데 1828년 지리산 칠불선원에서 《만보전서》를 보고 차 부분을 추려 《다신전》으로 정리한 것도 한 계기였다.

초의차가 세상에 알려진 것은 1830년경이었다. 초의는 이해 스승 완호(玩虎)의 사리탑 기문을 받기 위해 상경했다. 그때 예물로 준비한 것이 '보림백모(寶林白茅)' 떡차였다. 우연히 벗을 통해 이 차의 맛을 본 금령 박영보(錦舲 朴永輔·1808~1872)가 〈남차병서(南茶并書)〉 시를 지어 초의에게 보내고 초의가 이에 화답하는 과정에서 초의차가 세상에 처음으로 알려졌다. 박영보의 스승 자하신위(紫霞申緯·1769~1845)가 다시 〈남차시〉를 지어 그 맛을 격찬하며 '전다박사'로 치켜세우면서 초의의 명성은 널리 드러나게 됐다. 초의가 1834년과 1838년에 다시 상경하여 차를 돌리면서 초의차의 명성은 더욱 확고해졌다. 이 과정에서 차를 알게 된 해거도인(海居道人) 홍현주(洪顯周·1793~1865)의 청에 따라 1837년 초의가 《동다송(東茶頌)》을 지으면서 우리 차의 이론적 깊이가 비로소 심화되기에 이르렀다. 차의 역사와 우리 차의 효용, 차 마시는 절차와 방법이 일목요연하게 정리된 이 장시는 한국차사에서 독보적인 저술로 인정받게 되었다. 하지만 최근의 연구로 우리나라 최초의 다서는 1755년에 나온 이운해(李運海)의 《부풍향차보(扶風鄕茶譜)》이고 이덕리(李德履)의 《동다기(東茶記)》가 그 뒤를 잇는다는 것이 밝혀졌다. 그럼에도 불구하고 초의의 《동다송》의 위치는 중국 육우의 《다경》에 비유될 정도로 대단하다.

초의의 차는 기본적으로 다산의 차와 제법이 같았다. 다만 초의는 똑같은 떡차를 만들면서 네모지고 둥근 작은 것에서부터 큰 덩어리 떡차와 벽돌차 등 다양한 모양의 차를 만들었고 심지어 댓잎을 섞어 차를 만들기도 했다. 이 떡차 덩이를 맷돌에 갈아 가루로 만들어 뜨거운 물에 넣고 끓여 마셨다.

이런 초의차를 세상에 유명하게 만든 데는 추사의 역할이 컸다. 추사 김정희(秋史 金正喜·1786~1856)는 24세 때 연행하여 중국에 가서 완원(阮元)의 태화쌍비지관(泰華雙碑之館)을 방문하여 용단승설차를 대접받고 비로소 차 맛을 알게되었다. 중국 최고의 차를 알게 된 추사가 그런 차를 손쉽게 구할 길은 없었다. 그러다가 국내에서 초의의 차를 맛보고 나서 추사는 이 차에 푹 빠지고 말았다. 그래서 추사는 기회 있을 때마다 글씨와 그림을 보내면서 차를 보내라고 성화를 부렸다. 차를 구걸하는 추사의 편지는 애교에 넘친 것이면서 거의 협박조나 다름없었다. 차를 너무 좋아한 추사는 초의차만으로는 부족하여 초의의 제자 향훈 등에게서도 차를 구해 마셨다.

이렇게 되자 초의 이외에 호의(縞衣)나 향훈(向薰), 색성 같은 승려들이 모두 차를 만드는 데 일가견을 갖기에 이르고 범해 각안(梵海 覺岸)은 〈차약설〉과 〈차기〉를 짓기에 이르렀고 차의 수요가도 다산의 두 자제 유산 정학연(酉山 丁學淵)과 운포 정학유(耘逋 丁學游), 추사의 동생 산천 김명희(山泉 金命喜·1788~1857), 신헌(申櫶) 초명(疎訶·申觀鎬)과 신헌구, 이상적과 이유원 등 경화귀족 사회에 널리 확산되기에 이르렀다. 귤산 이유원(橘山 李裕元·1814~1888)은 다옥을 마련하여 차를 즐겼고 푸얼차와 일본차에 대한 기록을 남기고 있었으며 우선 이상적(藕船 李尙迪)은 가야사 5층탑에서 나온 용단승설차에 관한 증언을 남겼다.

다산, 혜장, 초의 추사 등이 활동하던 18세기에서 19세기에 이르는 기간은 우리 차의 부흥기나 진배없었다. 중국에 비해서도 그 맛이나 효능이 떨어질 것이 없는 좋은 차가 만들어졌을 뿐 아니라 차를 즐기는 차인들이 나타나 차에 관한 논서에서부터 무수한 차시가 만들어졌다. 하지만 다산과 추사 초의가 세상을 떠나면서 우리 차는 갑자기 다시 어둠 속에 묻혀버렸다. 새로 움텄던 우리 차의 부흥기도 그대로 사라져 버리고 말았다. 그 우리 차가 다시 살아나기 시작한 것은 일제강점기를 거치며 일본의 차문화가 판치는 모습을 보았던 20세기에 들어와서부터라고 해도 과언이 아니다.

대둔사 차맥과
송광사 차맥에 주목한다
-잊혀졌던 차승 연해 스님을 새로 발굴한 것을 계기로

새로 평가되는 송광사 차맥

최근 월간 《차의 세계》가 연해 스님과 원명 스님이라는 차인을 새로 발굴 소개하면서 차계가 큰 충격에 빠졌다. 차가 생산되는 한반도 남부에 위치하고 있으면서도 그간 차의 불모지나 다름없게 여겨지던 송광사에 1940년대에 차를 법제하여 마시는 것을 생활화한 '연해'라는 스님이 있었다는 사실은 송광사 차맥의 신발견이라는 관점에서나 한국차사의 메워지지 않았던 빈 공간에 중요한 연결고리를 새로 찾아냈다는 점에서 크게 주목되는 사건이기 때문이다.

월간 《차의 세계》는 2014년 9월호에서 원명 스님과의 인터뷰를 통해 연해 스님이라는 숨겨진 차인을 발굴한 데 이어 지난 12월호에서는 〈송광사 승적부〉에서 연해 스님이 바로 금명보정 스님에게서 보살계를 받고 그 계맥을 이었다는 사실을 확인하여 공개하였다.

연해 스님이 금명보정 스님으로부터 보살계를 받았다는 사실이 중요한 것은 대표적인 송광사의 차인으로 알려져 온 다송자(茶松子) 금명보정(錦溟寶鼎 · 1861~1930) 스님의 다맥이 연해적전(蓮海寂田 · 1889~?) 스님으로 이어지고 있다는 사실을 확인하는 증거가 되기 때문이다.

이에 그치지 않고 원명(元明 · 1930~) 스님의 증언으로 1940년대에 송광사에는 차를 하는 스님이 연해 스님 한 분뿐이었다는 사실이 확인되면서 연해 스님이 금명보정 스님의 유일한 차 전승자였다는 것을 알 수 있었고, 반면 연해 스님이 젊은 원명 스님에게 자주 차를 맛보여주었다는 점에서 보면 원명 스님이 바로 연해의 차맥을 이은 인물로 평가할 수 있게 된다.

그리고 이같은 송광사의 차맥은 반드시 그 연원이 있다는 것을 유추케 한다. 근세의 인물 가운데서 차의 전승자를 발견해내지 못하고 있었지만 적어도 송광사의 창건주 보조국사 지눌이라든가 차시를 남긴 진각혜심(眞覺慧諶)이라든가 원감충지(圓鑑冲止) 등이 차를 하였다는 전승을 아주 무시할 수는 없겠다.

대둔사의 범해각안과 송광사의 다송자

그러나 근년 송광사의 차인으로 확인된 금명보정이나 연해적전 스님들이 직접 영향을 받았던 것은 송광사의 선배들이 아니라 해남 대흥사(大興寺·大屯寺)의 차맥이었다. 금명보정이 그의 《백열록(栢悅錄)》에 초의 선사의 〈동다송(東茶頌)〉과 범해각안의 〈차약설(茶藥說)〉을 수록하고 있는 것으로 보아 그 점을 확인할 수 있겠다.

초의의순(草衣意恂·1786~1866)이 근세 우리 차문화를 부흥시킨 인물이라는 것은 주지의 사실이다. 동시에 초의는 대둔사 차맥의 큰 봉우리였다. 대둔사에는 당시 초의 이외에도 만휴자흔(卍休自欣·1804~1875)이나 취현향훈(醉玄向薰·1801~1885) 같은 차승이 있어 차를 좋아하는 경향의 사족들과 교유하며 자신이 법제한 차를 나누고 있었다. 대흥사에는 이밖에도 초의와 함께 완호윤우(玩虎倫佑·1758~1826)의 법맥을 이은 호의시오(縞衣始悟·1778~1868)도 있어 사족들에게 차를 공급하고 있었다. 또 범해각안의 〈차가(茶歌)〉에는 당시 대흥사에는 초의 스님의 제자별로 차를 즐긴 스님들 10명의 이름이 거명되기도 했다. 중부(中孚·艸衣), 이봉

(離峯), 무위(無爲), 예암(禮庵), 남파(南坡), 영호(靈湖), 제산(薺山), 언질(彦銍), 성학(聖學), 태연(太蓮)이 그들이다. 그만큼 대둔사의 다맥은 번성했다고 할 것이다.

그러나 대둔사 차맥을 형성했던 인물 중에 범해각안(梵海覺岸 · 1820~1896)의 위치는 특별한 것이다. 그는 호의시오의 법제자이며 동시에 초의에게서 구족계를 받아 초의의 차맥을 이은 다승이라 할 것이다. 초의의 법을 이은 이는 공식적으로 이봉(離峯)이 있으나 그가 차승으로 남긴 업적이 알려져있지 않아 대신 범해각안의 존재가 부각되는 것이다. 범해각안은《동사열전(東師列傳)》을 저술하고 〈차약설〉과 〈차가〉 그리고 여러 수의 차시를 남겨 명실상부한 차인의 면목을 드러냈다.

대흥사 차맥과 송광사 차맥

그 점에서 대둔사의 차맥은 초의 스님으로부터 범해각안으로 이어졌다고 평가할 수 있을 것이다. 하지만 금당 최규용(錦堂 崔圭用)의《금당다화(錦堂茶話)》에는 초의 스님의 차맥이 응송(應松) 스님에게 전해지고 응송의 차맥이 무풍(無風) 스님으로 이어졌다고 말하고 있다. 대둔사의 주지를 지낸 응송 스님은 말년에 대둔사를 떠나 대처승으로 광저우 운천사(雲泉寺)에 주석하였는데 무풍 스님은 바로 그 운천사에 있으면서 호남의 다원과 다수(茶水)에 대해 소상히 알고 충실한 차생활을 하고 있었다는 것이다. 하지만 근래에는 응송 스님의 여러 제자 가운데 박동춘(朴東春)이 사찰 밖에서 활발한 차 연구 활동을 하는 것으로 알려져 있다.

이로써 보면 대흥사의 차맥은 초의에서 범해각안을 거쳐 응송 스님으로 이어지고 다시 무풍 스님과 박동춘 등으로 이어진 것으로 볼 수 있다. 다만 응송 이후 대흥사의 차맥이 대흥사 스님들에 의해 계승되지 못한 것이 안타깝다 하겠다. 1960년대에 언론인 천관우가 대흥사를 찾아 우리의 다법을 알고자했을 때 이미 대흥사에는 우리 다법을 알고 실제 생활하고 있는 스님이 없어 크게 실망하였다는 당시 동아일보의 보도로 보아도 그 점을 확인할 수 있겠다.

그런 차에 이번에 연해적전 스님의 존재가 새로 확인되면서 초의 스님의 차맥이 범해각안을 거쳐 송광사의 금명보정으로 이어지고 그 차맥이 연해적전으로 이어진 것이 뚜렷하게 드러났다. 초의의 차맥이 대흥사와 송광사로 양분되어 각기 자기 나름으로 계승되어왔다는 것이 확인된 것이다. 그리고 의외로 송광사의 다맥이 사찰 안에서 충실하게 계속 이어지고 있다는 것은 주목할 대목이다. 송광사의 전 주지였던 현봉(玄鋒) 스님이 다송자 금명보정의 존재를 부각하기 시작한 이래 송광사 출신의 조계종 원로의원인 원명 스님의 증언으로 이제 연해 스님의 존재가 드러난 것이 그런 예이다.

따라서 이 시점에서 차계가 기대하는 것은 우리 차사에서 중흥조로 평가되는 초의 스님의 차맥이 대흥사와 송광사에서 후진들에 의해 계속 이어지고 또 발전을 거듭해야 한다는 점이다. 잊혀져있던 차승(茶僧)이 있다면 이를 발굴하는 작업을 서둘러야할 뿐 아니라 혹 차맥이 단절되어 공백이 있다면 이를 보완, 계승하는 노력도 절실하다 하겠다.

우리 차사(茶史)에
지각변동이 일어났다
- 한국 다맥의 본류로 드러난 송광사

잊혀진 차인 연해적전을 알려준 원명 노스님

2015년 6월 6일 전남 순천시 송광사에서 열린 '송광사(松廣寺) 다맥(茶脈)의 재발견 학술대회'는 한국차사에 지각변동이 일어났음을 알리는 큰 행사였다. 이 학술대회에서 지금까지 우리 차 역사에서 거의 무명에 가까운 역할을 한 것으로 평가되던 송광사 다맥이 새로 발견된 자료들로 말미암아 '한국 다맥의 본류(本流)'라고 할까 대동맥(大動脈)이었다'는 것이 확연하게 드러났던 것이다.

지금까지 한국의 차맥은 막연하나마 전남 대둔사(大屯寺·大興寺)가 중심인 것으로 차인들 사이에 인식되어 왔었다. 그것은 근세의 우리 차 중흥조라고 할 수 있는 초의 의순(草衣 意恂·1786~1866년)이 대둔사를 거점으로 활동했고 그의 차를 배워 차생활을 영위하고 후대로 전승한 제자들의 활동 역시 주 무대가 대둔사였기 때문이다.

하지만 이번 송광사 학술대회는 그런 일반적이고 통념적인 차계의 인식을 깨고 송광사 차맥이 의외로 명분과 실질에서 확실하게 초의의 차맥을 잇고 계승 전승 발전 시켜왔다는 것을 입증하는 자리가 되었던 것이다.

그 입증의 중심이 되고 계기가 되었던 것은 뜻밖에도 86세의 원명(元明, 대구 관음사 조실, 조계종 원로회의 위원) 노스님의 증언이었다. 원명 스님은 이미 월간《차의 세계》2014년 9월호에서 자신이 송광사에서 생활하던 1940년대에 연해적전(蓮海寂田 · 1889~?) 스님이 법제하여 끓여마시던 차를 마신 경험을 소개한 바 있었다. 그리고 다시 이날 원명 스님은 장거리 여행의 노고를 마다하지 않고 학술회의장에 나와 앉아서 자신의 경험을 대중 앞에서 분명하게 증언했던 것이다.

전통차법은 구증구포와 열탕법

이날 원명 스님의 증언 가운데 중요한 것을 요약하면 다음과 같다.

첫째, 1940년대 송광사에는 차를 법제하여 즐겨 마시던 연해적전 스님이 있었다.

둘째, 연해의 제다법은 구증구포(九蒸九曝)법이었다. 밑이 두터운 솥을 뜨겁게 달군 후 거기에 찻잎을 넣고 주걱이나 손으로 아홉 번 덖어낸 후 명석 위에서 아홉 번 비비는 방식이다. 이는 한국 선종사찰의 전통 제다방법이면서 초의 스님의 제다법이었다.

셋째, 연해 스님의 음다법은 열탕법이었다. 삼발화로에 무쇠 주전자를 올리고 물을 끓이다가 큰 사발에 차를 따라 마시는 방법이었다. 고려 이래의 사찰 전통 음다법은 점다법(點茶法)이어서 가루로 만든 차를 물에 넣어 저어 마시는 것이었지만 연해 스님의 찻법은 열탕에 말린 차를 그대로 넣어서 마시는 방식이었다. 그래도 차가 떫거나 쓰지 않았고 맛이 한결 같았다.

넷째, 일타(日陀) 스님도 1946년 송광사 효봉 스님 회상 삼일암에서 초안거를 할 때 원주실에 계시던 연해 스님의 차를 맛보고 배웠으며 뒤에 해인사에 돌아가 차법을 펼 수 있었다.

이같은 원명 스님의 증언은 비록 아주 소략한 것이었지만 우리 차맥의 재발견을 향한 연구 노력을 촉발시키는 데는 아주 충분한 내용이었다. 초의로부터 연해적전으로 이어지는 어떤 차맥이 존재할 가능성에 대한 확신을 토대로 이번 학술대회를 기획하게 된 것도 그 하나다. 연해적전 스님이 발굴됨으로서 그가 송광사를 대표하는 다승 다송자 금명보정의 영향을 받았으며 금명보정은 다시 대둔사의 초의 다맥을 이은 범해각안과 밀접한 연관 관계가 있을 것이라는 유추도 가능해졌다. 그래서 마련된 이번 학술대회에서 그런 가정들이 모두 사실이라는 것이 드러났다.

사라진 초의의 대둔사 제자들

우선 제일 먼저 〈조선 후기 다도의 중흥조, 초의 스님의 다도사적 위치〉를 발표한 임종욱(진주교대) 교수는 스님의 다도가 주로 불가의 제자들에 의해 전해졌다고 하면서 견향상훈(見香尙熏 · 1801~1885)이나 만휴자흔(萬休自欣 · 1804~1875) 등이 제다에서 일가를 이루었다고 말한다. 그리고 범해각안(梵海覺岸 · 1820~1896)이 《다약설》, 《초의다》, 《다구명》 등의 저술로 초의의 선다(禪茶) 정신을 후세에 전했다고 보고 있다. 임 교수는 이어 응송 박영희(應松 朴英熙 · 1896~1990)가 1937년부터 20여 년간 대흥사의 주지를 지내면서 초의차 복원 계승에 힘썼으며 다도 실천에도 앞장섰다고 보았다.

이에 비해 〈범해 각안의 선사상과 차사상〉을 발표한 고영섭(동국대) 교수는 초의차와 차 정신이 범해각안에게 그대로 이어지고 있다하고 있지만 정작 범해각안은 자신의 〈다가(茶歌)〉를 통해 겸손하게도 차를 즐긴 대둔사 스님들을 열거하여 당대에 퍼진 차문화의 실상을 증언하고 있다. 〈다가〉에는 중부(中孚 · 草衣)와 함께 리봉(离峯) · 무위(無爲) · 예암(禮庵) · 남파(南坡) · 영호(靈湖) · 제산(霽山) · 언질(彦銍) · 성학(聖學) · 태연(太蓮) 등 모두 10명의 대둔사 차승이 거론되고 있다. 중요한 것은 이들 차승들이 모두 초의 생전에 함께 산 인물들이며 누구를 사이에 두고 간접적으로 차를 배운 이들이 아니라는 사실이다. 그 점에서 응송 박영희가 비록 일제강점기와 1960년대 초까지 대흥사의 차생활을 주도한 인물이라고는 하지만 그가 활동한 기간은 초의는 물론 범해각안조차 세상을 떠나고도 한참 후라는 것을 알 수 있다.

대둔사 범해에서 송광사 금명으로 넘어간 차맥

그 때문에 〈금명보정의 종통과 다풍〉을 발표한 현봉(송광사 전 주지) 스님은 초의로부터 범해각안을 거쳐 금명보정(錦溟寶鼎·1861~1930)으로 이어지는 종통과 다풍이 매우 자연스럽다고 보고 있다. "범해는 일찍이 초의 선사에게 가르침을 받았고 초의스님이 입적 후에는 〈초의차〉라는 시를 지어 차의 법제를 자세히 기록하였으며, 〈다약설(茶藥說)〉과 〈다가(茶歌)〉를 짓는 등 차와 관련된 많은 시문을 남겼다. 금명 다송자는 스승 범해로부터 감화받았고 범해의 차시(茶詩)들이 실려있는 시문집도 편찬하였으며, 할아버지 스승인 초의《동다송》과 《다신전》 등을 읽어보고 대흥사의 다풍에 많은 영향을 받았을 것이다. 금명보정이 편찬한 《백열록(栢悅錄)》에 초의의 〈동다송〉과 범해의 〈다약설〉 등을 직접 수사(手寫)하여 넣었으며, 여기 수록된 〈동다송〉은 가장 정확한 사본으로 알려졌다."

아닌 게 아니라 금명은 26세 때인 1886년에 해남 대흥사로 범해 선사를 찾아가 '고문박의(古文博義)' 등의 글을 배우고 구족계를 받았으며 범망경과 사분율 등도 배웠다. 그런 인연으로 41세 때인 1901년에 범해가 돌아간 뒤 큰 화재를 입은 대흥사 복구불사에 증명이 되기도 했고, 56세 때인 1916년에는 거기서 강석을 열기도 했다. 그해 겨울 대흥사 장춘강원에 있을 때는 범해의 법손들이 유고를 보이며 이를 편집해주기를 간청하였다. 이듬해 1917년 봄에 범해의 유고를 가지고 송광사에 돌아와 염재 송태회(念齋 宋泰會)와 함께 편집하여 《범해선사집》을 완성하였다. 이로 미루어 현봉 스님은 "다송자 금명은 범해로부터 계와 선(禪)과 교(敎)를 모두 전해 받은 사상의 적자(嫡子)였다."고 말하고 있다. 금명보정이 초의로부터 이어져온 범해각안의 차맥과 차풍을 이어받은 중심인물이란 것은 두말할 필요도 없다.

금명의 차를 이은 연해적전

이렇게 대둔사와 송광사를 넘나들며 이어져온 우리의 다맥은 최근 연해적전 스님의 발견으로 재정립의 계기를 마련하게 되었다. 〈연해적전(蓮海寂田·1889~?)의 생애를 통해 본 조선후기 선차문화〉를 발표한 최석환(동아시아선학연구소장) 발행인은 원명 노스님의 증언으로 1940년대 송광사에서 차생활을 하던 연해적전 스님의 존재가 밝혀지고 나서 다시 스님의 이력서와 승적부의 발견으로 그의 차맥이 금명보정을 이은 것이라는 것이 드러났다고 발표했다. 이력서에는 연해 스님이 금명보정 스님으로부터 보살계와 비구계를 받았고 이에 앞서 대승계와 사미계를 혼허품준(渾虛品俊) 스님으로부터 받았다고 했던 것이다. 이로써 연해 스님이 금명보정의 차를 배우고 계승했다는 점을 넉넉히 알 수 있었지만 연해가 청허로부터 묵암최눌(默庵最訥)을 거쳐 혼허품준으로 이어진 법맥의 계승자로 그치는 것은 아닐 것이라는 가정도 가능하다. 혼허품준이 '연해'라는 법호를 주면서 자신의 차법역시 전수할 수도 있겠기 때문이다.

문제는 연해적전 스님의 재발견에도 불구하고 스님과 스님의 차에 관한 자료가 지금 전해오는 것이 너무나 빈약하다는 사실이다. 그나마 초의와 범해각안, 금명보정으로 이어지고 다시 연해적전으로 이어지는 차맥이 대체적으로 인정되는 것은 이들 사이에 밀접한 연관 관계에 대한 일반적 인식이 있기에 가능한 것이다. 특히 이들이 가르침을 주고받는 스승과 제자라거나 보살계, 비구계 같은 계맥의 전승 증거도 그렇고 거기에 이들이 차에 관한 저술과 시작품을 가지고 있다는 점이다. 단순히 차를 즐겨마시고 제다법과 음다법의 전승면만이 아니라 우리 사찰의 전통차인 점다법을 지키며 떡차를 만들고 있었다는 점도 간접 증거라할 것이다. 가루차 대신 마른 차잎을 무쇠 가마솥 열탕에 넣어 끓이는 방법을 취하고 있으나 기본은 점다법이라 할 것이다.

그런 차법이 1963년 언론인 천관우가 대흥사를 찾아 전통의 우리 차법을 알아보려했을 때 제다법을 제외한 차법은 이미 남아있는 것이 없었다고 보도하고 있었던 것도 분명한 현실이었다.

초의 차법을 계승한 대둔사의 화중 스님

그러나 그 언저리에 대둔사에는 초의의 차풍을 계승하여 묵묵히 차를 만들던 차승이 있었다. 바로 지산당 화중(芝山堂 化仲) 스님이었다. 언론인 예용해(芮庸海)의 문집에 보면 그가 1960년대에 어느 여름날 대둔사에서 화중 스님을 처음 만난 이야기가 실려있다. "오늘날 우리나라 다성으로까지 불리고 있는 초의가 살던 대둔사 대광명전을 지키고 있노라던 노스님은 스스로를 소승이라고 낮추며 가사 장삼을 갖춘 차림으로 합장하고 이마를 조아렸다."고 한다. 스님은 방에 놓인 반닫이 속에 초의 스님이 생전에 쓰던 갖가지 손때 묻은 유품들을 어루만지며 중풍기가 들어 오래 살지 못할 것 같다는 이야기를 했다고 한다. 2004년《차의 세계》도 화중의 제자로 속퇴한 이종식 씨의 증언으로 당시 대둔사에는 초의의 법손임을 자처하는 문파가 셋이 있었는데 육봉, 응송, 화중이 그들이라면서 이들은 각기 차를 만들고 자신의 차를 초의의 진정한 계승차라고 하였다고 했다. 그는 화중의 차 정신을 가장 높이 평가하면서 이들이 모두 구중구포의 제다법을 이었다고 증언하고 있었다. 다만 화중 역시 결혼을 하고 자식을 낳았으며 법을 전하지 못한 것을 못내 아쉬워하고 있었다. 다만 화중은 생전에《초의집 상·하》두

책을 예용해에게 맡겨 세상에 널리 전하라고 부탁하였는데 그것이 어찌되었는지는 모른다는 대답이었다. 또하나 화중문중의 기록으로 지산당 화중의 제삿날에 선은사 금암(錦菴)당과 선조사 만응(萬應), 그리고 선사 형 경호당(鏡胡堂)이 함께 향사에 올려졌다는 사실이다.

다송자 이전에 송광사에는 용악혜견이 있었다.

그런 상황에서 송광사의 차풍과 차맥은 과연 어떤 처지에 있었을까?

현봉 스님은 불일보조국사 지눌과 진각혜심 이후 연면히 이어온 선문의 전통을 누누이 강조하지 않아도 송광사의 차 전통도 유구할 밖에 없다고 한다. 하지만 그런 역사를 제외하고 당장 다송자 금명보정이 있기 바로 전에도 대단한 차승이 있었다고 하고 있다. 바로 1853년 송광사 삼일암에서 공안을 참구하며 정진하던 용악혜견(龍嶽慧堅·1830~1908) 스님이다. 스님은 문집에 20여 편의 차시를 남겼으며 이는 당시 송광사의 다풍을 짐작케 하는 걸작들이다.

물론 다송자 이후에는 연해 스님 등에 의해 다풍이 이어졌다. 용악혜견 스님의 법손인 효봉 스님은 1938년 송광사에 와서 선풍을 떨치면서 독특한 오도송을 남겼다.

海底燕巢鹿抱卵	바다 밑 제비집에 사슴이 알을 품고
火中蛛室魚煎茶	불난 거미집에 물고기가 차 달이네
此家消息誰能識	이 집안 소식을 뉘라서 알겠는가?
白雲西飛月東走	흰 구름은 서쪽으로 달은 동쪽으로 가는구나.

효봉 스님의 제자인 구산(九山) 스님이 조계총림의 방장으로 주석하면서 송광사에선 다시 조계산의 다풍이 살아났다. 구산 스님은 손수 만든 차로 내방객을 맞았으며 상당설법 때도 차를 소재로 많은 법문을 남겼다.

연해의 차맥을 잇는 것이 과제다

그러면 초의, 범해, 금명 보정을 이은 연해의 차법 본류는 어디로 계승되었을까 의문이 아닐 수 업다.

최석환은 스님의 법맥이 김봉길(金鳳吉), 김순조(金順祚), 서영철(徐永喆), 이을출(李乙出) 등으로 이어졌으나 스님의 차맥 계승에 대해서는 더 연구가 필요하다고 지적한다. 송광사 삼일선원에서 다각을 맡았던 송일초(宋一超)가 있었으나 1947년 스스로 환속하여 차맥을 잇지못했고 1962년 당시 통도사 미타암에서 수선 안거하던 동천(洞天, 이을출)이 차생활을 하였으나 뚜렷한 흔적을 남기지 못했다. 따라서 연해적전의 후계자는 잊혀졌던 스님을 세상에 알려서 송광사 다맥을 차사의 본류로 부각한 원명 스님이 되어야 합당하다는 생각한다. 앞으로 원명 스님과 그의 제자들이 송광사의 여러 스님들과 더불어 우리 차 역사의 본류로 부각된 송광사 차맥과 차풍을 되살리고 발전시키며 널리 선양하는 일에 매진해주기를 바라지 않을 수 없다.

문일평 이후
한국차문화사를 정립하자

우리 차문화를 정리한 최초의 문헌은 아마도 호암 문일평(湖巖 文一平·1888~1939)의 《다고사(茶故事)》라 할 수 있을 것이다. 물론 차에 관한 단편적인 기록은 이미 《삼국사기》나 《삼국유사》에 나타나 있고, 고려 시대의 기록도 적지 않게 남아 있다. 하지만 그런 기록을 하나의 흐름으로 모아 우리나라 차의 역사를 작으나마 집성한 것으로 문일평의 《다고사》 말고는 찾아보기 어렵다.

특히 《다고사》가 중요한 것은 그것이 20세기 초 '일제 하'라는 시대 상황과 불리한 문화적 여건에서 집필되었음에도 불구하고 우리 차 역사의 근본을 알려주는 기본 자료로써 지금도 더없이 귀중한 가치를 가지고 있기 때문이다. 이를 능가하는 자료는 아직도 찾아보기 어렵다.

《다고사》가 있어서 비로소 우리 차 역사의 단편들이 가닥을 잡고 차문화의 오랜 연원과 고상한 정신사가 후손들에게 면면히 이어질 수 있게 되었다고 할 수 있다. 그리고 《다고사》로 인해 점차 우리 차의 역사와 차 이야기를 정리·연구 할 수 있는 자신과 근거를 얻게 되었다.

일본과 서양보다 몇 세기나 앞서는 우리 차의 역사

그렇다면 다고사가 우리에게 알려 준 우리 역사의 차 이야기 중 중요한 것은 무엇이겠는가.

우선 《다고사》는 차가 삼국 시대 말에 중국에서 전래되었다고 밝혀준다. 잘 모르는 사람들은 그것 자체가 대단한 지적은 아니라 할지 모른다. 하지만 당대의 우리나라 최고 지식인이며 문화인이라고 하는 육당 최남선도 그의 《조선상식문답》에서 "차는 인도원산의 식물"이라고 하는 것을 보면 호암 문일평이 이 시기에 가지고 있었던 차에 대한 정리된 지식은 가히 독보적이라 할 것이다.

그리고 그는 《다고사》에서 우리의 차가 신라에 유입되었지만 그것이 일본에 비해 수 세기, 서양에 비해서는 8~9세기나 앞선 것임을 분명히 밝히고 있다. 우리 차문화의 역사가 세계적으로도 오랜 연원을 가지고 있다는 점을 강조하고 있는 것이다. 그만큼 호암은 우리 문화와 역사를 사랑하며 긍지를 가지고 있었다.

《다고사》는 또 '신라와 고려에서 성행하던 음다 풍속이 왜 조선에서는 쇠퇴했는가'라는 질문도 제기한다. 그러면서 불교와 관련이 깊었던 음차 유풍이 조선 시대 승유억불 정책으로 인해 불교가 쇠미하면서 음다도 시들해진 것이라고 자신의 견해를 밝힌다. 동시에 이 땅에 감천(甘泉)이 흐르고 반탕(飯湯)을 마시는 민속이 있기 때문이라는 설명도 덧붙인다. 이는 우리 국토 어디를 가나 좋은 샘이 있어서 쉽게 물을 마실 수 있을 뿐 아니라 그 샘물 맛이 좋고 깨끗하기 때문에 별다른 차의 필요를 느끼지 않았다는 이야기다. 또 식후에 숭늉을 마시는 습관까지 있는데 구태여 음다 관습이 보급될 필요가 있었겠느냐는 설명이다.

하지만 《다고사》는 우리나라 남부 지역은 차를 기르기에 좋은 풍토인데 왜 재배가 미진하고 국제무역품으로까지 만들지 못했는지 의문이라고 한다. 그러면서 차의 쇠퇴로 차구 등 고아한 풍취를 가진 도자기들까지 조선조에 이르러 쇠퇴한 것을 안타까워한다. 호암의 지적대로 지금 생각해도 우리 차의 산업화가 더디고 또 국제무역품으로 왜 일찍부터 눈을 돌리지 못했는지가 안타깝다.

또한 차생활과 함께 발달했던 고려자기가 차의 쇠퇴와 함께 조선 시대에 더 이상 발전하지 못한 것을 아쉬워하지 않을 수 없다.《다고사》는 그것에 대해 두 번에 걸쳐 부연한다. 하나는 고려 때 간상(奸商)이 횡행하여 별로 좋지 않은 차를 고급 진품차인 유차(孺茶)라고 속여 이익을 남기는가 하면 차세(茶稅)에 대한 주구(誅求)가 점점 심해졌던 점을 들 수 있다. 차의 주산지인 화개 지역에서는 노소를 막론하고 징발해 산을 오르내리며 차를 따서는 머나먼 개경까지 등짐에 지고 나르게 하는 등 백성들을 들볶아 이들은 차 생산을 피했다. 다른 하나로, 조선 선조 때 조선을 돕기 위해 왔던 명나라 장수 양호(楊鎬)가 주둔지인 남원에서 돌아와 차 두포를 임금께 바친 이야기를 들 수 있다. 그때 양호는 조선에서 나는 차는 좋은 차로 이것을 요동에 팔면 10근에 은 1전은 받을 것인데 왜 이것으로 생활하지 않느냐고 물으며, 중국은 차를 팔아서 매년 1만여 필의 전마를 산다고 설명했다. 이어 그는 조선의 신하들이 이 차를 마시면 기운이 나서 일을 잘할 수 있는데 왜 차를 마시지 않는지 모르겠다고 의문을 표시했다.

호암은 중국인의 실리적인 안목이 이 나라에 와서도 고급차를 발견해냈다는 점을 높이 평가하면서 이런 좋은 차를 가지고 있으면서도 1천여 년 동안이나 상품화할 줄 모른 우리와는 천양의 차가 있다는 점을 지적하면서, 이것이야말로 우리가 깊이 유의할 점이라고 강조했다.

대렴의 공식적 차 도입과정은 물론 말차 풍습도 거론

《다고사》는 차가 우리나라에 들어온 시기가 신라 선덕여왕(632~647) 때라는 것을 밝히고 있다. 이는 가야차의 도입 시기 등 역사를 거슬러 올라가는 근거를 거론하지 않았다는 등의 약점이 있으나 우리 사서가 말하는 차 도입 연대를 확실하게 소개한 점에서 선구라고 할 것이다. 더구나《다고사》는 보천, 효명 두 왕자의 문수불 차 공양, 충담의 남산미륵불 차 공양, 흥덕왕 때 대렴의 공식적 차 도입 과정과 지리산 파종, 사포 스님이 원효 대사에게 차를 올린 이야기 등의 설화를 거론하고 있는데 이는 더욱 중요하다.

《다고사》는 이에 그치지 않고 신라 때 관청에서 차를 예폐(禮幣)로 고승대덕에게 준 일도 기록했다. 경덕왕이 월명사에게 "품차 일습을 내렸다."고 하고, 헌인왕이 보조 선사에 "차약(茶藥)을 주었다."는 것이 그 일례이다. 뿐만 아니라 우리나라에서 차(茶)란 말 이외에 명(茗)이란 말이 처음 사용된 연원도 밝히고 있다. "찻잎을 일찍 따서 만들면 '차'라 하고 늦게 따서 만들면 '명'이라고 한다"는 설명에 이어 진감국사 비명에 한명(漢茗)이란 말이 처음 나왔다는 점을 밝힌 것이다.

《다고사》는 또 차가 도입되면서 부처님 공양과 스님들의 음용, 예폐의 대용으로 차와 향이 사찰의 불가결한 귀중품이 된 것을 들면서 차와 불교의 불가분적 관계를 거론했다. 최치원 등 유가에서 차가 음용된 것도 지적하면서 신라 술랑(述郎)의 유적인 한송정(寒松亭) 근처에 석조(石竈), 석구(石臼), 다천(茶泉)이 있다는 점을 들어 신라의 화랑들도 차를 즐겼다는 근거를 댄다.

신라 이래 고려조에서 주로 음용되던 차가 말차였다는 것도 여기서 거론된다. 고려 광종이나 성종이 공덕제를 올리기 위해 손수 차를 갈아 말차를 만드는 수고를 아끼지 않았던 일도 거론하고 있는데, 그런 전통 때문에 고려 때는 궁중에 차를 다루는 관청인 다방(茶房)이 설치되고 사원에는 차를 만들어 바치는 부락인 다촌(茶村) 혹은 다소촌(茶所村)도 생겼다고 한다. 연등과 팔관을 맞으면 궁중에서 진다(進茶)의 예가 행해졌고 각종 궁중의 대례에 주식(酒食)전에 반드시 차를 올렸다는 것도 《다고사》에 기록된 것이다.

고려의 음다 풍속 묘사

더 볼만한 것은 《다고사》가 송나라 사람 서긍의 《고려도경(高麗圖經)》을 인용하여 고려의 음다 풍속을 리얼하게 묘사한 점이다. 서긍은 이 책에서 고려의 차가 쓰고 떫어서 입에 넣을 수 없다고 혹평하며, 그래서 고려인들이 송나라의 납차(臘茶)와 용봉사단(龍鳳賜團)을 귀히 여겨 송나라의 기증품 이외에 이 차를 송상들에게서 구입해 마셨다고 적고 있다. 그러면서 고려에는 송나라와는 구별되는 독특한 팽시(烹試) 외 음다법이 있다는 점도 지적한다.

《다고사》는 고려의 이제헌이 송광사 스님에게 주는 고시 중 '춘배작설분역루(春焙雀舌分亦屢)'라는 일구에서 '작설'이란 말이 처음 사용되었다는 것도 지적한다. 그때까지는 '유차'라는 고급차만 거론되고 '작설차'라는 이름은 사용되지 않았다. 작설차라는 명칭이 완전히 나타난 것은 신숙주의 보한재 시구에서다. 조선 광해군 때 허준의 《동의보감》에서 '고차(苦茶)'라고 적은 뒤 '작설차'라는 한글 표기가 나와서 비로소 '유차'라는 말이 없어지고 오히려 작설차가 판박이 명사가 되었다는 이야기도 소개한다.

조선 시대에 차 음용 생활이 인멸되어 가던 중에도 조정에선 여전히 차를 만들어 바치도록 하는 의무를 지방에 부여하고 있었다. 이 때문에 점필재, 김종직이 함양군수로 갔다가 묘책을 내어 전라도에서 차를 사서 서울로 올려 보낸 뒤, 거의 보기 어려워진 차나무를 산 속에서 몇 그루 찾아내 이를 가꾸고 증식하는 '함양다원(咸陽茶園)'을 만들어 백성들의 어려움을 극복했다는 것도 소개하고 있다.

이렇듯 문일평의 《다고사》는 우리 차문화 역사를 정리한 귀중한 첫 저술이다. 또한 저자가 우리 차문화와 차 산업에 대한 열정이 남달랐기에 지금도 우리 차문화계의 귀중한 문헌의 가치를 유지하고 있다. 그만큼 호암이 차에 대한 안목과 지식이 뛰어났음을 생각하게 하는 증거라 할 것이다. 그 이후 이 나라에서 간간히 나오는 차에 관한 저술들은 결국 호암의 《다고사》를 베끼고 부연하는 수준에서 크게 벗어나지 못하는 것이 현실이라 할 수도 있다.

하지만 이제는 《다고사》의 수준을 뛰어 넘을 만한 차사(茶史)와 차저술(茶著述)이 출현할 시기가 되었다고 할 것이다. 그간 우리 사회의 차문화도 크게 발전했고 차 산업과 차생활의 발전도 눈부시다. 연구 축적과 발굴도 일취월보하였으며 해외 차서(茶書)도 서가를 채울 정도로 쏟아지고 있다.

호암 문일평은 이제 더 이상 자신의 《다고사》로 만족하지 말라고 후생들을 일깨우고 꾸짖을 것 같다. 차계 선지식들의 분발을 기대한다.

한국차문화 재건의 싹,
일제 시대에서 1970년대까지

1971년 2월 이우성(李佑成) 교수가 이끄는 성균관대 학술조사단은 강진과 해남 일대를 답사하고 돌아와 다산학(茶山學)의 새 면모를 보여주는 중요한 자료들을 몇 가지 공개했다.

그는 중요한 것은 다산 정약용(丁若鏞)이 18년간 유배생활을 한 이곳에서 그간 알려지지 않았던 몇 가지 저작을 찾아낸 것과 대흥사에 보관되고 있던 팔폭병풍이 그의 유묵이란 점을 확인한 것이다.

그때 새로 나온 다산의 저술이란 것은 《대동선교고(大東禪教攷)》와 《다경(茶經)》이었고, 병풍은 다산이 대흥사의 초의 선사를 위해 직접 써준 것이란 이야기였다. 초의 선사가 《동다송》을 쓰고 《다신전》을 폈다는 이야기가 전설처럼 들리던 시기였다. 그때 유교학자인 다산이 초의 선사와의 교분 때문에 《대흥사지(大興寺誌)》도 손수 썼으며 심지어 불교연구서인 《대동선교고》를 썼다니 대단한 일이 아닐 수 없었다.

그때 우리 사회에 차에 대한 관심이 있는 사람들이 있었다면 당연히 다산의 《다경》이란 어떤 책인가 하는 데도 관심이 쏠릴 수밖에 없었을 것이다. 하지만 실상 당시는 변변히 차인(茶人)이라고 할 수 있는 사람들도 없었고 사회적 관심도 없어서 그런 문제는 학계에서 차츰 밝혀주겠거니 하는 것으로 흘려보내졌다. 그 이후는 다산이 육우의 《다경》을 옮긴 것이 아닌가 하는 추측이 있을 뿐이었다.

그런 점에서 다산의 자료들은 어디까지나 다산 정약용의 학문적 업적일 뿐 그와 교유하였던 초의 선사나 선사의 차에 대한 이야기에는 거의 관심이 모아지지 않았던 것이다. 그럴 정도로 우리의 차문화는 일제 시대 이래 해방공간을 거쳐 1970년대에 이르는 긴 세월 동안 단절 인멸의 위기에서 벗어나지 못하고 있었다.

일제 시대의 우리 차문화

이렇듯 우리 차문화사의 오랜 기맥은 일제 강점 기간에 거의 숨이 끊긴 것처럼 보였다. 하지만 그런 황폐한 문화환경에서도 우리 차문화의 역사를 되돌아보고 재생의 희망을 이야기한 뜻있는 이의 글은 나오고 있었다. 문일평의 《다고사》가 바로 그 대표적인 예다. 그리고 나서도 우리의 차에 관한 저술은 일인들의 지배 하에서 거의 숨을 죽이고 말았다.

그 시대에 일인들은 실질적으로 차의 생산과 보급 그리고 연구를 독점했다. 물론 그 목적은 식민지 지배의 한 방편이었다. 광저우의 무등다원(無等茶園), 정읍의 소천다원(小川茶園), 보성의 보성다원(寶城茶園)을 조성한 것도 당시 일인들이었다. 여자고등보통학교와 여자전문학교에서 다도를 교육한 것도 일본 다도를 한국에 심으려던 그들의 의도를 반영한 것이었다.

1992년 민속원에서 발간된 일인 모로오까(諸岡) 이에이리(家入一雄) 씨가 공저한 《조선의 차와 선》에서도 "일본인으로 처음 조선차를 개발해 낸 사람은 오자끼(尾崎一三) 씨로서 그는 현재 전라남도 광산군 효지면에 있는 무등원이라는 차밭을 경영하고 있다."고 했다. 그 책에 의하면 오자끼의 차밭은 넓이가 약 7정보이며 당시 날잎 45톤, 마른 잎 11.25톤을 생산하고 있었다. 그 제조방법은 시즈오카식(靜岡式) 제다법을 원용했다고 한다.

오자끼는 1909년에 조선에 와서 보성에서 사금 사업을 했으나 별로 재미를 보지 못하고 있던 즈음, 한 조선인 아낙네가 가져온 상등의 차를 보고 차에 관심을 갖게 되었다고 한다. 일본 고향에서 차를 만들어 본 경험이 있는 그는 그 차가 나는 곳이 증심사에 딸린 무등원이라는 것을 알아내고, 곧장 증심사로 달려가 조사 끝에 야생차가 무성한 산지를 15년 계약으로 빌렸다.

이어 그는 나주, 장흥, 보성, 구례, 순천 등의 절 소유 차산을 조사한 끝에 경지를 늘려나갔다.그의 차 사업은 뒤에 아들 레이조우(齡三)가 계승했다. 이렇게 일제강점기 이 땅에서의 차 사업은 거의 일인들의 독천장이었다. 한국인은 차 사업에서도 멀었을 뿐더러 차생활도 거의 잊어 가고 있었다.

광복이 되었어도 그 상황은 변하지 않았다. 우리가 다시 차에 대해 관심을 갖게된 것은 1960년대에 들어와서라고 해도 과언이 아니다. 그리고 1970년대 후반이 되어서야 비로소 차에 대한 관심이 활기를 띠기 시작했다고 할 수 있다.

그때 우리 차계의 주목을 받은 저술은 단연 효당(曉堂) 최범술(崔凡述)의 《한국의 다도》였다. 최범술은 삭막한 해방공간에 차를 지키고, 차를 살리기 위해 살아간 대표적 차인이었다.

해방 후, 살아나는 우리 차문화

그리고 또 한사람, 50년대 우리 차를 지킨 다인은 동양화가로 유명한 의재(毅齋) 허백련(許百鍊)이다. 예용해(芮庸海)가 1997년에 낸 《차를 찾아서》에는 1957년 정월에 무등산 다원을 찾은 이야기를 싣고 있어 감명을 준다.

"해방 후 10여 년 사람의 자취가 드문 증심 산골에 은거, 차를 가꾸며 차와 벗하여 지내는 의재 허백현 화백을 광저우농업고등기술학교에서 찾는다. 고등기술학교라고는 하나 다포 들머리에 자리잡은 교사는 옛날 서당을 방불케 하는 자그마한 단층집으로, 그 건넌방에 선생님이 3명, 생도가 10

여 명인 이 학교의 경영주요 교장인 허화백이 기거한다."

증심사 무등다원은 허백련 화백이 가꾸고는 있었지만 일인들이 7, 8정보로 늘려놓았던 것이 해방과 한국전쟁을 거치면서 더욱 황폐해지고, 인근 농민들이 차가 무슨 소용이냐며 파헤치고 밭을 일구는 통에 간신히 2정보 남짓밖에 남지 않았다는 이야기다.

그 무등다원에서 전해의 수확량은 160관 정도였고 그중 얼마나 팔렸는지에 대해서는 의도인(毅道人)이 입을 다문다. 그러나 의도인은 그 해 500관 생산을 목표로 한다고 하면서 육당 최남선이 무등차를 위해 보내온 시조 한 수를 소개했다.

천고의 무등산이 수박으로 유명터니
홀연히 증심 춘설 새로 고개 처들었네
이 백성 흐린 정신을 행여 밝혀 주소서.

이 시조에 따라 의도인 허백련은 무등다원에서 1957년에 처음 낸 차의 이름을 '춘설(春雪)'이라고 명명했다는 이야기다. 무등다원의 춘설차가 이렇게 생겨난 것이다. 이렇게 광복 후 우리 차는 점차 소생하게 되었다. 허백련과 최범술 같은 차인이 있었기에 가능했던 일이다.

그리고 1974년 12월엔 서울의 한 백화점에서 '한국차 문화제'가 열렸고, 1976년 4월에는 '한 · 일 다도문화 교류회'가 열렸다. 다방이라면 커피를 파는 곳이라는 인식이 깊어가던 시기에 극히 소수이기는 하지만 차를 즐기는 이들이 나타나고 있다는 증거였다.

그 뒤 1979년 1월 20일 서울시내 무역회관에선 50여 차동호인이 모인 희귀한 모임이 생겼으니 바로 '차인회의 발족식'이었다. 그리고 그 무렵에 한창기(韓彰基)가 하던 월간 잡지 《뿌리깊은 나무》가 녹차와 다기 보급운동을 벌였으니, 그의 우리 차 보급 공로도 간과할 수 없을 것이다.

1970년대 다서(茶書), 《금당다화》의 우리 차 이야기

바로 그 1970년대 말에 주목할 만한 또 하나의 다서가 출간됐다. 바로 금당(錦堂) 최규용(崔圭用)의 《금당다화(錦堂茶話)》다. 이 책은 차의 전래, 차의 종류와 한국의 차 산지, 명작 속의 다화, 차 사용법과 끽다비방, 초의 선사의 출생지, 잊지 못할 다우들, 차에 관한 술어들 그리고 고려 시대의 다인들 등을 장을 나누어 기술해 차를 모르는 이의 입문서로써도 부족함이 없을 듯 싶다.

그 중에도 주목되는 것은 저자 최규용이 우리나라 최초로 1890년에 상표를 붙여 판매된 '백운옥판차'(白雲玉版茶)의 산실을 답사한 이야기다. 그리고 그 차를 만든 이가 일본 사람이 아닌 한국인이었다는 점도 경이롭다. 전라남도 강진군 성전면 월남리에서 태어난 이한영(李漢永)이 바로 그다.

이한영은 영암 월출산 백운동 일대에서 4, 5월 두 달 동안 차 잎사귀를 따내어 돈차(錢茶)로 만들어 장날에 내다 팔곤 했다. 물론 그 말고도 그곳 주민들은 전부터 돈차를 만들어 팔아왔다. 이한영이 달랐던 것은 손수 만든 대나무 광저우리에 돈차를 담아 '백운옥판차'라는 상표를 붙여 판 점이다. 돈차는 중국의 단차(團茶) 혹은 전다(煎茶)에서 비롯한 것이다. 우리나라에서 돈차는 강진군 성전면 월하리에 있는 무위사(無爲寺)에서 만든 것이 그 시초였다. 인근에서 태어나 자란 이한영이 최초의 상표 붙은 돈차를 만들게 된 인연도 충분히 이해됨직하다. 이런 기록을 전한 1970년대 최규용의 《금당다화》는 지금도 우리 차 이야기의 샘물이 될 수밖에 없다.

또 하나 《금당다화》에서 최규용은 소설가 월탄(月灘) 박종화(朴鍾和)가 일찍이 차에 대해 큰 관심을 가졌을 뿐더러, 우리나라 현대시 수천 편 중에서 작설차를 두고 시를 지은 오직 한 사람이라는 점을 들어 깊은 경의를 표했다. 그리고 그 책에서 〈내무재령(內霧在嶺)〉이라는 시를 전재하기도 한다. "내무재 고개는 안개만 서리는 곳…"이라고 시작하는 시는 중간에서 "텅비인 다정에 / 우리는 깨어진 찻종으로 작설차를 기울이다 / 더웁지도 않고 차지도 않은 밍둥그르한 찻맛 / 파파 센 머리로 외롭게 찻집을 지키는 할망구같이 을씨년스럽다…"는 싯귀로 이어진다. 차를 사랑한 최규용이 월탄을 존경하는 이유가 느껴지는 대목이다.

《금당다화》에서 또 하나 눈에 띄는 것은 최규용이 일본의 다도를 압도하는 우리 다도의 깊이를 자랑하는 대목이다. 초의 스님의 《동다송》과 《다신전》이야 말로 차 정신의 깊이를 그 무엇보다 드높이고 있다는 점뿐만 아니라, 사명당의 다법이 일본 사원 다도의 효시가 되었다는 주장을 펴기도 했다.

임진왜란 후 수교국사로 일본에 건너간 사명 대사는 일본에 머무는 동안 높은 법력과 설득력으로 일인들을 감복시켰다. 특히 그가 일본에서 일인 동자를 시켜 차를 끓여 마시곤 하던 예법이 후에 일본에선 '사명다도(泗冥茶道)'라는 최고의 사원다도가 되었다는 것이 《금당다화》의 자랑이다.

우리 차생활과 차문화의 재건을 생각할 때, 이 같은 전통 차문화와 그 정신을 간과해선 안 될 것이다. 일제 시대에서 해방공간을 거쳐 1970년대에 이르는 우리 차문화 고갈 시대에, 뜻있는 차인들은 우리 차를 살리려는 불굴의 노고를 아끼지 않고 있었다는 점을 기억해야할 것이다.

그리고 다산의 《다경》으로 알려졌던 것이 실은 이덕리(李德履)의 《동다기(東茶記)》라는 사실이 밝혀진 것은 2010년대에 이르러 정민 교수의 연구가 있어 가능했던 것이다.

드디어 드러난 60년대 차인 천승복

　언론인 천승복(千承福 · ?~1983)이 1960년대를 대표하는 차인의 한 사람이었다는 사실은 최근 월간 《차의 세계》 2012년 2월호와 3월호의 기사를 통해 확인된 바 있다. 하지만 그때 아쉬웠던 것은 정작 천 씨의 모습을 알 수 없었다는 사실이며 그의 차생활을 입증하는 다른 사진 자료를 찾을 수 없었다는 사실이었다. 물론 월간 《차의 세계》 2월호에 실린 그의 차실 사진이 너무나 극명하여 천 씨의 차생활을 충분히 유추할 수 있었지만 불행하게도 그 사진에는 차를 우리고 마시는 인물의 모습이 보이지 않아 큰 아쉬움이었다. 그가 쓰고 있었던 다기와 소반 향로와 화로, 차호 등만으로도 차의 불모지였던 60년대의 것으로는 거의 상상할 수 없을 만한 대단한 차 살림을 엿볼 수 있었지만 그것이 누구의 차실이라는 것을 증명하는 인물의 모습이 보이지 않는 것은 그 사진의 크나큰 약점이었다.

　그런데 최근 필자는 서가 속에서 숨겨져 있었던 천승복의 유저 영문판 《KOREAN THINKERS-Pioneers of Silhak(Practical Learning)- 한국의 사상가들-실학의 선구자들》을 찾아내 들춰보면서 그 속에서 천승복과 천 씨의 차생활을 증명하는 몇 개 귀중한 사진을 발견하고 뛸 듯이 기뻤다.

　그가 세상을 떠난 다음해인 1984년에 시사영어사에서 나온 이 책 《코리언 싱커스》에는 모두 7장의 저자 천승복에 관한 사진이 실려 있었는데 그의 차생활을 엿볼 수 있는 사진 두 장이 포함되어 있었기 때문이다.

그 사진 가운데 하나는 천 씨가 1964년 6월 16일 홍은동의 자택으로 이방자 여사와 그 아들 이구 씨를 초대하여 가진 찻자리 사진이었다.

조선의 마지막 왕세자 이은공의 일본인 부인인 이방자 여사와 그 아들 이구 씨가 차실의 맞은 편에 자리를 잡고 앉아서 천 씨로부터 차를 대접받고 있는 장면이다. 이 사진에서 천 씨는 뒷모습만 보이지만 차를 대접받고 있는 방자 여사와 이구 씨의 웃음 띤 얼굴은 방안의 차 마시는 분위기를 한층 정겹게 하고 있다. 이날의 차회에 대해 이방자 여사는 "돌병풍이 처진 천 씨의 방안에서 향을 피우고 무등산 전차와 말차를 끓이며 이도(井戸)중기의 도자기들을 즐기는 천 씨의 차생활을 보며 매우 기뻤다."고 동아일보에 회고한 바 있다. 또 다른 사진 하나는 천 씨가 한복을 입고 자기 방에서 차를 내기 시작하는 모습을 담은 것이다. 화로 위의 차호에서 물이 끓고 있고 천 씨 앞에 놓인 차반에는 6개의 찻잔이 준비되어 있는 것이 보인다. 양반다리를 하고 앉은 천 씨가 두 손을 앞에 모으고 손님을 응시하는 순간이다.

나머지 사진들은 천 씨가 영자지 코리아 헤럴드의 문화부장으로 근무할 때 자신의 사무실에서 잠시 쉬는 모습이 두 건, 기사를 작성하는 모습과 인터뷰하는 모습 그리고 그가 세상을 떠나기 몇 달 전인 1983년 6월 취재를 위해 방문한 대만의 타이페이시 거리에서 찍은 사진이다.

평생을 독신으로 산 천승복 씨는 서울 남부의 한 작은 아파트에서 숨진 지 일주일쯤 지나서야 발견되었다. 따라서 유저인 《코리언 싱커스》도 그의 평소 친구였던 코리아 헤럴드의 전 문화부장 이경희씨와 연합뉴스의 고명식 편집인 그리고 시사영어사 민영빈 회장과 코리아 헤럴드의 계광길 편집국장 등의 노력으로 발간될 수 있었다. 이들은 1960년대 후반 코리아 헤럴드에 24회에 걸쳐 연재되었던 천승복의 글을 모았으며 이것을 관훈클럽 신영연구기금의 지원을 받아 출판할 수 있었다.

언론인 천승복은 차인으로서 뿐 아니라 미술과 음악에 대한 비평 기사로 외국인 독자들의 한국 이해에 큰 업적을 남겼다는 언론계의 평가를 얻었다.

1980년대를 장식한
국어학자 이숭녕의 한국차 연구

한국차의 첫 문헌학적 연구

한국차 연구의 역사에는 주목해야할 몇 개의 이정표가 있다. 국어학자 이숭녕(李崇寧 · 1908~1994)이 1982년 《송정 이정림(松汀 李庭林) 선생 고희기념논총》에 발표한 〈한국차(韓國茶)의 문헌학적 연구〉도 그 하나라 할 것이다. 근래의 주요 연구로는 일본인 이누카이 후사노신(鮎貝房之進)이 1932년에 발표한 〈조선의 차이야기(雜攷)〉라든가 언론인이자 역사학자인 문일평(文一平)의 1936년간 〈다고사(茶故事)〉, 그리고 모로오까와 이에이리의 공저 《조선의 차와 선(禪)》(1940) 같은 역저를 빼놓을 수 없지만 광복 후의 연구로 나온 최범술(崔凡述)의 〈한국의 다도〉(1973)나 최규용(崔圭用)의 《금당다화(錦堂茶話)》(1978)나 김명배(金明培)의 《한국의 다도문화》(1981) 등도 빼놓을 수 없는 업적이라 할 것이다.

그런 가운데 1982년에 나온 이숭녕의 〈한국차의 문헌학적 연구〉는 몇 가지 점에서 특별한 의미가 있다고 하겠다. 우선 차계에선 차학자도 아니고 차인도 아닌 서울대 국어국문학과의 이숭녕 교수가 자기의 전공이 아닌 차에 관한 논문을 발표한 데 의아해할지 모른다. 하지만 이숭녕은 자신이 자연보호중앙협의회 위원장을 지내며 이미 〈제주도 감귤고〉나 〈이조송정고(李朝松政攷)〉 같은 논문을 쓴 바도 있기 때문에 이번 차에 관한 논문을 발표하는 것이 결코 전공을 벗어난 일탈이 아니라고 설명한다.

　오히려 그는 이 논문이 우리나라 최초로 한국차를 문헌학적으로 연구한 점을 은근히 자랑하고 있다. 다른 이의 연구도 문헌기록을 무시하고 이뤄진 것은 아니지만 이숭녕의 연구는 필자가 저명한 국어학자라는 점에서 첫머리부터 국어학 분야 문헌을 중심으로 차를 연구하고 있다는 점에서 다른 연구와는 완전히 구별된다고 하겠다.

　그러나 그는 차를 문헌학적으로 연구하면서 "가장 먼저 우리의 시조(時調) 가운데 '차'를 주제로 삼아 지은 작품이 의외로 적다는 점에 놀라지 않을 수 없다."고 한다. 그러면서 이숭녕은 그 이유가 "그만치 차가 생활화되지 않았기 때문이 아닌가 한다."고 한다.

　그런 가운데 그는 작자미상의 인물이 15세기에 쓴 것으로 보이는 시조가 비록 18세기에 이르러 혼란된 철자로 기술되기는 하였으나 선비의 애차(愛茶)의 풍도와 고승의 선(禪)과 도통하는 듯한 느낌을 적은 것이라며 소개한다. 그는 이를 고려 시대의 작품이 구전되다가 18세기 철자로 기술된 것으로 해석한다. 그 시조를 현대어로 풀면 이렇다.

　내 집이 초려삼간 세사는 바히 없네
　차 달이는 돌탕관과 고기 잡는 낙대 하나
　묏 밑에 절로 난 고사리 그뿐인가 하노라.

　그는 성종 12년 1481년에 나온 《두시언해(杜詩諺解)》에 실린 "봄 바람에 차 마시는 때로다"라든가 "정히 살아서 차를 이어 달이노라"란 두보의 시를 인용하면서 두보 시대의 중국 역시 전란을 겪던 시절이라 차를 즐겨 마실 여유가 없었던 것 같다고 한다. 다만 이 시대에도 차는 '차'로 표기되고 있었고 조금 뒤인 중종 때에도 차는 역시 '차'로 표기되고 있었다고 한다. 중종 13년에 나온 《번역소학(飜譯小學)》에 "걸음 걸어 나들이 할 때 차 파는 데와 술

파는 데에 들지 아니하며"라고 할 때도 '차'는 그대로 였다.

다방이 아니라 '차방'이었다

이숭녕은 최세진(崔世珍)의 《훈몽자회(訓蒙字會)》나 《신증유합(新增類合)》에서 차를 모두 '차 다'로 읽어 글자의 음은 '다'이지만 훈(訓)은 '차'라고 하고, 중종 초의 중국어 교과서인 '노걸대(老乞大)'에서도 '차 파는 집'이라고 하는 등 '차'가 점차 우세해가고 있다고 지적한다. 이를 테면 '다례'보다는 '차례', '다방' 보다는 '차방'으로 쓰게 되었다는 것이다. 숙종 3년 1677년에 나온 《박통사언해(朴通事諺解)》에서도 다방을 '차방'이라고 부르고 있었다.

이숭녕은 또 류희(柳僖 · 1773~1837)의 《물명고(物名攷)》에서 차를 설명하면서 '작설나무'라고 한 것은 당시 조선에서 차는 '작설차(雀舌茶)'로 부르고 있었다는 것을 의미한다고 본다. 그는 그 '작설차'라는 이름은 '고려사'에는 전혀 보이지 않고 조선조에 들어와 '태종실록'에 처음 나타난다고 한다. 중국 사신이 귀국할 때 왕이 전송을 나가 전별품으로 돌등잔과 인삼 그리고 작설차를 주었다는 기록이 그것이다. 고려에서 뇌원차니 대차를 말한 것에 비해 조선에선 작설차가 좋은 차의 이름이었다는 것이다. '물명고'에선 차의 품종을 29가지나 들고 있으나 거기에 '뇌원'은 없고 '작설'의 이름은 보인다. '물명고'에는 좋은 차가 나는 곳으로 호구, 복룡, 용정 등 16곳을 들고 있으며 차에 적합한 물 이름도 "금산강중의 냉천이 첫째가 되고 양쯔강심의 물도 같다."고 하면서 우리나라에서 한양의 미정(尾井)이란 우물물이 가장 달다고 쓰고 있다는 설명이다.

차는 나무의 이름이지 마시는 물 이름이 아니다

이숭녕은 또 다산 정약용(茶山 丁若鏞)의 《아언각비(雅言覺非)》를 인용하면서 다산이 차는 원래 초목의 이름이지 마시는 물의 이름이 아니라고 지적했음을 상기시킨다. 우리나라 사람이 차를 한약의 탕제 같은 것으로 여기고 생강차, 귤차, 모과차 같은 대용차를 차로 잘못 인식하고 있다고 지적한 바도 거론한다. 《증보산림경제(增補山林經濟)》는 우리나라의 차는 작설차가 유일종으로 모두 전다법으로 마신다고 하고 탕제식차의 제법을 상세히 설명한다. 가령 구기다법은 가을이 깊을 때 붉은 구기자를 따서 거기에 말린 면(麵)을 더하여 만든다고 하는 식이다.

이같이 조선 시대의 차 문헌을 살피면서 이숭녕은 조선조에서 차와 다도가 급격히 쇠퇴한 것은 숭유척불이 주된 이유로 차를 즐긴 스님과 일반의 사이를 격리시킨 때문이라고 본다. 그 때문에 차 대신 차 아닌 차, 탕제식차가 유행하게 되고 다도는 타락한 것이라고 한다. 때문에 근년에 차와 다도의 부흥이 다시 거론되는 것은 희망적인 조짐이라는 것이다.

한편으로 이숭녕은 고려초 특히 11세기에는 백성이 즐겨 차를 마셨다고 본다. 《고려도경(高麗圖經)》을 인용하여 토산차는 맛이 쓰고 떫어서 먹기에 불편하여 납차나 용봉단 같은 중국차를 즐겼다고 하면서 대신 궁중과 귀족층에 고급 다구가 사용되고 있었다고 본다. 거기에 일종의 다도형식도 보이는데 "대저 연회에선 마당에서 차를 달여 은잎으로 덮고 천천히 앞으로 걸어 나아가[徐步而進]"라고 한 것이 그것이라고 한다.

그는 또 고려사 열전을 인용하여 왕이 최승로가 세상을 떠나자 하사품을 내리는데 그 가운데 '뇌원차 200각 대차 20근'이 포함되는 등이 가끔 보이는 점을 거론하며 고려 시대의 고급차가 뇌원차(腦原茶)였다고 보고 있다. 조선에서는 중신이 세상을 떠나도 왕이 차을 하사하는 예가 없었던 것과 좋은 대조를 이룬다.

차를 즐긴 고려인과 차를 잊은 조선인

차를 즐긴 고려인들의 풍습은 고려문인들의 시문에도 드러난다. 이숭녕은 이규보의 《이상국집(李相國集)》에는 차를 언급한 것이 적지 않다고 하면서 특히 노규 선사가 노아차를 얻어 즐기는 것을 표현한 〈운봉주노규선사득조아차시지(雲峰住老珪禪師得早芽茶示之)〉에서 이규보가 차를 끓이는 모습을 표현한 것을 보면서 그를 '희세의 차인'으로 찬양하고 있다.

이에 비해 이숭녕은 목은 이색(牧隱李穡)이 '생활 속에서 자연스럽게 차를 읊은'이로 전문 차인 수준의 이규보와는 구분되는 시작(詩作)을 했다고 본다. 그 당시 상류사회에서 차와 차 도구를 선사하는 것이 관행이었다는 점도 지적한다.

이숭녕은 이어 가정 이곡(稼亭李穀)의 〈가정집〉에서 시문은 통해 강릉 경포대의 돌아궁이(石竈)와 전다(煎茶) 풍습을 소개한다. "임영은 강릉의 다른 이름인데 경포와 한송정은 모두 옛 신선이 전다하던 석조가 있었다[臨瀛 江陵別號 鏡浦及寒松亭]."는 표현도 거기에 나온다고 소개하고 있다. 또 가정이 다완(茶梡) 같은 다구를 거론하고 있는 것도 들춰냈다.

이숭녕은 또 기우자 이행(騎牛子 李行)이 상곡성석인(桑谷成石咽)과 더불어 차를 즐기며 교유한 일과 특히 기우자가 전국의 어느 곳의 물맛이 전다에 가장 적합한지는 논하였다고 지적하고 있다.

이어 이숭녕은 조선에 들어와 우리 국민들이 거의 차를 마시지 않았다는 점을 실록을 통해 입증한다. 특히 임진왜란 기간에 선조가 원군으로 온 명나라 장수 경리(經理) 양호(楊虎)와 더불어 조선의 차에 대해 이야기한 대목을 인용한다. 남원 지역에 좋은 차가 나는데 왜 조선인들은 차를 마시지않느냐고 하면서 차를 마시면 "마음이 열리고 기가 일어나 무슨 일이나 잘 처리할 수 있다[心開氣擧 百事能做]"고 주장하는 장면을 알려주고 있다.

조선 시대에도 다례 의식만은 엄격했다

이숭녕은 조선 시대에도 중국 사신을 접대하기 위한 차 모임이 있었던 점을 지적한다. 세종실록에는 '연조정사의(宴朝庭使儀)'라는 차 모임을 소개하면서 의식의 절차를 상세히 기록하고 있다고 밝히고 있다. 독립문 옆 태평관에서 가졌던 이 의례에는 왕과 신하들 그리고 중국 정사와 통사 등이 참석하여 의례에 따라 모임을 진행하였음을 보여준다. 이로써 이숭녕은 근래 일본식 다도를 가지고 차를 마시는 절차인 줄 착각하지 말고 우리의 옛 차례를 현대에 맞게 새롭게 되살릴 필요가 있다고 부언한다.

이 논문의 말미에는 우리나라 차의 산지를 도표로 상세히 표시하였다. 《동국여지승람》과 《세종실록 지리지》, 그리고 김정호의 《대동지지(大東地志)》를 비교하면서 전국의 차 생산지를 정리하였다. 그 결과 이숭녕은 1) 전라도가 차 생산이 가장 많았다. 2) 차 산지의 변화가 없는 전라도 지역 차 산지는 도민의 애차 생활화가 다른 곳에 비해 빨랐다는 것을 입증한다. 3) 예술감각이 뛰어난 전라도가 차를 즐긴 생활을 할 개연성이 가장 크다고 해석했다.

다사담설(茶事談說)들이 정리되고 있다

고상함과 저속함이 함께하는 차사

2007년 3월 중국의 서예가이며 차인인 천윈쥔(陳雲君)은 월간 《차의 세계》에 기고한 〈찻일을 살피다(檢點茶事)〉란 글에서 "역사상의 차문화는 넓고 깊다. 하지만 지금 유행하는 중국과 대만의 차문화는 넓기는 하지만 정교하지도 않고 깊이도 없다."고 지적한 바 있다. 그의 눈으로 보면 한국과 일본의 찻일 역시 본연의 문화적 현상인 고상함과 저속함의 두 갈래를 벗어나지 않는다고 한다.

그는 찻일의 고상함은 차의 역사적 자취를 찾고 학술활동을 하는 것 이외에도 찻일의 정수를 연구하고 그 정신을 발양하는 것이라고 하는 반면 찻일의 저속함은 찻일을 이용하여 교묘하게 돈벌이를 하는 것이라고 지적하고 있다. 다예표연은 구경거리 제공 차원에선 저속하다 할 것이지만 문화현상 자체는 고상한 찻일이라고 보고 있다.

그런 입장에서 그는 찻일을 건강을 지키며 마음을 수양하고 세상을 다스리는 고상한 방법으로 승화시킬 수 있어야한다고 주장한다. 찻일의 핵심이 동방의 문화인 불교와 유가를 바탕으로 삼았던 것이 사실이라면 유가의 '수신제가치국평천하(修身齊家治國平天下)'에 선종의 '자성청정지본(自性淸淨之本)'을 더하면 찻일이 과연 청량제 노릇 정도에 그치겠는가?라고 반문한다. 사람의 마음을 다스리는 법이 된다고 말해도 지나치지 않을 것이라고 하는 것이다.

저급 취미화된 다도

일본의 노벨문학상 수상작가 가와바다 야스나리(川端康成·1899~1972)는 '다도(茶道)는 일본 문화의 정화(精華)'라고 보았으면서도 당시 일본의 다도가 이미 '저급 취미화'하고 있다고 개탄한 바 있다.

중국의 차문화와 일본의 다도는 모두 선오(禪悟)를 최고의 경지로 삼는데 근래 우리의 찻일은 그런 경지를 얻는 것보다는 저속한 명리를 좇고 연출된 보여주기에 주력한다는 아쉬움의 표현이다.

"사람들이 차를 마음에 담고 마실 때는 고요한 가운데 다른 생각을 하지 않는다. 그 고요함 속에서 삶의 정취가 비었다가, 생겼다가, 가까워졌다가, 멀어졌다가 한다. 차는 차이고, 선은 선이지만 마음에 새기고 마음을 쓰기 때문에 차는 선이고 선 또한 차이다." '다선일미(茶禪一味)'는 문자적으로 '차와 선은 한 맛'이라는 것이지만 거기에는 차와 선과 차 마시는 사람이 모두 하나가 되는 것이란 깊은 의미가 있다. '하나'인 개인의 심경과 '맛'인 개인의 깨달음과 제가끔 다른 차를 마시는 '사람의 느낌'이 존재하는 것이라고 천원쥔은 말한다.

그래서 천원쥔은 차문화니 차례니 다도니 하는 차를 고상한 경지로 이끌고 결국 선오의 경지에까지 이르게 하려는 의지가 차생활과 차문화에 있어서는 가장 중요하다고 보는 것이다.

따라서 그는 이런 맥락에서 "근래에 열린 '천하조주선차문화교류대회'는 아주 성공적인 행사였다."고 글로 썼던 것이다. "떠들썩 함도 좋고 연출도 좋지만 훌륭한 인물들이 차문화를 진정으로 넓고 깊게 만들기를 바란다."는 것이 그의 바람이라는 것이다.

선차를 주도한 한국 역할을 과소평가

하지만 이렇게 말했던 천원췬은 2015년 10월 중국 스좌장의 인민대회당에서 열린 제10회 세계선차문화교류대회 개막식의 축사에서는 "최근 한국의 선차가 동아시아 중심축으로 떠오르고 있지만 따지고 보면 한국의 선차문화는 중국의 선차에 영향을 받아 고려의 승려들이 중국 불문의 각종 선차규범(禪茶規範)을 받아들인 것을 밑바탕으로 한 것에 불과하다."고 비아냥조로 말했던 것이다. 그는 마치 코미디언이 개그를 펼치듯이 웃어가면서 엄숙한 세계선차교류대회의 개막식을 완전히 농락하듯 했던 것이다.

이에 당황한 사회자가 만류하는데도 막무가내로 그는 중국의 차문화를 높이 치켜 올리는 대신 일본과 한국의 차문화를 완전히 깔아뭉개는 발언을 하며 청중의 호응을 유도했던 것이다. 그의 발언이 중국어로 계속되고 통역이 없었기 때문에 한국의 참가자들은 다만 웃기는 개그를 하는 정도로 알고 있었다.

하지만 그 발언 내용이 이 대회의 주최자인 한국의 최석환 대표에게 알려지면서 최 대표는 이를 그대로 묵과할 수 없다는 것을 깨닫고 즉각 이번 행사 주관자인 백림선사 방장 밍하이 스님에게 건의하여 시정을 요구했던 것이다. 과거에 한국 선종이 중국의 선차문화를 받아들여 발전시켜온 것은 사실이지만 오늘날 동아시아의 선차문화를 부흥 발전시킨 것은 중국이 아니라 한국이며 이는 엄연한 사실이라고 지적하고 과거 역사를 현재의 선차문화 전승으로 발전시킨 한국의 차 정신을 훼손해서는 안 된다는 내용이었다.

다산과 초의차는 구증구포로 만든 떡차

이에 밍하이 스님은 천원췬에게 우리의 행사는 국제 차 교류와 선차문화 부흥 발전이 목적이니만치 그 취지를 훼손하는 발언은 삼가주기를 청하였고 이에 천원쥔도 오후 발표 시간에 자신의 발언이 오해를 촉발할 소지가 있었다고 양해를 구하는 발언을 하지 않을 수 없었고 최 대표를 찾아와 공식적으로 사과하는 선에서 마무리 지었던 것이다.

이처럼 차를 둘러싼 언설(言舌), 담설(談說)이라고 해서 늘 고상하고 바른 것만은 아니다. 차의 주도권을 둘러싼 암투와 뒷거래가 난무하기도 하고 차에 대한 언설(言說)이 왜곡되거나 잘못되기도 한다. 전혀 사실이 아닌 것이 절대적 진실인양 믿어지고 회자되기도 하고 차 역사 자료가 아예 없다고 해서 마구 상상력을 동원하여 엉터리 주장을 하기도 하며, 그나마 남아있는 확실한 자료조차 한문 독해 능력 부족으로 진실과는 무관한 주장을 펴는 경우도 적지 않다.

최근 우리 차계에서도 그런 그릇된 담설이 비로소 바로 잡히는 일이 일어났다. 근세 우리 차문화의 부흥자인 다산 정약용과 초의 의순 선사가 차를 만들고 차를 즐긴 역사는 이미 200년이나 되는데도 이들이 차를 만든 방법이나 제품의 형태에 대해서는 아직까지 확실한 정론이 없었다. 다산의 제법은 이유원의 《임하필기》 중 호남사종(湖南四種) 항목에서 분명히 "다산이 절의 승려들에게 구증구포(九蒸九曝)의 방법으로 가르쳐 주었다."고 하여 구증구포법을 확인하고 있었지만 아홉 번이나 찌고 말리면 남아 나는게 있겠느냐는 이유로 차계의 대부분이 이를 수긍하지 않았다. 그러나 정민(한양대) 교수는 최근 월간 《차의 세계》 11월호에 기고한 〈다산차와 초의차의 제법〉에서 "실제 증쇄의 과정은 완전히 푹 삶아 바싹하게 건조하기를 아홉 번 되풀이 하는 것이 아니라 뜨거운 김에 쐰 찻잎을 얼른 꺼내 김을 낸 후 완전히 식기 전에 다시 솥에 넣었다 되 꺼내는 과정을 여러 번 되풀이 한다. 이후 잎을 음건(陰乾)으로 바싹 말려 절구에 빻아 곱게 가루를 낸 뒤 돌 샘물에 반죽해서 모양을 틀로 찍어낸 것"이라고 구증구포의 실제를 설명하고 있다. 또 다산이 삼증삼쇄(三蒸三曬)를 말한 것은 구증구쇄의 변형일 뿐이라는 이야기다. 정민 교수의 이런 설명으로 다산과 초의의 차제법이 구증구포법이었으며 잎차 산차(散茶)가 아니라 떡차 단차(團茶)였다는 것이 또렷하게 드러났다. 초의의 제자인 범해각안(梵海覺岸 · 1820~1896)이 지은 〈초의차〉란 시에서 "백두에 방원으로 찍어내어서[栢斗方圓印]"란 구절을 정 교수는 "잣나무로 만든 모양틀에 둥글고 모난 여러 모양을 파서 거기에 넣어 찍어낸다"고 바르게 해석해냄으로써 초의차가 잎차 아닌 떡차였음을 입증했던 것이다. 초의차도 다산차와 마찬가지로 떡차였으며 따라서 그가 비록《만보전서》를 베껴《다신전》으로 펴냈으나 이는 오직 하나의 참고자료였을 뿐《다신전》의 제법 내용을 그대로 따라 잎차를 만들었다는 주장은 아무 근거가 없다는 이야기다.

이처럼 우리 차계도 이제는 견강부회의 주장이나 제멋대로의 해석으로 혼란되고 왜곡된 논리를 강변하고 회자시키는 일은 확실하게 정리되어야 할 것이다. 아무 근거 없이 남발되는 그릇된 담설들이 바로 잡혀야 한다는 말이다. 확실한 근거와 바른 해석에 의해 잘못된 차의 역사와 왜곡된 차론들의 남발과 횡행이 바로잡혀 차계의 질서가 바로 잡히면 우리 다도, 차문화 차학(茶學)도 제대로 궤도를 잡아 연구 발전이 이뤄지게 될 것이다.

제5장 | 차를 둘러싼 논의와 논쟁

차 시배지,
하동인가 구례인가

2012년 4월 21일 구례 화엄사(華嚴寺) 입구 장죽전(長竹田)에서는 '신라 대렴공 차 시배지(新羅大廉公茶始培地)' 비석이 건립되어 제막식이 거행되었다. 구례군이 주관한 이 행사는 제42회 지리산 남악제의 일환으로 진행된 학술발표와 함께 이뤄져 전국의 차인들에게 주목을 받았다. 이 두 행사는 지리산 화엄사 인근의 장죽전이 우리나라에 차나무가 처음 심어진 곳이라는 사실을 공식적으로 만천하에 확인하는 행사라는 점에서였다.

두 개의 차 시배지 비석

하지만 차인들 가운데는 정말 구례 화엄사 입구의 장죽전이 차나무 시배지인가에 대해서는 의문을 표하는 사람도 적지 않다. 우선 현실적으로 구례에서 멀지 않은 하동 사람들은 차 시배지는 하동이라고 주장하는 사람이 적지 않다.

더구나 한국차인연합회는 1982년 제1회 '차의 날'인 5월 25일 하동 쌍계사 입구에 '김대렴공 차시배추원비(金大廉公 茶始培追遠碑)'를 세워놓았으며 경상남도는 1983년 8월 6일 쌍계사 차나무 시배지를 '경상남도문화재 제61호'로 지정하는 비석을 세워놓기도 했다.

이렇게 되고 보니까 묘하게 지리산 언저리의 인근 두 지역이 서로 차 시배지의 명예를 놓고 갈등하는 양상이 되었다. 절을 중심으로 생각하면 구례 화엄사와 하동 쌍계사가 으르렁거리는 모습이고 지역적으로는 전남 구례군 과 경남 하동군이 서로 다투는 양상이 된 것이다.

삼국사기 기록의 모호성

두말할 것도 없이 이런 사태가 일어나게 된 것은 차 시배지 논의의 발단이 된 옛 기록이 지역을 분명히 하지 않았던 것에서 기인한다. 우리나라에 차 가 전래된 것을 알리는 공식기록은 《삼국사기》 제10권 신라 흥덕왕조의 다 음 기록이 효시이다.

12월에 사신을 당으로 파견하여 조공하니 당 문종이 사신을 인덕전으로 불 러들여 연회를 베풀었다. 이때 사신으로 갔다가 돌아오는 대렴이 차 종자를 가져왔으므로 왕은 이를 지리산에 심게 하였다. 차는 이미 선덕왕 때부터 있었는데 이때에 이르러서 성하였다.

흥덕왕 3년(828년) 12월조의 기사는 대렴이 차씨를 당나라에서 가져 왔다는 것과 그것을 지리산에 심었다는 것을 확실하게 알려주고 있다. 그 리고 이 기록은 대렴이 차씨를 지리산에 심기 이전에 이미 27대 선덕여왕 (632~646) 때부터 우리나라에는 차가 있었으나 당시에 이르러 차가 성하 게 되었다는 점도 알려주고 있다.

이처럼 그 기사는 우리에게 많은 것을 알려주고 있다. 하지만 그 기사에 서 차가 심어졌다고 한 그 '지리산'이 조그만 동네 뒷산 정도의 산이 아니라 지금도 3개 도의 5개 군에 걸쳐있을 정도로 큰 산이라는 점이 문제다.

그 기사의 모호성 때문에 지리산을 끼고 있는 5개 군이 제각기 자기 지역 에 차가 처음 심어졌다고 주장해도 딱 부러지게 아니라고 잘라 말할 수 없을 정도로 어정쩡한 상황을 만들어놓고 있는 것이다. 경남 구례와 전남 하동에서 각기 자기 지역이 차 시배지라고 하며 비석을 세우고 있는 것은 바로 저간의 사정을 이야기 한다.

하지만 이런 상황에서도 지리산 자락의 하동과 구례 등 오직 두 군데만이 차 시배지 주장 경쟁에 나오고 있는 것은 그나마 다행이다. 그리고 거기에도 그럴만한 원인이 있다고 하겠다.

하동 쌍계사라는 근거

우선 하동 쌍계사 인근을 차 시배지로 주장하는 이들은 제일 먼저 한국차인연합회가 1981년 당시 전국의 차학자와 차인들의 의견을 수렴해 이곳을 차 시배지로 결정한 점을 중시한다. 각종 문헌자료와 현장 조사를 통해 이곳이 《삼국사기》에 나오는 대렴의 차 시배지로 가장 적합하다는 합의에 이른 과정을 무시할 수 없다는 것이다.

효당 최범술 스님의 조언이나 유명한 역사학자 이선근 박사(당시 한국정신문화원장)의 감수도 힘을 실어주었다.

뿐더러 근대 우리 차문화의 개척자인 초의(草衣) 선사가 《동다송(東茶頌)》에서 "지리산 화개동에는 차나무가 50~60리에 걸쳐 자라고 있는데, 우리나라 차밭으로 이보다 더 넓은 곳은 없다."고 지적한 대목이 바로 이곳을 차 시배지로 보기에 충분하다는 주장도 나왔다.

거기에 쌍계사 경내에 있는 국보 47호인 진감국사대공탑비(眞鑑國師大空塔碑)가 차 시배지의 개연성을 증명한다는 견해도 있다. 신라 말의 석학 최치원(崔致遠)이 왕의 교지를 받아 쓴 그 비문에는 진감국사가 "중국의 차를 공양하는 이가 있으면 섶나무로 돌솥에 불 때어 가루를 만들지 않고 차를 달여 말하기를 나는 맛이 어떤가를 가리지 않고 다만 배만 적실 뿐이라고 하였다. 참된 것을 지키고 속된 것을 싫어함이 다 이런 등류다."라고 진감 국사의 차 살림을 소개한 부분이 있다.

주목할 것은 당에 유학했던 진감 국사 혜소(慧昭) 스님이 귀국한 것이 흥덕왕 5년(830)이었고 스님이 귀국 후 상주 등지에서 불법을 펴다가 지리산에 들어와 절을 짓고 살다가 입적한 것이 헌강왕 때인 850년이라는 점이다. 대렴이 지리산에 차씨를 뿌린 것이 828년이었으니 그 직후의 일이라는 점에서 상당한 연관성을 느끼게 한다.

구례 화엄사 장죽전이란 근거

이에 대해 화엄사가 차 시배지라고 주장하는 측의 논리도 만만치 않다. 이들은 우선 대렴이 차씨를 뿌렸을 당시 지리산의 상황을 먼저 따져보자고 한다. 당시 지리산에서 이렇다 하는 사찰로 거론되던 것은 화엄사, 연곡사, 란야, 운수원(칠불암)이 전부였다. 일본인 이에이리 가즈오(家入一雄)와 모로오까 다모쓰(諸岡存)가 쓴 《조선의 차와 선》은 "흥덕왕 당시 지리산 기슭에는 사람이 거의 살지 않았으며 사찰도 오직 화엄사 하나뿐이었다."고 말할 정도였다.

일부에선 란야를 쌍계사의 전신인 옥천사의 전 이름이라고 하고 운수원 역시 김수로왕과 허왕후 사이의 자녀인 가야 왕자들이 출가한 칠불암의 전신인 만큼 꽤나 알려진 절이 아니겠느냐고 하지만 당시는 거의 폐사 암자수준의 절이었다는 주장이다.

삼법화상(三法和尙)이 723년 당나라에서 6조 혜능 스님의 정골을 모셔와 부도를 만들고 란야를 세운 것이 쌍계사의 연원이지만 진감 선사가 그 폐사를 거두어 새로 당우를 조성한 것이 쌍계사의 진정한 연원이라면 대렴의 차 시배지로 거론하기는 어렵다는 것이다. 따라서 차 시배지는 화엄사나 연곡사일 터인데 왕이 관심을 가질 정도라면 화엄사일밖에 없다는 것이다.

화엄사는 연기 조사가 창건한 대사찰로 차씨를 심을 당시에 이미 화엄 10

찰의 하나로 지칭되면서 지리산 주변 사찰의 중심 사찰 역할을 하고 있었다. 뿐더러 당시로써는 차를 필요로 하는 곳이 대사찰일 터이고 차나무를 기르고 가꾸어 차를 만드는 과정도 적지 않은 인력을 필요로 하는 만큼 지리산 지역에 화엄사 주변이 시배지로 가장 적합하다는 결론이 날밖에 없다는 것이다.

뿐더러 지금도 화엄사 구층암 천불전 뒤 대밭 주변과 장죽전 일대 약 3정보의 산비탈에 차나무가 자생하고 있으며 화엄사 효대 서남쪽 기슭에도 차나무가 무성하게 자라고 있는 것도 화엄사 일대의 장죽전이 신라차 시배지가 틀림없다는 주장을 뒷받침한다.

화엄사 인근 장죽전에 차씨를 심은 것도 의상 대사의 제자인 연기 법사라는 것도 드러난다. 만우 정병헌(曼宇 鄭秉憲) 스님이 집록한 《해동 호남 지리산 대화엄사 사적(事蹟)》에 "연기 스님이 차씨를 가져와 절을 지으면서 부근에 심었다. 이곳이 훗날의 장죽전이며 흥덕왕도 역시 이곳에 차를 심도록 했다."고 한 것이 그것이다. 755년에 연기 스님이 장죽전에 차씨를 심었으며 그 이후 대렴이 다시 828년에 장죽전에 차씨를 뿌린 것이라는 설명이다.

그러므로 비록 《삼국사기》가 828년 대렴의 지리산 차 시배를 말하고 있지만 여러 정황으로 미루어 보아 이미 연기 스님이 755년에 이곳에 차를 심은 것이 우리 차 시배의 기원이라고 보는 것이 옳다는 견해다. 다만 장죽전의 위치에 대해서는 역시 의견이 분분하다.

《대화엄사 사적》에는 장죽전이 화엄사 근처 산림내 절 뒤쪽이라고 하였으나 《조선의 차와 선》은 "화엄사에서 1km 정도 떨어진 산기슭 밑 황전리(黃田里)마을 부근 길 오른쪽 계곡 건너 200m 정도에 있다."고 했기 때문이다. 다만 최근까지도 화엄사 인근 사람들이 화엄사 아래 산기슭 대밭을 '진대밭'이라고 했다는 것으로 보면 후자가 장죽전이 아닌가 한다.

뿐만 아니라 화엄사는 사사자 삼층석탑 앞에 있는 효대(孝臺)가 있어서 차와 밀접하다. 연기 조사가 어머니에게 찻잔을 올리는 공양 석조물로 자장

율사가 만들었다는 전설이 남아있는 것이다. 물론 일부에선 그것이 연기 조사 공양상이 아니고 자장율사상이라고 하고 또 찻잔도 아니라는 주장을 펴기도 한다.

논쟁은 희망적이다

이렇게 차 시배지를 두고 하동 쌍계사와 구례 화엄사가 다투는 것은 일단 차인들을 당혹케 한다. 어느 곳이 정말 차 시배지인가를 알 수 없다는 안타까움도 크다.

그러나 다행스러운 것은 오랜 우리의 차 역사에도 불구하고 지금까지는 차 시배지에 대한 관심조차 없었는데 근년에 와서 이처럼 다투어 자기 고장이 맞다고 하는 경향이 나타나고 있고 이에 대한 연구도 점차 심화되고 있다는 점이다. 그만큼 차에 대한 관심이 깊어지고 차생활이 보편화되고 있으며 우리 사회가 차를 문화와 산업의 일환으로 확실하게 인식하기 시작했다는 증거라 할 것이다.

차 시배지에 관한 논쟁은 지금 당장 결론이 날 성질의 것은 아닌 것 같다. 명확한 기록이나 증거가 새로 나타나기 전에는 결코 승복이 어려울 것이기 때문이다. 이런 가운데 이들 두 지역 이외에도 피아골 연곡사(燕谷寺) 인근을 차 시배지라고 주장하는 이도 있는데 거기엔 지금도 1만 평 정도의 야생 차밭이 실재하기 때문이다.

이렇게 차인들이 차 시배지 논쟁을 벌이고 차의 연원에 대해 연구를 심화시켜 나가면 우리 차문화와 차 산업은 발전하게 되고 참된 차 역사도 종당엔 규명되리란 기대다. 지방자치단체들의 배전의 분발도 기대된다.

'가장 오래된 녹차나무' 소동

최고 차나무 인증식

2008년 7월 1일 유명한 차 산지인 경남 하동(河東)에서 우리 차문화사에 한 획을 긋는 역사적인 행사가 벌어졌다. '우리나라 차 시배지(始培地)'와 '가장 오래된 최고(最古) 차나무'에 대한 '대한민국 최고기록 등록 인증서'의 수여식 행사가 성대하게 거행된 것이다.

이날 사단법인 한국기록원(원장 김덕은)은 하동군 화개면 정금리 도심다원에 있는 한 차나무에 대한 과거 실측자료를 근거로 '우리나라에서 가장 오래된 차나무'로 1,000살이 되었다거나, 《삼국사기》와 《삼국유사》의 기록을 근거로 하동군 화계면 쌍계사 입구 일대를 '우리나라 차 시배지'로 공인하는 인증서를 하동 차문화 센터에서 하동군에 전달했다. 전달식과 함께 최고 차나무 헌다례와 시배지 헌무, 다례시연, 박수근 명인의 제다시연 등 다채로운 행사도 펼쳐졌다. '하동 차문화 전시관'의 개관도 이루어졌다.

이 같은 행사는 크게 보면 우리나라 차문화의 발전을 위해, 작게 보면 하동 지역 차문화의 진흥을 위해 좋은 일이라고 할 것이다. 하지만 그러기 위해서는 모든 행사가 진실에 입각하고 과학적 객관적 입증에 근거하고 있다는 전제가 있어야 한다.

그러나 하동의 이 같은 성대한 행사는 그런 과학적 객관적 입증이 미흡했고 따라서 진실에 부합한다는 확증이 없는 행사가 되고 말았기 때문에 행사 이후 이런 저런 구설을 야기하고 있고 신뢰성의 의문을 촉발하고 있다.

세 가지 의문 제기

첫 번째 의문 제기는 인증서 수여식이 있었던 7월 1일 바로 그날에 제기되었다. 한겨레 신문의 보도에 의하면 "박용구(경북대 임학과 교수) 한국차학회 명예회장은 1일 '한국차학회는 차 시배지와 가장 오랜 차나무에 대한 조사 결과를 밝힌 일이 없다'며 '한국차학회 조사결과를 근거로 삼았다는 차 시배지와 가장 오래된 차나무에 대한 인증서 발급을 중지해야 한다'고 주장했다. 박 명예회장은 '2000년 엑스선 현미경 등 여러 과학적 방법으로 문제의 차나무를 조사한 결과 나무의 나이는 80~100년 정도밖에 되지 않지만, 키는 4.2m로 우리나라에서 발견된 야생차 가운데 가장 큰 것으로 확인됐다'며 '그런데 언제부턴가 가장 큰(最高) 나무가 가장 오래된(最古) 나무로 둔갑돼 일반인들에게 알려지게 됐다'고 밝혔다. 그는 차 시배지 문제에 대해서도 '관련 학계의 오랜 논란거리'라며 '아직 의문을 가진 학자들이 많고, 확정할 만한 정확한 근거가 없기 때문에 하동군을 우리나라 차 시배지로 인증하는 것은 곤란하다'고 말했다."는 것이다.

두 번째 의문 제기도 역시 한겨레 보도에서 확인된다. "국립산림과학원 남부산림연구소 박남창 소장도 … 이 나무가 현재까지 국내에서 발견된 야생 차나무 가운데 가장 크다는 사실을 확인했다."면서 "하지만 나무를 잘라 보지 않고서는 여러 과학적 방법으로도 이 나무의 정확한 나이를 확인할 수 없었다."고 밝혔다. 박 소장은 또 "지방자치단체가 상품으로써 차 산업을 과잉 선전할 수는 있겠지만, 이 나무의 나이가 천 년이 됐다고 말할 과학자는 없을 것"이라고 덧붙였다는 이야기다.

세 번째 의문 제기는 한국차문화연구회(명예회장 이형석)이 사단법인 한국기록원장을 상대에게 보낸 '차 시배지 1천 년 녹차목 인정 이의서'다. 여기서 한국차문화연구회는 '이 나무를 우리나라에서 가장 키가 큰 차나무로 확인하여 사단법인 한국차문화협회에 의뢰, 2003년 5월 9일 이 차나무를 우리나라에서 가장 키가 큰 차나무 '한국 대차수(韓國大茶樹)'로 명명하여 하동군과 함께 표지석을 건립하였다고 확인한 후에 '그러나 그것이 우리나라에서 가장 오래된 1천 년 된 차나무'로 인증되는 것과는 무관한 일이라고 덧붙이고 있다. 이에 따라 연구회는 식물 관련 전문기관에 의뢰하여 과학적이고 객관적인 방법으로 정확한 연대 측정을 새로 해야한다는 요구까지 하고 있다. 아울러 연구회 측은 차 시배지도 구례와 김해 등 차 시배지를 주장하는 곳이 많기 때문에 아직 섣부른 확정은 어려운 상태라고 덧붙이고 있다.

하동군의 반발

그러나 이 같은 한국차문화연구회의 이의 제기에 대해 하동군이 반격에 나서고 있어 차계를 더욱 혼란에 빠뜨리고 있다. 하동군은 7월 14일 한국차문화연구회와 한국기록원 그리고 각 언론사에 '한국 최고차나무에 대한 논란 중단을 바라며'라는 제목의 공문을 보내 이른바 '천년 차나무'에 대한 하동군의 입장을 밝히고 나선 것이다. 하동군은 이 글에서 "한국차문화협회가 일명 '천년차'의 수령을 1,000년 혹은 500년이라고 단정 짓지는 않았지만 이러한 기록으로 인증 받기까지 그 수령에 대한 내용을 암시한 것은 바로 이 단체"라고 주장했던 것이다. 이 공문은 또 "2003년 한국차문화협회가 표지석을 세우면서 안내 간판의 안을 작성한 것은 한국차문화연구회 명예회장인 이형석 박사였다."면서 "이 내용에는 화개면 도심동 차나무에 대해 '수령을 500~1,000년인 차나무로 밝혀졌다'고 적었다."고 강조했다. 이 공문은 한발 더 나아가 "수십 년간 차문화를 연구했다는 단체가 어렴풋한 한국차문화 정체성도 확립하지 못한 상태로 논쟁의 불씨만 지피는 이유가 무엇인가 의도가 의심스럽다."고까지 말하고 있는 것이다.

이렇게 되면 '천년 차나무'를 둘러싼 논쟁과 의혹은 논의의 단계를 지나 인신공격과 비난의 수준으로까지 확산되고 있다고 보인다. 안타까운 일이 아닐 수 없다.

하지만 이왕 논의가 발단되었으면 하동군의 기대대로 '논란 중단'으로 끝나서는 안될 것 같다. 엄청난 인력과 재정이 투입된 공적 사업이니만치 어느 정도 분명한 선까지는 논의가 진척되어야 하고 그래야 한국의 차문화 역사와 문화발전에도 일정한 도움이 되리라는 생각이다. 따라서 필자는 이 논란에서 완전하지는 못할지 모르지만 어느 정도 상식적인 성과는 얻어야 한다고 본다.

차나무의 수령은 과학적 연구로

따라서 이런 여러 논의를 종합해 볼 때, 화개의 차나무는 '한국에서 가장 큰 차나무'라고 할 수는 있으나 '한국에서 가장 오래된 차나무'라고 말하는 것은 무모하다는 것을 알 수 있다. 그러니 이 나무가 '1천 년이나 된 차나무'라고 확언하기는 더더욱 어렵다고 하겠다. 나무의 높이가 4m 20cm라고 하여 상당히 큰 나무이기는 하지만 나이가 과연 그렇게까지 많다고는 믿어지지 않는다는 이야기다.

하지만 이 나무의 나이에 관련하여 주장하는 사람들이 80년부터 1,000년까지 너무나 큰 편차를 보이는 것은 황당하고 충격적이라고 할 것이다. 과학적 근거 없이 다만 주먹구구로 어림짐작해 말하고 있다는 이야기밖에 안 되기 때문이다. 식물 관계 전문기관이 과학적인 연구로 이 나무의 실제 나이를 밝혀야할 이유가 바로 이것이다.

'차의 나라'로 할 수 있는 중국의 예를 보면 자연 생태적으로 적합한 때문인지 교목성 원생차수(喬木性原生茶樹)가 많이 발견되고 있다. 야생의 차나무 가운데 무려 1,000년을 넘는 것들이다. 중국의 서남부 지역의 아열대 혹은 열대에 해당하는 지역에서 아름드리 혹은 두 아름드리 1,000년 차나무가 자주 발견된다는 것이다. 쓰촨지방에서는 의빈황산(宜賓黃山)의 고차(苦茶)라고 이름이 붙은 차나무는 높이가 무려 14m이며, 윈난(雲南)의 모하이바다(勐海巴達) 대흑산(大黑山)의 차나무는 높이가 무려 32m나 되는 것도 있다고 한다.

기록에 의하면 세계 최대 최고의 차나무는 중국 윈난성 시솽반나(西双版納)에 있는 '대차수(大茶樹)'로 높이가 32.12m, 직경 1.03m, 수령 1,700년으로 알려져 있으며 일본의 경우는 사가(佐賀)현 우래시노(嬉野)에 있는 노대차수로 높이가 약 15m, 수령이 300년으로 알려져 천연기념물로 지정되고 있다.

이런 사실로 미루어 보아도 4.2m 높이의 화개 한국대차수는 100년 정도의 수령을 가진 나무가 아닐까 추론할 수 있다. 물론 중국의 1,000년 원생차수 가운데는 4m 정도의 높이를 가진 것도 있어서 차나무의 높이만 가지고 간단히 나무의 나이를 말하기는 어려운 측면도 있기는 하다.

하지만 지금 차나무의 수령에 관련한 논의가 깊어가는 모습을 보면서 이제 우리나라도 이 정도로 차문화가 진전되는 상황이라면 가장 오래된 차나무나 가장 큰 차나무를 정하는 것도 과학적이고 문화적인 수준을 유지하는 것이 옳지 않을까 한다. 당장 지방자치단체의 선전만 생각하고 다른 지역과의 차 생산 경쟁만 생각할 것이 아니라 나라의 문화 체통도 생각하고 국제적인 기준 비교도 감안하여 객관적인 연구를 토대로 한 발표가 선행되어야겠다는 이야기다.

그러니 지금까지 화개의 차나무가 경상남도 지정 기념물 제264호로 지정되어 '우리나라에서 제일 키가 큰 차나무'의 명성을 누리는 것은 나무랄 바 없으나 이 차나무에서 나는 찻잎의 희소성과 차 품질의 우수성 때문에 100g 당 1,300만 원에 거래되었다는 이야기는 다소 황당하고 면구스러운 측면이 없지 않다.

뿐만 아니라 이번 화개차나무를 가장 오래된 차나무로 인증하는 과정에서 '가장 오래된 녹차나무'라는 황당한 말까지 유포되고 있는 것은 유감이 아닐 수 없다. 세상에 차나무는 있지만 '녹차나무'는 존재하지도 않기 때문이다. 차나무에서 따낸 찻잎을 가지고 녹차도 만들고 홍차도 만들며 흑차, 백차도 만드는 것이기 때문에 차나무의 잎이 녹색이라고 녹차나무라고 한다면 거의 망발 수준이라 하겠기 때문이다.

차문화는 차를 마시는 것만이 아니라 차의 생산과 제조을 아우르는 기술은 물론 차생활 전반을 아우르는 광범한 문화를 포함하기 때문에 차나무의 크기와 수령을 확실하게 아는 일에서부터 차를 만들고 마시며 다양하게 이용하는 모든 측면에서 일정한 법도와 규범을 지켜야한다는 것을 명심할 필요가 있다는 말이다. 차생활의 의례 작법과 용어 구사 역시 그 근거를 벗어남이 없이 정확하고 이치에 맞아야 하는 것은 물론이겠다.

찻잎이 안 들어가면 차가 아니다

'차'란 무엇인가

우리말 사전에서 '차(茶)'를 찾으면 세 가지 설명이 나온다. 첫째는 '차나무의 어린잎을 달이거나 우린 물'이다. 우리가 보통 알고 있는 차는 이것을 말하는 것이다. 둘째는 '식물의 잎이나 뿌리, 과일 따위를 달이거나 우려서 만든 마실 것을 통틀어 이르는 말'이다. 찻잎이 들어가지 않아도 그냥 식물의 잎이나 뿌리 혹은 과일을 달이거나 우려 만든 마실 것이면 모두 차라고 할 수 있다는 말이다. 그리고 셋째는 차나무다. 차나무 자체를 부르는 말이라는 것이다. 그리고 어떤 사전에는 차를 '세상의 어지럽고 번거로움을 없애버리는 물건'이라는 의미에서 '척번(滌煩)'이라고 한다는 설명을 부연하고 있다.

이런 설명은 현재의 우리 언어생활을 그대로 수용하고 있다는 점에서 그 가치가 인정될 수 있다. 하지만 원리적인 입장에서 보면 이런 설명이 전적으로 만족스러운 것은 아니다. 현실을 인정하는 것이지 엄밀하게 옳은 설명이라고 할 수는 없다는 것이다. 특히 두 번째 설명에 대해서는 이를 시정하는 쪽의 노력이 필요하다는 생각이다.

현실적인 우리의 언어생활에서 비록 '식물의 잎이나 뿌리, 과일 따위를 달이거나 우려서 만든 마실 것'을 통틀어 차라고 하고 있는 것이 사실이기는 하지만 이는 결코 그대로 둘 수는 없고 반드시 고쳐 써야겠다는 것이다. 우리가 흔히 인삼을 우린 물을 인삼차, 생강을 우린 물을 생강차, 칡을 우린 물을 칡차라고 하지만 그 말은 원칙적으로 잘못된 것이기에 이를 다른 말로 바로잡아야 한다는 말이다. '차'라는 말을 사용하려면 차나무이거나 차나무의 부속물인 찻잎을 우리거나 달인 물이거나 그것이 섞인 것이어야 하는데 이들 인삼차나 생강차나 칡차는 한줌은커녕 한 장의 찻잎조차 넣은 바가 없으니 이를 차(茶)라고 할 수는 없다는 뜻이다.

"달인다고 다 차는 아니다"고 꼬집은 다산

실제 다산(茶山) 정약용(丁若鏞)은 1819년(순조 19년)에 발간한 《아언각비(雅言覺非)》를 통해 우리나라 사람들이 '차'라는 말을 잘못 사용하고 있다고 지적하고 있다. 다산은 심지어 "차는 초목의 이름이지 마시는 청량음료수의 이름이 아니다."고 하여 "우리나라 사람들이 차를 약물처럼 탕(湯)이나 환(丸)이나 고(膏)로 이용하는 것으로 인식하여 그저 달이는[煮] 것은 모두 차라고 하여 생강차, 귤피차, 모과차, 뽕차, 송지차, 오과차라고 관습적으로 쓰는데 이는 잘못이다."고 지적하고 있다. 과거 우리 민족이 약을 만들어 먹는 방법이 주로 탕이고 환을 빚어 먹거나 고를 만들어 먹는 것을 비유하면서 다산은 우리 민족이 어떤 식물도 달이기만 하면 모두 차가 되는 것처럼 안다고 지적한 것이다.

이를 보면 지금으로부터 200년 전에도 우리나라 사람들은 관행적으로 이런 잘못을 저지르고 있었다는 것을 알 수 있다. 다산은 중국의 경우는 이런 예가 없는데 어째서 우리나라에서는 이런 잘못이 있는지에 의문을 제기하면서 중국 시에 나오는 "시를 읊으며 잣차를 달인다[吟詩煮柏茶－李洞]"거나 "한잔 창포차[一盞菖蒲茶－宋詩]"라거나 "불을 피우고 한가로이 감람차를 달인다[活火間煮橄欖茶－陸游]"는 것은 모두 잣이나 창포나 감람을 차와 함께 섞어 끓이는 것이기에 차라고 한 것이란 점을 들고 있다.

다산은 심지어 동파(東坡)의 〈도화차제시(桃花茶題詩)〉의 예를 들면서 도화차가 차나무의 별칭일 뿐이지 복숭아꽃을 차라고 한 것이 아니란 점도 거론하고 있다.

다산의 시대에 우리의 잘못된 관습은 지금도 고쳐지지 않고 그대로 계속되고 있다. 생강차, 귤피차, 모과차, 뽕차는 말할 것도 없고 심지어 보리를 볶아 끓인 물을 '보리차'라고까지 말하고 있다. 그러니 율무를 갈아 끓인 물은 율무차가 되고 둥글레 뿌리나 줄기를 말려 달인 물은 둥글레차라고 한다. 심지어 한약제를 모아 만든 건강음료를 쌍화차(雙和茶)라고 하여 즐긴다. 하지만 다산의 입장에서 보면 이것도 쌍화차라고 해서는 안 되고 '쌍화탕'이라 해야 옳을 것이다.

보리에 '차'가 섞이지 않으면 '보리물'로

이렇게 모든 마실 것을 모두 차라고 하는 것이 오늘의 현실이지만 그렇다고 이를 그대로 방치하는 것은 옳은 일은 아닌 것 같다. 차나무의 잎이 들어가지 않았는데도 식물이나 과일을 달이거나 우렸다고 해서 차라고 하는 것은 잘못이라 할 것이다. 그렇다고 이미 관행이 되다시피 한 말을 하루아침에 고친다는 것도 간단한 문제는 아닐 것이다. 그러나 우리의 차문화를 바로 잡는다는 의미에서 이런 관행은 반드시 조금씩 고쳐나가지 않으면 안 될 것이다.

'차의 위기'인가 '차의 부흥'인가

아직 자랑할 만한 한국차가 없다

차(茶)가 한국인의 주요 음료로 등장한 것은 그리 오래지 않다. 차가 신라 시대부터 유행하였다는 역사의 기록은 그렇다 하고 실제 생활에서 사용하고 소비하는 측면에서 하나의 당당한 상품으로 행세한 것은 겨우 수십 년에 불과하다.

그러나 그 짧은 기간에 한국인은 차를 주요한 음료로 발전시켰고 농업과 공업 분야에서 실익을 증가시키는 산업화의 과정을 밟았다. 그리하여 상당한 규모의 차밭이 형성되고 또 적으나마 기계화 생산 공정으로 움직이는 공장들도 만들었다. 차를 채취하는 과정에서부터 사람의 손을 많이 필요로 하는 산업 분야이지만 차를 생산하고 소비하는 절차가 복잡미묘한 관계로 차를 마시는 데 필요한 차 도구의 발달을 수반하여 다양하고 풍성한 차문화가 발전하게 되었다.

그 결과로 한국의 차문화는 국제적인 차문화를 선도하는 경우까지 이르고 있다. 차의 나라인 중국과 일본이 바로 이웃에 있어서 우리에게 직접적인 영향을 주고 있다는 점도 간과할 수 없지만 그만큼 한국의 차 산업과 차문화가 근년에 압축적으로 발전하여 국제적인 인정을 받고 있다는 증거이기도 하다. 비근한 예로 한·중·일 등 동아시아 나라들이 참가하는 유일한 국제 차문화 교류대회인 세계선차문화교류대회의 주최권이 한국에 있다는 점도 그 일예이다.

그럼에도 불구하고 다시 우리의 차 생산여건과 차 문화환경을 돌아보면 우리의 차가 그야말로 풍전등화처럼 위태로운 지경에 놓여있음을 느끼지 않을 수 없다. 무서운 한겨울 추위 때문에 차나무가 얼어죽어 모두 뽑아버리지 않을 수 없는 자연재해가 위기인 것은 물론이다. 하지만 냉해를 겨우 극복하여 차나무를 살려놓아도 이번에는 무서운 가뭄으로 찻잎이 보잘 것 없거나 차 소비가 부진하여 농사 재미가 영 부진하곤 한다. 이런 차 생산과 차문화의 발전에도 불구하고 정작 소비자들을 사로잡을 질 좋고 맛있는 차의 출현이 아직도 요원하다는 것이 큰 문제다. 해외의 이렇다 하는 이름있는 차들은 그들 나름의 독특한 제법을 통해 그들 나름의 뛰어난 맛이 담긴 차를 만들어내고 있는데 우리는 솔직하게 그런 수준에는 아직 미치지 못한 것이 중론이다. 제작에 쏟는 정성과 연구가 아직 저들에게 미치지 못하고 있다는 반증이다.

커피가 차 위기의 주범인가

그래서인가 커피 소비가 단연 압도적이라는 통계 속에 차 소비의 부진을 한탄하는 목소리가 점점 커지는 것은 오늘의 엄연한 현실이다. 우리 차의 위기를 초래하는 원인의 하나가 커피라는 것은 주지의 사실이다. 커피가 소비자를 사로잡는 맛과 향을 가진 특별한 매력을 가진 음료라는 것은 누구나 알고 있다. 그러기에 소비자가 커피를 마시는 것에 대해 시비할 여지는 없다. 다만 우리나라 사람이 연간 250억 잔의 커피를 소비하여 아시아에서만도 일본 다음으로 많은 커피를 소비하고 있다는 점은 주목된다. 특히 그 때문에 우리나라 사람들이 차보다 커피를 더 많이 마시게 된다는 점은 유의할 대목이다. 최근의 한 조사에 의하면 우리 소비자들은 식후나 휴식시간에 주로 마시는 음료는 커피가 51.5%였고 녹차가 20.2%였다. 또 커피의 음용

주기가 '매일 한 잔 이상'인 데 비해 녹차는 13.4%로 낮았다. 그만큼 녹차의 소비는 감소세를 보였다. 다만 소비자들은 녹차가 인체에 유익하고 노화 방지에도 좋다는 인식을 갖고 있어 소비를 늘릴 수 있는 긍정적인 신호로 해석되었다. 녹차 소비를 확대할 의향이 있는 소비자는 38.5%인 데 비해 줄이려는 뜻을 가진 이는 2.3%로 앞으로 홍보 여하에 따라 녹차 소비가 늘 수 있는 여지를 남겼다. 대부분의 농가가 친환경 농사로 전환하였다는 사실 등을 앞세워 홍보할 필요도 절실하다.

술도 차 위기의 원인

음주 인구가 여전히 줄지 않는 것도 차를 위협한다. 그만큼 술을 좋아하고 즐기는 인구가 많다는 이야기이고 대신 차 마시는 취미를 줄이는 세력이 광범하다는 의미이기도 하다. 물론 술이 좋은가, 차가 좋은가 하는 문제는 개인 취향의 문제요, 체질의 문제, 견해의 문제이겠다. 일본 승려 란슈쿠 선사(蘭叔禪師)가 쓴 《주다론(酒茶論)》에도 양편이 승부를 가리지 못하는 것으로 결론 짓고 있다. 술의 덕을 강조하는 망우군(忘憂君)과 이에 맞서 차의 덕울 변론하는 척번자(滌煩子) 사이의 승패는 결국 없다는 것이 결론이다.

하지만 현실적으로 술 소비가 늘어나면서 사회적인 악영향의 예가 증가하는 것은 물론이다. 논리상 덕이 충만한 사회를 만들게 되는 것 같지만 혼몽한 정신과 통제불능의 행동으로 사회적 불상사를 초래하는 경우가 늘어날 것은 불문가지다. 그 부작용 가운데 차의 소비가 줄어들어 차 산업을 위협하게 되는 것도 포함될 것이 확실하다.

차를 즐기는 문화가 없다

차가 중요한 것은 차를 생산하고 판매하는 산업적 측면만이 아니라 차의 음용으로 형성되는 개인적 사회적 안정과 문화적 품성이 고양된다는 점일 것이다. 차가 정신 안정과 집중에 매우 효과적이라는 것은 널리 알려진 일이다. 당나라 시대 중국의 선종 사찰에서 끽다가 하나의 수행과정이었다는 것은 그 점을 설명해준다.

그 점은 영국에서 '애프터눈 티(오후 4시의 차 마시는 시간)'가 하나의 문화로 정착한 것에서 넉넉히 감지된다. 하루의 일을 하고 오후 4시쯤 동료들과 혹은 이웃과 함께 몸과 마음을 쉬며 차를 마시는 관습이 형성된 것은 그야말로 하나의 문화요, 생활의 멋이 아닐 수 없다. 인도, 스리랑카, 케냐 같은 나라에서 차를 수입해야 했던 영국이 '오후의 차'를 통해 생의 활력을 얻고 마음의 여유마저 얻는 문화생활을 습성화했다는 것은 경이로운 일이기도 하다. 영국인들은 이런 차문화 전개를 통해 스스로 자기나라에서 차를 심어 가꾸어 자기들의 차를 만드는 노력마저 하기에 이르고 있다는 소식이다. 영국인들은 자신들이 개발하여 발전시킨 '애프터눈 티' 문화를 이제 중국의 상하이 같은 도시에 수출하여 상업화를 시험하기에 이르고 있다고 한다.

이런 상황에서 정작 우리 차를 애용하고 그 보급에도 앞장서야 할 차인들이 중국차를 선호하여 경쟁적으로 비싸게 구입하여 소비 전시하는 모습은 안타까운 현실이다. 필요에 따라 외국 차의 소비가 불가피하지만 적어도 차인들은 우리 차농과 차 산업의 보호를 위해 남다른 배려가 요구된다고 할 것이다. 커피를 즐기는 우리 국민의 음차 관행과 대용차를 선호하는 우리 국민의 차생활을 감안하면 우리 차의 보급이 지지부진한 것도 일단 수긍이 간다.

우리에겐 차를 즐기며 차를 마시는 것을 계기로 서로를 고양시키고 사회을 안정시키는 문화가 정착되지 못하고 있다. 차인들조차 차를 마시는 것을 중심으로 대화하고 교유하는 문화의 장을 만들기보다 차 공연이나 차 퍼포먼스 쪽에 더 관심이 있어서 실제 일반인의 차생활에 도움이 되지 못하는 경향이 있다.

좋은 차를 만들려는 차농의 노력도

차농 자신이 농사기법의 개발에 부진한 나머지 비료나 농약 사용을 과도하게 하여 아예 소비자들의 소비 의욕을 꺾어버리는 경우까지 빈발하니 참으로 안타까운 일이다. 한때 우리 차농 가운데 생각 없이 농약을 마구 쓴 관행으로 소비자들을 분노케 한 경험이 있었다. 지금은 그런 무지한 농약농이 거의 없어졌다고는 하지만 아직도 그 악몽이 깨끗이 씻겨지지는 않은 것 같다. 생각 같아서는 우리 차농들이 야생차 생산으로 차의 품질을 확인한다든지 믿음직한 유기농 공법의 개발로 소비자의 의심을 사그러뜨리는 진지한 노력이 없으면 안 될 것 같다.

차의 위기가 심각한 일이기는 하지만 이에 대처하는 우리의 태도가 진지하면 이것을 극복 못할 것도 없다. 마음만 건실하게 다잡아 대처한다면 우리가 차의 부흥을 이루는 시대를 만들지 못할 것도 없을 것이다.

다도, 세계문화유산 신청 문제에 중국과 일본이 신경질

일본의 인터넷망의 하나인 포커스 아시아가 7월 20일 갑자기 한국을 헐뜯고 나섰다. 한국이 다도(茶道)를 가로채 세계문화유산으로 신청하는 데 대해 해외의 인터넷 참가자들이 맹렬히 반발하고 나섰다는 것이다.

이 기사는 원래 중국 매체 익우망(翼牛網)이 보도한 것을 일본어로 옮기면서 중국와 일본인들의 혐한(嫌韓) 감정을 자극하고 있다.

그 기사는 이렇게 시작하고 있다. "한국이 중국에서 오랜 역사를 가진 다도를 문화유산 신청하는 계획을 세우고 있는 것이 미디어에 보도되어 중국 누리꾼들이 대량의 의견을 쏟아내고 있다. 단오절(端午節), 중추절(仲秋節), 이시진(李時珍)에 이어 '중국 다도'가 한국인의 눈에 띈 것이다. 한국은 가끔 중국의 문화적 유산을 가로채고 있어서 누리꾼들은 불쾌하다는 감정을 나타내고 있다."

그러나 이것은 어디까지나 세계문화유산이나 기록유산에 대한 이해 부족에서 생긴 주장일 뿐이다. 2005년 한국의 강릉단오제가 유네스코 세계문화유산에 등재되었지만 곧이어 중국의 단오절도 전통의 특수성에 비추어 세계문화유산에 등재되었다. 한국이 추석을 세계문화유산으로 등재하고 싶어하지만 아직 목적을 달성하지 못한 것처럼 중국인들은 중추절을 세계문화유산으로 등재하려고 노력하고 있지만 아직 똑같이 실현을 보지 못하고 있다는 것을 잘 모르고 있을 뿐이다. 또 중국인들은 이시진의 《본초강목》을 한국이

가로챈 것처럼 까닭 없이 오해하지만 한국 허준의 《동의보감(東醫寶鑑)》에
이어 중국 이시진의 《본초강목(本草綱目)》도 세계기록유산에 등재되었던 것
이다.

뿐더러 이 기사는 이렇게 이어간다. "언제나 남의 것에만 관심을 두고 욕
심내는 것은 좋은 일이 아니다. 자기의 것을 좀 더 발전시키고 높여가는 것
이야말로 마땅히 취해야할 태도다." "성형기술이라면 유산 신청을 해도 좋
다. 에어컨은 당신들의 것이고 레이저 포인터도 당신들 것이니 유산 신청을
해라."

그러면서 이 기사는 "우리 자신도 유산 보호를 중시하지 않으면 안 된다.
이것도 경고의 하나가 아닌가?" "참으로 마음이 아프다. 차는 원래 중국의
것이다. 그러나 지금 이 전통문화를 전승 확대하는 노력은 타국보다 더디
다. 중국의 문화부는 그저 시설물인가? 이런 상황이 되어도 아직 보호에 힘
을 기울이려 하지 않는다. 만일 한국이 정말 유산 신청을 하면 성공하지 못
할 가능성은 없을 것이다. 이렇게 되면 저들은 확실하게 전승하게 되고 우
리의 차문화는 곧 사라져버릴 것이 아닌가."

이렇게 보면 중국 매체의 기사는 상당히 이성적이고 애국적이어서 한국
인의 입장에서도 참고할 만한 대목이 있다. 그럼에도 불구하고 중국 매체의
기사는 기본적으로 사실 관계를 확인하지 않은 아쉬움이 있다.

《차의 세계》가 문화재청 무형문화재과와 유네스코 한국위원회 세계문화
유산신청과에 문의한 결과 "우리 정부가 다도를 세계문화유산으로 신청한
사실이 없다."는 답변이었다. 전혀 사실이 아닌 것을 가지고 일부 매체가 꾸
며서 예측 보도한 것을 근거로 중국 매체가 기사를 쓴 것이라는 이야기다.

따라서 사실에 기초하지 않은 기사에 대해 논의할 필요는 없겠으나 다만
사안의 중대성에 비추어 삼국의 전통문화 가운데 중첩되는 부분은 각기 독
자적으로 문화유산 등록을 할 필요가 있다는 시사를 얻게 된다. 한국과 중
국이 단오절을 각기 세계문화유산으로 등재한 것도 그 한 가지 예이다. '다

도' 역시 그런 종류의 전통문화가 확실한 만큼 우리 정부가 적극 세계문화유산 등재에 나서야 할 것 같다. 중국 매체가 이 문제와 관련해 한국보다는 자국 정부 문화부를 질타하고 있는 것도 저간의 사정을 설명한다.

그에 비하면 일본의 매체가 중국 매체의 기사를 인용하면서 한국을 악랄하게 깎아내리고 있는 것은 참으로 면구스러운 일이다. 일본 매체가 "조선에는 오리지널의 문화가 없다."거니 "신청 서류의 분실극으로 끝날 것"이라거니 하는 식으로 조롱 일변도인 것은 특히 유감이다. 일본이 과거 역사의 과오에 대한 참회와 반성을 게을리하여 이웃나라들의 빈축을 사온 것은 어제오늘의 일이 아니다. 그런 만큼 일본인들이 공연히 혐한놀음을 극대화하여 한국인의 불쾌한 감정을 더욱 덧나게 해서는 안 될 것이다. 이성적이고 합리적인 의견 진술로 문제를 설명하는 것은 최소한 역사적 피해 당사국인 이웃나라 국민에 대한 예절이며 배려일 것이다. 외국의 문화와 역사에 대해 잘 알지도 못하면서 쉽사리 폄훼하는 말을 내뱉는 것은 문화인의 태도가 못된다. 그런 중에도 한국의 차인들이 차를 우리면서 편의상 보온병의 물을 이용하거나 토일렛 페이퍼를 사용하는 것은 세련된 차문화가 못된다는 지적은 한국인들로서도 반성할 대목일 것이다.

제6장 | 차를 이야기한 언론인들

차를 이야기한 언론인들 1
- 문일평, 예용해, 이규태

《다고사》를 쓴 호암 문일평

호암(湖巖) 문일평(文一平)은 우리 역사상 최초로 우리 차문화를 정리한 문헌인《다고사(茶故事)》를 집필한 이다. 1933년부터 세상을 떠난 1939년까지 그는 조선일보 논설 고문으로 있으면서 논설뿐 아니라 역사 관계 집필을 통해 이른바 '조선학' 정립에 헌신했다.《다고사》는 그 기간에 그가 내놓은 우리 차 역사와 차 이야기를 정리한 귀중한 자료다.

문일평은《다고사》를 통해 우리 차 역사를 정리한 최초의 문헌을 제시한 것에 그치지 않고 그동안 그릇되게 이해되고 있던 차에 관한 여러 가지 정보와 지식을 바로잡는 데 결정적으로 기여했다. 언론을 통한 우리 차 역사의 전달과 보급에서 그만큼 확실한 공헌을 한 사람은 일찍이 없었다.

우선 문일평은 차가 삼국 시대 말에 중국에서 우리나라에 전래되었다고 분명히 밝혀준다. 당시 최고의 지식인이며 학자였던 육당 최남선조차 그의《조선상식문답》에서 "차는 인도 원산의 식물"이라고 말하는 정도의 시대에 문일평은 올바르게 정리된 차에 관한 지식을 우리에게 전달해준 인물이었다. 더불어 호암은 차가 신라에 유입된 것이 일본에 비해서 수 세기, 서양에 비해서는 8, 9세기나 앞선 것임을 분명히 밝혀줌으로써 우리 차문화의 역사가 뿌리깊은 것이라는 자부심을 우리에게 각인시켜 주고 있다. 그는 또 신라와 고려에서 성행하던 차생활이 왜 조선에서 쇠퇴했는가에 대한 논증적인 설명을 하고 있다. 차생활이 불교와 밀접했다는 점을 들며 조선의 숭유억불 정책이 차생활의 쇠퇴를 초래했다는 것이다. 또한 그는 이 땅에 감천(甘泉)이 흐르고 반탕(飯湯)을 즐기는 민속이 있음을 지적한다. 전국 어디를 가나 맛 좋고 깨끗한 샘이 있는 데다가 식후에 숭늉을 마시는 식습관이 차생활의 필요를 감했다는 견해를 밝힌 것이다.

호암은 우리의 차 역사를 두루 거론했다. 《다고사》에는 보천, 효명 두 왕자의 문수불 차 공양, 충담의 남산미륵 차 공양, 흥덕왕 때 대렴의 차 도입과 지리산 파종, 사포 스님이 원효 대사에게 차를 공양한 일 등의 설화가 거의 망라되었다. 그는 특히 화랑과 불교, 유교 등과 차가 어떤 관련을 맺고 있었는가도 천착했다.

〈차를 찾아서〉와 예용해

이렇게 1930년대 우리 언론계에 문일평이 있었다면 광복 후인 1960년대와 70년대엔 예용해가 있었다고 할 수 있다. 어떤 의미에선 1930년대에 이미 문일평이 차에 대한 이해를 폈다는 점을 기반으로 30~40년 뒤에 예용해가 다시 차를 거론한 것이라고 할 수 있지만 그런 오랜 시간 경과에도 불구하고 여전히 우리 사회에선 차에 대한 이해와 관심이 거의 없었다. 이러한 점을 감안한다면 예용해의 차 거론은 역시 선구자적인 혜안을 가진 것으로 볼 수 있겠다.

물론 언론인 예용해(芮庸海)를 평가할 때 대부분의 사람들은 그가 1960년부터 1962년까지 2년 4개월에 걸쳐 한국일보에 연재했던 〈인간문화재〉라는 기획을 첫 손가락에 올릴 것이다. 지면이 넉넉하지 않았던 상황에서 장장 50회에 걸쳤던 이 연재물은 전통공예나 무형문화재라는 말에 익숙하지 않았던 당시 우리 사회에 상상도 할 수 없었던 파격적인 충격을 던져 주

었다. 이에 그치지 않고 그는 1964년 2월 초부터 〈속 인간문화재〉를 연재
했다. 정치와 경제에 대한 관심이 주류를 이루던 그 시대에 우리의 전통문
화에 눈을 뜨게 하고 민족문화와 민속문화의 가치를 고양시킨 언론인이 있
었다는 것은 놀라운 일이기도 했다.

필자는 그의 이 같은 다양한 문화적 업적 가운데에서도 차에 대한 그의 개
척적 언론 활동을 간과할 수 없다고 생각한다. 지운(之云) 예용해(芮庸海)는
차에 관한 그의 관심으로 특별히 주목받을 가치가 있는 인물이라는 말이다.
차에 대한 남다른 애정과 관심을 가지고 최초로 차에 대한 전문 기사를 신
문에 연재한 언론인이었다는 점이 그 대답일 수 있다. 1963년 한국일보 지
면을 통해 14회에 걸쳐 연재되었던 〈차를 찾아서〉라는 기획 기사가 바로 그
것이다. 하지만 그렇게 시작되었던 그의 〈차를 찾아서〉연재는 곧 중도에 중
단하지 않을 수 없었다. 당시 대중들의 차에 대한 몰이해와 무관심으로 독
자를 얻지 못한 것이 그 이유였다. 그러다가 20년이 지난 1983년 그는 한
국일보 지면에 〈차를 따라〉라는 시리즈를 재개했다. 그 첫 회 〈불용(不用)의
용(用)〉이란 글에서 그는 이렇게 말했다.

> 차를 찾아서 나섰을 때 기자는 방장한 혈기로 필경은 빈손을 털고 돌아서
> 는 한이 있더라도 마음만은 살아서 범이라도 때려잡을 듯한 기세로 설한풍
> 을 무릅쓰고 동삼(冬三)의 추위도 아랑곳 않고 길을 떠났다. 그러나 귀밑에
> 서리가 내리고 콧등에 얹은 짙은 돋보기 너머로 간신히 사물을 가려야 하게
> 된 지금에는 차를 찾아서 나서기는커녕 간신히 차를 따라 어슬렁거려나 보
> 는 것이 고작이겠다는 심사다.

20년의 세월을 보내고 다시 차에 대한 열정을 불태우는 기자의 소회가 충
분히 전달되어 오는 글이다. 하지만 이렇게 재개된 시리즈도 12회만에 다
시 중단되고 말았다. 그리고 결국 1995년 그가 세상을 떠난 후 그를 따르

고 사랑하던 이들이 모여 6권으로 구성된 《예용해 전집》을 출판 하였을 때, 〈차를 찾아서〉는 그중 제3권으로 정리되어 나왔다.

그가 차를 알기 위해 자주 접촉한 인물들은 육당 최남선, 범부 김정설, 간송 전형필, 동빈 김상기, 효당 최범술, 송사 김화진, 송은 이병직 등 당시의 최고 지식인들이었다. 따라서 예용해의 차 지식은 당시 우리 사회에서 최고의 전문지식을 망라하고 있었으며 그의 글들은 결국 당시의 최고 지성인들의 차 지식을 정리, 집대성한 것이었다고 할 것이다. 따라서 《예용해 전집》은 문일평이 초기에 정리한 우리 차의 역사와 설화들을 30~40년이 지난 시기에 당대 최고의 지식인들과의 의견 조율로 재확인하면서 현장 답사를 통해 구체화한 생생한 기록이라는 점에서 높이 평가되어야 할 것이다.

〈이규태 코너〉의 차 이야기

그런 상황에서 이규태(李圭泰)는 현장의 언론인으로서 대중이 접하는 신문기사를 통해 차를 이야기해 문일평과 예용해를 이은 또 한 명의 차를 말한 언론인으로 중시되어야 할 것이다. 물론 그의 다론들은 신문 칼럼이란 점에서 단편적이고 즉흥적인 면이 없지 않다. 하지만 그럼에도 불구하고 그의 차 논의는 우리 문화의 근본을 이야기하고 세상 속에서 중요한 실상을 전한다는 점에서 독특하다.

구체적으로 조선일보 〈이규태 코너〉에서 그는 차에 관한 다양한 모습을 우리에게 전하고 있다. 가령 1990년 1월 13일자 〈품을 파는 원숭이〉란 글에서는 원숭이가 중국에서 차를 따는 이야기를 쓰고 있다. 19세기 동인도 회사의 식물 채집가 로버트 포춘(Robert Fortune)이 중국에서 원숭이들을 이용해 찻잎을 따는 것을 목격했다는 이야기다. 요즘도 중국에선 그런 차를 후괴차(侯魁茶)라하며 팔고 있기도 하다.

그는 또 녹차의 효능에 대해서도 말하고 있다. 〈항암 녹차〉라는 제목의 글에서는 명대 《본초강목》에서 차가 "몸 안의 기름기를 빼고 설사를 멎게 하며 열을 쫓고 눈을 밝게 하며 잠을 쫓는다."고 한 점과 17세기 중엽 중국에 와서 포교하던 예수회 선교사 알렉산더 드로드가 차의 세 가지 효험을 든 것을 소개한다. 첫째는 두통을 낫게 한다. 둘째는 화를 가라 앉힌다. 셋째, 신장을 맑게 해 통풍이나 요석을 없게 한다는 것이다. 그러면서 최근엔 녹차의 항암 효과가 입증된 것을 소개함으로써 간접적으로 차 보급에 기여한다.

〈녹차〉라는 칼럼에서도 차생활의 유행에 대한 그의 관심을 심화시킨다. 현대의 차 유행에 따라 다도대학원이 생겨나는 현실과 '차를 즐기는 뉴요커'의 실상을 소개하여 차 세상의 도래를 축하하기도 한다. 뿐만 아니라 이규태는 〈다산 초당〉이라는 칼럼에선 다산, 추사, 초의의 교유와 이들이 추구한 실사구시의 철학 그리고 다선삼매로 이어지는 차생활의 묘리를 설명했다.

이규태가 특히 관심을 보인 것은 세계 속의 우리 역사 인물의 실상이다. 그는 〈무상 스님〉이라는 칼럼에서는 신라 출신의 무상 스님이 중국에서 정중종을 일으킨 사연과 함께 지금 중국 사원에서 오백나한의 한 분으로 모셔지고 있는 사연을 부각시킨다. 심지어 오백나한 가운데 455번째 나한으로 모셔지고 있는 사실을 국내에 소개한 월간 《선문화》를 인용하기도 한다. 또 지장 스님 이야기를 통해 중국에서 지장왕 보살로 추앙받고 있는 신라 왕자 출신 김교각 스님도 크게 조명하여 부각시켰다. 다만 그 칼럼들은 이들 무상과 지장 스님이 차에도 직접적 연관이 있다는 점을 설명하고 있지 않아 아쉬움을 남기지만, 이들이 부각됨으로써 자연스럽게 차에 대한 논의를 심화할 수 있다는 기대를 갖기엔 부족함이 없다.

그러나 이규태는 〈차례(茶禮)〉라는 제목의 칼럼에서 차를 부처님께 바치고 한 솥에 끓인 차를 더불어 마시는 것이 '불인융합(佛人融合)'하려는 의식이란 점과 절에서 주지와 스님 수좌와 행자 그리고 일반 신도까지 상견할 때 차를 더불어 마시는 것 또한 이질 요소를 동질화하고 합심 단합하는 의식으로써 차례의 전통이 이어진 것이라는 점을 강조하고 있다. 차례는 순서를 지키는 예이며 융합화, 동질화, 질서화 하는 의식으로 선조와 후손을 종적으로 또 이산하기 쉬운 후손들을 횡적으로 동질화하며 가문의 위계질서를 잡는 의식으로 평가한 점도 특이하다.

그런 점에서 이규태는 차생활을 한국인의 의식 구조 속에서 순기능을 하는 문화로 승화시키고 있다. 그는 '막사발 예찬'을 통해 한국 백자의 서민적 표출인 막사발이 수수하고 검소 질박한 멋으로 세계 도자기계를 놀라게 하였다고 지적하며 조선의 막사발이 일본에서 '이도자왕(井戸茶碗)'이라 하여 26점이 모두 국보로 지정된 점을 거론한다.

이렇게 이규태는 차와 차 도구인 다기, 그리고 차를 마시던 초당과 차의 역사를 만든 위대한 선조들을 찾아냄으로써 단순히 차에 주의를 환기할 뿐 아니라 그것을 발전시켜서 생활화하고 문화화한 우리 선조들의 위대성을 세계 중심에서 부각하고자 노력했다. 그의 이런 노력은 6,702편이나 되는 그의 칼럼에서 모두 표현된 것은 아니다. 하지만 이 칼럼들을 세심하게 분석하여 차에 관련된 것만 모으면 틀림없이 훌륭한 하나의 '이규태의 다론'을 형성할 수 있다는 확신을 갖게 한다.

이와 같이 우리 언론 역사에는 차에 관심을 가지고 차를 연구하고 즐겼던 위대한 언론인들이 있었다. 문일평, 예용해, 이규태 같은 이가 대표적이라 할 것이지만 이밖에도 이원홍, 박권흠, 이규행, 김대성 등 적지 않은 언론인들이 있다는 사실도 간과할 수 없겠다. 우리의 차문화를 아름답게 꽃 피우기 위해 불모의 시대에 그토록 노심초사하며 동분서주했던 언론인들이 있었기에 우리 차계와 언론계는 지금 여유있게 차를 이해하며 논할 수 있는 토양을 만들 수 있게 되었다고 할 수 있겠다.

차를 이야기한 언론인들 2

- 장지연, 천승복, 이규행, 이원홍, 홍사중, 박권흠, 김대성, 박정진

1. 근세 차학의 선구자 위암 장지연

우리 차의 역사에서 18세기는 중요한 의미가 있다. 한동안 침체하던 우리의 차문화가 되살아나 차를 생산하고 차를 마시며 차생활을 통해 차문화를 성숙시킨 인물들이 태어났기 때문이다. 그 시대 차문화와 차생활의 주역들은 다산 정약용, 초의의순 스님, 그리고 추사 김정희 등이 대표적이다.

하지만 이들 18세기 차인들의 공헌이 곧바로 우리 차문화의 발전과 재건으로 이어지지는 못하고 나라의 쇠락을 계기로 차는 다시 극소수 인물들의 취미생활로 명맥을 이어갈 뿐 국민 생활에 별다른 영향을 미치지는 못하는 수준에 머물렀다.

그러다가 국권이 일본에 넘어간 1910년 이후 우리의 차 생산과 차문화와 차생활은 거의 소멸되는 지경에 이르게 되었다. 구 왕실과 일부 귀족가문에 일본의 차생활이 신사조로써 도입되어 개인적 도락의 차원으로 즐기고 신분과시용으로 자랑하는 상황으로 변모되어 과거 우리 차문화를 겨우 되새길 수 있을 뿐이었다.

그런 시대에 언론인 위암(韋菴) 장지연(張志淵·1864~1821)이 처음으로 차에 관한 저술인《농학신서(農學新書)》를 발표하고 있는 것은 놀라운 일이다. 물론 이 저술은 인쇄본이 아니라 필사본이어서 일반에 널리 읽힌 것은 아니고 겨우 일부 식자들에게 읽히는 정도였고 또 그 분량도 아직 방대한 양이 아니라 19면에 걸친 것이어서 아직 미흡한 것이기는 하였다. 또 차를 역사문화와 차생활의 차원에서 연구한 것이 아니라 차 농사에 집중하여 기술하고 있어 아쉬운 점도 없지 않다.

그럼에도 불구하고 장지연의 《농학신서》는 몇 가지 점에서 그 중요성을 간과할 수 없다. 첫째는 장지연의 《농학신서》는 20세기 들어 가장 먼저 만들어진 우리 차 관계 저술이라는 점이다. 지금까지 그 자리는 1936년에 나온 호암 문일평의 《다고사(茶故事)》가 차지하고 있었다. 하지만 《다고사》는 우리나라 사람이 쓴 차 관계 저술로는 제일 앞선다고 하지만 일본인 학자 가토 간가쿠가 1926년에 발표한 〈조선차문헌에 대하여〉라든가 아유카이 후사노신이 1932년 발표한 〈조선의 차에 대하여〉보다 뒤진다는 점을 생각하면 아쉬움이 컸다. 그에 비해 장지연의 《농학신서》는 정확한 연대가 밝혀진 바는 없지만 위암 장지연이 세상을 떠난 것이 1921년인 만큼 적어도 그보다는 먼저라는 것이 입증되어 이들 모든 저술 가운데 가장 앞선 다는 것을 확인할 수 있다. 둘째는 《농학신서》가 차에 대한 일반론에서부터 재배역사, 형태적 특성, 품종, 자생지 풍토, 일반재배법, 병충해 방제 등 차 농사의 실제를 구체적으로 기술하고 있다는 점이다. 차나무의 성상에서부터 차 재배와 수확 그리고 차를 만드는 법까지 소상하게 기술한 저작으로 손색이 없다. 셋째는 이 책을 통해 장지연이 단순한 언론인이 아니라는 점이 확인되었다. 그는 일찍이 1905년 을사조약이 체결되었을 때 황성신문에 〈시일야방성대곡(是日也放聲大哭)〉이란 논설을 실어 정면으로 이를 비판하였던 언론인으로 역사에 남아있다. 그리고 뒤에는 일제에 협력한 언론인이라는 누명도 듣는 신세가 되기도 했다. 하지만 장지연의 《농학신서》를 비롯해 《접목신법》, 《소채재배법》 등 8권의 농서를 저술함으로써 근세 조선의 뛰어난 농학자였다는 것이 입증되었다. 그가 우리의 농업을 그토록 진흥시키기 위해 노력하였다면 그는 진정한 의미에서 이 민족과 우리나라를 위해 헌신한 애국자라는 점도 확인하게 된다.

2. 우리 다법을 1960년대에 들고 나온 천승복

광복과 한국전쟁의 소용돌이에 휩싸여있었던 1940년대와 1950년대에 우리는 차를 논의할 형편이 아니었다. 그만큼 우리 민생의 고초는 심각했고 사회, 경제, 문화적 여유도 없었다. 그러다가 없는 형편 가운데서 조금씩이나마 여유를 되찾기 시작한 것이 1960년대였다. 그때 우리의 차문화도 조금씩 거론되기 시작했고 차 맛을 거론하는 선구적 글도 나타나기 시작했다. 그 시기에 언론계에서 주목되었던 인물이 바로 한국일보의 예용해(芮庸海) 문화부장과 영자지 코리아 리퍼블릭의 천승복(千承福 · ?~1983) 문화부장이었다.

예용해는 이 시기에 한국일보 지면을 통해 〈인간문화재〉 시리즈를 실으면서 우리 전통 문화 예술의 가치를 발굴하는 뛰어난 기획과 취재력을 과시하고 있었고 그 노력의 일환으로 우리 문화 가운데서 잊혀졌던 차문화도 발굴해내는 노력을 보이고 있었다. 예용해는 1963년 1월부터 〈차를 찾아서〉라는 시리즈를 시작했는데 이것은 우리 언론 사상 최초의 차 관계 시리즈였다. 예용해의 활약은 당시 독자가 많았던 한국일보의 영향력을 반영하듯이 문화계에 큰 족적을 남길 수 있었고 뒤에 차 관계 저술로 수렴될 수 있었다.

하지만 그에 비해 천승복의 활동은 독자가 극히 제한적이었던 영자지의 여건상 그다지 두드러지지 않았고 우리 다법을 거론할 만큼 연구가 깊었던 천승복일지라도 그 명성이 널리 전해질 수는 없었다.

그럼에도 불구하고 차 역사에 남을 그의 행적은 결국 드러나지 않을 수 없었다. 최근 《차의 세계》 2012년 2월호에 게재된 〈베일 벗은 잊혀진 차인 천승복〉 기사에서 처음 공개된 사진 한 장으로 그의 진가가 확연히 드러나 차계를 놀라게 했던 것이다. 이 사진을 통해 독자들은 천승복이 그 어렵던 1960년대 초에 자신의 집에 차실을 마련하고 있었고 거기에 차 도구도 거의 완벽하게 갖추고 차를 즐기고 있었다는 것을 알 수 있었다. 사진에는 작은 소반 위에 그의 손때가 묻은 다기들이 가지런히 놓여있고 그 옆에 놓인 다른 소반에는 백자향로가 받쳐져 있었고 그 옆에는 커다란 놋화로와 차호까지 모두 갖추고 있었다. 우리 사회에서 차를 거의 잊고 있던 시절 그것도 경제적 여건이 그런 차 도구를 마련하기 너무도 어렵던 시절에 그럴듯한 차 도구들을 갖추고 차실까지 마련한 천승복의 차생활의 의미를 실감하게 하는 것이 아닐 수 없다.

그의 차생활에 관한 기사는 1964년 6월 23일자 동아일보 사회면에 보도되기도 했다. 〈우리의 다법과 일본의 다도 한자리에〉라는 제목의 기사는 이해 6월 16일 아침 10시 서울 서대문구 홍제동 37번지 천승복의 집에서 열린 차회의 모습을 소상하게 기술하고 있다. 이날 천 씨에게 초대받은 이는 이방자 여사와 그 아들 이구 씨 두 사람이었다. 방자 여사는 영친왕 이은의 일본인 부인으로 이미 일본에서 일본 다도를 몸에 익힌 이였다. 때문에 1963년 우리나라에 들어온 방자 여사는 이 땅의 다법이 어떤 것인가 간절히 알고 싶어하고 있었다. 그 호기심으로 천 씨의 초대에 응했던 방자 여사는 당시의 차회 풍경을 이렇게 회고했다. "돌병풍이 쳐진 천 씨의 방 안에서 향을 피우고 무등산 전차(無等山煎茶)와 말차(沫茶)를 끓이며 이도(井戸) 중기의 도자기들을 즐기는 천 씨의 차생활을 보고 매우 기뻤다."

천 씨는 탕관의 물이 끓자 손수 차를 한 잔씩 돌린 다음 "일본에 다도가 있듯 우리에게도 전래된 다법이 있습니다. 이를 말하자면 너무나 격식에 매인 일본 다도에 비해 소박해서 좋습니다."고 설명했다. 그리고 우리 전래의 다법이 있다고 주장한 천 씨는 해남 대흥사에 주석했던 초의 선사가 지은《동다송》을 들어 그 책에 '동다'라는 말이 있는데 초의에 의하면 우리의 차나무는 중국과 같지만 색과 향기와 효능에 있어서 중국의 차와 견주어도 손색이 없다고 했다. 천승복의 다법에 깊은 인상을 받은 이방자 여사는 1980년대 초 낙선재로 차인들을 초대하여 차인 큰 잔치를 열었고 도천 천한봉에 의뢰하여 이방자의 방(方) 자를 새긴 다완을 약 2천 개의 이도형 다완을 만들었다.

3. 이규행과 이원홍 그리고 홍사중

이규행(李圭行 · 1935~2008)은 언론인이며 현묘학회 회장을 지낸 이다. 그는 경제학을 전공하여 신문사의 경제부 기자로 이름을 날렸으나 기실 그가 사회적으로 더 이름을 알린 것은 그가 호흡수련에 관심이 깊어 수련도장을 운영하고 차학의 연구에 크게 기여해서였을 것이다. 언론계에서 그는 한국경제신문 사장을 지내고 문화일보 회장을 지냈으며 중앙일보 고문으로도 있었으니 언론인으로도 상당한 성공을 거두었다.

그러나 그를 차계에서 기억하게 되는 것은 그가 월간《중앙》에 연재한 〈이규행의 차이야기〉로 해서일 것이다. 〈이규행의 차이야기〉는 한마디로 그의 차에 대한 사랑과 조예를 실감케 하는 글이었고 그로 해서 그의 글을 읽은 이들이 지금까지 막연하게 알던 차에 대한 상식을 뒤집고 차를 제대로 알게 되었다고 하는 이가 적지 않은 것을 보면 대단한 영향을 끼쳤다고 할 만하다.

특히 이규행은 거의 36회에 걸쳤던 이 시리즈를 통해 우리 사회에 유행하고 있는 푸얼차 선풍을 분석하면서 진정으로 가치있는 차와 그렇지 않은 차를 감별하는 방법 등을 설명함으로써 우리 차계의 푸얼선풍을 가라앉히고 일부 푸얼차에 대한 오해를 불식시키는 역할도 했다.

그리고 그는 그 자신 1981년부터 푸얼차에 빠져 그 수집에 심혈을 기울였다고 말하기도 했다. 푸얼차가 발효차이기 때문에 건강에도 좋고 차의 가격도 높아 경제적 가치도 컸다는 것이 그를 매료시킨 것이라고 하겠다.

이원홍(李元洪 · 1929~)은 한국일보 출신의 언론인으로 한국방송공사

사장과 문화공보부 장관을 지냈다. 그가 가장 눈부시게 활동한 것이 신군부의 집권 시대였던 만큼 언론계로부터는 그다지 좋은 평가를 얻지는 못했지만 오랜 정부홍보방송의 타성에 젖어있던 KBS를 뒤흔들어 뉴스 감각이 있고 속보의 중요성도 인식하는 발전된 방송 매체로 만드는 데 상당한 역할을 했다는 평가를 얻고 있다.

하지만 그는 은퇴 후 차 연구에 매진하여 한국차문화협회 회장과 명예회장을 역임하기도 했다. 그는 과거 일본 특파원 시절의 경험을 바탕으로 일본의 차문화를 깊이 연구하였으며 그 연구의 일부가 월간《차의 세계》에〈역사연구〉시리즈로 나타났고 최근에는 다시〈조선도공 일본시말기〉시리즈로 드러나고 있다. 그는 일본의 차 역사와 도자기를 통해 한·일 간의 차 교류사를 깊이있게 탐색하고 있다.

홍사중(洪思重·1931~)은 문학평론가이자 언론인이다. 그는 중앙일보와 조선일보의 논설위원을 지내고 은퇴하였다. 그는 중앙일보 칼럼 분수대와 조선일보 칼럼 만물상에서 뛰어난 문재를 자랑하였다. 그는《리더와 보스》라거나《늙는다는 것 죽는다는 것》이라는 저서를 갖고 있으며《한국인, 가치관이 있나》와 같은 비판적 칼럼집도 갖고 있다. 근년 그는 도자기 빚기를 배워서 전시회를 열고 수익금을 도자기를 배우는 젊은이들을 위해 희사하기도 했다. 그러니까 그는 언론인이자 문학평론가지만 그림과 음악 그리고 유가와 불가의 사상에도 깊은 관심을 보이고 있다. 2006년 이다미디어에서 나온 홍사중의《나의 선어 99》는 선가의 공안 99가지를 풀어쓴 책으로 그의 선불교에 대한 깊은 이해를 엿보여준다.

흥미로운 것은 이 책에서 홍사중이〈차나 한잔 마셔라〉와〈일기 일회〉와 같은 차에 관한 항목을 다루고 있다는 점이다. 조주의 끽다거와 센 리큐의 일기일회(一期一會)를 설명하는 항목이지만 홍사중이 차를 애호하고 다도와 다선일여를 매우 값지게 생각한다는 점을 느끼게 한다.

4. 박권흠과 김대성 그리고 박정진

박권흠(朴權欽 · 1932~)은 원래 언론인이다. 젊어서 그는 국제신문 정치부 기자로 뛰어다니다가 신민당 김영삼 총재의 비서실장으로 정치에 입문했다. 야당인 신민당 의원으로 3선을 쌓은 경력으로 한국서화가협회 회장과 대구일보 사장을 지냈다. 그러다 박권흠은 2002년 한국차인연합회 회장이 되면서 차에 깊이 빠져들었다.

언론인 시절에 그는 차를 몰랐지만 지금 박권흠은《YS와 나 그리고 차》라든가《나의 차사랑이야기》,《한국의 차문화》등의 저서를 낼 정도로 차에 몰입하고 있다. 10년 넘게 차와 함께 생활한다는 이야기다. 그 결과 2010년 박권흠은 대만에서 열린 대회에서 세계차연합회장에 당선되기도 했다. 언론계와 정계에서 잊혀진 존재가 된 박권흠은 이제 차계에서 뚜렷한 발자취를 남기고 있다.

김대성(金大成 · 1942~)은 한국일보 출신의 언론인이다. 한국일보 기자 시절 그는 월간《스포츠 레저》에 1984년 말부터 장장 3년 6개월에 걸쳐〈차따라 차길따라〉라는 시리즈를 연재하여 전국 차인들의 뜨거운 호응을 얻었다. 김대성은 이어 월간《다원》,《다담》과 계간《다심》등의 매체에〈차문화유적 답사기〉를 연재하였다.

김대성은 이것들을 모아 1994년《차문화유적 답사기》상중하 3권으로 불교영상회보사에서 출간했다. 차와 연고가 있는 곳이면 어디고 찾아나서서 사람을 만나고 유적을 찾아본 소회를 문헌자료와 더불어 분석해낸 그의 노고가 결실된 것이다.

박정진(朴正鎭 · 1950~)은 언론이자 시인이며 인류학자다. 경향신문 문화부 기자를 시작으로 세계일보 문화부장과 논설위원을 접고 학자의 길로 정진하여 인류학을 기반으로 한 100권 이상의 저서를 냈다.《한국문화와 예술인류학》,《불교인류학》,《종교인류학》,《예술인류학으로 본 풍류도》,《단군신화에 대한 신연구》,《굿으로 보는 백남준 비디오 아트》를 거쳐 2012년에는 대저 《철학의 선물 선물의 철학》,《소리의 철학 포노로지》 등 《철학인류학 시론》을 출간했다.

인류학을 기반으로 세상의 모든 학문에 접근하고 시인의 감수성으로 사물을 관조하는 박정진의 지적 감성적 탐구는 근년 차 관계 글들에서도 뛰어난 직관력을 번득인다. 박정진은 최근 월간 《차의 세계》 편집주간으로 다양한 기사를 쓰면서 〈매월당 초암차 탐구〉 시리즈를 통해 한국차문화의 중심을 다산 초의 추사에서 매월당 중심으로 이동해야 한다고 주장해 차계의 주목을 받고 있다.

박정진은 또 세계일보를 통해 우리 언론사의 처음이라고 할 만한 차 연구 시리즈인 〈박정진의 차맥〉을 연재하며 차계의 주목을 받고 있다.

차를 이야기한 언론인들 3
– 최규용, 홍종인, 박윤석, 임봉순

'다성(茶星)'으로 받들어진 금당 최규용

금당 최규용(錦堂 崔圭用·1903~2002)은 현대 한국차사에서 가장 빛나는 업적을 쌓은 차인의 한 사람이다. 그는 차가 거의 인멸되어 차 마시는 사람이 없어졌다고 하던 1950년대에 우리나라 차인들의 유일한 안식처인 '금당다우(錦堂茶寓)'를 부산에 마련한 사람이었다. 그리고 그는 1978년 《금당다화(錦堂茶話)》라는 차서를 냈다. 우리나라에서 찾아보기 힘든 차에 관한 저술일뿐더러 일생에 걸쳐 차를 연구한 사람의 면목이 드러나는 차에 관한 저술이었다.

이에 그치지 않고 최규용은 1981년 《현대인과 차》, 1988년 《중국차문화기행》 등의 저서를 냈다.

이 과정에서 금당 최규용은 1978년 고려민속공예학원 회장, 1988년에는 육우다경연구회 조직, 1990년 중국 저장성 차인들과 국제 차문화회를 결성하였다. 그렇게 활발한 차 연구와 차문화 운동을 지속하며 100세를 눈앞에 두고 2002년 4월 5일 세상을 떠났다.

때문에 금당 최규용은 우리나라를 대표하는 차인으로 널리 알려질 수 있었다. 차인들은 두말할 것도 없이 그가 다만 대단한 차인이라고 알 뿐이었다.

그러나 금당 최규용이 처음부터 학교에서 차를 전공한 이는 아니었다. 그는 1903년 경남 통영에서 태어나 1920년 일본 와세다대 부속고공 토목과를 졸업한 관계로 평생 토목기사였고 실제 조선총독부 토목과에 취직하여 토목기사로 일했으며 그 과정에서 토목과 고건축을 연구하며 국내 각지는 물론 일본과 중국 등지를 여행할 기회가 있었다. 그리고 그는 차와 도자기를 본격적으로 연구했다.

하지만 그가 처음 차를 접한 것은 《금당다화》의 자서에서 보면 1920년 그의 나이 18세 때인 일본 유학 시절 어느 여관에서였다. "안주인이 노리끼리한 물 한 잔과 손바닥만한 크기의 얇고 파삭파삭한 과자 두세 장을 쟁반에 얹어 내 방에 갖고 와서는 공손히 절을 하고 나갔다. 안주인이 물러 가기가 바쁘게 나는 과자를 게눈 감추듯이 먹어 치우고는 컵에 든 물을 마셨다. 시금텁텁한 맛에 냄새가 고소하고 은근히 구미를 돋우어 주는 것이었다. 아무리 마셔도 물리지 않을 것만 같았다."

거기다 그는 중국의 명차 산지인 장쑤성 쑤저우와 우시, 우호, 저장성, 항저우 푸춘(富春) 란씨(蘭係), 창산(常山) 닝보(寧波) 그리고 중국 최대 차 집산지인 톈진과 베이징, 장자커우 등지에 8년 동안 여행할 수 있는 기회가 주어진 것도 그에게는 차 연구를 할 수 있는 절호의 기회였다.

1946년 중국에서 귀국한 최규용은 우리 차 연구에 관심을 돌렸고 가야산 해인사에서 2년간의 선방생활도 했다. 큰 절에서는 천여 년간을 차생활을 이어왔다는 점을 깨닫게 된 계기였다. 그는 우리 차와 중국차를 연구하면서 중국에 전래하는 조주의 '끽다거(喫茶去)'를 근거로 더욱 진일보하여 차를 대중화하고 누구나 친근하게 만들기 위해 '끽다래(喫茶來)'라는 말을 창안하였다. '차 마시러 오라'고 청하는 말에서 격식과 어려움을 모두 제거한 친근한 차생활의 철학을 느낄 수 있다. 그리고 그는 스스로 '항다반인(恒茶飯人)'을 자처하며 차를 밥 먹듯이 하는 사람이란 자랑을 잊지 않았다. 그런 그의 차 생활과 한·중 차 인간의 교류 협력을 기리기 위해 한·중 차인들은 중국 저장성에 '금당 최규용 끽다래비'를 1998년 건립했다. 중국인들이 외국인 차인을 기려 세운 첫 비석이라 해도 과언이 아니다. 그 비에서 중국인들이 금당 최규용을 '다성(茶星)'이라고 표현한 것은 최대의 찬사라고 할 것이다. 중국인들이 《다경(茶經)》을 쓴 육우(陸羽)를 '다성(茶聖)'이라고 부르는 것에 못잖은 극존칭이 아닌가 싶다.

그러나 금당이 본래부터 차인인 것만은 아니었다. 1930년대 초에 최규용이 종합잡지 《개벽사》 편집실에 근무했던 인물이며 그의 별명 '마면(馬面)'이란 필명으로 글을 썼다는 것이 언론인 홍종인의 증언으로 드러나고 있다.

그러니까 금당 최규용은 잡지 기자였지만 언론의 길로 시종하지 않고 차인으로 본격 전향한 인물이라 할 것이다. 응송 동문들이 대흥사에 세운 응송 당 영희 대종사 기념비에는 '다법제자'로 금당 최규용의 이름이 유일하게 기록되었다.

작설차를 '제일 좋은 차'라고 한 홍종인

홍종인(洪鍾仁 · 1903~1998)은 현대 한국 언론계를 대표하는 논객의 한 사람이다. 평양에서 태어난 그는 1925년 시대일보 기자로 언론계에 투신하여 1929년 조선일보로 옮겨 사회부 기자로 활동하면서 사회부장, 체육부장, 정경부장 편집국장 주필을 두루 거쳤다. 마침내 조선일보 부사장과 회장까지 지내고 뒤에는 동화통신 회장과 중앙일보 고문도 지내며 언론인으로 최고의 성공을 거두었다. 그러는 사이 그는 신문사 이외에 한국산악회 회장, 한국신문편집인협회 초대 운영위원장, 국제언론인협회(IPI) 회원, 한국신문연구소 초대 소장, 한국박물관협회 회장, 영창문화재단 이사장 등 사회활동도 했다.

하지만 전체적으로 보면 홍종인은 평생 오로지 언론인으로 일관한 삶을 살았다고 할 수 있다. 그리고 일제강점기와 해방공간 그리고 전쟁과 군사독재의 와중이라는 어려운 시대상황에서도 비교적 대과 없는 언론생활을 했다는 평가를 얻었다.

한데 그런 홍종인이 좋아했던 것은 등산과 그림 그리기, 차 마시기였다는 것이 드러났다. 특히 그가 차를 매우 즐긴 인물이었다는 것은 금당 최규용의 《금당다화(錦堂茶話)》에 잘 소개되고 있다.

금당은 이 책에서 여러 다우를 소개하면서 기자 홍종인을 세 사람의 신문 기자 다우 중 하나로 소개하고 있었다. 금당은 자신이 총독부 건축기사로 근무할 당시 홍종인이 출입기자로 활약했다고 처음 알게 된 경위를 설명하고 있다. 그리고 두 사람은 일요일마다 등산을 함께했다고 말하고 있다. 또 겨울에는 스키장을 찾아 산방과 내금강을 줄곧 함께 다녔다고 했다. 그런 연유로 홍종인과 금당은 각각 조선일보에 등산에 관한 기사를 세 차례에 걸쳐 썼다. 금당의 기억으로는 이것이 우리나라 최초의 등산 관계 기사가 아닌가 말하고 있다.

그런 인연으로 금당이 중국에서 귀국할 때면 으레 고향 성묘 다음으로는 홍종인을 찾는 것이었다. 중국 항저우에서 사가지고 온 용정신차(龍井新茶)를 제일 먼저 그에게 전해주기 위해서였다. 그리고 금당이 서울에서 차를 대접하곤 한 이들은 월탄 박종화와 노작 홍사용 등 문인들이었다. 금당이 기억하기로 당시 "중국차의 맛을 아는 이는 홍종인, 월탄, 노작뿐이었다."고 할 정도였다.

홍종인이 부산에 올 때는 반드시 '금당다우'를 찾아왔다고 금당은 회고한다. 이때 작설차를 달여주면 백자 큰 뚝배기로 한 사발을 단숨에 마셨다. 금당은 홍종인이 다기와 작설차에만 관심이 있지 다른 선물은 안중에 없었다고 회고했다. 심지어 "오랜만이니 식사라도 하자."고 해도 '자네 얼굴 보고 차 마시러 왔지 내가 뭘 얻어먹으러 온 줄 아느냐?'며 면박을 줄 정도였다. 일부러 홍종인의 화를 돋우려고 차를 내지 않고 시간을 보내고 있으면 홍종인은 "이 미련한 금당아! 어서 올해 새 작설차를 빨리 내 놔!"하고 꽥 소리를 질렀다. 그제서야 마지 못한다는 듯이 작설차 한 통을 내놓으면 얼음판 같던 홍종인의 얼굴이 금세 사르르 녹아버리고 함박꽃 웃음이 그의 얼굴에 활짝 피었다는 것이다.

그런 홍종인이 친구 금당이 저서에 기고한 서문에서 자신이 처음 차를 접한 때를 회고 하고 있다. 바로 1950년 6·25전쟁이 터지기 얼마 전 "구례 화엄사가 밤이면 빈집같이 된다던 그때 분주히 하산하려는 우리들에게 주지 스님이 '차를 공양하렵니다. 잠깐 머무르시지요.' 하기에 이 빈 절에 무슨 차며 무슨 그릇이 있기에 차를 달여낸다는 건고 하고 머뭇거리고 있었더니 어디선가 난데없이 희한한 향기가 가볍게 퍼져오던 그때의 그 그윽한 내음을 나는 지금도 잊지 못한다."고 하고 있다.

홍종인은 그의 글에서 우리나라의 지리산 작설차를 상찬하고 있다. "중국 차가 좋다고 하고 그 종류도 많다. 그러나 그 대개는 맛이 무겁고 빛깔이 좀 칙칙하다. 우리 지리산 차는 맑고 깨끗한 빛이 엷으면서 가벼운 그 향기가 은은히 풍긴다. 그리고 혀 끝에 닿는 그 맛은 땅위의 모든 잡념을 떠나 생각의 실마리가 버들강아지 풀솜을 타고 날아오르는 경지에 들게 한다. 또 일본 사람들이 일본차를 자랑삼아 말하는 것을 듣는다. 나는 그때마다 이렇게 말한다. 일본 땅의 하늘은 늘 습하지 않느냐. 우리나라, 더구나 남쪽 땅의 봄은 하늘이 계속 맑고 햇볕이 밝다. 그 천후의 조건이 너희네 땅의 어느 곳 차도 우리나라 그 중에서도 특히 지리산 자연생의 차 맛에 비길 수는 없을 것 아니냐고."

언론인 홍종인이 이 정도로 우리나라 지리산 작설차의 맛을 상찬한 것을 보면 대단하다고 하겠다. 차 맛을 알아보는 식견도 그렇지만 일본차와 중국차보다 우리 차를 윗자리에 올려놓는 논리와 고집이 역시 그답다고 할 것이다.

기자 박윤석과 임봉순

금당이 세 신문기자 다우로 거론한 사람 가운데 다른 두 사람은 박윤석과 임봉순이다.

박윤석은 조선중앙일보 기자로 금당이 중국에 있을 때 베이징 특파원으로 발령받아 중국에 온 사람이었다. 박윤석은 금당과 함께 항저우, 쑤저우, 난징, 베이징 등지로 다니면서 낮에는 중국차를 마시고 밤에는 노주(老酒)와 백주(白酒)를 근 한 달 동안 쉴 사이 없이 마셔댔다.

8·15 해방 후 금당이 중국에서 돌아오고 나서도 금당과 박윤석은 매일 어울려 옛날 마셨던 중국차와 노주 이야기를 나누곤 했다. 그런 박윤석은 70년대에 들어 가족과 함께 미국으로 이민을 가버렸다. 금당으로서는 좋은 다우를 잃어버리게 된 것이다.

임봉순(任鳳淳)은 동아일보 기자였다. 중앙학교 재학 시절 발발한 3·1 운동에 적극 가담하였다가 구속되었던 일이 있었던 그는 동아일보 기자가 되어 계속 독립 의지를 불태웠다. 금당이 중국에서 일시 휴가로 잠시 귀국할 때는 반드시 중국차와 노주를 그에게 선물했다. 그것을 함께 마시면서 두 사람은 시국담을 나누곤 했다는 것이 금당의 회고다. 태평양 전쟁이 일어나자 임봉순은 일본이 패망하게 되리란 것을 금당에게 제일 먼저 지적해준 인물이기도 했다. 그리고 해방 후에도 그는 금당을 찾아와서는 늘 중국차를 내놓으라고 졸라대곤 했다. 하지만 이미 귀국한 지 오랜 시간이 흘러 금당의 수중에도 중국차가 떨어져 그의 청을 들어주지 못했다고 금당은 아쉬워했다. 임봉순은 해방 후 한때 한민당에도 관여하였지만 그의 부인 황신덕(黃信德) 여사가 중앙여고를 경영하는 것을 돕다가 세상을 떠났다. 황 여사 역시 젊은 시절에는 독립운동과 여성계몽운동에 지도적 역할을 한 것으로 유명했다.

임봉순이 일제강점기와 해방공간에서 홍종인, 박윤석과 더불어 차를 즐길 줄 알았던 대표적 언론인이었다는 것은 금당 최규용의 증언으로 확실히 부각된다.

차를 이야기한 언론인들 4
- 최남선, 이은상, 천관우, 최계원

1940년대에 호남에 차가 자라고 있다고 쓴 최남선

최남선(崔南善 · 1890~1957)은 근세 한국의 대문사이며 역사학자이자 언론인이다. 그는 12살 때인 1901년 황성신문에 논설을 투고하기 시작하고 15살 때인 1904년에는 황실유학생으로 뽑혀 일본 동경부립 제일중학교에 유학하였다. 유학 석 달 만에 학업을 중단하고 귀국하여 황성신문에 기고한 글로 화를 입어 한 달간 구류되기도 했다. 1907년엔 신문관이란 출판사를 창설하고 1908년에는 우리나라 최초의 월간지인 《소년》을 창간하였다. 나라를 잃은 1908년 그는 조선광문회를 창설하여 조선어사전 편찬에 착수하였다.

그는 1919년 3 · 1운동 당시 《조선독립선언서》를 집필하여 2년 6개월의 옥고를 치루고 1921년 가출옥하였다. 육당 최남선이 정식으로 언론기관을 만들어 운영한 것은 1922년 주간잡지 《동명》을 창간하고 부터였다. 1922년에는 《시대일보》를 창간하여 사장에 취임하기도 했다. 《시대일보》는 독자의 호응을 얻어 큰 성과를 올렸으나 경영진 간의 알력으로 육당은 물러나왔고 동아일보 객원으로 《심춘순례》, 《단군론》 등을 집필하기도 했다. 1938년에는 만주국에 건너가 《만몽일보》 고문으로 편집에 직접 간여하기도 했다.

이것을 끝으로 그는 언론생활을 마감하였으며 1942년 귀국하였고 1943

년에는 조선인 대학생들의 학병 권유를 위해 동경에 건너가 강연하였다. 이 사실로 육당은 광복 후 1949년 반민족행위자 처벌법에 따라 구금 수감되기도 했다.

이처럼 영욕이 엇갈리는 그의 인생행로와는 관계 없이 최남선이 광복연간에 우리 차의 전통을 복원하는 데 상당한 역할을 했다는 것은 고마운 일이다.

우선 육당 최남선은 1946년에 간행된 《조선상식문답》에서 우리의 차를 처음 언급하고 있다. '조선에서도 차가 납니까'라는 질문에 대한 대답의 행태로 그는 다음과 같이 말하고 있었다.

"차(茶)는 인도 원산의 식물이요, 그 떡잎을 따서 달여 먹는 버릇도 본래 남방에서 시작한 것인데, 중국에서는 당나라 때로부터 차가 성행하여 거의 천하를 풍미하였습니다. 신라 제27대 선덕왕 때에 차가 이미 전래하여 일부에 행하다가 제42대 흥덕왕 3년에 당에 갔던 사신 대렴이 차의 종자를 얻어오거늘 지리산에 심게하여 이로부터 차를 먹는 풍이 와짝 성하여졌습니다. 고려를 지내고 조선으로 들어오면서 차 먹는 버릇이 차차 줄고, 다른 데에서는 거의 잊어버리게 되었지마는 지리산 근처에는 차의 기호가 그대로 남고 따라서 그 생산도 끊이지 아니하였으며, 지리산으로부터 퍼져 나가서 전라도 각지에 차가 두루 재배되고 대둔산, 백양산, 선운산 등은 시방도 차의 산지로 널리 들렸습니다. 그러나 정제와 저장에 관한 기술에는 금후의 발분에 기다릴 것이 많습니다."

이 같은 최남선의 우리 차에 대한 설명으로 보면 우리 차의 역사가 대체로 확실하게 드러난다. 중국 당나라 때 중국에 널리 퍼진 다풍이 우리나라에도 신라 선덕왕 때 이미 전래되어 행해지고 있었고 흥덕왕 때는 당에 사신으로 갔던 대렴이 차씨를 가져와 지리산에 심었다는 등 우리가 현재 알고있는 사실을 이때에도 정확하게 밝히고 있는 것이다. 특히 주목되는 것은 1940년대 당시에도 전라도 각지에 차가 두루 재배되고 있었으며 다만 정제와 저장 기술이 더 개발할 여지가 있다는 점을 지적하고 있다는 점이다.

또 최남선은 우리나라의 차풍이 원래는 점다법이었음을 강조하면서 점다는 사라지고 다식(茶食)이 남아있는 상황을 《조선상식》의 〈다식〉란에서 자세히 설명하고 있다. 《조선상식》은 원래 1937년 1월부터 《매일신보》에 연재하고 1948년에 세 책으로 출간된 것으로 〈다식〉란에서는 성호 이익의 다식에 대한 설명을 인용하고 있는 것이 눈을 끈다.

"가루로 만든 재료를 꿀로 반죽하여 나무틀에 넣어 찍어낸 과자를 세상에서는 '다식'이라고 한다. 보통 밤, 송화, 검은깨, 도토리, 녹두가루, 마 등으로 만든다. 다식의 어의에 대하여 성호 이씨는 설을 세워 가로되 "나는 생각하기를 다식은 필시 송나라의 대소용단(大小龍團)의 와전이라 한다. 차는 본래 전탕(煎湯)하는 것이로되, 가례(家禮)에는 점다(點茶)를 쓰고, 그것은 차 가루를 그릇 가운데 던지고 탕수를 붓고 다선으로 휘젓는 것이니, 요즘 제사에 다식을 씀은 곧 점다의 뜻으로 이름은 남았지만 물건은 바뀌며 집에서 밤, 송화 등을 가루하여 어조화엽(魚鳥花葉)의 모양을 만들어 씀은 곧 용단이 잘못 바뀐 것인 줄로 안다." 하였다. 곧 다식은 다례의 제수요, 다례는 요즘처럼 곡식가루 과자로 행하는 것이 아니라 본래는 점다를 하던 것인데, 차 가루를 그릇에서 반죽하여 풍속이 차차 변하여 다른 식물질의 전분 등을 애초에 반죽하여 제수로 쓰고 명칭만은 원초의 것을 전한 것이라고 하는 해석으로써 미상불 수긍되는 말이다. 용단이란 것은 봉단(鳳團)과 아울러 송나라 때 만들어진 푸젠 지방 산의 떡모양의 차 덩어리이니 당시 조정에 대한 세공이 40덩어리에 불과하였다 하는 귀중품이로되, 송나라에서 고려에 보내는 예폐 중에는 거의 불가결의 일물이 되었던 것이다. 우리나라에서도 제사에 차를 올린 실증은 삼국유사 가운데 산견하여 있다."

이 같은 차에 대한 설명을 제외하고 최남선이 차에 관해 쓴 글은 거의 보이지 않는다. 그런 가운데 거의 유일한 그의 차시가 있어 그의 차사랑과 친구애를 새삼 실감나게 한다. 〈무등산 새차를 보내주어 의재 허백련 화백에게 감사한다(謝許毅齋畵伯 惠無登山新茶)〉는 제목의 삼 절로 된 시조다.

1956년 《한국일보》에 실린 이 시조에는 "의재 화백이 십수 년래로 그의 거처를 광저우 무등산 증심사 골자기에 두고 차밭을 일구는 데 진력하여 여러 해 고심한 끝에 성적이 차차 드러나서 금년에 비로소 그 기른 새 찻잎을 '춘설(春雪)'이라 이름하여 세상에 내놓으니 뛰어난 풍미가 고려 이래 1천여 년간 끊어진 다풍을 다시 부흥하기에 족한지라, 감격한 나머지 이 작은 글을 바치어 그 탄생을 축하한다."는 설명이 붙어 있다.

> 천고의 무등산이 수박으로 유명터니
> 홀연히 증심 '춘설' 새로 고개 쳐들었네
> 이 백성 흐린 정신을 행여 맑혀 주소서.

> 차 먹고 아니 먹는 두 세계를 나눠보면
> 부성(富盛)한 나라로서 차 없는 데 못 볼 터라
> 명엽(茗葉)이 무관세도(無關世道)라 말하는 이 누구뇨.

> 해남변 초의석(草衣釋)과 관악산하 완당노(阮堂老)가
> 천리에 우전차(雨前茶)로 미소 주고 받던 일이
> 아득한 왕년사(往年事)러니 뒤를 그대 잇는가.

이 시조에서 최남선은 단순히 의재 허백련의 춘설차를 상찬한 데 그치지 않고 차가 백성들의 흐린 정신을 고치는 약으로 되고, 차가 부강한 나라와 뗄 수 없는 관계라는 점을 강조하면서 해남 대흥사의 초의 스님과 관악산 밑 과천에 살던 추사 김정희가 차를 주고 받으며 깊은 우정을 나눈 사실을 상기하면서 우리의 차문화와 정신문화 계승에 대한 큰 기대를 표하고 있다. 이는 육당이 대단한 다인이며 차 정신의 선양자였음을 잘 보여주는 시편이라 할 것이다.

죽로차를 시조로 찬탄한 이은상

이은상(李殷相·1903~1982)은 시조작가이자 사학자이며 언론인이었다. 호는 노산(鷺山) 필명은 남천·강산유인(江山遊人)·두우성(斗牛星)이었다. 연희전문 문과에서 수학하고 와세다대학 사학부에서 청강한 후 귀국하여 1931년 이화여전 교수를 비롯하여 동아일보 기자, 《신가정》 편집인, 조선일보 출판국 주간 등을 역임하였다. 1942년 조선어학회 사건에 연루되어 함흥형무소에 수감되었다가 이듬해 기소유예로 풀려났으며 1945년에는 사상범 예비검속에 걸려 광양경찰서에 수감되었다가 광복과 함께 풀려났다.

1921년 두우성이란 이름으로 〈혈조(血潮)〉라는 시로 데뷔하였으나 본격적인 문학활동은 1924년 《조선문단》 창간과 함께 시작하였다. 초기에 그는 자유시와 평론 활동을 벌였으나 1926년 후반에 문단에서 시조 부흥 논의가 일어나면서 전통문학과 국학 연구에 열중하기 시작하였다. 1932년 노산은 첫 개인 시조집인 《노산시조집》을 발간하였는데 거기에 실린 시조들은 거의 향수·감상·무상·자연예찬 등이 특질이었다. 그의 시조는 평이하고 감미로운 서정성이 가곡에 걸맞아 노래로 옮겨져 사람들의 인기를 얻었다. 〈고향생각〉, 〈가고파〉, 〈성불사의 밤〉 등이 그런 예다.

광복 후 그의 시조는 국토예찬, 통일염원, 우국지사 추모 등 사회성을 강조하는 방향으로 진화하여 1958년 《노산시조선집》, 1970년 《푸른 하늘의 뜻은》, 그리고 마지막 시조집 《기원(祈願)》 등으로 더욱 심화되는 경향이었다.

그는 시조 이외에 국토순례기행문과 선열들의 전기를 많이 집필하였는데 《탐라기행 한라산》, 《이충무공일대기》 등이 대표적이다.

이런 가운데 노산 이은상은 1950년대에 우리 차를 노래한 차인으로 그 존재를 분명하게 보여준다. 1958년 출간된 《노산시조선집》에 그가 노래한 〈죽로차(竹露茶)〉라는 두 수의 시조가 기록되어 있는 것이다.

대렴(大廉)이 심은 차를 초의선사(草衣禪師) 가꾸어서
다산(茶山)이 따 둔 것을 기우자(騎牛子) 물을 길어
포은(圃隱)의 돌 솥에 넣고 월명사(月明師)가 끓였나

사파(蛇巴)도 아닌 이가 원효(元曉)도 아닌 이가
위생당(衛生堂)도 아닌 곳에 맑은 향기 주무르다
바라밀(波羅蜜) 칠불암(七佛庵) 죽로차(竹露茶)
삼매(三昧) 속에 드놋다.

　이 시조를 실으면서 노산은 친절하게 설명과 주석을 붙여주었다. 우선
〈죽로차〉라는 제명 아래에 "칠불암 죽림 속에 나는 차는 향기와 맛이 한결
더 하다. 그 차를 특히 죽로차라고 부른다."라고 부치고 있다. 그리고 나서
시조의 첫 수를 끝내고서는 이런 주석을 붙이고 있다. "대렴은 신라 흥덕왕
3년(828)에 당으로부터 차 종자를 가져와 처음으로 지리산에 심은 이요,
초의 선사는 해남 대흥사 중으로 〈동다송(東茶頌)〉의 작자니 다도(茶道)에
이름 높은 이요, 다산 정약용 선생은 강진(康津)에 19년 동안 귀양살이 하
며 학문을 연구하는 한편 차 만드는 것에도 취미가 깊었었고 기우자 이행(李
行)은 조선왕조 초 사람으로 물맛 잘 보기로 제1인자였으며 포은 정몽주(鄭
夢周) 선생은 늙어서 석정전다시(石鼎煎茶詩)를 지은 일이 있고, 월명사는
신라 경덕왕 때 향가 잘 짓고 차 잘 달이던 명승(名僧)이었다."는 주석이 붙
어 있었다. 둘째 수가 끝난 뒤에도 "신라 때 사파성자(聖者)가 원효에게 차
를 달여 준 일이 있었고 위생당은 조선초 상곡 석성린(桑谷 成石璘)의 차실
(茶室) 이름이었다."는 설명이 붙어있다.
　이로써 보면 이은상은 차시를 짓는 것에 그치지 않고 우리나라 차의 역
사와 차문화의 전모를 두루 꿰뚫고 있었다는 것을 알 수 있다. 명실 상부한
1950년대 한국 차인의 면모가 약여하다 할 것이다.

노산은 이 시조 이외에 〈전남 특산차〉라는 제목의 시조도 남기고 있다. 아마도 무등산에서 의재 허백련이 '춘설차'를 만들었을 때 이곳을 방문한 노산 이은상과 함께 차를 마시며 밤을 지새운 것을 쓴 것이란 추측이 가능하다.

무등산 작설차를
곰돌에 달여 내어
초의의 다법(茶法)대로
한잔 들어 맛을 보고
다시 한잔 맛을 보고
다도(茶道)를 듯노라니
밤 깊은 줄 몰랐구나.

이렇게 노산 이은상은 시조로써 우리 차를 상찬하고 널리 선양하고자 했는데 이는 그가 사회성 깊은 시조를 많이 지었다는 의미와 함께 국학자로서 우리 전통차의 부흥에 대한 큰 원망이 있었다는 것을 느끼게 한다.

60년대에 우리 다법을 찾아 나섰던 천관우

천관우(千寬宇 · 1925~1991)는 제제다사(濟濟多士)가 모여 있다는 언론계에서도 그 학덕과 문장으로 해서 유명했던 언론인이었다. 그러나 그가 뛰어났던 것은 학식과 문장만이 아니라 언론자유를 향한 열정과 시세에 타협하지 않는 고고한 기자정신으로 해서였다.

천관우는 충북 제천 출신으로 서울대 문리대 사학과를 졸업하고 1951년 피난 당시 부산에 있었던 대한 통신사 기자로 언론계에 투신한 후 여러 신문사에서 주요 역할을 수행했다. 그의 언론계 편력을 잠깐 훑어보면 1954년 한국일보 조사부차장과 논설위원, 1958년 조선일보 편집국장, 1960년

민국일보 편집국장, 1961년 서울일일신문 주필, 1963년 동아일보 편집국장, 1965년 동아일보 주필 겸 이사 등이다. 이렇게 화려한 경력을 쌓았던 천관우는 1971년 권력의 위압에 따라 동아일보를 퇴사하고 약 10년간 언론계의 민주화 투쟁에 앞장서 '민주수호 국민협의회' 공동대표로 활동하는 등 명성을 날리며 부지런한 저술활동을 폈다.

민주투쟁의 맹장이었던 천관우의 인생 행로는 1980년 일변하는 계기를 맞았다. 박정희 독재 시대가 종언을 고하고 그의 독재항거의 생애도 일단 정리되었던 것이다. 천관우가 전두환 대통령의 간청을 받아들여 민족통일중앙협의회 의장에 취임하면서 그동안 그를 따르던 언론계 후배들의 발길은 그를 외면하기 시작한 것이다. 언론투쟁으로 일관했던 한 시대가 갔으니 정부관료도 아닌 민족통일문제를 맡아 고심하는 일에 충실해 보자는 그의 생각은 언론계에서 용납되지 않았다. 그가 너무나 오랜 투쟁일변도의 삶을 마침내 정리하고 곤궁하였던 가정살림도 돌보고자했던 소박한 희망에도 크나큰 좌절이 왔다. 언론계 후배들은 박정희가 독재자였다면 전두환 역시 군사독재자가 아니냐는 지적을 하면서 천관우의 천진한 생각에 등을 돌렸던 것이다.

언론인 남재희는 천관우에 대해 이런 글을 남겼다. "정권이 바뀔 때마다 정권의 인사들은 천관우를 포섭하려고 애를 썼다. 국회의원을 시키려고도, 문공부 장관을 시키려고도 여러 가지로 손을 뻗쳤다. 그런 유혹을 그는 항상 물리쳐왔다. 그러면서도 내심 자기를 알아주는 것이 싫지는 않다는 표정이었다. 옛날 선비들도 그랬을 것이다. 그러한 천관우가 … 정말로 아섭다."

천관우는 언론인으로만 대단했던 것은 아니다. 역사학자로서도 그는 일가를 이루었다. 대학에서 한국사를 전공했지만 그는 신문기자로 일해야 했기 때문에 역사논문을 많이 쓸 수는 없었다. 하지만 역사학계에서는 그가 역사학자로서도 큰 업적을 남겼다고 평가하고 있다. 그는 역사학자로서 특히 실학연구에 신경지를 개척했다. 대학 졸업논문이 〈반계 유형원연구(磻溪 柳馨遠研究)〉였던 것만 봐도 그의 관심을 알 수 있다. 그는 한국의 실학이 중국의 유학전통의 영향이 아니라 우리의 독특한 학문연구였다고 주장하였다. 그는 실학연구에서 차츰 상고사나 현대사의 전 분야로 범위를 넓혀갔다. 《한국사의 재발견》, 《근세조선사연구》, 《인물로 본 한국고대사》, 《한국근대사산책》, 《고조선사—삼한사 연구》, 《가야사 연구》 등의 저술이 그것을 설명하고 있다.

천관우가 이토록 한국사에 관심을 갖게 된 것은 최남선(崔南善)의 책을 읽고나서부터라고 스스로 말하고 있다. 또 실학에 열중하게 된 것은 해방 전야 우연히 안재홍(安在鴻)과 한 집에 기거하면서 그로부터 개인교수를 받은 것이 인연이었다. 그가 영향을 받은 두 사람 모두 언론인이자 학자였던 공통점이 있었던 점도 묘한 인연이다.

그런 천관우가 차에 대해 관심이 컸다는 것은 새로운 발견이다. 그가 우리 차에 대해 관심과 애정이 있었다는 것은 세상에 거의 알려지지 않았다. 그런데 최근 그가 차에 대한 글까지 남겼다는 사실이 밝혀졌다. 그 글은 1963년 6월 동아일보에 7회에 걸쳐 연재되었던 천관우의 〈호남기행〉이다. 그 마지막 회의 제목이 〈차〉였던 것이다. 이 글은 1991년 심설당에서 나온 《천관우 산문선》에 〈대흥사와 차〉라는 제목으로 재록되기도 했다. 하지만 그 글을 주목한 사람은 별로 없었다. 그러다가 근년 차계가 1960년대 우리 차계를 살펴보면서 그의 존재가 드러나기 시작했다.

천관우는 이 글에서 두륜산 대흥사를 처음 들른 감상으로 서두를 열었다. 그리고 불교계 분규로 황폐하기까지 했던 절의 모습을 살피며 우려의 감정을 토로하고 있다. 선조하사 병풍 등 보물들이 전임 주지가 열쇠를 인계해주지 않아 창고에 방치되어 있다니 관리인들 제대로 되어 있는지 걱정하는 글로 이어진다.

그러나 그가 대흥사를 찾은 것은 다산과 초의와 추사가 교유하면서 정립해놓은 우리 전통의 다법이 전승되어 있을 것이라는 소문의 진위를 한번 알아보고 싶어서였다.

그리고 그는 우리나라의 차의 역사와 차 재배 분포를 거론한 뒤에 "지금은 그 분포가 어떻게 되어있는지 자세치는 않으나 지리산이나 광저우 무등산의 차는 더러 보도도 되었고 이번 여행 중에 들은 바로는 보성이 해안의 짙은 안개가 좋아서 차의 산지로 유망하다는 말을 들었다."는 부언도 하고 있다.

그리고 그는 《다신전》 같은 데에 차의 제조법에서부터 천수 화후 투다 등의 전다법 그리고 음다법, 다구에까지 언급하고 있는 것으로 보더라도 우리나라에 고래의 다법이 있었다는 것은 거의 틀림이 없는 일인 듯 하다."는 확신을 피력한다.

하지만 그는 이어 "유감이나마 대흥사에서도 이 고래(古來)의 다법의 자세한 것은 전승되어오는 것이 없는 모양이었다. 그런 다법이 남아 있는가를 물어보았더니, 제다에 관한 전승은 있으나 그 밖의 것은 《다경》이나 《다신전》 등 고문서 이외에는 실지로 별달리 남아 있는 것이 없다는 이야기였고, 일본 다도처럼 독특한 음다의 법은 없는가를 물어보았더니, 차는 원체 선원에서 발달된 것이라 선승은 그 평상의 기거동작에 속인과는 다소 다른 점이 있어서 음다도 그런 정도의 차이는 있을지 모르나 일본처럼 지나치게 형식화된 음다의 법은 별로 남아있는 것이 없다는 이야기였다. 어디 다른 절에서라도 남아있는 데가 없는지." 하면서 아쉬움을 피력하고 있었다.

그런데 이 글이 중요한 것은 천관우의 차에 관한 관심이 바로 천승복(千承福)의 차생활과 밀접하게 연결되어 있다는 점에서다. 천관우가 동아일보 편집국장으로 있던 1963년에 이 글이 동아일보에 실렸던 것은 물론이지만, 코리아헤럴드 문화부장이던 천승복이 일본에서 귀국한 후 한국의 전래다도를 수소문하던 조선왕조 마지막 황태자비 이방자 여사와 그의 아들 이구 씨를 자신의 집으로 초대하여 차를 대접한 사건을 1964년 6월 16일자 동아일보에 크게 실었던 것도 바로 천관우가 편집국장으로 있었기 때문에 가능했다 할 것이다.

천관우와 천승복이 개인적으로 얼마나 친했는가는 알 수 없지만 두 사람이 같은 성씨로 회사는 달랐지만 똑같이 언론에 종사하고 있었다는 점에서 상당한 유대감을 갖고 있었을 것은 넉넉히 짐작이 된다. 뿐만 아니라 두 사람은 차에 대한 상당한 관심을 가지고 있으면서 일본 다도의 정립자인 센 리큐(千—休)가 조선인의 후예라는 소문도 들어서 알았을 것이고 따라서 한국의 다법이 일본 다도에 상당한 영향을 주었을 것이라는 추론을 하고 있었다고 믿어진다. 따라서 천관우와 천승복 두 사람은 지금은 거의 사라지고 있는 우리 다법의 전승에 상당한 관심을 가지고 고심하고 있었던 것을 알 수 있다. 아무도 우리 차와 우리 차문화에 대해 관심을 갖지 않았던 1960년대에 우리 다법을 찾아 헤맸던 천관우와 그 어려운 가운데서도 우리 다관과 향로 그리고 다양한 찻그릇까지 모두 갖추고 어엿한 차생활을 하고 있었던 천승복의 존재는 우리 차사의 압권이라 해도 과언이 아니다. 현대 한국차문화를 말할 때 이들 두 언론인의 존재를 빼고서는 아무 것도 말할 수 없다는 것이 솔직한 현실이다.

최계원(崔啓遠 · 1929~1991)은 전형적인 지방 출신 언론인이다. 전남 장흥에서 태어나 지역의 초 · 중 · 고교를 다니고 지방공무원으로 봉직하다 지방 주재기자로 문필의 길을 연 사람이다. 1959년 세계일보 지방 주재기자로 출발하여 곧 조선일보 광저우 주재기자가 되었다. 전남취재반장 시절인 1963년 순창 쌍치 복흥 설화(雪禍)사건 보도로 군사재판에 회부되기도 하였으나 무죄로 풀려나고 1966년에는 본사 사회부 법조출입으로 발령받았다. 1972년 조선일보 광저우지사장이 된후 1981년 퇴직하고 광저우시립박물관장이 되었다. 1987년에는 광저우민속박물관장이 되었다.

그는 20여 년의 언론생활을 통해 각종 사회문제를 만나면서 이에 굴하지 않고 최선을 다해 대결하였고 우리 사회의 고질적 병폐와 약점이 개선되어야 한다는 신념을 보여주었다. 폭로보도를 본령으로 하는 사회부기자의 역할에 충실하였다고 할 것이다.

하지만 최계원이 재평가 되어야 하는 것은 그의 문화적 업적이라 할 것이다. 그는 광저우시립박물관장 시절인 1983년에 우리 차 연구서인《우리 차의 재조명(再照明)》을 출간했던 것이다.

그는 이 책을 쓰게 된 것을 "오직 모든 사람이 다 함께 차를 마시자는 바람에서 비롯했다."고 소박하게 말하였지만 사실은 "우리 국민들과 심지어 차 고장에 살고 있는 주민들조차도 우리 차가 무엇인지를 모르고 있는데 대해 어떤 울분 같은 것을 느낀 것이 우리 차 연구에 나서게된 동기가 되었다."고 실토하고 있다.

우리 차문화의 맥은 유독 전남에서 연면히 이어져왔다는 점을 강조한 필자는 그 실례로 6·25전까지만 해도 당나라 시대의 유물인 단차(團茶·덩이차)가 남해안에서 만들어지고 있었다는 점을 상기시켰다.

때문에 이 책의 서두도 육당 최남선이 광저우 무등산 춘설헌에서 의재 허백련이 만들어 내놓은 춘설(春雪)차를 맛보면서 읊은 시조로 시작하고 있다.

천고의 무등산이 수박으로 유명터니
홀연히 증심 춘설 새로 고개 쳐들었네
이 백성 흐린 정신 행여 밝혀 줍소서.

그리하여 최계원은 이 책의 머리를 '겨레의 정신각성제'로 시작하여 '차나무의 전래와 분포', '음다의 발전과정', '한국의 차사', '조선후기의 차인들', '다도의 세계', '미술품으로서의 다구', '한국의 차재배와 제다', '차와 건강', '한국의 차, '금후의 과제'로 나누어 재미있게 또 평이하게 설명하고 있다. 부록으로 '한국차연표'와 참고문헌이 붙어 있어 우리 차 연구에 좋은 길잡이 구실을 한다.

'근세 차학의 선구자' 위암 장지연

'농학신서2' 발굴의 충격

위암(韋庵) 장지연(張志淵)의 차에 관한 저술인 《농학신서(農學新書)》가 2010년 3월호와 4월호 《차의 세계》에 새로 발굴 소개되면서 우리 차계는 큰 충격을 받았다. 일찍이 1905년 을사조약이 체결되었을 때 황성신문에 〈시일야방성대곡(是日也放聲大哭)〉이란 논설을 실어 정면으로 이를 비판하였던 언론인 장지연이 우리 차학의 개척역사에서도 뚜렷한 족적을 남겼다는 것이 놀라울 뿐 아니라 그 논서 자체가 종래 한국차 학계가 알고 있던 차 연구의 연대기를 근본적으로 뒤집어놓는 중요한 업적이라는 점에서 경악하지 않을 수 없었던 것이다.

물론 장지연의 《농학신서》가 필사본(筆寫本)이기 때문에 정확하게 언제 집필된 것인지 지금 알 수는 없으나 장지연(1864~1821)이 1921년에 세상을 떠난 것으로 보면 적어도 그 이전에 집필된 것이라는 점만은 명확히 드러난다.

때문에 지금까지 우리 차학계가 알고 있는 우리 차학 저술의 역사 연대기에서 보아도 장지연의 《농학신서》가 그 머리에 와야 한다는 것을 직감할 수 있다. 왜냐하면 지금까지 우리학계는 우리 차문화를 정리한 최초의 문헌을 언론인 호암(湖巖) 문일평(文一平)의 《다고사(茶故事)》로 보아왔기 때문이다. 조선일보의 논설고문으로 있으면서 민족주의 사관에 입각하여 우리 역사와 문화에 관한 논설과 저술로 일관했던 언론인 문일평은 1936년에 내놓은 《다고사》를 통해 그간 우리 역사에 나타난 단편적인 차에 관한 기록들을 정리하여 일관된 차에 관한 역사로 처음 기술하였던 것이다. 그 점에서 우리 차 학계는 《다고사》를 우리의 차 역사서로 보다 우리 차의 시원에서부터 우리 차의 시대별 상황의 전모를 전해주는 기본적인 길잡이 안내서로 높이 평가했던 것이다.

문일평의 《다고사》를 앞선 차 문헌

특히 《다고사》가 중요한 의미를 가졌던 것은 우리나라에 차가 처음 들어온 것이 삼국 시대 말 중국에서 전래되었다고 밝혀준 점이다. 차의 원산이 인도인가 중국인가에 대한 논란을 정리하고 우리나라의 차 전래가 중국으로 이뤄졌으며 그것이 일본이나 기타 세계 다른 나라보다 훨씬 앞선 것이었다는 점을 거론함으로써 우리나라가 차문화의 선도국임을 강조한 것이다. 다만 그간 우리의 차문화가 그대로 보전되지 못했던 것은 조선조의 숭유억불로 사찰의 차생활이 위축된 것과 우리 풍토에서 맑고 깨끗한 샘이 많고 숭늉을 즐기는 습관 때문에 점차 차생활이 쇠락하였던 점을 거론한 것도 《다고사》였다. 뿐더러 《다고사》는 차의 전래가 신라 선덕여왕(632~647) 때라는 점을 거론하였을 뿐더러 보천, 효명 두 왕자의 문수불 차 공양, 충담의 남산 미륵불 차 공양, 흥덕왕 때 대렴의 공식적 차 도입과정과 지리산 파종, 사포 스님의 원효 대사에 대한 차 공양 등의 이야기를 자세히 밝혀주었다. 심지어 신라 시대 관청에서 예폐(禮幣)로 고승대덕에게 차를 준 일과 경덕왕이 월명사에게 품차 일습을 내렸다는 이야기와 헌인왕이 보조 선사에게 차약을 주었다는 이야기도 알려주고 있다.

나아가 《다고사》는 우리나라에 차가 도입되면서 부처님 공양과 스님들의 음용에 차와 향이 사찰의 귀중품으로 된 점을 들면서 차와 불교의 불가분의 관계를 거론했다. 또 차가 신라에서뿐 아니라 고려에서도 매우 중요하게 다뤄진 것을 밝히고 있다. 송나라 사람 서긍의 《고려도경》을 인용하여 고려의 음다풍속을 리얼하게 묘사한 것도 《다고사》였다. 고려 시대까지만 해도 말차가 주로 음용되었고 차를 다루는 관청인 '다방'이 설치되고 사원마다 차을 만들어 바치는 '다촌'이 생겨났다는 점도 기록하였다. 우리나라에서 '차' 이외에 '명'이 사용된 연원도 밝혀주었다. 찻잎을 일찍 따서 만들면 '차'라 하고 늦게 따서 만들면 '명(茗)'이라고 했다는 설명과 함께 진감국사 비명에는 '한명(漢茗)'이란 말이 처음 나온다는 것도 밝혔다. 이렇게 문일평의 《다고사》는 우리 차문화와 역사를 체계적으로 기록한 최초의 문헌으로 높이 평가되었다.

하지만 문일평의 《다고사》는 한국인이 쓴 한국의 차 역사 문헌은 될지 모르나 한국의 차문화를 연구한 일본인들의 저술을 함께 거론할 때에는 우리나라 최초의 차 연구 문헌이라 할 수 없다는 주장도 나온다. 우리말과 글을 잘하고 우리 문화연구에도 일가견을 가졌던 일본인 아유카이 후사노신(鮎貝房之進)이 1932년 6월호 월간 《조선》에 발표한 〈조선의 차에 대하여〉나 이 해 11월 《잡고(雜考)》 제5집에 〈차 이야기〉로 개제(改題)하여 실은 그 글이 문일평의 《다고사》보다 훨씬 앞서 나와 실질적으로 큰 영향을 미쳤다는 이야기다. 조선의 대표적 역사학자이자 언론인이었던 문일평은 일본인들의 우리 차 역사 문화연구를 보면서 크게 곤혹했을 것 같다. 그의 민족주의 사관의 관점에서 우리 역사와 문화에 관련한 연구저술이 당연히 조선인에 의해 많이 개척되어야함에도 불구하고 당시의 여건상 그것이 불가능한 현실을 보면서 크게 실망낙담했을 것이다. 그래서 그는 자기의 전공이 아닌 차에 관한 분야에 자신이 일본인들을 뛰어넘는 연구업적을 내놓을 시간적 여유가 없다는 점을 통감하면서 일본인들의 저간의 연구를 참고하여 우리 나름의 우리 차 역사서를 만들어 냈다고 할 것이다. 그런데 이 아유카이 후사노신의 〈조선의 차에 대하여〉도 기실은 1926년 발표된 가토 간가쿠(加藤灌

覺)의 〈조선차 문헌에 대하여〉를 거의 표절한 것이라는 간가쿠의 주장을 생각하면 《다고사》의 입지는 더욱 좁아진다고 하겠다. 《다고사》의 업적이 훌륭한 것이기는 하지만 이미 비슷한 이야기를 시간적으로 훨씬 전에 발표하고 있는 일본인들의 다른 문헌과 저술이 있다면 변명의 여지가 없게 되기 때문이다.

일인들의 차 연구보다 앞선 차 연구서

그런 상황에서 조선의 언론인 위암 장지연의 《농학신서》는 1921년 이전에 집필된 한국인의 차 연구서라는 점에서 한국인들의 차 연구에 대한 일본인들의 폄훼와 무시의 근거를 상당 부분 무너뜨린다고 하겠다.

다만 장지연의 《농학신서》는 그 제목으로도 알 수 있듯이 순수히 차에 관한 저술이나 차 역사와 문화에 관련한 저술이 아니라 차 농사에 관한 것이라는 한계가 있다. 전 3권의 《농학신서》 가운데 제2권에서 담배에 이어 차를 거론한 것이라는 점도 한계라면 한계다. 그러나 장지연의 《농학신서2》는 모두 19면에 걸쳐 방대하게 차를 다루고 있고 차에 관해서도 일반론에서부터 재배 역사, 형태적 특성, 품종, 자생지 풍토, 일반 재배법, 병충해 방제 등으로 나누어 차 농사의 실제를 구체적으로 기술하고 있다는 장점이 있다. 차에 대한 논서나 차에 관한 논의조차 거의 없던 당시 우리나라에서 차에 관심을 가지고 차나무의 재배에 관련하여 이토록 자세하게 연구하여 세상에 알리고자한 장지연의 노력은 놀라울 뿐이다.

그는 이 책에서 차나무의 성상(性狀), 품종, 풍토, 재배, 충해에 관해 자세히 기술하였고 차의 종류와 품다, 차나무 재배법, 야생차의 효용, 차의 품질과 수확시기, 차를 만드는 법까지 자세히 거론했던 것이다. 차의 재배와 제다를 중심으로 기술하면서도 그는 우리나라의 차가 "신라 흥덕왕 2년(828)에 당나라에 갔던 견당사 대렴(遣唐使 大廉)이 차씨를 가지고 돌아왔는데 왕이 지리산에 심게 했다. 이때부터 차가 시작되었다."거니 "지금의 하동, 구례, 화개, 악양 등 여러 곳에서 차가 생산되었는데 바로 죽로차라는 것이다. 또 이 땅의 차로는 백두산의 삼차(杉茶)가 있고, 남해 당진에서 나는 동청차(冬靑茶), 산차(山茶)가 있다, 또 황차(黃茶), 동귤차(冬橘茶) 등이 있다."고 하는 등 차의 전래 역사와 산출현실을 나름대로 거론한 것도 자료성이 크다.

따라서 위암 장지연은 《농학신서2》 한 책으로 하여 당당히 근세 우리나라 차 연구의 선구자라는 점을 만천하에 분명히 보여주었다. 뿐더러 그가 전 8권의 농학서를 집필한 점에서 그가 근세조선의 뛰어난 농학자였다는 점을 과시하고 있다. 그는 1909년에 《접목신법》과 《소채재배법》을 출간하였고 《농학신서》 1, 2, 3권과 《위원화훼지(韋園花卉志)》, 《위암화원지(韋菴花園志)》 《화원지(花園志)》 등은 필사본으로 남겨놓았다.

이로써 위암 장지연은 한말의 구국혼을 불사르며 일제강압에 맞서 직필로 이름을 떨친 언론인으로, 혹은 조선의 역사와 지리와 문학을 아우르는 대저술가의 면모로 세상에 알려졌으나 이제 우리 근세의 선구적인 차 연구가요, 차인으로 길이 역사에 남게 되었다고 할 것이다.

제7장 | 해외의 차와 차문화

차의 이동, 차 무역, 차 종자 절도
– 차사의 3대 사건

은과 아편과 차

유럽에 차를 처음 소개한 사람은 17세기 영국왕 찰스 2세에게 시집간 포르투갈 공주 캐서린으로 알려져 있다. 그러나 유럽인들 가운데도 네덜란드인이나 포르투갈들은 동방무역선을 통해 중국의 차를 들여와 차의 신비한 맛을 이미 맛보고 있었다.

캐서린 공주를 통해 차 맛을 알게 된 영국인들은 차를 즐기게 되고 차 무역의 중요성을 깨닫게 되었으며 나아가 차 종자, 차나무를 획득하는 일이 매우 중요하다는 데 착목하게 되었다.

이 같은 차에 대한 인식변화는 영국에서 차의 수요가 급증한 데 따른 것이다. 1650년과 1700년 사이에 영국의 차 수입은 18만 1,545파운드에서 4,000만 파운드로 200배 늘었다. 유럽의 다른 지역보다도 특히 영국의 차 수요가 이처럼 급증한 것을 분석한 학자들은 이것이 설탕 수요 증가의 영향이라고 보았다. 당시 영국인들은 차에 설탕을 듬뿍 첨가해서 마시는 방법으로 수분과 열량을 동시에 공급받았다. 그전에 영국인들은 일을 하면서 맥주나 진을 마셨지만 차의 보급으로 노동문화도 큰 변화를 가져왔다.

차와 함께 중국의 다기 수입도 엄청났다. 차의 독점판매가 시작되었던 1684년부터 도자기 수입을 중단한 1791년까지 수입된 중국 자기는 2만 4

천 톤에 이르렀다. 개수로 치면 무려 2억 개가 넘었다. 10세 이상의 영국인이 1명당 5개의 자기를 가지고 있었다는 이야기가 된다.

차 수입대금을 지불할 때 사용된 방법은 주로 은을 이용하는 것이었다. 이는 미대륙의 은이 중국으로 유입되는 경로가 되기도 했다. 하지만 유럽이 중국의 차와 도자기를 너무 많이 수입하면서 은의 확보가 어려워졌다. 유럽은 특히 아메리카의 사탕수수와 담배를 수입하면서 그 대금을 지불해야하는 어려움까지 겹치게 되었다. 이를 해결한 것이 바로 아편 무역이었다.

아편 무역과 아편전쟁

영국인들은 중국에 값비싼 아편을 팔아 결제수단 부족 문제를 해결했던 것이다. 아편은 중독 문제가 심각할 뿐 아니라 고가였다. 1837년에 중국의 아편 수입량은 이미 천만 명의 중독자가 사용할 양이었고 20세기 초 중국에는 4천만 명의 중독자가 생겼다. 엄청난 폐인이 생기고 막대한 은이 중국 밖으로 유출되어서 심각한 화폐 부족 문제가 발행했다. 영국으로써는 이 돈으로 다른 곳에서 발생한 무역적자를 상쇄할 수 있었다.

아편 무역은 인도에서 중국으로 유해한 상품을 수출하여 대신 중국의 은을 빨아들여 이를 영국으로 가져가는 일련의 과정이었다. 영국은 동인도회사를 통해 인도땅에 대대적으로 아편을 재배하였다. 1836년 아편은 인도의 가장 중요한 수출품이었고 중국의 아편 수입액은 1,800만 달러로 가장 큰 단일 교역품이었다. 이렇게 중요한 아편이었기에 영국은 중국이 아편을 잘 사려하지 않을 때는 무력을 동원해서 사도록 만들어야했다. 아편전쟁은 그런 영국의 강제력의 소산이었다. 영국은 중국인들에게 아편을 비싸게 팔고 그것을 차와 맞바꾸기도 했다. 아편의 폐해와 경제적 어려움에 직면한 청나라는 도광제(道光帝) 시절에 아편금지령을 다시 강화하고 임측서(林則徐)를 흠차로 광저우(廣州)에 파견하여 영국 상인으로부터 아편을 몰수하였다. 이를 도화선으로 영국은 1840년 여름 48척의 함선과 4천 병력으로 베이징을 위협하자 휴전협상을 거쳐 다시 1만 병력을 더 투입하여 양쯔강을 거슬러 난징을 위협하였다. 2만의 사상자를 낸 청군은 패퇴하여 1842년 영국의 요구를 모두 받아들여 다섯 항구를 개방하는 등 주권의 일부마저 제한당하는 수모를 겪고 점차 망국의 길에 들어섰다.

차 도둑 로버트 포춘과 인도차

아편만이 아니라 차의 가치를 잘 알고 있었던 영국인들은 자신의 식민지가 된 인도 땅에 차를 재배하여 수익을 올리는 방안을 강구하게 되었다. 동인도회사를 설립하여 식민지 경영과 교역을 담당하고 있던 시절에 차의 재배도 이들에게 부여된 임무였다. 동인도회사는 1834년 중국차 전매기간이 만료되면서 인도에서의 차 재배를 강력하게 추진하였다. 중국에서 좋은 차나무 종자를 구해와 인도의 적지에서 재배하여 차를 생산하면 상당한 이익을 창출할 수 있을 것이라는 연구보고가 토대가 되었다. 스코틀랜드 출신 정원사 로버트 포춘(Robert Fortune · 1812~1880)이 상인을 가장하고 중국 무이산 지역에서 좋은 차 종자를 몰래 수집하고 재배기술도 배워 인도로 돌아온 것도 그 계획의 일환이었다. 차 종자는 방글라데시와 캘커타식물원 등에 우선 심겨져 시험재배 되었으며 이어 인도 전역에 걸쳐 재배되었다. 로버트 포춘이 1848년 몰래 가져온 중국의 '기문'차 묘목이 인도의 다르질링 지역에서 재배되면서 인도 '다르질링 홍차'의 명성이 떨치게 되었다. 그러나 이에 앞서 영국인 탐험가 로버트 브루스 소령이 인도 아쌈 원주민들이 자연생의 대엽종의 차나무잎을 차로 마시고 있는 모습을 발견하여 이를 홍차로 개발하고 있었던 것도 간과할 수 없다. 중국 차나무가 아닌 인도 아쌈의 차나무에서 나온 홍차가 이미 널리 알려져 있었다는 이야기다.

보스턴 티 파티가 미국 독립전쟁으로

1763년 프렌치 인디언 전쟁에서 영국군과 식민지 미국인들은 힘을 합쳐 프랑스와 싸웠다. 그리고 13년 후인 1776년 영국군과 식민지군은 서로 맞싸우며 피를 흘렸다. 이것이 미국의 독립전쟁이다.

영국은 7년전쟁 후 감당하게 된 각종 부채를 미국에 떠넘기려고 각종 문서, 신문, 팸플릿에 이르기 까지 높은 인지세를 부과했다. 설탕조례, 군대 숙영조례, 타운젠트조례 등으로 식민지의 부담을 가중시켰다. 마침내 차까지 과다한 세금으로 얽어매는 상황에 이르자 식민지인들의 저항이 노골화하게 되었다.

마침내 1773년 12월 16일 밤, 인디언 차림을 한 청년들이 보스턴항에 정박하고 있던 동인도회사 소속 배 2척을 습격하는 사건이 일어났다. 새무엘 아담스가 지휘하는 '자유의 아들'이란 조직의 50여 명 청년들은 배 위에 올라가 하역 작업을 기다리고 있던 차 342상자를 바다에 던져 넣거나 불태워 버렸다. 이들은 닥치는 대로 부수고 난동을 부렸으며 이에 호응하여 노동자 농민들이 거리로 쏟아져나와 시위를 벌였다.

이에 영국정부는 초강경정책을 폈다. 바다에 버려진 찻값을 매사추세츠 식민지가 배상할 때까지 보스턴 항구를 폐쇄하고 사건의 주모자를 영국에 압송하여 재판하겠다는 일련의 강제법을 의회에서 마련하였다. 이어 영국군 4개 연대가 보스턴에 도착하고 의회는 식민지인의 서부 진출을 막는 퀘벡법을 통과시켰다.

영국은 중국에서 값싼 차를 가져다가 홍차를 만들어 여기에 높은 세금을 부과하여 식민지 미국에 팔아 넘겼다. 그 시절 찻값의 배를 넘는 세금이 부과되자 차 밀수가 성행했으며 동인도회사의 독점무역으로 차의 교역은 정상이 아니었다. 차를 둘러싼 영국정부의 농간은 끝내 미국인들의 염증을 불러와 차를 외면하고 커피를 선호하는 계기를 마련하였고 미국독립전쟁의 빌미를 마련하였다.

영국은 유럽에서 차를 가장 많이 소비하고 생산하며 무역을 통해 가장 많은 수익을 올리는 나라가 되었다. 네덜란드나 포르투갈에 비해 뒤늦게 차를 알게 되었으나 차를 가장 많이 소비하는 나라가 되었을 뿐 아니라 식민지 인도에 차도 재배하고 아편도 재배하여 커다란 상업적 이득도 취한 나라였다. 중국에서 차나무 묘목과 종자를 훔쳐 인도에 가져와 심은 로버트 포춘도 영국인이었고 식민지 아메리카에서 차로 폭리를 취하다가 '보스턴 티 파티' 사건을 초래하여 미국의 독립전쟁을 촉발시킨 장본인이 된 것도 영국이었다. 거기에 인도에서 재배한 아편을 중국에 가져와 차와 바꾸며 큰 이득을 보다가 청나라와 아편전쟁을 벌여 유럽인의 제국주의적 식민수탈을 주도한 것도 영국인이었다. 세계사에서 차와 얽힌 세 가지 큰 사건에 영국인이 모두 개재했다는 것이 흥미롭다. 당시 영국인의 지배력을 짐작게 하는 바가 있다고 하겠다.

유럽 여행 중에 만난 차

2004년 5월 유럽을 여행하면서 접한 그곳의 차는 다양했다.

호텔 객실에 비치된 음료용 티백이나 아침 뷔페식당의 식사 후 음료로 준비된 티백은 나라마다 또 호텔마다 다르고 다양했다. 물론 패키지여행이라 특급호텔의 고급식당에서 개인적으로 차를 시켜 마시는 경우와는 다를 수 있지만, 바로 그 때문에 유럽의 보통 시민이 일반적으로 접하는 차가 무엇인가를 아는 데는 오히려 더 유익했다고 할 것이다.

영국 런던의 3성급 호텔의 객실에는 물 끓이는 포트가 준비되어 있었다. 뿐만 아니라 찻잔과 티스푼까지 두 벌 가지런히 준비되어 있었다. 아울러 투숙객 두 사람을 위해 밤과 아침에 마실 수 있도록 3종류의 차를 티백으로 넉넉히 준비하고 있었다. 그러니까 티백으로 12개하고 커피믹스와 설탕까지 모두 있었다는 이야기다.

자세히 보니 한 가지는 우리나라에서도 흔히 마시는 '네스카페'였고, 다른 한 가지는 런던의 트와이닝스사에서 만든 '얼 그레이 티'다. 그리고 나머지는 '베버리지 크리너'다.

네스카페는 두말할 것도 없이 커피다. 유럽에서도 투숙객의 대부분이 커피를 마시고 있다는 것을 감안하고 있다는 느낌을 받았다. 그리고 영국이니까 그들이 자랑하는 홍차를 손님들에게 내놓고 있다는 느낌이다.

영국인들이 홍차를 좋아한다는 것은 널리 주지되고 있는 사실로, 오후 4

시를 '티 타임'으로 정해서 가정에서도 홍차를 마시며 삶의 여유를 즐긴다는 것이 상식이다. 그만큼 홍차는 영국인들 생활의 일부분이라는 이야기다.

알다시피 홍차(紅茶)는 서양에선 레드 티(red tea)가 아니라 '블랙 티(black tea)'라고 한다. 녹차가 그린 티(green tea)로 불리는 것은 당연하지만 홍차를 블랙 티라고 하는 것은 동양 사람에겐 잘 이해가 되지 않는다. 찻잎을 완전 발효시켜 만드는 홍차 원재료의 색깔에 따라 블랙 티로 부른 것은 그럴 듯 하다. 동양 사람들은 차를 우려낸 뒤에 차의 빛깔이 붉은 빛을 띠었다고 홍차라고 한 것이 아닌가 하는 생각도 한다.

그렇지만 중국에서 전파되기 시작한 차가 서양에서 녹차보다는 홍차로 널리 보급되었다는 것은 주목되는 일이다. 홍차는 네덜란드 사람들에 의해 17세기에 처음 유럽에 소개되었다. 이는 역사적으로 보면 항해술의 발달과 식민지 개척 시대의 성과물이기도 했다.

하지만 18세기에 들어서면서 차는 영국이 장악해 서양에 독점 공급하기 시작했다. 그리고 신대륙 미국에까지 차를 독점 판매하려다가 미국독립전쟁을 촉발하기도 했다. 그만큼 그 이권은 엄청난 것이었고, 중국의 차만으로 만족하지 못한 영국인들은 인도와 스리랑카에서 차를 발견하고 거기에 차밭을 조성하면서 홍차 시대를 열었다.

영국인들은 인도 동북부의 아삼에서 차를 발견했다. 인도에서 차를 발견한 이상 이곳에서 차를 재배할 수 있다는 것이 입증되었다. 때문에 영국인들은 기후와 풍토가 비슷한 뱅갈만의 다르질링과 남부 인도의 니르기리, 북부의 간그라이에 이어 스리랑카의 누와라엘리야, 암브라, 우바 등지에 대규모 다원을 조성했다.

여기서 생산되는 홍차들이 런던의 거래소를 통해 널리 세계에 확산되면서 인도의 다르질링과 스리랑카의 우바는 홍차의 대명사처럼 되었다. 실제 홍차를 블랙 티 대신 스리랑카의 옛 이름을 살려 '실론티'로 부르기도 하는 것은 그로 인한 것이다.

그래선지 지금도 원료를 인도와 스리랑카에서 가져와 가공하는 영국의 홍차는 유명하다. 런던의 트와이닝스사는 블랙 티만이 아니라 그레이 티(grey tea)를 내놓고 있고, 그것도 모자라 블랙 큐런트(black currant: 씨 없는 건포도의 일종)나 체리 같은 향차도 내놓고 있다.

물론 유럽 모든 나라의 호텔들 객실에서 차를 끓여 마실 수 있도록 준비해 놓은 것은 아니다. 프랑스 파리 교외의 한 3성급 호텔에선 차를 끓이는 포트를 회수해 간 흔적을 볼 수 있었다. 한국인 여행객들이 포트를 이용해 물을 끓인 다음에 차를 마시는 것이 아니라 아예 포트 속에다 라면을 넣어 끓여 먹는 바람에 호텔 측이 이를 막는 방책을 세운 것이라 했다. 호텔을 어지럽게 하는 한국인의 악명이 만들어낸 푸대접이니 부끄럽기 한량없다.

다행히 이탈리아 로마의 호텔에선 포트를 사용할 수 있었다. 코로네트사의 커피나 카모밀라사의 '세타치아타' 같은 향차도 준비되어 있었다. 호텔에 따라서는 녹차 티백을 준비하고 있는 곳도 있었다. 물론 비행기 안에서 네스카페나 립톤사의 홍차 티백을 보는 것은 여전했다.

지금 세계적인 차 시장은 아직도 홍차가 80%를 점하고 있기 때문에 녹차가 유럽에 널리 보급되는 것은 상당한 시간이 요구될 것이라는 느낌이다. 근년에 일본과 중국에서 유럽 시장에 녹차와 반발효차를 보급하기 위해 노력하고 있는 것은 주목되는 일이며, 우리도 그 귀추를 예의 주시해야 할 것이다.

세계문화유산으로 가는
중국의 푸얼차 상품화 전략

중국이 푸얼차를 세계문화유산으로 등록하기 위한 작업을 서두르고 있다는 소식이 최근 방송 보도를 통해 전해졌다.

우리나라에서 흔히 '보이차(普洱茶)'라고 불리는 푸얼차는 중국 윈난성(雲南省)의 해발 1,500m를 넘는 고산의 차밭에서 재배하여 특수한 발효과정을 거쳐 만드는 흑차(黑茶)의 일종이다. 중국인들은 이 차가 2천 년의 오랜 역사를 가지고 있고 중국과 한국, 일본 등의 20억 인구가 즐겨 마시는 좋은 차라는 점을 내세워 '세계문화유산'으로 등재하려하고 있다. 뿐만 아니라 윈난성 멍하이현 빠다에는 1961년 발견 당시 높이가 32m, 수령이 1,700년이 되는 차나무가 있어 이를 '세계자연유산'으로 등재하려고 한다. 지금은 벼락을 맞아 그 높이가 14m밖에 되지 않지만 찻잎도 생생하고 열매까지 맺을 정도로 상태가 좋아 1,700살 나이에 걸맞지 않은 노익장을 과시하고 있으니 세계에 뽐낼 만도 할 것이다.

하지만 중국인들이 푸얼차를 세계문화유산으로 혹은 세계자연유산으로 등재하려고 나서는 데에는 더 깊은 속사정이 있어 보인다. 이는 중국이 차의 역사·문화적 종주국이란 사실을 만천하에 공식적으로 인정받는 동시에 차의 세계시장을 명실상부하게 제패하고자 하는 의도가 숨어있는 것이다. 그렇지 않아도 중국인들은 세계에서 가장 오래 전부터 차를 마셨고 동시에 가장 많은 차 생산과 소비를 자랑한다. 그런데 이번에 푸얼차를 세계문화유산으로 등재하면 차의 품질과 제품의 다양성과 맛만 뽐내는 것이 아니라 차 만드는 기술의 유구함을 자랑하고 얼마나 오래전부터 차를 마셔왔는가를 입증하는 실물로 1,700년 된 차나무까지 내세우면 그 누구도 더 할 말이 없을 것이다.

그런데 흥미로운 것은 중국인들이 그 차의 세계 상품화 전략을 위해 중국의 하고 많은 차 제품 가운데 하필이면 '푸얼차'를 내세웠는가 하는 점이다. 여기에는 물론 여러 가지 논의가 가능하다. 하지만 한 마디로 말하자면 중국인들 스스로가 푸얼차의 뛰어난 상품성과 오랜 역사성, 그리고 세계적인 인지도를 모두 감안했다고 할 수 있을 것이다.

용정차와 우롱차 그리고 불차

'차의 나라'라는 중국 시장에 나와 있는 차 제품은 거의 1천여 종에 이른다고 한다. 그것을 제법에 따른 색깔로 분류하면 백차, 흑차, 홍차, 화차, 청차, 황차, 녹차 등 열 가지로 분류할 수 있다. 푸얼차는 원래 흑차로 분류하다가 최근에는 따로 독립해 분류되었는데 그런 분류를 통해 보면 중국 시장의 차는 녹차, 청차(靑茶)와 화차(花茶), 그리고 푸얼차가 주류를 이룬다.

또 다른 분류법도 있다. 중국에서 세계적으로 알려진 명차(名茶)는 거의 수십 종인데 이를 크게 네 가지로 분류하는 경우다. 중국에서 차는 대개 양쯔강 이남의 여러 성에서 나온다. 하지만 이를 지역별로 세분화해서 중국의 중동부 저장성(浙江省) 항저우에서 나오는 '용정차', 중국의 동남부 푸젠성에서 생산되는 '우롱차', 중국의 남서부 윈난성의 '푸얼', 그리고 남부 각 성의 산사에서 나오는 '불차(佛茶)'로 대분하는 것이다. 용정차는 중국의 서민차로 널리 알려져 있고 푸젠성에서 나오는 우롱차의 일종인 무이암차(武夷岩茶)는 대만과 일본에서 절대적 인기를 누린다. 불차 혹은 선차(禪茶)류는 주로 산사를 찾는 참배객이나 관광객에게 널리 인기를 더해가고 있다.

이런 여러 가지 분류법을 종합하여 중국의 용정차를 말하자면 중국 녹차의 대명사격으로 널리 알려진 차다. 항저우(杭州) 용정사(龍井寺) 인근에서 생산된다는 면에서는 불차라고도 할 수 있지만 중국인의 90% 이상이 상용한다는 점에서는 대중차의 대표라 할 것이다. 용정차는 용정사의 용정샘을 연상케 하지만 서호 인근에 있다고 해서 '서호용정(西湖龍井)'이라고도 한다. 대중차라곤 하지만 차의 향기가 뛰어나고 맛이 순하며 차를 우려낸 후에 찻잔 속의 찻잎이 하나하나 되살아난다고 해서 그 명성이 높다.

푸젠성의 무이암차 역시 마찬가지다. 무이암차는 푸젠성 무이산 바위틈에서 나는 청차다. 푸젠에서 나오는 우롱차가 모두 청차에 속하지만 숭안현의 무이암차와 안계의 철관음 등 푸젠의 차가 전세계 우롱차의 70%를 점한다고 할 정도로 성가가 높다. 무이암차는 해발 700m가 넘는 지리적 조건과 기후가 조화되어 좋은 차를 만들고 있다. 무이암차는 역사 있는 차로도 높이 평가된다. 1,500여 년 전 남북조 시대부터 만들어지기 시작해서 당·송 시대의 공품(貢品)이었을 뿐 아니라 700년 전 원나라 때는 이곳에 어차원(御茶園)이 서고 황실용 어차(御茶)가 만들어졌다. 뿐만 아니라 17세기에는 서구로 차가 수출되면서 그 명성이 널리 세계에 알려졌다. 그 무이암차 가운데 350여 년 동안 '암차의 왕'으로 불린 것이 대홍포(大紅袍)다. 대홍포는 청나라 건륭(乾隆)황제가 우연히 무이산의 수려한 산세에 반하여 유람하다가 이곳에서 나는 대홍포차로 잔병을 치유하고 이 차나무를 '국가 보호 유물'로 지정하면서부터 유명해졌다.

특기할 것은 유네스코가 1999년 무이산을 세계자연유산과 세계문화유산으로 지정했다는 점이다. 무이암차나 대홍포가 세계문화유산이나 세계자연유산으로 지정된 것은 아니지만 그 차를 만들어내는 무이산이 세계유산으로 지정된 것만으로도 대단한 일이라 하겠다.

푸얼차의 큰 꿈

중국 명차의 또 하나 푸얼차는 윈난성의 시솽반나(西雙版納)과 쓰마오(思

茅) 등지에서 생산되는 차다. 푸얼차의 명칭은 생산지 아닌 집산지의 이름을 따서 붙여졌다. 푸얼현(普洱縣)이 바로 그곳이다. 푸얼현(縣)이란 지명은 청나라 옹정(雍正) 7년인 1729년부터 쓰이기 시작했으며 이어 푸얼부(府), 푸얼진(鎭)을 거쳐 오늘에 이르고 있다. 정식 명칭은 '푸얼 하니족(哈尼族) 이족 자치현'이며 1985년 12월 15일 행정구역 개편 이후 지금까지 쓰이고 있다.

현재는 푸얼현 등 10개 현을 관할하고 있는 쓰마오시(思茅市)가 이름을 아예 '푸얼시'로 바꾸어 푸얼차 산업으로 활로를 타개할 계획을 추진 중이라고 한다. 현재 쓰마오시의 차 재배 면적은 약 102만 무(畝)에 이른다고 한다. 이는 우리나라 전체 차 재배 면적의 28배나 된다. 연간 차 생산량은 3만 톤이며 생산 농가가 20만 가구, 종사 인원은 106만 명으로 푸얼차 산업이 단순한 차 산업이 아니라 이미 문화 · 관광 · 건설 등 산업 전반에 걸친 엄청난 동력이 될 것이란 예상을 가능하게 만든다.

푸얼차의 제조방식은 특별하다. 찻잎은 윈난 대엽종(大葉種)이다. 원료 찻잎을 덖는 녹차와 같이 가열 처리하고 적당히 수분을 가하여 대나무 통이나 상자에 퇴적시켜 공기 중의 미생물에 의한 발효가 일어나도록 한 뒤 숙성시켜 만든다. 오래 묵히는 발효과정에서 나오는 냄새 때문에 '곰팡이 차'라고도 한다. 푸얼차가 콜레스테롤을 낮추고 비만을 방지하며 소화를 돕고 위를 따뜻하게 하며 면역력 증강, 숙취 해소, 갈증 해소와 다이어트 효과가 있다고 해서 '미용차', '비만 해소차', '장수차'로 불리기도 한다.

푸얼차는 옛날에는 주로 덩어리 차로 만들었다. 이른바 단병차(單餠茶)다. 가장 좋은 품질의 푸얼차는 '아차(芽茶)'라고 했고 3~4월 채집한 차는 '소만차(小滿茶)', 6~7월 것은 '곡화차(穀花茶)'라고 했다. 큰 덩어리 차는 긴단차(緊團茶), 작은 덩어리 차는 여아차(女兒茶)라 했고 청대 조학민(趙學敏)의 《본초강목습유(本草綱目拾遺)》에선 "가장 큰 푸얼차가 5근이나 되어 사람의 머리만 하다고 해서 인두차(人頭茶)라 했다."고 기록하고 있다.

하지만 푸얼차는 원래 중국인이 만든 차가 아니었다. 중국인들은 남송 시대인 13세기 때까지 푸얼차의 존재를 거의 알지 못했다. 남송 시대 이석(李石)의 《속박물지(續博物志)》에도 이런 기록이 남아있다.

> 서남이(西南夷)는 보차(푸얼차)를 음용했는데 이는 당대(唐代)부터 매병(每餅) 40냥의 가격으로 서번(西蕃)으로 판매되었다. 당항(黨項, 즉 西夏)에서 이를 귀하게 여겼다. 이러한 사실을 송나라 사람들은 알지 못하였다.

이 기록에 따르면 중국 서남부의 소수민족들은 이미 당나라 때에도 푸얼차를 즐겨마셨는데 차 한 덩어리에 40냥의 가격으로 서번(티베트)에 판매되었으며 심지어 중국 북서부의 당항(서하) 지역까지도 이 차를 귀하게 생각했다는 것을 알 수 있다. 그럼에도 정작 중국 본토의 한족들은 송나라 때까지도 이를 알지 못하고 있었다. 이 사실은 차의 종주(宗主)를 자부하고 있는 한족들에겐 난감한 이야기가 아닐 수 없다.

곰팡이 냄새 없는 상급 푸얼차

하지만 근래 그렇게 유명한 푸얼차도 두 가지로 나누곤 한다. 잎차와 니차(泥茶)다. 푸얼차를 흔히 니차 곧 병차(餅茶)로만 알고 있지만 오히려 좋은 푸얼차는 잎차일 경우가 많다고 한다. 푸얼차가 덩어리 차 혹은 떡차로 된 것이 주류이다 보니 그런 일반의 인식이 잘못은 아니지만 잎차 푸얼차의 맛은 무시할 수 없다는 것이다.

뿐만 아니라 푸얼차는 덩어리 차로 오래 발효시켜 내놓기 때문에 90% 이상이 진향(陳香)이다. 하지만 이 진향의 푸얼차는 푸얼차 가운데 최하 등급이라 할 수 있다. 곰팡이 냄새 같은 푸얼차 특유의 냄새가 푸얼차의 고유 향기는 아니라는 것이다. 중국 푸얼차 품차인들은 최상급 푸얼차는 장나무향

(樟香)을 가진 차라고 말한다. 차나무를 심을 때 장나무와 함께 심은 곳에서 나온 푸얼차라야 최상급이라는 것이다. 그 다음 등급의 푸얼차는 대추나무 향(棗香)이 나는 차를 꼽는다. 세 번째는 난향(蘭香)이 나는 차다. 그리고 그 다음이 연꽃향(蓮花香)으로 이런 향기가 나는 차라야 상급의 푸얼차이지 곰 팡이 냄새가 진동하는 차는 상급일 수 없다는 이야기다.

이런 중국인들의 푸얼차 품차에도 불구하고 우리는 많은 종류의 푸얼차를 건강에 좋다고 해서 대단히 애음하고 있다. 한 덩어리에 수십만 원 혹은 수백만 원 하는 푸얼차를 다투어 사들여 하루 종일 마시는 경우도 있다고 한 다. 중국의 애음가들은 푸얼차의 가치를 잘 알지만 아무 때나 푸얼차를 마 시라고 권하지 않는다. 왜냐하면 차의 성분이 너무 강해 위 속을 깎는 경향 이 있어서 기름기 많은 고기 음식을 먹었을 때를 제외하면 푸얼차 음용을 피 한다는 것이다. 웰빙 차이며, 다이어트 차이지만 과하게 마시면 건강을 해 칠 수도 있다는 경고다.

그러나 지금 우리가 관심을 가져야 하는 것은 중국이 세계 차 시장 제패의 전략의 하나로 푸얼차를 세계문화유산과 세계자연유산으로 등재하기 위한 준비를 하고 있다는 사실이다. 엄청난 양의 차를 생산해 수출하는 중국으로 선 당연한 계략이겠지만 그 어간에 우리가 계속 차의 종속국을 자임하고 가 만히 앉아있을 수는 없는 일이다.

일부에선 천 년된 차나무를 자랑하고 그 차나무에서 나는 찻잎으로 한 통 에 백만 원짜리 차를 만들어 팔았다고 자랑하기도 하지만 중국의 고가 푸얼 차 대공세에 대비하는 훌륭한 대책으로선 너무 부족하다. 그야말로 우물 안 개구리 같은 허세가 느껴지는 대목이다. 자신이 있다면 정부나 지방자치단 체가 나서서 세계자연유산이나 세계문화유산으로 등재하는 노력도 해야겠 고, 품질이 우수한 차를 개발해 보급하는 데 정부와 업계가 더욱 신경을 곤 두세워 대처하는 노력이 절실하다.

달마의 차를 찾아 뤄양에 가다

용문석굴의 신라굴

친구들이 중국 구경을 가자는 대로 따라 나선 것이 2007년 10월 20일이다. 우리나라 비행기가 허난성 정저우(鄭州)에 들어가기 시작한 덕에 뤄양(洛陽)과 카이펑(開封) 등 중국의 고대도시를 쉽사리 탐방할 기회가 생긴 것이다. 패키지 여행이라 마음대로 보고 싶은 곳을 찾아다닐 형편은 안 되었지만 그래도 적은 경비로 간편하게 중요한 곳을 구경할 수 있다는 것만 해도 다행이라 여길 수밖에 없었다.

고대도시 뤄양에서 하룻밤을 묵고 아침 8시에 호텔을 나서 찾아간 곳은 용문석굴(龍門石窟)이다. 용문석굴은 대동의 운강석불과 돈황의 천불동 그리고 천수의 맥적산석굴과 함께 중국의 4대 석굴로 알려진 곳이다. 뤄양시 중심에서 13km 정도 떨어진 이수(伊水) 기슭을 따라 조성된 석굴군이다. 알려지기로는 동굴이 1,352개, 불상이 10만 개, 비문이 3,600개가 된다는 엄청난 규모다. 북위(北魏)의 효문제(孝文帝) 태화(太和) 18년(494)부터 만들어지기 시작하여 송나라 초까지 무려 500여 년 동안 계속된 불사라니까 대단한 규모다.

그렇지만 석굴이나 불상은 거의 성한 데가 없이 상처투성이로 남아 있다. 그 중 봉선사의 노사나불같이 위엄을 갖추고 비교적 원형을 알 수 있는 대

불도 없지는 않지만 대부분은 석굴도 망가지고 그 안에 모셔진 불상도 만신창이가 되어 있는 것이 보통이다. 일제 시대에는 문화재 도굴꾼이 가져가고 문화대혁명 기간에는 홍위병들이 무참히 파괴를 자행했다니 인류문화사에 엄청난 죄악이라 하겠다.

총망중에 찾을 수 없었지만 이 용문석굴엔 신라굴(新羅窟)도 있었고 작지만 그 안에 불상도 있었다고 한다. 용문석굴 도록에는 불상의 모습이 사라진 후의 석굴의 외양만 나와 있을 뿐이라 섭섭하기 그지없다. 한편으로 그 옛날 신라인이 여기까지 와서 석굴을 조성하여 부처님을 모시면서 무슨 원을 세웠을까 애틋한 생각도 든다.

품다하는 달마 그림

용문석굴을 둘러보고 시내로 돌아오니 벌써 점심 때다. 아침에 전화연락을 한 뤄양대학 한국학연구소장 임성조(林性照) 교수가 기다리는 '제주도식당'을 향했다. 그 식당은 중국인이 하는 식당이지만 뤄양에 있는 유일한 한식당으로 한국의 음식 맛을 제대로 낸다며 임 교수가 추천한 음식점이다. 임 교수는 멀리서 친구가 찾아왔으니 나와 함께 한국에서 온 일행의 점심을 내겠다고 한다. 그리고 함께 온 뤄양의 중국화가 탕쩐청(唐振成) 화백을 소개한다. 올해 46세인 당 화백은 허난대학 출신으로 중국 내외에서 크게 활동하는 서화가로 이미 유명한 사람이라고 한다.

초면에 당 화백은 내게 기념으로 자신이 최근 그린 그림 한 폭을 선물했다. 그림을 펴니 '품다도(品茶圖)'란 제명이 붙어 있다. 그 그림을 보면서 나는 즉각적으로 거기에 나오는 인물이 달마라는 생각을 했다. 나무 그늘 아래에서 의자에 앉아 긴 주장자를 잡고서 찻상 위의 주전자와 찻잔 하나를 내려다보고 있는 달마의 모습이라고 느낀 것이다. 화가가 '달마 품다도'라고 제명을 달지는 않았지만 그림의 인물이 내게는 달마라고 생각된 것이다. 그

동안 달마도는 많이 보아왔지만 찻상 앞에서 차를 음미하는 달마는 전에 본 적이 없다. 그런데도 내가 그림의 인물을 달마로 생각하게 된 것은 무슨 까닭인가.

가만히 생각하니 달마와 차가 영 무관한 것만도 아니다. 선차(禪茶)를 하는 이들은 "선종(禪宗) 차문화의 기원은 달마(達摩)로부터"라고 말한다. 옛 기록에 의하면 달마가 광저우(廣州)와 난징(南京)을 거쳐 숭산 소림사에서 9년간 면벽하면서 수행하고 있을 때 가장 참기 어려운 것이 졸음이었다. 한 번은 달마가 잠을 쫓기 위해 눈꺼풀을 떼어 뜰 앞에 던졌는데 이튿날 아침에 마당으로 나가보니 한 그루 나무가 자라고 있었다. 달마가 이 나무의 잎을 따서 달여 마시기 시작한 이후로는 쉽게 졸음을 쫓을 수 있었다는 것이다. 이것이 달마와 차가 밀접한 연관을 갖게 된 까닭이며, 이로부터 참선과 차가 둘이 아닌 하나로 취급되기 시작한 근거이다. 그러니 소림사의 땅, 뤄양의 화가인 탕쩐청 화백이 '품다도'에서 달마를 그렸다고 이상할 것은 없을 것 같다.

선차인들은 소림사 달마동(達摩洞)에서 달마에 의해 시작된 다선일미(茶禪一味) 정신은 마조(馬祖)의 3대 법손인 조주종심(趙州從諗)의 '끽다거(喫茶去)' 공안을 통해 차를 깨달음의 관문으로 이끌어냈고, 이는 남종선의 종장들로 계속 이어졌다고 한다. 당대로 접어들어 선가에서는 차를 '다반사(茶飯事)'로 정착시켰고 송대로 이어져 백운수단(白雲守端)의 '화경청적(和敬淸寂)'으로, 또 원오극근(圓悟克勤)의 '선차일치(禪茶一致)'로 전개되었다. 이렇게 보면 달마의 차가 선종의 다선일치 사상의 근간이 되었다는 말이 허랑한 것만은 아닌 것 같다.

다만, 지리적으로 허난 지방이 차의 고장이 아니기 때문에 달마의 차 전설은 과장이라고 할 수도 있다. 다만 달마가 이미 광저우 등지와 강남에 있을 때 차를 알았고 선수행의 과정에서 졸음을 쫓기 위해 늘 차를 마셨을 것이라는 추리는 가능할 것 같다. 그는 비록 소실산의 달마동에서 9년 동안 면벽하는 생활로 일관하였지만 강남의 차를 가져다가 다선일치의 경지를 개척하고 실천해 보여준 것이라고 할 것이다. 뿐더러 조주 '끽다거'의 현장인 백림선사 (柏林禪寺)가 차가 자라지 않는 허베이성에 있다는 것도 유념해야 할 것이다.

소림사 입설정 앞에서

이들과 헤어져 우리 일행은 숭산 소림사로 향한다. 소림사는 허난성 등봉현(登封縣) 소실산(少室山) 북쪽 기슭 오유봉(五乳峰) 아래 위치하고 있다. 그 소림사는 원래 496년(태화 20년) 북위 효문제가 불타 선사를 위해 창건했다고 한다. 그러나 소림사가 유명한 것은 선종의 창시자인 보리달마의 면벽(面壁)과 그의 제자인 혜가(慧可)가 팔을 잘랐다는 전설 때문이다. 그 전설의 현장은 달마동 앞일 것 같은데, 소림사 경내에 있는 입설정(立雪亭)이 혜가가 팔을 자르고 눈 가운데 서 있었다는 전설을 전해주고 있다.

하지만 소림사가 유명한 것은 '소림사 무술(武術)'의 덕이다. 소림사의 스님들이 수행 방법의 하나로 무술을 연마하였다는 것은 역사적으로 널리 알려진 일이다. 그러나 요즘 그 소림사 무술은 수행보다는 무술 자체를 목적으로 한, 그리고 흥행을 목적으로 한 것처럼 우리 눈에 비쳐질 뿐이다. 소림사 인근에 널려 있는 십여 개에 달하는 무술학교들에서 수천 수만의 어린이들이 무술을 닦는 모습이 그런 생각을 갖게 한다. 우리 일행은 소림 무술원에서 소림사 스님들의 무술 시연을 볼 수 있었다. 여기서 관광객들은 소림사 무술승들의 놀라운 무술 실력을 실감할 수 있다.

그렇지만 선 수행을 위해 9년 동안 면벽한 보리달마와 무술과는 별로 관계가 없다는 논의가 근년에 일반화되고 있고, 정상적인 생각이라고 하겠다. 소림사는 한때 북주의 폐불로 파괴되었으나 수나라 때 재건되었다. 1735년 개축하여 오늘에 이르고 있다고 한다. 절의 규모가 웅대하여 산문과 취안저 우전, 대웅보전, 방장(方丈), 서방성인(西方聖人) 등의 현판을 단 건물들이 즐비하다. 절의 북서쪽에 초조암(初祖庵), 남서쪽에 이조암(二祖庵)도 있다. 석비도 수없이 많다.

그곳에서 나와 길을 재촉해 산쪽으로 더 올라가면 탑림(塔林)이 나온다. 소림사 출신 고승들의 무덤들이다. 날이 어두워지는 바람에 달마동에는 올라가지 못하게 되어 몹시 서운하다. 언제 다시 기회가 온다면 달마동을 찾아가 봐야겠다고 다짐한다.

달마는 뒤에 허난성 삼문협시 두이촌 삼천사로 옮겨갔다고 한다. 그곳에 있는 웅이산(熊耳山)은 해발 912m로 영기를 풍기는 산으로 유명하다. 후에 그곳에 달마의 묘탑이 세워진 것도 산의 신령스러운 기운 때문이라는 이야기가 전한다.

어떻든 소림사에서 생겨난 달마차는 웅이산의 달마묘탑까지 그 향기를 떨치고 있다. 차가 나지 않는 지역인 허난성이지만 그곳이 '선차일여'의 정신을 배양한 땅으로 길이 전승되는 것을 간과해서는 안 될 것이다. 선차일여는 어디까지나 정신의 유산이지 차를 생산하는 것과는 엄연히 다른 것이라는 점을 그 사실은 확실히 말해준다. 뤄양과 소림사가 차의 정신의 기원이 되는 것은 오로지 달마와 그의 달마차에서 비롯한 것임을 잊지 말아야 할 것이다.

마조의 차를 찾아 성적사에 가다

마조가 처음 개당설법한 성적사

2010년 11월 푸젠성(福建省) 푸딩시(福鼎市) 자국사(資國寺)에서 열린 제4차 세계선차문화교류대회에 참석했던 한국의 차인들은 푸젠의 차 명소를 찾아 부지런히 발길을 옮겼다. 일행은 무이산의 대홍포 산지도 찾아보고 어다원도 방문하였으며 성리학의 주창자 주희가 머물던 무이정사(武夷精舍)도 돌아보았다.

그리고 다시 건양(建陽)을 거쳐 마조 스님이 처음 개당설법(開堂說法)한 도량인 불적령(佛跡嶺) 성적사(聖跡寺)를 찾아 참배하였다. 마조(709~788)는 원래 쓰촨성(四川省) 스팡현 출신으로 고향의 나한사에서 출가하여 쓰촨 일대의 여러 절을 전전하며 수행하였으나 35세에 이르러 고향을 떠나 멀리 푸젠성의 성적사에서 개당설법하기에 이른 것이다.

이 같은 마조의 개당설법은 선종의 측면에서나 차의 전파의 측면에서 모두 중요한 의미가 있다. 마조는 중국 선종에서 흔히 '가장 중요한 인물'이라고 평가되곤 한다. 초조 달마와 6조 혜능이 중요하지만 실질적으로 마조는 선의 정립과 전파에 결정적인 역할을 한 인물로 평가되기 때문이다. 또 마조는 쓰촨 지역에서 시작된 차문화, 특히 선가(禪家)의 차문화가 동으로 전파되고 중국 불교계에 일반화되는 데에도 상당히 중요한 역할을 했을 것이라 추정된다.

선의 전파자 마조

그런 생각을 더듬어보기 위해 우선 마조도일(馬祖道一)의 선종에 있어서의 위치를 부감할 필요가 있을 것 같다. 쓰촨 출신의 마조가 고향을 떠나 멀리 푸젠 땅으로 건너와 성적사에서 개당설법을 했다는 것은 중요한 의미가 있다. 개당설법은 스님으로서 지금까지 배우고 성취한 바를 스스로 중생에 펴기 위해 절을 세우고 자신의 목소리로 설법하기 시작하였다는 점에서 매우 의미가 크다. 스님으로서 이제는 독립해서 일가를 이루고 제자들을 거느린다는 뜻도 된다. 마조는 일찍이 자주(資州)의 당화상(唐和尙) 처적(處寂)에게서 삭발하고 신라 출신 김화상 무상(無相)에게 감화를 받아 그 제자가 되었다고 하며 뒤에 쓰촨을 떠나 남악 형산에 있던 회양(懷襄) 선사의 가르침을 받아 심인(心印)을 전해 받았다고 한다. 그 때문에 마조는 무상의 정중종(淨衆宗)을 계승한 인물로 해석되기도 하고, 6조 혜능의 법맥을 이은 남악회양의 문인으로 중국의 남종 선맥을 중흥시킨 인물로 평가되기도 한다.

그런 만큼 자국사의 시엔즈(賢志) 주지는 이번 대회에서 발표한 자신의 논문에서 "선종의 8조인 마조도일은 '선화칠민(禪化七閩)'을 여기서 열었고 푸젠을 기지로 '일화개오엽(一花開五葉)'으로 위앙종, 조동종, 임제종, 운문종, 법안종 등 5가를 이루었다."고 요약했다. 마조 스님은 선종의 제8조로서 푸젠 지역에 들어와서 푸젠을 중심으로 한 중국 동남부의 7개 민지역을 선종으로 교화하였으며 그렇게 해서 푸젠을 중심으로 위앙종, 조동종, 임제종, 운문종, 법안종 5개 종파를 만들게 하는 공헌을 했다는 것이다. 구체적으로 민동하포(閩東霞浦) 출신의 영우(靈佑) 선사는 선종을 솔선하여 개창하여 위앙종을 열었으며, 민후설봉사(閩侯雪峰寺)는 운문종과 법안종의 조정(祖庭)이 되었다.

그리고 마조로부터 이렇게 선종 5가가 발전해 나오면서 중국의 선종은 이른바 '선학의 황금시대'를 구가하며 활짝 그 꽃을 피우게 된다.

무상, 무주의 차

하지만 여기서 우리가 주목하고 싶은 것은 마조와 차의 관계라고 할 것이다. 그러나 지금까지 선종 기록에서 보면 마조가 차를 마셨다든가 그가 차에 대해 언급한 기록은 남아 있지 않다. 그 때문에 차의 역사에서 마조는 흔히 쉽게 배제되기 십상이었다. 그러나 선의 전파에서 차지하는 마조의 위치를 보거나 선종에서 차지하는 차생활을 감안할 때 마조도 틀림없이 차를 가까이 했을 것이라는 짐작이나 논리적 유추를 그만둘 수 없다. 그리고 실제 마조가 태어난 쓰촨 지방이나 그가 처음 개당설법하며 활동했던 푸젠이나 그 후 50년간 수많은 제자를 길러냈던 장시(江西) 지역이 모두 유명한 차 산지라는 점을 생각해도 마조와 차의 연관성이 마냥 터무니없는 가정은 아닐 것 같다.

우선 마조가 태어난 쓰촨은 바로 차의 발생지다. 〈천하대몽산비기(天下大蒙山碑記)〉에는 "차의 조사(祖師) 오리진(吳理眞)이 서한엄도(西漢嚴道), 즉 금아(今雅) 사람으로 다섯 봉우리를 개척하여 몽산(蒙山)을 열고 영표(嶺表: 지금의 광둥)로부터 신묘한 차나무를 가져와 오봉 가운데 심고 가꾸어 마침내 온 중국에 퍼뜨렸다."고 하였으며《쓰촨통지(四川通志)》권74 아주부선차(雅州府仙茶)에도 "명산현(名山縣)에서 15리 되는 곳에 몽산이 있는데 한나라 감로(甘露) 때에 조사(祖師) 성은 오, 이름은 리진이 손수 심었다."고 고증하고 있다. 몽정산 지거사에 세워진 석비에 새겨진 송대 시인 손점의 〈지거사유제(智炬寺留題)〉에는 또 "옛날 한나라의 도인이 있어 산의 풀을 자르고 건계(建溪: 지금의 푸젠) 차싹을 나눠와 새 땅에 길러 지금의 몽정을 가득 채웠다."고 하기도 한다. 그때는 서한 감로 연간(53~50)으로 불교가 아직 정식으로 중국에 들어오지 않은 때였지만 도를 수행하던 오리진은 인도로부터 불교와 차를 들여왔다는 설명도 있다. 그리하여 오리진은 몽정산에 차를 심은 최초의 승려이며 차를 불교에 도입한 인물로 보게 되어 송나라 때 감로보혜 선사로 추존되었다. 그리고 이로부터 '다불일가(茶佛一家)'의 국면이 전개될 수 있게 되었다는 것이 시엔즈 법사의 해석이다.

그러나 차가 선종과 밀접한 관계를 갖기 시작한 것은 아무래도 정중 무상으로부터 비롯했다고 할 것이다. 물론 정중 무상의 선수행과 전법 그리고 후계자 전승 사실을 잘 기록하고 있는 《역대법보기》에도 무상이 차에 대해 직접 언급한 부분은 없다. 다만 무상이 무주(無住)에게 선맥을 전수하는 과정을 서술한 부분에서 처음 차가 언급되고 있을 뿐이다.

> (중략) 화상(무주)은 동선(董璿: 무상이 심부름 보낸 목수)에게 말했다. '여기 차가 반 근이 준비돼 있다[此有茶芽半斤]. 그대가 간다면 이 차를 신물(信物)로 김화상께 드리고 나의 말을 전하여 인사를 올려주게' (중략) 동선은 무주 선사가 보낸 차와 인사말을 김화상에게 자세히 전하고 땅에 머리를 조아려 배례했다. 김화상은 이야기를 듣고 차를 보고 나서 이만저만 기뻐하지 않았다.

이 글은 아주 짧은 기록이긴 하지만 매우 의미 깊은 대목이다. 이 글에 주해를 단 야나기다세이잔은 "차는 쓰촨의 특산이고 안사의 난(안록산과 사사명의 반란) 이후에는 민간에도 차 마시는 풍습이 퍼졌다. 쓰촨성에 인접한 티베트에도 전해지고, 치손데첸왕이 중국 사신에게 차 마시는 법을 물었다는 이야기가 《당국사보(唐國史補)》 등에 나온다."고 하고 있다. 아직 차가 보편화되지 않고 있던 시절에 무상은 무주의 차 선물을 받고 아주 기뻐하고 있다. 단순히 차 선물만으로 기뻐한 것이 아니라 선맥을 이어줄 제자로 자신이 지목한 무주가 분명한 입장을 밝힌 점을 기뻐한 것이 분명하지만 그런데도 차를 신물로 바치고 있는 무상과 무주 사이에는 차가 얼마나 중요한 의미가 있는가를 엿볼 수 있다. 무상은 이미 차를 일상화 하고 있었고 선수행에서 차의 중요성을 잘 알고 있었다는 이야기다.

뿐만 아니라 이 장면은 스승인 무상 선사가 달마로부터 전해 내려온 의발을 무주에게 전해준 데 대해 무주가 스승을 받드는 예의로 차를 보내고 있는 것을 보여준다. 그러니까 이 사제 사이에는 사법의 증표인 '의발'에 못지 않게 '차'가 중시되고 있다는 것이다. 의발에 못지 않게 중시된 '차'의 면목이 약여(躍如)하다는 말이다.

무상의 '선차지법'

이것은 무상이 차를 다만 마시는 기호물로써가 아니라 선수행의 중요한 도구요, 자료로 인정하고 있었다는 것을 증명한다. 그 때문인가. 후일에 《신선소각사지(新選昭覺寺志)》가 무상이 '선차지법(禪茶之法)'을 주창한 것으로 기술하게 된 것도 무리가 아니다.

뿐만 아니라 무상의 선차지법을 계승한 무주는 차를 얼마나 소중히 했는지 《역대법보기》는 분명히 밝히고 있다.

화상이 차를 마시고 있는데 마침 그날 관청의 낭관(郎官)과 시어(侍御) 30명가량이 와서 인사를 올린 다음 자리에 앉아서 질문한다. "화상님은 퍽 차를 좋아하시는군요." 화상이 "그렇고말고!"라고 대답했다. 그래서 차 게송이 나온다. "깊은 골짜기에 신령한 약초가 자라서 신묘하게 수도의 성취를 도와준다. 나무꾼이 나뭇잎을 따면 좋은 맛이 흘러들어 그릇에 넘친다. 정좌(靜坐)하여 망념을 가라앉히면 자기 본성의 마음이 거울에 비치니 육신의 힘을 쓰지 않아도 진리의 법문이 열린다."

"화상이 차를 마시고 있는데[和上 茶次]"라는 서두로부터 이야기가 전개되는 기록은 후대 선종 기록에는 많이 나오지만 《역대법보기》 이전의 북종 기록이나 신회의 문헌에는 전혀 나오는 적이 없다. 따라서 야나기다 세이잔은 "이 문단에서 무주의 설법이 교리와 수행법만의, 말하자면 규범으로써의 불교를 탈피하여 일상생활의 처지에 입각한 선의 수행으로 점차 탈바꿈해가는 징조가 엿보이는 점이 주목된다."고 설명하고 있다.

그러나 이 대목에서 우리가 주목해야 하는 것은 무주가 차를 즐겨 마시고 있었고 차를 수도의 성취를 도와주는 도구로 인식하고 있으며 '정좌하여 망념을 가라앉히면 자기 본성의 마음이 거울에 비치니 진리의 법문이 열린다'는 선정 방법을 게송으로 읊고 있다는 점이다. 이것이 바로 무주의 입을 통해 '무상의 선차지법'을 설명하는 대목이라고 할 것이다.

이런 사이 무상의 또 다른 제자인 마조와 차의 관계를 보여주는 기록은 나타나지 않고 있다. 선종의 전등(傳燈)과정을 이야기하는 기록들에서 무상과 마조를 연결하는 것은 극히 일부에 지나지 않고 있다. 《역대법보기》조차도 무주의 제자가 기록한 것이기 때문에 마조의 존재는 보이지 않는다.

그 대신 일반적으로 마조는 육조 혜능의 법을 받은 남악회양(南嶽懷讓)에게서 인가를 받은 인물로 알려져 있기 때문에 회양과의 접촉사실이 거론되곤 한다. 그리고 마조 이후 그의 제자 서당지장(西堂智藏), 백장회해(百丈懷海), 남전보원(南泉普願) 등과의 일화만이 전해질 뿐이다. 그리고 회양이나 지장, 백장이 차를 통해 마조와 연관되는 기록도 찾을 길이 없다.

그러나 이쯤에서 우리는 이상은(李商隱)의 〈사증당비(四證堂碑)〉를 되돌아보지 않을 수 없다. 이 비석은 "재주혜의정사(梓州慧義精舍)에 이 사증당비를 세우고 익주정중무상(益州淨衆無相) 대사, 보당무주(保堂無住) 대사, 홍주도일(洪州道一) 대사, 서당지장(西堂智藏) 대사 등 네 분의 용모를 사증당 벽 위에 그려두었다."고 쓰여 있는 것이다. 이 글은 무상과 무주, 마조도일과 서당지장이 선가의 계보를 잇고 있는 것처럼 기술하고 있는 것이다. 따라서 이에 의하면 무상과 무주의 선차지법은 필연코 마조와 지장에게 이어지고 있다는 심증이 간다.

거기에 허베이의 백림선사에 세워진 〈조주고불선차일미기념비〉에는 마조의 제자 남전보원과 이를 잇는 조주종심 선사의 '끽다거' 화두가 조주의 법형 제인 신라 사자산문의 철감도윤(鐵鑑道允)과 연관되고 있는 점을 상기시키고 있다.

성적사의 '차 공양상'

이 같은 선맥과 차 공안의 실제를 생각하면서 마조의 차를 그냥 추상적으로 보기는 어렵겠다. 기록이 없다고 해서 마조가 차를 멀리하였을 리는 없기 때문이다. 그는 이미 무상에게서 가르침을 받았으니 차를 모를 리 없다. 그리고 중요한 것은 마조가 차의 고장 쓰촨 출신이고 그가 찾아온 푸젠도 바로 차의 고장이었다. 그러니 비록 그가 불적령에 동굴을 파고 수행의 자리를 펴고 이어 성적사에서 개당설법을 하였을 때 차를 몰랐을 턱이 없다. 비록 1,200년의 시간이 경과했다고 해도 마조의 차 흔적은 어딘가 남아 있을 것 같다.

물론 퇴락한 마조동굴에도 그리고 그의 조상을 모신 마조영당에도 마조의 차 흔적은 찾을 수 없었다. 또 성적사 아래 골짜기에 있는 '불적령'과 그 2층에 있는 마조석상 주변에도 그럴듯한 흔적은 없었다. 정자 아래에 있는 자연석에 찍혀 있는 마조의 발자국이 그의 흔적으로 남아 있을 뿐이다.

그러다가 성적사의 대웅보전 안에서 마조의 다법을 예상케 하는 한 나한상을 발견했다. 물론 대웅보전에서 가장 눈을 끄는 것은 정면에 안치된 웅장한 석가여래좌상이다. 하지만 그 옆에 협시로 모셔진 문수보살과 보현보살상 역시 대단한 위엄을 느끼게 한다. 이들 보살이 타고 있는 사자와 코끼리가 대단히 장대하게 묘사되어 있기 때문이다.

그렇지만 이런 불보살상보다도 전각의 안벽을 따라 좌우로 늘어선 조그마한 나한상들이 많은 것을 이야기해주고 있는 것 같다. 어느 것은 기도하는 모습, 어느 것은 명상하는 모습으로 제각기 묘사되었는데 그 가운데 그릇을 받쳐 들고 있는 나한상이 눈을 끈다. 나한이 한쪽 다리를 약간 꿇으며 부처님께 둥근 그릇을 바쳐 올리고 있는 모습이다. 이 모습은 분명 부처님 공양 가운데 하나일 터인데 필자는 즉각적으로 차 공양 장면으로 풀이했다. 중국에서 부처님께 올리는 공양 방식이 우리와 다를 수는 있어서 밥을 올리는 것으로 볼 수도 있으나 그보다는 차를 올리는 모습이 더 타당한 것으로 보인다. 혹 청수나 밥을 그릇에 담아 올리는 것으로 볼 수도 있겠지만 역시 차 공양이 더 보편적일 것이라는 심증이 간다.

만일 그런 추론이 가능하다면 성적사 대웅보전의 차를 올리는 나한상은 바로 '마조의 차생활'과 '선차'를 표상한 것이 아닌가 싶다. 무상의 선차지법이 연구대상이 되듯이 그의 선맥을 잇고 있는 마조의 선차도 역시 더 깊은 연구가 필요할 것 같다.

차 선전에 열중하는 중국

관광 필수 코스가 된 '차박사가'

중국이 차를 중국의 대표적 상품으로 자랑한 것은 어제 오늘의 일이 아니다. 국내에서 혹은 국외에서 중국인들이 중국차를 자랑하고 중국차를 보급하는 데 대단한 노력을 기울인다는 이야기도 흔히 듣는 이야기다.

하지만 중국인들이 자기 나라를 찾아오는 관광객들에게 중국차를 맛보이면서 중국차의 효능을 적극 광고 선전하는 모습을 보면 중국정부가 중국차 산업을 키우기 위해 얼마나 힘을 기울이고 있는가를 실감할 수 있다. 단체여행객의 일원으로 4월 말 3박 4일간의 베이징 관광에 나선 필자 역시 그걸 실감하지 않을 수 없었다.

중국 정부는 모든 한국인 단체관광단에 대해 의무적으로 5개의 필수 코스를 집어넣어 중국의 우수 상품을 소개하고 광고하면서 중국의 국가이익을 취하고 있었다. 그 중에는 윈난 지방과 하이난다오 지방에서 나는 고무를 이용해 만드는 매트과 베개 등 라텍스 제품을 파는 곳도 포함되어 있었다. 베이징에는 카이저 라텍스라는 고무제품 공장 겸 상점이 있어서 주로 한국인 관광객들을 유혹하고 있었다. 상점에는 한국인 2명이 고용되어 있었고 중국인 점원들도 대개 한국어를 자유로 구사할 수 있었다. 라텍스 제품을 쓰면 잠도 잘 자고 몸도 편하게 된다는 유혹으로 웰빙 건강 바람에 휩쓸리고 있는 한국인들의 구매 욕구를 자극하고 있었다.

관광객의 필수 코스에는 비단 상점도 있었다. 베이징시 차오양구(朝陽區) 민족원로(民族園路)에 있는 '베이징 동우 실크 뮤지엄(北京 東吳 絲綢館)'은 누에가 고치를 만드는 과정에서부터 고치를 이용해 비단을 짜는 과정이 공개되고 이어 그 면사덩어리를 잡아 늘여 겹겹이 쌓아서 넓은 비단 이부자리를 생산하는 과정까지 보여주고 있었다. 비단 매트와 이것을 감싸는 비단 커버가 한국 사람들이 가장 즐겨 찾는 물품이라서 이것들은 압축된 모습으로 운반되어 국내에 반입되도록 하고 있었다. 물론 이 가게에는 이밖에도 비단으로 만들어진 의복과 모자와 양말 등 각종 의류 제품들도 전시되어 관광객의 눈길을 끌고 있었다.

관광객들은 또 베이징의 동인당(同仁堂) 본포에도 갔다. 들어서자마자 넓은 홀 같은 공간이 있어서 이곳에서 만든 각종 약품이 전시 판매되고 있었다. 그러나 일행은 여기에 머물지 않고 한 방으로 안내되었다. 한국인 한 명이 들어와서 5분 남짓 동인당을 소개 안내하고나자 의사 가운을 입은 남녀 10여 명이 들어와 관광객들을 진맥하고 건강을 상담한다. 그리고 원하는 사람에게 경락마사지를 해주고 침도 놓아준다. 필요한 약을 처방하기도 한다. 진맥은 무료이지만 경락마사지와 침 시술은 비용을 요구했다. 적지 않은 관광객이 이곳에서 나와 버스를 타고 가면서 가이드가 특히 싸게 사준다는 동인당의 유명한 우황청심환 같은 약을 주문한다. 중국인들이 한국인들을 상대로 파는 한약 제품도 만만한 규모가 아닐 것 같다.

이처럼 자금성과 이화원 그리고 만리장성과 천단공원 같은 관광지를 관광하는 사이사이에 중국인들은 중국의 제품을 광고하고 파는 데 세심한 주의를 기울이고 있었다. 그리고 중국인들은 당장 돈이 되는 상품판매만 하는 것이 아니라 중국 문화의 과거와 현재를 세계에 널리 광고하는 데 신경을 썼다. 우선 중국의 전통가옥과 거리를 보전하여 관광자원화 하는 노력을 하고 있었다. 호반을 끼고 2인승 인력거를 타고 달리는 우통거리 관광코스도 그들이 자랑하는 것이다. 20분 내지 30분을 달리는 이 길에는 공왕부(恭王府)도 보이고 곽말약(郭沫若) 고거(故居)도 볼 수 있다. 공왕은 청대 최대의 재벌로 황실보다도 더 많은 재화를 축적하였다는 점에서 '화신(貨神)'으로 불리는 사람이며 곽말약은 중국을 대표하는 철학자이자 베이징대 총장을 지낸 대단한 학자로 중국인들의 사랑과 존경을 받았었다.

뿐만 아니라 중국인들은 798예술거리 관광도 필수 코스화 하고 있었다. 과거 군수공장들이 있던 베이징의 한 지역을 예술인들에게 개방하여 이들의 미술 창작과 전시공간으로 삼은 것이다. 이는 마치 미국 뉴욕의 소호거리를 연상시키는 중국 현대미술 창작마을로 외국인들에게 중국의 현대문화 활동을 과시하기 위한 공간처럼 느껴졌다.

한아름 크기의 푸얼차 태상황

그리고 마침내 중국인들은 그들의 회심의 상품을 가지고 관광객을 마지했다. 베이징시 차오양구 민족원로에 있는 '차박사의 집(茶博士家, Dr.Tea)'이 바로 그곳이다. 관광객들은 차에서 내려 이 집의 현관에 들어서자마자 엄청난 차 덩어리를 보고 압도된다. 유리관 안에 모셔진 한 아름이나 하는 큰 호박 모양의 덩어리가 바로 푸얼차였기 때문이다. 그 덩어리는 검은 빛을 띠고 마치 먼지를 뒤집어쓴 듯이 보였지만 '푸얼차 태상황(普洱茶 太上皇)'이란 이름이 당당히 붙여져 사람들을 놀라게 하고 있었다. 지금까지 전해진 푸얼차 가운데 가장 크고 가장 오래된 것이라는 점에서 그 값은 1억 원을 넘을 것이라는 이야기다.

이어 관광객들은 복도를 따라 마련된 10평 정도의 방에 안내되었다. 그 방은 관광객들에게 차에 대한 설명을 하고 차를 끓여 마셔보게 하고나서 마침내는 관광객들에게 차를 파는 장소였다. 관광객들이 앉는 의자열의 맨 앞에는 차를 끓이고 차를 설명하는 탁상이 놓여있고 방의 사방에는 각종 차가 전시되어 있었다. 조금 있으려니 세 사람의 붉은 중국 전통여성복을 입은 처녀들이 들어왔다. 두 사람은 차를 끓이고 찻잔을 덥혀 관광객들에게 차를 시음케 하는 절차를 위해 부지런히 움직였다. 나머지 한 사람은 탁자 앞에서 준비된 차를 관광객들에게 보여주며 설명하는 것이었다. 중국인인데 우리말이 아주 유창하다. 그는 먼저 중국이 차를 세계에서 제일 먼저 개발하여 마신 점에서 차의 시조국이라는 점을 강조하고 지금도 중국은 차의 나라라는 점을 강조하고 있다. 그리고 보니 버스를 타고 관광하는 과정에서 가이드가 "중국에서 모든 음료와 음식은 돈을 주어야 하고 심지어 마시는 냉수조차 돈을 주고 사서 마셔야하지만 단 한 가지 차는 어디서나 무료로 마실 수 있다."고 한 말을 상기하게 된다. 음식점에 들어가서 음식을 먹더라도 물은 무료로 마실 수 없지만 차만은 무한정으로 공짜로 리필하여 마실 수 있다는 이야기다. 그것은 바로 중국인들이 차를 생활하고 있으며 중국이 차의 나라이기 때문에 그렇다는 것이다.

이 차박사의 집에서도 이들 처녀들은 작은 잔에 뜨거운 차를 따라 주었다. "차를 큰 잔에 따라주는 것은 손님이 그 한잔만 마시고 가라는 것이 되어서 손님을 환영하지 않는다는 의미가 되기 때문에 중국에서는 손님이 귀하면 귀할수록 반드시 작은 잔에 차를 따라 손님에게 권한다."는 설명도 덧붙였다.

자스민차와 동방미인 그리고 푸얼차

처음 맛보여준 차는 자스민차였다. 중국에서도 베이징에는 차가 나지 않지만 베이징 사람들이 가장 즐겨 마시는 차다. 이날 나온 차는 저장성에서 만든 자스민차(茉莉金針王)였다. 설명하는 처녀는 '중국에서 자스민차는 일반적인 차로, 반드시 식후에 마셔야 한다.'고 설명했다. 차 중에서 가장 값이 싸서 대중이 마시는 차이기에 위를 깎을 수 있기 때문에 공복에 드는 것은 피하는 것이 좋다고 한다. 그러면서 자스민차가 화차(花茶)라는 설명은 하지 않고 대신 한국에서 흔히 마시는 작설차와 비슷한 것이라는 설명이다.

다음으로 내놓은 차가 '동방미인'이란 차다. 지난해 전국 차 품평회에서 금상을 받은 차라고 한다. 푸젠성에서 만든 우롱차(烏龍茶)라고 했다. 이 차를 장기적으로 마시면 소화를 돕고 위장에 좋다고 했다. 이날 배포된 설명서에는 "우유와 섞어 마시면 내분비를 조정하여 피부를 부드럽게 하고 몸을 따뜻하게 해준다. 여성의 냉증과 빈혈에 특효이며 음주 후 숙취해소에도 효과가 있다. 3g의 차를 100도 물에 우리며 8~9회 재탕할 수 있다."고 되어 있다. 우롱차가 80%정도 발효시킨 반발효차이기 때문에 자스민차와는 달리 몸을 따뜻하게 하는 등 몸에 이로운 차라는 이야기다.

그 다음에 내놓은 차는 삼칠화(三七花)라는 음료였다. 설명자는 이 차는 차가 아니고 삼칠화 꽃송이를 80도 물에서 우려내 마시는 음료라는 설명이다. 차나무에서 나온 음료는 아니지만 간을 보호하고 몸의 염증을 해소하며 특히 신장과 전립선에 효과가 있어서 중국인들이 '편자환'이라고 하는 약으로 만들기도 하는 나무에서 나온 것이라고 한다. 건강이라면 사족을 못 쓰는 한국인들에게 차를 빙자해 약용으로 만들어 파는 차 대용품이 바로 이것이었다. 값도 자스민차나 동방미인보다 더 비쌌다.

그리고 나서 이들이 맨 마지막으로 내놓은 차가 바로 푸얼차(普洱茶)였다. 푸얼차는 우리나라에서도 이미 그 명성이 널리 알려져 흔히 음용되는 차다. 이날 이들이 보여주고 맛보여준 푸얼차는 손바닥만한 크기의 얇은 직육면체 덩어리로 만들어 한 개당 15만 원 정도로 한 상자에 8개를 넣어 판매하고 있었다. 부부가 6개월은 마실 수 있는 양이라고 했다. "윈난성에서 나오는 푸얼차는 '한국의 차처럼 차를 심어서 나온 재배차'가 아니라 옛날부터 자연스럽게 자라 몇 길이나 큰 고차수(古茶樹)의 잎을 채취하여 만든 것"이라는 이야기다. 푸얼차의 우수성을 홍보하면서 한국차를 은근히 평가절하 하는 꼴이다. "푸얼차는 완전한 발효차이기 때문에 카페인이 없고 유효기간이 없는 차이며, 혈압을 조절하고 당뇨 콜레스테롤을 낮추어주며 다이어트에 효능이 있다. 항암작용을 해주고 치매 예방과 변비에 좋다. 이것을 마시는 방법은 3g의 차를 500cc 주전자에 넣고 찬물로 우리고 물만 버린 후 다시 물을 넣어 5분가량 끓여서 마시면 된다. 푸얼차는 완전히 발효한 차이기 때문에 반드시 물을 끓여 마시는 것이 좋고 3번 정도 재탕이 가능하다."는 이야기다. 거기에 푸얼차는 잘 보관한다고 냉장고에 넣으면 안 되고 한지 같은 종이에 잘 싸서 상온에 보관하면 무한정으로 마실 수 있다는 설명도 덧붙인다.

이런 설명에 관광객들은 여기저기서 푸얼차를 사려고 하고 값을 흥정한다. 어느새 몇 사람의 점원이 더 들어 와 관광객들 사이를 비집고 들어와 푸얼차를 파는 데 열중한다. 여기서는 이 푸얼차를 선전하면서 둥근 모양으로 병차(餠茶 떡차)로 만든 것 가운데는 한 개에 7만 원밖에 안 되는 질이 떨어지는 것도 있다고 하면서 자기들의 것을 사야한다고 강조한다. 방을 나와 보니 옆방에서도 한국인 관광객들이 푸얼차를 사느라고 어수선하다. 10개는 됨직한 방마다 이런 상황이니 중국인들의 한국인 관광객을 상대로 한 차 판매는 대단한 수익사업이라는 것을 알 수 있겠다. 옛날 같으면 중국인이나 한국인이나 용정차(龍井茶)를 제일가는 차라고 여기며 용정차 얻어 마시기에 혈안이 되었을 것이다. 하지만 지금 중국인들은 '차마고도(茶馬古道)' 등 각종 다큐멘터리로 널리 알려지고 관리도 편한 푸얼차를 한국인들에게 집중적으로 팔려고 하는 듯 했다. 설혹 이 자리에서 관광객들이 차를 사지 않더라도 '중국이 차의 나라'라는 인식과 '푸얼차가 최고의 좋은 차'라는 인식만 가지고 귀국하게 된다면 그것 하나만으로도 중국인들은 중국차 홍보에 큰 성과를 얻고 있는 것이라 할 것이다.

남전사 유지에서 조주의 차를 올리다

　　조주 스님의 끽다거 행적을 뒤쫓아가는 서울의 차인 일행은 2011년 4월 23일 중국 안후이성(安徽省) 동릉시(銅陵市) 동산진(銅山鎭) 남전촌(南泉村)의 남전사(南泉寺) 유지(遺址)를 찾았다. 이곳은 원래 얼마 전까지만 해도 츠저우시(池州市)에 속해 있었으나 동광산 영역 조정과 관련된 문제로 동릉시에 소속되었다고 한다. 흔히 츠저우의 남전산에 있다고 알고 있는 남전사를 방문하려고 멀리 찾아왔다고 잘 찾지 못하고 헛걸음을 하는 예가 적지 않다는 소식이다.

　　우리 일행 역시 '츠저우시에 속한 남전사터'를 머리에 새기고 호텔을 나섰다가 길을 찾는 데 적지않게 고생을 해야했다. 현지 가이드와 운전기사가 제대로 길을 찾아가려니 믿었다가 차를 되돌려야 하는 경우가 적지 않았다.

　　우리 일행은 월간 《차의 세계》의 최석환 발행인과 차인 오미정(농학박사 고려대 생명자원연구소 선임연구원), 화가 야선 박정희, 차상 김윤태(천농영농조합법인 이사), 김지영(중국 저장대 차학과 3년) 학생과 필자 그리고 중국 츠저우사범대 연구원 등 단출했다. 아침 8시쯤 츠저우시에 있는 호텔을 떠나 작은 봉고차로 큰 4차선 도로를 달리다가 동산진에 이르러 좁은 마을 길을 뚫고 나아가자 다시 시골길로 접어들었다. 창 밖으로 농사를 짓는 농부들의 모습이 간간히 보이고 시냇가에서 빨래하는 사람들의 모습도 볼 수 있었다. 멀리 보니 물소가 논 안에서 쉬고 있는 모습도 보였다. 시골 노인에게 남전촌과 남전사 터를 물으니 저쪽 길로 더 들어가야 한다면서 남전사 터에 머물던 스님이 요즘은 떠나버리고 없다는 이야기까지 덧붙인다. 차를 돌려 나와 다시 시골길을 십 리쯤 달려나가니 채석장이 나오고 거기 시골 소학교 교사 같은 낡은 건물이 서있고 그 앞 마당에 몇 사람이 탁자를 둘러싸고 걸상에 앉아 한담을 하는 모습이 들어온다. 이들에게 남전사 터를 물으니 산쪽을 가리키며 그 길로 들어가라고 한다.

우리 일행이 짐을 챙겨 길을 나서려 하자 개 한 마리가 꼬리를 치며 앞에서 반긴다. 바둑이 같은 빛깔이었으나 다리를 다쳤는지 몹시 다리를 전다. 안쓰러운 마음을 남겨둔 채 남전사터를 향해 산길로 들어선다. 완만한 시골 산길을 가다보니 왼편으로는 논밭이 듬성하고 오른쪽으로는 대밭이 울창하다. 산이 깊어질 수록 자세히 보니 대나무 숲속에서 엄청나게 많은 죽순을 볼 수 있다. 1m 남짓하게 자란 것도 있는가 하면 사람의 키를 훌쩍 넘게 자란 것도 있다. '우후죽순(雨後竹筍)'이라더니 정말 빠르고 싶게 자란 죽순이 지천이다.

그렇게 완만한 산길을 따라 오르며 한 1km쯤 갔을까 엉성한 작은 건물이 나온다. 한두 칸 되는 가건물 같은 본당에는 티베트식 팔각모를 쓴 스님을 주존으로 하고 양쪽에 지키는 듯한 인물상이 시위로 서 있다. 그러니 이 집에 모셔진 주존은 부처님이나 보살이 아니고 남전 스님으로 보는 것이 합당할 것 같다.

이 건물의 앞에는 작은 앞마당이 있고 한편에는 시주자들의 이름을 쓴 벽이 세워져있고 다른 한편에는 작은 주방 같은 시설의 공간이 마련되어 있다. 둘 다 집이라고 하기엔 너무 미흡한 시설이다. 하지만 시설이 무슨 상관이랴. 우리는 우선 남전 스님상에 인사를 올리고 건물 앞에 조주 스님상을 그린 천을 설치하고 그 앞에 '천하조주 끽다거' 깃발을 내 걸었다.

그런 다음 일행은 간단한 의식을 올렸다. 일행은 남전 스님을 모신 불단 앞에서 반야심경을 염하고 일제히 삼배를 올린 후 헌다 의식을 가졌다. 헌다는 예쁘게 한복을 차려입은 김지영 양이 서울에서 가져간 다구와 녹차 잎을 꺼내어 미리 준비한 뜨거운 물에 우려내어 남전 스님전에 바쳤다. 그리고 그 앞 벽에 붙여 모신 조주 스님에게도 차 한잔을 올렸다. 헌다지도는 오미정 박사가 맡았다. 이날 행사에 쓰기 위해 차의 세계사가 준비한 백자 정병(淨甁)으로 차를 따라 올린 것도 특별한 의미가 있을 것 같다. 헌다하는 동안 화가 야선 박정희 여사는 앞뜰에 넓은 천을 펼쳐놓고 대나무와 찻상을 일필휘지로 그려넣는 퍼포먼스를 펼쳤다. 차 공양과 그림과 글씨 공양이 함께 이뤄진 자리였다. 의식이 진행되는 동안 대나무 숲을 흔드는 산바람이 시원했고 검은 호랑나비 한 마리가 불단과 앞마당을 돌며 춤을 추었다. 법당의 남전 스님 앞에 차려놓은 다식이랑 과자의 향 때문인지 벌들도 계속 웅웅거리며 일행의 주변을 떠나지 않았다. 의식이 끝난 후 일행은 차를 나눠 마셨다. 남전 스님과 조주 스님이 드신 차를 먼 후배 차인들이 흠향하는 뜻도 남다르다 할 것이다.

그러고 보니 조주 스님이 남전 스님을 찾아 배움을 청하던 장면이 저절로 생각난다. 조주는 산동성 조주 사람으로 어려서 출가했다. 그는 안후이성 츠저우 남전산에 있던 남전 선사를 찾아가 스승으로 모셨다. 어린 조주가 처음 남전 스님을 찾아갔을 때 남전 스님은 침상에 누워 쉬고 있었다. 어린 조주가 가까이 이르자 남전은 어디서 오는 길이냐고 물었다. 조주는 서상원(瑞像院)에서 왔다고 대답했다. 그러자 선사는 이어서 물었다.

"그래. 서상(상서로운 모습)을 보았는가?"

"상서로운 모습은 못 보았지만 졸고 있는 여래는 보았습니다."

조주의 대답에 놀란 선사는 일어나 다시 조주에게 물었다.

"그대는 스승이 있는 사미인가, 스승이 없는 사미인가?"

"스승을 모시고 있습니다."

"스승은 누구신가?"

이에 조주는 대답 대신 절을 올리고 나서

"겨울이 깊고 날씨가 추우니 화상께서는 존체를 보중하십시오." 하였다.

이렇게 해서 조주는 남전을 스승으로 모시게 되고 남전도 뜻밖에 뛰어난 제자를 얻게 되었다. 남전은 곧바로 조주의 내실 출입을 허락했던 것이다. 그로부터 조주는 남전을 스승으로 모시고 30년 동안 남전의 곁에 머물렀다. 남전이 30년 동안 남전산에 머물면서 산의 밖으로 나가지 않았다는 것은 유명한 이야기다. 남전은 정원(貞元) 11년(795년) 지양 남전산에 들어와 선원을 꾸미고 정저우하면서 소를 먹이고 논밭을 갈면서 산을 내려가지 않았다. 그는 세상에 드러내지 않고 숨어서 살았으나 그의 명성은 세상에 널리 퍼졌다. 그가 마조의 제자로 명성이 높은 것은 물론이지만 조주 같은 제자들이 남전산을 메운 것도 예삿일은 아니다. 심지어 당시 지양태수였던 육궁대부(陸亘大夫)가 그를 수시로 찾아와 배움을 청한 것은 유명한 일화다.

그러니까 서울에서 남전사 유허를 찾은 일행이 조주 끽다거 기를 앞세우고 남전산을 찾은 것은 일면으로 남전과 조주 두 사제를 다시 만나게 하는 자리를 마련한 것이나 한 가지다. 선의 황금시대를 풍미한 걸출한 스승과 그에 못잖게 걸출했던 제자를 1,200여 년 만에 다시 만나게 한다는 의도가 돋보인다는 뜻이다.

조주가 남전 스님 슬하에 있을 때 조주는 이런 질문을 했다.

"도(道)란 무엇입니까?"

"평상심(平常心)이 바로 도이다."

"도에 이르는 데는 무슨 방법이 있습니까?"

"의도적으로 접근하려고 하면 이미 길을 잘못 접어든 것이다."

"의식적인 접근이 아니면 어떻게 도에 관한 지식을 얻을 수 있겠습니까?"

"도라는 것은 유식함이나 무식함에 있지 않다. 유식은 미망에 불과하고 무식은 단순한 혼란일 뿐이다. 만일 그대가 진짜 '도'를 깨닫는다면 그대의 지견은 일체의 제한과 장애가 없는 무한한 공간과 같은 것이다. 그 옳고 그름은 외적 증거로 인위적으로 규정할 수 없는 것이다."

그 말을 듣고 조주는 깨달음에 이르고 정식 스님이 되었다.

어느날 조주는 남전 선사에게 물었다.

"유(有)를 깨달은 사람은 어떻게 해야 합니까?"

"그는 산에서 내려가 아랫마을의 한 마리 소가 되어야 한다[山下作牛去]."

이에 조주는 스승에게 크게 감사했다. 이어 남전 선사는 말을 이었다.

"어젯밤 삼경에 달이 창을 통해서 비치었네."

이런 선적 대화는 깨달음의 중요성을 강조한다. 유를 아는 사람[有底人]은 곧 깨달은 사람이다. 그런 사람은 어느 한계 속에 갇혀 사는 사람이 아닌 자유인이지만 '아랫마을의 한 마리 소'가 되어 농사를 도우며 사람들에게 이익을 베푸는 존재가 되는 것이 좋다는 견해다. 전 우주와 합일하는 경지에 이른 사람은 어떤 구애 없이 살 수 있어야 한다는 설명이기도하다. 남전은 "요즘엔 우리와 다른 이류(異類)와 어울리는 것이 가장 좋다[今時師僧 須向異類中行]."라고 했다. 물론 이 말에 조주는 가만히 있지 않았다. "이류는 둘째치고 도대체 무엇을 부류라 하는가?"고 묻자 남전은 두 손으로 땅을 짚고 네 발 짐승의 시늉을 했다. 그러자 조주는 스승 남전을 발로 밟고 땅에 쓸어 뜨렸다. 그리고 열반당에 들어가 스승을 더욱 짓밟지 못한 것을 후회했다.

남전과 조주의 사제관계가 이 정도로 통하는 사이가 된 것은 선가에서도 흔한 일은 아니다. 한번은 절에 좌우 두 채의 승려들이 고양이 한 마리를 가지고 서로 가지려고 다툰 일이 있었다. 이에 남전이 고양이를 움켜쥐고 대중들에게 말했다.

"그대들 중에서 누구든지 바른 말을 하면 이 고양이를 살려 주겠다."

하지만 대중은 아무도 대답을 하지 못했다. 이에 남전은 가차없이 고양이을 칼로 두동강냈다. 저녁에 조주가 돌아왔을 때 스승은 그에게 사건의 전말을 들려주었다. 조주는 아무 대꾸도 없이 신발을 벗어 머리에 이고 걸어 나갔다. 그러자 스승이 말하였다."만약 그대가 여기에 있었더라면 고양이를 살릴 수 있었을 텐데!"

이것이 유명한 남전참묘(南泉斬猫)의 공안이다. 미망과 무명을 일도양단하여 제자들을 깨달음으로 정진하게 하는 의도가 있다는 평이 들린다. 남전에게 있어 제자 조주의 존재가 얼마나 중요했는가를 알려주는 공안이기도 하다.

남전은 말년에 물소(水牯牛)를 비유로 하여 이야기 하기를 즐겼다. 어떤 중이 물었다.

"스님께서 돌아가신 뒤엔 어디로 가시렵니까?"

"산 밑의 단월(檀越 신도) 집에 가서 한 마리 물소가 되겠다."

"제가 스님을 따라가도 되겠습니까?"

"네가 따라 온다면 한 줌의 풀을 물어와야한다."

또 다른 사람이 물었다.

"어떤 것이 물소입니까?"

"어리벙벙한 것이다."

"그 뜻이 무엇입니까?"

"물과 풀만을 생각할 뿐 다른 생각은 없다."

"어떠한 일을 합니까?"

"물을 만나면 물을 마시고, 풀을 만나면 풀을 뜯느니라."

물을 만나면 물을 마시고 풀을 만나면 풀을 뜯는 자유로운 해탈, 이것이 바로 남전이 도달한 깨달음의 극치가 아닌가 싶다. 어리벙벙하여 잇속을 따지며 이것저것 계산하는 것은 없지만 집중하고 몰두하는 삶을 통해 자유를 향유하는 물소야말로 남전 스님의 이상이었던 것 같다.

그러고 보니 남전산은 우리 신라의 구산선문의 하나인 사자산문(獅子山門)을 연 철감 선사(澈鑒禪師) 도윤(道允)이 825년 입당하여 구법행을 했던 곳이기도 하다. 남전산을 찾은 도윤을 만난 남전 스님이 금방 도윤이 법기임을 알아차리고 그에게 특별한 관심을 쏟았다는 말이 전해온다. 심지어 남전은 도윤이 신라로 돌아올 때 "우리의 법인(法印)이 신라도 돌아가는 구나."하고 탄식했다는 전설까지 전한다.

헌다를 마치고 남전산을 둘러보니 대숲이 깊다. 역시 죽순이 여기저기 솟아나고 있고 바람은 서늘한데 군데 군데 차나무도 자라고 있다. 남전이 이곳의 차를 따 차를 마시는 여유를 즐긴 것은 아닌지 모르겠다.

돌아오는 길에 밭일을 마친 농부들을 만난다. 심지어 논 가운데 수고우가 물끄러미 우리를 바라보는 모습도 볼 수 있었다. 수고우가 된 남전 스님이 우리들을 너무 오래 기다렸다고 하면서 웃는 것 같은 모습이다. 농부의 일을 돕는 소도 보았다. 아랫마을의 소가 되라는 남전 스님의 충고를 받았던 조주 스님의 환생이나 아닌가 반갑기만 하다.

일행은 절도 무너져 없어지고 스님도 떠나버린 남전사 옛터를 뒤로 하며 아쉬움이 컸다. 문화혁명으로 옛날의 절터가 남아나지 않을 정도로 파괴되었지만 이제 부자가 된 중국이 남전사 옛터를 복원하는 노력을 외면하는 것은 너무 안타깝다. 전국적으로 웬만한 큰 절은 관광의 관점에서도 복원되는 도정인데 남전사의 복원 소식은 아직도 영 들리지 않으니 남전 스님과 조주 스님의 한 방망이가 불가피할 것 같다.

터키의 차와 커피문화

터키 차이와 인도 차이

　터키에서 차는 '차이'라고 한다. 원래 차이는 인도에서 흔히 마시는 차를 말한다. 홍차 가루에 밀크를 타고 거기에 설탕을 넣어 끓인 차를 말한다. 길에서는 대개 일회용 질그릇 찻잔으로 마시게 되지만 그 맛은 희한하게 정겹다. 한 여름 여행길에 뜨거운 차이 한잔을 마시면 기분이 상쾌해지고 힘이 솟는다. 하지만 터키에서 마시는 차이는 단순히 홍차일 뿐이다. 그렇지만 터키인들은 차이를 그냥 마시지 않고 각설탕을 충분히 넣어 마신다. 흑해 연안에서 나는 터키 홍차의 떫은 맛이 강한 때문이다.

　터키 사람들은 차이를 마시면서 하루의 생활을 시작하고 차이를 마신 후 잠자리에 든다. 차이는 터키인들의 문화의 일부라 할 것이다. 터키에선 가정에서나 사무실에 차이를 끓이는 주전자가 있다. 그 모양은 한국의 주전자와 비슷하지만 2층 구조로 되어있다. 아래층에는 물을 넣어 끓이고 위층에는 물을 조금 넣은 농도가 진한 차이를 넣었다. 마시는 이의 기호에 맞추어 연한 차이를 마시기도 하고 진한 차이를 마시기도 하는 것이다.

　호텔에서도 식당에 반드시 커다란 차이 통이 등장한다. 그 통의 주둥이에서 뜨겁게 끓인 진한 차이를 잔에 따라보고 너무 진하다 싶으면 옆에 놓인 뜨거운 물통에서 물을 딸아 적당히 조절해 마신다. 그 차이통 옆에 각설탕을 준비해 두거나 식탁 위에 설탕을 준비해 두는 것이 보편적이다.

튤립 모양의 차이잔

차이를 마시는 찻잔이 특이한 것도 간과할 수 없다. 호텔 식당의 경우는 대개 우리가 이용하는 커피잔으로 마시는 것이 일반화 되어 있지만 시중에서나 가정에서 쓰는 차이잔은 특이한 모양의 유리잔이 이용된다. 보스포로스 해협을 달리는 유람선 위에서도 차이를 파는 사람이 유리로 된 터키 차이잔으로 차이를 팔고 있었다. 터키석을 파는 가게에서 손님들에게 권하며 내놓은 차이잔도 예외가 아니어서 허리가 잘록한 유리잔에 차이를 담아 내놓고 있었다. 이것은 마치 여성의 허리를 연상케 하려고 만들었다는 코카콜라 병 모양과 흡사하였지만 현지 가이드의 설명에 의하면 터키가 원산지인 튤립 모양으로 만든 것이라는 설명이다. 흔히 튤립은 네덜란드가 주 생산지라서 네덜란드의 꽃이라고 생각하지만 사실은 튤립의 원산지가 터키이며 네덜란드가 터키의 튤립을 가져다가 개량해 세계에 내다 팔고 있을 뿐이라는 이야기다. 그래서 터키의 국화가 바로 튤립이라는 것이다.

그래선지 터키의 차이잔은 튤립을 형상화하고 있었다. 다만 그 크기가 각기 다르고 잔에 그려넣은 그림이 다르며 재료의 질이 차이가 난다는 것이다. 값싼 유리로 만든 잔도 있지만 잔에 금을 입혀 호사스럽게 만든 것도 있다. 이스탄불 그랜드 바자의 한 가게에서 차이잔을 사려고 하자 주인은 다짜고짜 잔을 꺼내 땅바닥에 팽개치는 것이 아닌가. 놀라서 멈칫하자 주인은 이 차이잔이 쉽게 깨지지 않는 크리스탈로 만든 것이라는 점을 과시하려고 손님을 놀라게 했던 것이다. 차이잔은 터키에서 만든 것이 좋은 것이지만 중국이나 인도네시아에서 짝퉁을 만들어 와서 싸게 판다는 설명도 했다. 흥정 끝에 그런대로 괜찮은 차이잔 6개를 넣은 1세트를 30달러(한화 약 36,000원)에 살 수 있었다.

터키인들은 하루에 보통 3회~5회 정도 차이를 마시며 한 번 마실 때 대개 서너 잔씩 마신다고 한다. 차의 농도가 문제이겠지만 어지간히 차이를 즐긴 다는 것을 알 수 있다. 우리 일행도 이스탄불 관광을 마치고 피에르 로티 언덕에 있는 야외 찻집에서 석양에 물들기 시작한 바다를 내려다보며 차를 마셨다. 차이를 마시는 이도 있고 차이잔에 넣은 사과차(애플티)를 마시는 이도 있었다. 언덕 위 숲속의 야외이지만 저녁 한때를 즐기려는 차 손님이 빈자리가 없을 정도로 엄청나게 붐비는 것을 보며 놀랄 따름이었다. 관광지의 찻집이어서 그런지 이곳은 차 마시는 사람이 남자들만이 아니었다. 거개의 터키 차이집이 남자들로 붐비는 것과는 현저히 대조적이다.

터키 카흐베

터키인들은 차이 못지않게 커피도 즐긴다. 터키 말로 카흐베라고 한다. 터키 카흐베가 터키가 자랑하는 고급 커피라고 하지만 실상은 차이와는 달리 원료를 수입한 것이라고 한다. 카흐베가 터키에 전해진 것은 오스만 투르크 시대인 1555년 시리아 상인들에 의해서라고 한다. 에티오피아가 원산지인 커피는 13세기 중엽 이후 아라비아를 중심으로 이슬람 세계에서 애음되기 시작했다. 이슬람의 중심지인 메카와 메디나, 카이로 등지에서 수행자들이 수련 기간에 잠을 쫓고 정신을 맑게 하려고 마시기 시작하다 일반에 퍼진 것이다. 마치 차가 중국에서 선수행을 위해 정진하는 스님들의 잠을 쫓고 정신을 맑게 하려고 애용되었던 것과 아주 흡사하다. 그때 이후 오스만 제국의 지배자인 술탄들과 귀족들이 이를 즐겨 마셨다. 황궁에선 의식에 따라 할렘의 여인들이 카흐베를 만드는 법을 익혀 정성 들여 만든 카흐베를 술탄에게 올렸다고 한다. 카흐베가 대중화하면서 콘스탄티노플(지금의 이스탄불) 시중에는 '카흐베 하네'라는 커피점이 생겨났다. 이런 터키의 커피 열풍이 베네치아로 옮겨갔다. 터키 주재 베네치아 대사가 귀국하면서 가져간 커피가 퍼지면서 1683년 베네치아의 성 마르코광장 한 귀퉁이에는 유럽 최초의 카페 '플로리안'이 문을 열었다. 이렇게 해서 세계에 커피가 퍼져나가게 된 것이다.

이슬람 문화에서 여인들의 외출이 제한되었던 만큼 '카흐베 하네'의 손님은 남자들뿐이었다. 그 전통이 이어져 지금도 찻집 '차이 하네'나 커피점은 차 마시고 커피 마시는 곳만이 아니라 남자들이 노닥거리며 사교를 즐기는 장소가 되고 있다. 농촌에서도 남자들은 농사일은 아낙들에게 맡기고 찻집에 가서 하루 종일 노닥거리며 차를 마신다고 한다. 남자들은 트럭터라든가 자동차를 운전하는 등의 기계를 다루는 농사일만을 할 뿐 신체 노동이 대종인 대부분의 자잘한 농사일은 여인들의 몫이라고 한다.

이들이 즐기는 터키 카흐베는 알 커피를 미세한 가루로 갈아 설탕과 함께 끓여 만든다. 일단 커피를 끓인 다음에는 설탕을 첨가하지 않는 것이 원칙이다. 인도의 차이를 만드는 것과 흡사한 방식이다.

중국에서 차가 만들어지고 인도와 동남아를 거쳐 유럽에 전파되었던 것처럼 중동의 이슬람 세계에서 유행하던 커피는 터키를 거쳐 유럽으로 들어갔다. 터키가 동서 문화의 접점이라는 지리상의 조건으로해서 차와 커피문화도 이곳에서 크게 유행한 것이라고 할 것이다.

우즈베키스탄의 차문화

　서울의 기온이 30도를 넘는 고온이 지속되는 8월 하순에 관훈클럽 문화답사단을 따라 중앙아시아의 중심에 있는 우즈베키스탄 여행을 떠났다. 인천공항을 떠나 비행기로 7시간 반이 걸려 캄캄한 저녁에 수도 타슈켄트에 도착했다. 서울도 무더웠지만 그보다 한결 더 더운 바람이 불어온다. 8월달은 이곳 기온으론 무더위가 차츰 가시기 시작하는 때라지만 우리 일행에겐 역시 서울보다는 더 덥다는 인상이 짙다.

　숙소인 그랜드 미르 호텔에 도착하니 로비에 차를 준비해 주었다. 유리잔에 이미 따라져 있는 음료는 두 가지였다. 하나는 홍차이고 다른 하나는 과일 주스다. 호텔에선 손님들을 이렇게 맞는가 보다는 생각을 하며 바쁜 수속 중에 한잔을 마셨다.

　아침 일찍 호텔에서 뷔페식으로 음식을 나누고 서둘러 침간산 지역으로 이동한다. 침간산은 이 나라 북부에 있는 산악지대로 해발 3,300m나 된다고 한다. 가는 도중에 차르빅 호수라는 인공저수지가 펼쳐져 있다. 비가 드문 사막 가운데에서 농사를 짓고 살려면 인공저수지 조성이 필수라는 것을 그대로 설명해준다. 차르빅 호수의 물은 파랗고 음료로 쓸 것이기에 잘 보호되고 있었다. 경치 또한 아름다우니 여름과 겨울의 휴양지로 유명하단다.

　차르빅 호수가에 있는 피라미드 호텔에서 '고려인 이주'를 주제로 한 세미나를 가졌다. 1930년대에 스탈린 정권에 의해 연해주 지역에 살던 고려인들이 강제로 이곳으로 이주하게된 사연은 눈물겨운 이야기다. 한 겨울에 아무 준비도 없이 우즈베키스탄, 카자흐스탄 등지에 추방된 고려인들이 추위를 피해 맨손으로 땅굴을 파고 몸을 보호하며 처자식을 위해 먹을 것을 구해 전전하던 정경이 지금도 안타까울 뿐이다. 나라 잃은 소수민족의 비애가 거기서도 절박했다. 그렇지만 고려인들은 그곳에서 땅을 일구고 벼농사도 지으며 새로운 삶의 터전을 닦아나갔다는 것을 3세의 청년학자는 이야기해준다.

빵과 함께 나온 커피, 홍차, 녹차

휴식시간에 로비에는 간단한 차 잔치가 벌어졌다. 로비 한편에는 이곳에서 만드는 빵 접시가 즐비하고 다른 한편에는 뜨거운 물통과 함께 차가 준비되어 있다. 커피가루를 넣은 잔들이 손님을 기다리는 가운데 홍차와 녹차 주전자도 마련되어 있다. 골라서 들라는 친절이다. 그러고 보니 이곳 사람들의 차생활도 짐작이 간다. 잔에 커피가루를 넣어놓고 있는 것은 커피는 마시는 사람이 물을 적당히 조절해서 마시라는 배려이고 홍차와 녹차도 손님이 기호에 따라 선택하라는 배려다. 그런데 자세히 보니 홍차 주전자나 녹차 주전자에 넣은 차는 티백이었다. 홍차는 '알로카자이'라는 상표가 붙어 있었고 녹차는 '아아트코(AATCO)'라는 상표가 붙어 있었다. 한국에도 산적이 있는 가이드 아참 씨에게 물으니 우즈베키스탄에서는 홍차는 수입해 먹고 녹차는 생산해 먹는다는 이야기다. 일행들에게 맛을 평해달라니 빵 맛은 대단히 좋은데 차 맛은 보통이라고 한다. 빵은 두툼하고 둥글었는데 속에 팥이나 고물이 없는데도 밀가루 본연의 맛을 느끼게 하는 특징이 있었다. 티백의 차이니 맛이 뛰어날 수가 없을 것 같다.

세미나 후 리프트를 타고 침간산에 오르니 찬바람이 싸늘하다. 높은 지역이니 여름에도 추위가 만만찮다. 만년설이 있는 부분이 있다고 하는데 거기까지는 올라가지 못하고 내려왔지만 겨울에는 스키어들이 몰려온다는 이야기다.

산에서 내려와 다시 2시간쯤 버스로 달려 고려인 집단거주지였다는 시온고 마을에 도착했다. 마을에는 김병화박물관이라는 작은 기념시설이 있어서 요즘 그곳을 찾는 한국인들을 맞고 있었다. 김병화는 구 소련시대에 이곳 집단농장의 지도자로 금별훈장을 두 번이나 탄 고려인 영웅이었다. 고려인 마을이라지만 과거에도 이곳은 고려인만 모여 산 곳은 아니었으며 특히 지금은 고려인 노인들이 일부 남아있을 뿐 대부분의 주민이 다른 종족들이라고 한다. 우즈베키스탄이 우즈베크인, 러시아인 등 130여 종족이 모여 만든 나라라니까 이곳에 고려인들이 그대로 남아있기는 어려울 것 같다.

다음날은 국내선 비행기를 타고 역사 도시 부하라로 갔다. 유네스코의 세계문화유산으로 지정된 곳답게 역사유적이 잘 보전되어있다. 일행은 부하라에서 우선 여름궁전이라는 쉬토라이 모히하사궁전을 찾았다. 달과 별의 궁전이라는 뜻으로 황제가 여름에 주로 이용하던 곳이다. 이곳에 세금을 못 낸 집의 여아를 잡아와서 만든 하렘도 있고 황제가 이들을 간택하던 호수도 남아있었다.

일행은 다시 부하라의 시장거리를 둘러보고 구 부하라 중심에 있는 순례자의 숙소 라비하우스도 둘러보았다. 이어 부하라의 상징이라는 칼란 미나레트와 칼란 모스크도 방문했다. 거의 50m 높이의 이 미나레트(이슬람의 탑)는 사막의 등대 역할도 하고 기도 시간을 알리는 곳으로도 활용되었다는데 그 옆에 모스크는 무려 12,000명이 들어가는 예배 장소라고 한다. 그 앞에는 중앙아시아에서 가장 오래된 신학교인 울르그벡 메드레세가 있다. 7세기 이전에 축조된 부하라의 마르크성은 부하라 칸국의 왕들이 거주하던 곳으로 드넓은 광장이 남아 과거 거기서 펼쳐지던 시장의 규모를 짐작케 한다.

저녁에는 이슬람사원인 나지라지반베기 메드레세 정원에서 우즈벡 전통음악과 춤 공연을 보면서 식사를 했다. 공연은 대부분 그곳에서 파는 옷을 선전하기 위한 패션쇼 같았다. 식탁에 홍차 주전자가 나왔다. 마시고 싶은 대로 마시라는 뜻이다.

다음날은 기차로 사마르칸드로 이동했다. 역시 유네스코 세계문화유산으로 지정된 곳으로 옛 실크로드의 중심지 가운데 하나다. 이곳에 있는 아프라시압 박물관에는 한국인들이 관심을 갖는 벽화가 있었다. 고구려인으로 추정되는 인물들이 황제를 알현하는 장면이다. 새털 깃을 머리에 장식한 고구려인들이 그 옛날 천산산맥을 넘어 그곳까지 왔다니 상상만해도 대단함을 느끼지 않을 수 없다. 《왕오천축국전》을 쓴 혜초 스님이 이곳에서 6개월을 머물렀다는 이야기나 당나라 장군이 된 고구려 유민의 후손 고선지가 구차에 주둔하며 이곳을 정벌했다는 이야기도 그냥 들리지 않는다.

사마르칸드에서 14세기 우즈베키스탄의 영웅 아무르 티무르의 묘인 구에르미르와 모래광장이라는 뜻을 가진 레기스탄 광장을 방문했다. 광장에선 마침 큰 음악경연이 벌어지고 있었는데 그 광장을 둘러싼 3개의 사원이 볼 만하다. 사원의 천정과 벽의 장식이 대단히 화려하다. 모스크는 예배용으로만 이용하지 않고 요즘은 물건을 파는 곳이 되어있어 묘한 감을 느끼게 한다. 그곳에 우즈벡인들의 파란 찻주전자도 눈을 끌고 일본인들이 좋아할 것 같은 이도다완 같은 큰 한국식 주발 찻잔이 많이 있는데 놀라게 된다. 티무르가 가장 사랑했던 왕비 비비하눔을 위해 건축하다가 왕비의 배반으로 중단했다는 비비하눔 모스크도 돌아보았다.

북부는 홍차, 남부는 녹차

도중에 우즈벡의 카페 모습을 볼 수 있었다. 실외에도 식탁을 배치하고 있는 것으로 보아 저녁의 차 모임이 상상이 간다. 우즈베키스탄에선 찻주전자를 초이낙이라고 하고 찻잔을 피욜라라고 한다. 피욜라도 지방에 따라 크기가 다르다. 수도인 타슈켄트같이 북부 지방은 비교적 크기가 작지만 다른 지방은 좀더 큰 피욜라를 쓴다. 타슈켄트인들은 작은 잔을 쓰는 만큼 계속 차를 따라주는 것이 보통이다. 따뜻할 때 많이 마시라는 친절의 표시라고 할 수 있다. 하지만 시골 사람들은 실용성을 취해 큰 잔으로 마신다. 이들이 손님을 대접할 때는 차를 잔에 가득 부어주지 않고 반쯤은 비워둔다고 한다. 계속 따뜻한 차를 마시라는 표시라고 한다. 우즈베크인은 찻잎을 순수하게 말린 차를 선호하지만 그 역시 지역의 차이가 있다. 타슈켄트 같은 북부 지역에서는 코라초이(홍차)를 즐기고 남부 지역에선 콕초이(녹차)를 즐긴다. 우즈베크인들에게 있어 차는 일상이며 삶 자체라 할 수 있단다.

저녁에 기차로 다시 타슈켄트로 돌아왔다. 중앙아시아에서 세 번째로 큰 사원이라는 하스트 이맘사원을 방문했다. 우즈벡 이슬람의 중심지라는 표지판도 달려있다. 그 안쪽으로 세계3대 코란을 소장하고 있는 무보락 박물관도 보고 아무르 티무르 박물관도 찾았다. 1991년 우즈벡 독립을 기념해 마련된 독립기념광장도 보고 1960년대에 있은 타슈켄트 지진을 기념하는 기념조각상도 장관이었다.

이미 기원전에 알렉산더의 침공을 받고 5세기에 봉건국가 형태를 갖추었지만 동서양의 무역로의 중심지라는 지정학적 위치 때문에 8세기에는 아랍인들이, 13세기에는 몽골의 칭기즈 칸이 이곳을 정복해 통치하였다. 14세기에 민족영웅 아무르 티무르가 출현하고 그의 손자 우르그벡의 시대에는 세계적인 천문학 연구의 중심이 되었지만 소련방에 편입되어 우즈벡의 역사 문화가 말살되는 위기도 겪어야했다. 그러나 이제 독립한 우즈베키스탄은 중앙아시아 지역의 중심부에서 이슬람 전통과 함께 새로운 현대 사조를 받아들이며 그들의 미래를 설계하고 있다.

극동 러시아에서 러시아차를 맛보다

그린필드 티백

인천에서 아시아나 항공편으로 러시아의 하바롭스크까지는 단 3시간밖에 걸리지 않았다. 그리 멀지 않은 거리인데도 러시아는 아직도 먼 나라처럼 느껴졌다. '관훈클럽 해외문화유적 답사단'에 끼어 러시아 땅을 밟으면서 새삼 느낀 점이다.

일행은 세대의 버스를 타고 가이드의 안내로 일정을 시작했다. 가장 러시아적인 종교라고 하는 러시아 정교회 건물, 레닌 광장과 레닌 동상, 전사자 추모탑을 돌아 디나모 공원을 거쳐 인투리스트 호텔에서 저녁식사를 했다.

호텔은 3성급으로 그리 처진 편은 아니었지만 객실에는 물을 끓이는 도구만 준비되었을 뿐 손님 서비스용의 티백 한두 개도 준비되지 않아 아쉬웠다.

대신 아침 뷔페 식당에서 일행은 커피와 차를 마실 수 있었다. 이번에는 티백이 아닌 통속에 만들어놓은 것을 따라 먹는 것이었는데 제품이 무엇인지는 알 수 없었지만 맛은 괜찮았다.

이번 여행에서 일행이 차를 대접받은 것은 여행 사흘째인 우수리스크 고려인문화센터를 방문했을 때였다. 하바롭스크에서 밤 열차로 9시간 15분을 달려 우수리스크에 도착하여 이상설 의사 기념비, 발해 옛 성터, 여진족 유물인 돌거북 귀부가 있는 도르공원, 독립운동의 아버지로 추앙되는 최재형

선생 구택을 둘러보고 현지 세미나를 위해 연해주 고려인의 활동 중심인 이곳에 왔을 때였다.

강당에는 네스커피 티백만이 아니라 한국제의 녹차 티백까지 준비되어 있었다. 그런데 이곳에서 특히 눈을 끈 것은 짙은 초록색을 띤 '그린필드 티' 티백이었다. 색깔도 고급스러웠지만 아르미늄 티백의 잘 정리된 모양이 마음을 끌었다. 그린필드 티백은 두 가지 였는데 하나는 홍차(골든 실론 불랙 티)였고 다른 하나는 녹차(플라잉 드래곤 그린 티)였다.

하지만 이 차들은 러시아제가 아니었다. 알아보니 그린필드 티는 홍차의 나라 영국 제품이었다. 이 차는 영국만이 아니라 유럽과 아시아, 중동지역에서 매우 인기가 있는 차로 러시아에서도 제일 인지도가 높고 사랑받는 차였다. 그래서 근년에는 러시아가 영국과 합작으로 이 차를 만들어 팔고 있다고도 한다. 그린필드 차는 자연의 향기를 모티브로 한 맛을 낸다는 기치 아래 요즘은 카페인 없는 카모마일 배로우 허브차로 인기를 몰고 있다는 이야기다.

알로코자이 홍차

다음날 블라디보스토크에서 묵은 현대 블라디보스토크 호텔은 4성급답게 서비스가 정비되어 있었다. 한국의 현대그룹이 러시아에 진출하여 이런 훌륭한 호텔을 운영하는 모습도 장하다고 느껴졌지만 객실에 티백이 준비되어 있어 반가웠다. 식탁에는 네스커피와 알로코자이 홍차와 녹차 티백이 두 개씩 준비되어 있었다. 홍차는 정선품이었고 녹차는 100% 실론티라고 했다. 그러나 어느 나라 제품이란 표지는 없었다. 러시아 제품이 아닌가 추측할 뿐이었지만 차 맛은 그런대로 괜찮았다.

이렇게 보면 러시아가 차의 후진국처럼 느껴지겠지만 러시아의 차문화가 그리 녹녹한 것은 아니라고 한다. 중국의 시사출판사간의 《중국세계 차문화

(中國世界茶文化)》를 보면 역사상 러시아는 중국과 직접 차 교류를 한 세계의 몇 안 되는 나라 가운데 하나다. 러시아인이 중국차를 처음 접촉한 것은 1638년으로 당시 러시아 사절이 몽골 가한에게 자달피(수달피)를 선물하자 몽골 가한이 답례로 약 64그램의 차를 선물한 것이 효시라는 이야기다. 러시아 차르가 이 차를 즐기면서 귀족들이 앞다투어 차를 마시면서 17세기 70년대엔 모스크바 상인들이 중국차를 마시게 되었다는 것이다. 마침내 청나라 강희제 때인 1679년에는 중국과의 차 장기 구매 협정이 체결되었지만 운반 문제로 차는 러시아에서 사치 음료일 수밖에 없었다. 러시아 음다풍이 널리 가정까지 보급된 것은 19세기 초에 이르러서라고 할 것이다.

쿠즈미 티의 본고장

다량의 차 소비국이 된 러시아에서 가장 사랑받는 차는 홍차였다. 그 다음이 녹차와 벽돌차(磚茶)다. 최근에는 우롱차가 유행하고 있다. 러시아의 음차 방식은 대체로 서방식과 민족식으로 구분할 수 있다. 서방식은 우유홍차나 레몬홍차를 말하며 민족식 음차 방식은 벽돌차 음차 방식으로 중국 소수민족과 유사하다. 차를 끓일 때 먼저 벽돌차를 잘게 부수어 가루를 내서 차호 안에 넣고 가열한 후 다시 우유나 향료 설탕 등을 넣어서 잘 저어서 끓여 먹는 방식이다.

그러나 실질적으로 러시아 차의 우수성을 보게 되는 것은 음차 습관보다도 차 산업 분야라고 할 것이다. 차를 마시는 데 그치지 않고 차를 국내외적으로 만들어 팔고 있는 현장이 만만치 않다는 것이다.

프랑스를 비롯한 서유럽은 물론 북미 지역에서 유명한 '쿠즈미 티'가 사실은 러시아에서 기원한 차라는 것부터가 예삿일은 아니다. 1867년 러시아인 파벨 쿠즈미초프라는 인물이 러시아의 페테르부르크에서 회사를 창업하고 차르에게도 납품한 오랜 역사를 가진 차가 크즈미 차였던 것이다. 다만

1917년 러시아 혁명 후 공산당 정권이 차문화를 배척하면서 이 회사가 프랑스로 옮겨가 서유럽을 대상으로 판매하게 되었다는 것이다. 당시 유럽에선 과일차나 잎차가 유행하여 쿠스미 티는 크게 확산되었고 지금은 유럽 전역은 물론 북미에 까지 매장을 확대하게 되었다는 이야기다.

이런 쿠스미 티의 존재가 가능했던 것은 러시아차의 역사적 뿌리가 깊어 가능했다. 유럽의 전통에서 볼 때 서구는 영국풍 차생활을 했고 동구는 러시아풍의 차문화를 생활화했다는 것이다. 그 러시아풍 차생활의 중심에는 사모바르 차의 문화가 자리잡고 있다. 주전자와 화로를 섞은 약탕기라고 할 만한 이것으로 홍차를 특별하게 익혀낸다. 그 차 도구가 한동안 사용되지 않다가 근래 차츰 널리 사용된다는 이야기다.

러시아 차문화를 이야기할 때 빼어놓을 수 없는 것이 중국 벽돌차의 애용이다. 벽돌차는 이미 제정러시아 시대에 중국에서 수입되어 귀족사회에서 크게 애용되었다. 심지어 공산정권이 집권하던 1950년대에도 중국다업공사 조이교 전차(趙李橋茶廠)가 제조한 미전차(米磚茶)가 러시아에 들어와 일부에서 애음되었다고 한다. 요즘은 중·러시아 관계가 많이 개선되면서 다시 중국차들이 러시아로 들어오고 있다는 소식이다.

하지만 아직은 러시아 극동에서 평범한 시민이 즐기는 것은 식사 때마다 나오는 러시아 과일즙 '모르스'가 대표적이고 그 이상으로 차를 즐기는 모습은 아직 생소하다는 느낌이다. 러시아인들은 분홍색 과일즙 모르스를 건강음료로 너무나 즐기고 있었다.

제8장 | 차 맛을 보며

'맛과 품질,
건강까지 보장한다'는 푸얼차

푸얼차의 맛과 도

중국 윈난(雲南) 사람들은 푸얼차(普洱茶)의 고장인 이곳에서 당연히 푸얼차를 많이 마신다. 그러나 '푸얼다도(普洱茶道)'에 대해 생각하는 경우는 거의 없다. 윈난의 민족 다속(茶俗)이 너무 많고 차의 역사와 전통이 다양하고 풍부하기는 해도 다도에 관련해서는 별로 논의되지 않는 것이 현실이다. 그것은 아마도 윈난의 차 생활습관 때문인 것 같다.

윈난 지역에서 차가 비롯하였고, 차생활이 일찍 시작되었던 대로 윈난 사람들은 지금도 초기의 음다 방식을 그대로 지키며 살고 있고, 그런 만큼 자연히 질박(質朴)하며 비교적 자유롭고 마음가는 대로 차를 마신다고 할 수 있다. 따라서 '자유수의(自由隨意)'와 '무심(無心)'이 윈난의 다도(茶道) 정신이라고 할 수 있는 것이다. 곧 '자유무애(自由無碍)', '무아무심지처(無我無心之處)'가 바로 '윈난인의 다도'라는 것이다. 이런 관점에서 보면 다도 문화가 발달한 중국의 중심부나 일본, 한국에서 '화(和)·경(敬)·청(淸)·적(寂)' 같은 것을 전제하는 것은 오히려 쉽게 차를 마시는 것을 어렵게 하고 형식에 치우치게 할 우려가 있다고 할 수 있다.

윈난 사람들이 푸얼차를 마시는 때에는 그저 마음 내키는 대로 마시고[隨心而喝], 뜻 가는 대로 마신다[隨意而飮]. 질박간단(質朴簡單), 자유수의(自

由隨意), 서괄자여(舒适自如)하여 도(道)의 가운데 있어도 그 사실을 알지 못하는 경지에까지 이른다고 할 것이다.

그럼에도 불구하고 윈난 차인들은 '푸얼다도'의 기본 정신에는 세 가지 맛[三味]이 있다고 말한다. '진미(眞味)', '화미(和味)', '박미(朴味)'가 그것이다. 진미는 푸얼다도의 참된 성품, 참된 뜻, 참 고요함[眞靜], 진자연, 진정신(眞精神)을 말한다. 푸얼다도의 가장 중요한 정신은 참됨을 구하는 데 있다. 사물의 진실한 성질을 추구하는 것이다. 우주인생의 참된 성품을 찾는다는 것이다. 중국사상에는 물론 유교적인 것, 불교적인 것, 도교적인 것이 모두 포함되어 있다. 푸얼차의 다도에도 마찬가지로 이들 사상적 진성(眞性)과 진미(眞味)가 포함된다고 할 것이다.

푸얼차의 진성과 진의는 공간적 시간적 함의가 있다. 우선 푸얼차는 차마고도(茶馬古道)와 상관이 있다. 푸얼차는 차마고도를 통해 이동하였으며 사면팔방으로 멀리멀리 전파되었다. 푸얼차의 장점 가운데 하나가 보관이 쉽고, 운반이 편리하다는 점이다. 그렇게 푸얼차는 차마고도를 통해 멀리 이동하고 오래 전파되는 사이에 그 명성을 유지할 수 있었다. 독특한 품질과 향미(香味)를 갖는 차의 명성이 공간적으로 시간적으로 형성된 것이다. 따라서 어떤 이는 '푸얼차는 공간과 시간을 통해 형성된 기묘한 산물이며, 자연 우주적 기묘한 산물'이라고 말하기도 한다. 다른 어떤 종류의 차도 이렇게는 표현할 수 없다는 정도의 평가를 하고 있는 것이다. 푸얼차의 향미는 자연의 '담미(淡味)'를 담고 있다. 차를 '맑은 맛'이라고 말하지만, 푸얼차의 경우는 맑지만 가볍지 않고[不薄] 맑은 가운데 순후(醇厚)하며, 맑은 가운데 지극한 맛[至味]이 있어서 그야말로 차의 진미(眞味)를 가지고 있고, 따라서 맛 가운데 지극한 도가 있다고 할 수 있겠다.

박미(朴味)는 푸얼다도의 질박, 고박(古朴)한 기운과 정신을 말한다. 윈난에는 일종의 천연스런 고박의 기운이 있다. 역사 지리적으로 민족에 그런 성품이 있다는 말이다. 윈난은 중국의 영향과 세계의 영향을 받으며 존재해

왔다. 그러나 윈난의 질박함은 다른 곳에서 잃은 것을 보전하여 보여주는 면이 있다. 지금 세계가 과학기술 만능주의에 빠져 있지만 궁극적으로 인간성의 존엄을 잃으면 그것은 가치 없는 것이다. 생활의 편의를 이루는 것도 중요하지만 자연의 삶, 천진난만의 삶, 쾌락 활발한 삶의 모습을 잃어서는 의미가 없다. 푸얼차를 마시면 혼탁한 현대사회에서도 고대인의 자연스러움, 질박함, 벌거숭이로 태어난 상태, 천지대도적 상태로 돌아가는 힘을 얻을 수 있다는 말이다.

푸얼차의 전파와 거래

푸얼차가 차마고도를 통해 티베트와 중앙아시아로 전파된 것은 이미 오랜 옛날부터였다. 하지만 푸얼차가 정식으로 배를 이용해 구미로 전파된 역사는 그리 오래지 않다. 차에 관한 기록을 다루고 있는 《윈난다전(雲南茶典)》에 의하면 청나라 황제 건륭(乾隆)이 80세에 이른 1792년에 영국의 축수사절단이 중국에 왔을 때, 청국이 그 답례로 영국의 조지3세에게 푸얼차를 선물한 것이 가장 먼저라고 한다. 이때 영국 사절들은 중국의 진귀한 차를 상당량 가지고 영국에 돌아갔으며 그것이 유럽에 푸얼차를 소개하는 계기가 되었다.

그러나 현재 중국이라고 해서 푸얼차가 어디에나 널려있는 것은 아니다. 있더라도 저가품은 접할 수 있을지 모르나 고가품이 구비된 곳은 쉽게 찾기 어렵다. 그런 가운데 중국의 차 전문지 《해협다도》는 푸젠성 푸저우(福州) 료시(鬧市) 전당항(錢塘港)의 차 전문점 '융태창(隆泰昌)'과 그 집주인 황서광(黃曙光)을 소개하고 있다.

황서광은 원래 무원(婺源)에서 태어나 그곳의 녹차 문화에 익숙했다. 나이가 들어 광동 등지로 가서 차를 팔았다. 당시 광동의 푸얼차 수장가는 료지봉(廖志鋒)이 유명했다. 그는 1980년대 초에 푸얼차를 수장하기 시작하여 대단한 차인으로 추앙되었다. 그는 여러 가지 진품을 수장한 것으로 유명하였다. 그는 쿤밍(昆明) 차창의 3천여 종의 차도 가지고 있었다. 또 윈난차로 유명한 도무(刀武) 노인의 노차(老茶)도 수집하고 있었다. 도무 노인의 가문에서 만든 전통 금과푸얼(金瓜普洱)도 있었다.

그러나 2000년대 초까지만 해도 푸저우의 애차인은 적지 않았으나 정말 좋은 전통 푸얼차는 찾아 맛보기 어려웠다. 이런 때 황 노인이 오래된 차를 가지고 들어와 여러 차인들에게 맛을 보였다. 그리고 마침내 2007년 1월 8일 융태창을 개업하기에 이른 것이다. 융태창에는 다종다양의 노차가 구비되어 있다. 따라서 황 노인은 스스로 전국 푸얼차점 가운데서 자기의 푸얼차점에 푸얼차가 가장 많다고 자랑한다.

그는 융태창의 세 가지 보물도 있다고 한다. 그 하나는 푸젠의 가장 중요한 일주금과공차(一柱金瓜貢茶)로 구룡산(九龍山)의 야생차를 채취해 자기 가문에서 만든 500근짜리 대형차다.

또 하나는 가장 큰 양괴생병차(兩塊生餅茶)로써 1998년에 만든 직경이 1m나 되고 중량이 99근이나 되어 당시 많은 매체에서 보도한 바 있는 제품이다. 지금은 전국적으로 8편이 있고 다른 곳에 2편이 보관되어 있다.

또 다른 하나는 100년이나 된 노차다. 산차(散茶) 계통인데 윈난의 도무 가문에서 만든 것이다. 이런 최고급 푸얼차만 좋은 것은 아니다. 얼마 전 필자가 《차의 세계》사를 방문하였는데 그때 최석환 발행인이 방금 중국여행에서 가져온 좋은 푸얼차가 있다고 하면서 맛보여 준 차의 맛도 만만치 않은 수준이었다. 차의 크기는 우리 주발 정도였는데 얄팍해서 그리 무겁지는 않았다. 전형적인 타차라고 할 것이다.

차의 표면에 찍혀진 글씨를 보니 '부귀푸얼천하(富貴普洱天下)'라고 붉은 글씨로 인쇄되어 있었다. 그리고 작은 글씨로 제조원을 표시했는데 분명하게 잘 보이지는 않았다. 최석환 발행인 말로는 윈난 멍하이 차창(猛海茶場)에서 1996년에 만든 것이라고 들었다는 것이다. 고급 푸얼차를 거래하는 중국인이 우리 돈으로 60만 원을 요구하더라는 이야기다. 이보다 훨씬 비싼 푸얼차가 있는 만큼 값이 중요한 것은 아니다. 맛이 문제이고 질이 문제다.

최석환 발행인은 그 푸얼차의 한쪽을 뜯어내서 다탕에 넣고 끓인 물로 찻물을 우리기 시작했다. 그리고 우선 나와 자신의 찻잔에 반쯤 우려낸 차를 따라 내놓았다. 차 빛깔은 전형적인 푸얼차의 색깔이다. 검다 못해 붉은 기운이 날 지경이었다. 잔을 드니 우선 차 향기가 진동했다. 차 맛은 부드럽고 향기로웠다. 역겨운 향도 없었다. 푸얼차는 발효차이기 때문에 어떤 것은 곰팡이 냄새가 나는 경우도 있는데 이건 그저 맑고 부드럽다는 느낌이었다. 두 사람이 계속 물로 우려내서 각각 15잔가량을 마셨는데도 차의 색깔이나 향이나 맛이 흐려지지 않고 한결같았다. 그 차를 다음 날 다시 마셔도 변하지 않을 것 같았다. 고급 푸얼차의 실체를 확인하는 순간이었다.

차가 아무리 좋더라도 건강에 좋지 않다면 큰 문제다. 차가 좋다고 너무 많이 마실 경우에는 몸을 해칠 경우도 있다고 한다. 맛에 취해 마시다보면 위나 장에 부담이 되는 경우도 있고 목구멍의 피부를 깎아 먹는다는 이야기도 들리는데 좋은 푸얼차는 마시는데도 부드럽고 많이 마셔도 역겨움이 없다. 그 때문에 푸얼차가 건강을 돕는다는 주장이 설득력을 얻을 것 같다.

윈난 푸얼차와 프랑스 포도주

윈난 푸얼차와 프랑스 포도주를 비교하는 사람들이 있다. 그만큼 상당한 유사성이 있다는 이야기다. 중국의 차 전문지 《해협다도》도 그런 류의 비교를 하고 있다. 첫째 유사점은 '오래 되었다[陳]'는 것이다. 푸얼차는 몹시 오래됐고 향기롭다. 윈난의 청록차를 긴압차로 만든 것이다. 장시간에 걸쳐 자연스럽게 묵히는 과정에서 미생물이 천천히 작용하여 푸얼차의 독특한 묵은 향기를 만들게 되는 것이다. 흔히 생차를 창고에서 20년 내지 40년 보관하면 그런 묘한 합성작용이 일어난다는 것이다. 좋은 포도주 역시 오래 묵힌 것이다. 그 점에서 둘은 매우 흡사하다. 중국의 백주(白酒)도 그렇게 오랜 숙성 과정이 있다. 장기간 묵히는 과정에서 서서히 방향물질이 생겨나는 것이다. 물론 모든 것이 한 모양은 아니다. 세심한 처리가 중요하다.

둘째 유사점은 산지의 요구다. 지역이 조금만 변해도 차이가 생긴다. 포도주의 풍미에도 큰 영향을 끼친다. 프랑스에서도 계절별로, 숙성 시간별로 포도주의 맛이 현저히 다르다. 윈난 푸얼차도 차밭이 어느 산에 있는가, 혹은 어느 구역에 있는가에 따라 차이가 있다. 찻잎 품종의 미세한 차이가 품질을 결정하기도 한다. 전통 제작 방법의 차이도 마찬 가지다.

셋째 유사점은 붉은 보석의 색깔을 띤다는 점이다. 붉은 루비 빛깔이 바로 공통적이다. 루비는 붉지만 아주 맑은 모습이고, 포도주의 빛깔도 마찬 가지다. 또 포도주를 마시면 깊이 취한다. 자연에서 묵힌 푸얼차도 빛깔이 루비같이 붉다. 기름처럼 맑고 청결한 모습이다.

넷째 유사점은 평가 방법이다. 포도주 평가나 품차는 방법의 기본이 같다. 냄새를 맡고[聞香], 색깔을 보고[觀色], 조금 입속에 넣고 혀를 돌려 맛보는 등 '색(色)·향(香)·미(味)'의 감수를 요구한다. 맛을 평가하는 방법이 일치한다는 말이다.

이렇게 푸얼차와 포도주는 상당한 유사점을 가지고 있다. 그러나 중요한 것은 우수한 푸얼차를 얻는 데는 상당한 인내심과 주의가 필요하다는 점이다. 차를 따는 시기, 찻잎의 품종, 차가 나는 지역, 가공 방법, 보전방법 등등 차 만드는 이의 특별한 정성이 필요하다.

이런 저런 조건들 때문에 윈난 푸얼차가 모두 같은 평가를 얻는 것은 아니다. 석곤목(石昆牧)은 '경전푸얼명사석의(經典普洱名詞釋議)'에서 윈난 푸얼차를 산지에 따라 네 가지로 분류하고 있다. 남나산(南糯山)의 시솽반나 산구(西雙版納産區), 경매산(景邁山)의 푸얼산구(普洱産區), 맹고(猛庫)의 임창산구(臨滄産區), 창녕현(昌寧縣) 고차수군락(古茶樹群落)이 있는 보산 산구(保山産區)가 그것이다. 이들은 모두 고수(古樹)에서 봄철에 채취한 산 차류(散茶類)로 차의 품질이 뛰어난 것으로 알려져 있다.

푸얼차 탐구

제갈량의 푸얼차

윈난의 시솽반나은 사람들의 심령을 흔드는 아름답고 풍요로운 곳이다. 일 년 내내 푸른 나무로 둘러싸여 있는 곳이기도 하다. 원시 삼림 가운데는 수많은 기이한 꽃과 나무, 진귀하고 희귀한 동물들이 뛰어논다. 그러나 더 중요한 것은 이곳이 차의 고장이라는 점이다. 시솽반나 가운데에서도 멍하이현(猛海縣)은 중요 차 산지다. 그 때문에 '다엽성(茶葉省)'이라는 명성이 있고, 매번 차의 계절이 되면 이 지역 도처에서 차의 향기가 넘쳐난다. 품질이 가장 뛰어난 푸얼차가 바로 이 현의 남나산(南糯山)에서 생산된다.

남나산 차에 관한 유명한 전설이 전해오고 있다. 삼국 시대 촉의 군사 제갈량(諸葛亮, 자는 공명(孔明))이 병사를 이끌고 남방 정벌에 나서 맹획을 칠종칠금(七縱七擒)하며 남나산을 지나게 되었다. 사병들이 기후 풍토가 맞지 않아 눈병을 앓아서 군대를 출동시켜 전쟁을 할 수 없었다. 이에 제갈공명이 지팡이 하나를 들어 남나산 병영의 돌 위에 꽂았더니 그 지팡이가 순식간에 한 그루 차나무로 변했고, 나무에서 새파란 찻잎이 자라났다. 병사들이 기뻐 날뛰며 찻잎을 따다가 끓여 마셨고, 차즙을 마시자 눈병이 바로 나았다.

이렇게 해서 남나산에서 첫 번째 차나무가 출현했고, 이로부터 사람들은 이 산을 '공명산(孔明山)'이라고 불렀으며 산 위의 차나무를 '공명수(孔明樹)'라고 불렀다. 제갈량이 육우(陸羽)를 대신해서 이곳에서 '다조(茶祖)'로 불리게 된 것이다. 심지어 윈난에서 매년 제갈량의 생일에 현지 백성들이 차를 마시면서 달을 감상하고 공명등을 밝혀 다조인 제갈량을 기념하기도 한다. 수령이 800년이나 되는 다왕수조차 제갈량이 심은 나무라고 하면서 백성들이 차를 채취할 시기가 되면 언제나 여기에 술을 차려놓고 성대하게 제사를 지내는 것이다.

그러나 실제로는 윈난은 세계적인 차의 고향으로 제갈공명이 출생하기 훨씬 이전부터 차나무가 있었다. 그럼에도 사람들이 제갈량을 높게 숭배한 나머지 푸얼차가 제갈량의 제조품인양 되고만 것이다. '푸얼(普洱)'은 원래 윈난 남부에 있는 한 현의 이름이다. 원래는 차의 산지가 아니라 차 무역의 중심지로 차의 집산지이자 차 시장에 불과하였다.

시솽반나을 비롯한 난창강 연안의 각 현에서 보내는 차가 이곳에 모여, 가공되어 각지로 운송되고 판매되었다. 남송의 이석(李石)은 그의 《속박물지(續博物志)》에서 "서번지(西藩之)가 푸얼차를 사용한 것은 당나라 때부터다."라고 말했다. '푸얼차'란 이름이 시작된 근거다. 강(康) 지역이나 장(藏, 티베트 위치) 지역에서 사람들이 푸얼차를 마시기 시작한 것은 당나라 시대부터였다. 하지만 명나라 시대부터 푸얼차는 단차(團茶)로 만들어졌다. 청나라 시대에는 매우 성대하게 발전했다. 명성이 천하에 널리 퍼져 차를 만드는 사람이 수십만에 이르고 차를 파는 상인들이 이를 수매해 각지로 운송하게 되었던 것이다.

푸얼차 만드는 법

푸얼차 만드는 법은 다른 차를 만드는 것과 크게 다를 것은 없다. 하지만 반드시 거쳐야 할 절차가 있다. 차의 푸른 잎 색깔을 빼는 살청(殺靑), 손으로 주무르고 비벼서 뭉쳐놓는 유념, 적절하게 말리는 건조, 그리고 가장 중요한 것으로 충분한 발효 숙성 과정인 후숙의 단계이다. 윈난의 차는 이런 공정을 거쳐야 비로소 푸얼산형차(普洱山形茶)가 되는 것이다. 보이산형차가 된 연후에 다시 찌고 모양을 만드는 증압을 거쳐 타차(沱茶)도 되고, 병차(餅茶)도 되고, 방차(方茶)도 되며, 긴차(緊茶)도 된다.

타차는 푸얼차 가운데 상품(上品)에 속하는 차로 주발 모양을 하고 있다. '타차'라는 이름은 쓰촨(四川)성의 타강(沱江) 일대에서 판매되었기 때문에 생긴 것이라고 한다. 다른 설명은 이 차의 옛 이름이 '단차(團茶)'였는데, 이것이 '타차'와 발음이 서로 상통하기 때문이라고 한다. 또 다른 설명은 차를 목타수(穆沱樹) 잎으로 만들기 때문이라는 견해조차 있다. 이렇게 의견이 분분한 가운데 푸얼차의 명성은 점점 높아졌고 타차의 명성 또한 드높아만 갔다. 뒤에 쓰촨 충칭(重慶)에서도 타차가 생산되었는데 품질은 그보다 조금 못 미쳤다.

또 병차는 원차(圓茶: 둥근 차)라고도 하는데 타차와 방차를 정제한 부산물을 압착하여 만든다. 둥근 떡 모양을 하고 있는 것이 특징이며 큰 것과 작은 것으로 나누기도 한다. 대병 곧, 큰 떡은 칠자병차(七子餅茶)라고도 하는데, 일곱 개가 한 통에 들어가기 때문에 생긴 이름이다. 방차는 가늘고 연한 푸른빛을 띠고 있는 차 원료를 정사각형 형태로 만든 것이다. 그 표면에는 '푸얼방차(普洱方茶)'라는 글자를 새겨 넣었다. 긴차는 흑조차(黑條茶) 상태의 차를 비벼서 심장 형태로 만들어 놓은 것을 말하고, 빛깔과 광택이 검은색을 띤다.

그러나 푸얼차의 연원을 거슬러 올라가면 대체로 크기가 다양한 단차형태가 주류를 이루었다. 큰 것은 한 덩어리(團)가 다섯 근으로 사람 머리 모양을 하고 있다고 하여 '인두차(人頭茶)'라고도 했다. 이 차는 춘첨(春尖: 입춘 철에 뾰족하게 솟아나온 찻잎) 등의 고급 원료로 만들었으며 황실의 공납품으로 진상되었다. 청나라 시대에 만들어진 인두차가 요즘에도 완전한 형태로 보전되고 있는 것을 보면 그 품질을 인정하지 않을 수 없다. 작은 것은 '소단차(小團茶)' 혹은 '소아차(小兒茶)'라고 하는데 부녀자들이 곡우 이전에 채취한 것으로 한단의 무게가 대략 4냥 정도가 된다.

푸얼차의 약효

'목마름을 해소하고 배를 채워준다'는 것은 물론 '잠을 쫓고 머리를 맑게 한다'는 것이 선가(禪家)에서 오래 전부터 전해오는 말이다. 차의 맛이 오묘하다거나 잡병을 낫게 하는 치료적 효과가 있다는 이야기도 어제오늘 거론된 것은 아니다. 특히 푸얼차에 효능이 더욱 강조되는 경향이다. 푸얼차는 원래 나무 모양이 큰 교목형, 큰 잎 종류인 대엽종에서 채취한 찻잎으로 만든다. 차나무의 키가 크고 잎이 커서 페놀류와 카페인 성분이 많고 수분 함유량도 높다. 이 때문에 푸얼차는 갈증을 풀어주고 정신을 맑게 하며 장기간 음용할 경우 이질을 치료하고 혈액 안의 지방과 콜레스테롤 함량을 저하시키는 약효가 분명하게 드러난다. 따라서 영양학자들은 '푸얼차는 대자연이 우리 인류에게 준 천연의 가장 뛰어난 한약처방'이라고 말하기까지 한다. 물론 푸얼차는 중국의 윈난(雲南)에서 만들어진 차이지만 그곳에만 존재하는 것은 아니다. 푸얼차는 일본에도 있고 프랑스에도 있으며 독일과 이탈리아, 동남아시아 나라들과 한국에도 있다. 심지어 홍콩이나 마카오, 대만 등에서도 볼 수 있다. 모두 '미용차(美容茶)', '감비차(減肥茶: 비만을 줄이는 차)', '익수차(益壽茶: 수명을 더하는 차)', '수신차(瘦身茶: 몸을 마르게 하는 차)' 등의 이름으로 알려지고 있다.

청나라 시대 사람 초학민(超學敏)이 편찬한 《본초강목습유(本草綱目拾遺)》의 제6권에 '나무부문[木部]'에서 설명한 것을 보면 "푸얼차는 능히 100가지 병을 치료할 수 있다. 이를테면 배가 더부룩한 두창(肚脹), 몸이 으슬

으슬한 오한(惡寒), 땀이 심할 때, 입이 터지고 목구멍이 아플 때, 열이 있고 통증이 있을 때 적당히 마시면 좋다.”고 하였다. 이는 푸얼차의 약용 효과를 거론한 비교적 초기 자료라 할 것이다. 이후 청대에는 푸얼차의 약효에 대해 수많은 기록이 나오고 있다. 왕사웅(王士雄)의 《수식거음식보(隨息居飮食譜)》에서는 ‘차 맛 가운데 씁쓰레한 맛은 달고도 청량하여 마음과 정신을 맑게 하며 걱정을 없애고 간담을 상쾌하게 하며 열을 내리고 염증을 없애며 폐와 위를 가라앉히고 눈을 맑게 하고 해갈하며 풍담을 토하게 하고 육식소화를 잘 시키며, 여름의 복통과 곽란 이질 등의 증상이 생길 경우 푸얼차를 마시면 즉시 낫는’고 하였다.

《본경봉원(本經逢原)》에도 푸얼차는 ‘설사를 그치게 한다’고 하였다. 《본초강목습유(本草綱目拾遺)》에도 ‘푸얼차는 기름기를 해소하고 소고기와 양고기의 독성을 풀어주며 담기를 내리고 장을 토하게 하며 술을 깨는 데 제일 좋고 소화 작용에도 좋다’고 하였다. 《보제방(普濟方)》에서는 대변의 하혈을 고치고 복통을 낫게 하며 술의 독을 깨게 한다는 효능을 설명하고 있다. 《험방신편(驗方新篇)》에서도 두통과 코 막힌 데 푸얼차가 효험이 있다고 하였다. 푸얼차의 효험은 이렇게 옛날 문헌에만 나오는 것도 아니다. 근래 중국 학계의 연구 역시 푸얼차의 약효에 대해 보다 더 많이 부연하고 있다. 호남의학가 조진(曹進)은 푸얼차의 치과적 연구를 통해 구강질병 효과를 증명하였으며 항균작용, 소염작용을 확인하였다. 윈난의 쿤밍의학원은 푸얼차의 항암작용을 연구하고 있으며 윈난 차업진출구공사지(茶業進出口公司志)는 윈난 푸얼차를 장기적으로 마신 사람의 40% 이상이 체중감량을 이루었다고 보고 하였다.

중국의 차 전문지 《해협다도(海峽茶道)》 최근 호의 보도에 의하면 프랑스의 여러 대학연구기관에서 중국 윈난 푸얼차에 대한 다양한 효능을 확인하고 있다고 했다. 파리 안토니의대의 한 연구 결과, 비만환자를 대상으로 푸얼차의 감비(減肥) 효과를 비교해 비만 정도가 현저히 줄어든다는 것을 확인하였다. 특히 40~50대의 경우에 효과가 컸다는 보고다. 다른 종류의 차를 같은 양 마신 환자의 경우는 별다른 변화가 없었다.

푸얼차 같은 차를 만들어야 한다

효능이 강조되면서 푸얼차의 가치가 천정부지로 높아지고 있다. 그 때문에 좋은 푸얼차를 확보하면 돈이 된다는 생각이 퍼지면서 '사재기'와 '투기현상'이 일어나고 있다. 이런 사태의 결과물로써 최근 말레이시아 하이오(海鷗) 그룹은 세계 최초의 푸얼차 펀드를 선보였다. 하이오 그룹은 작년 11월 6일 푸얼차에 투자해 수익을 올리는 1억 위안(약 130억 원) 규모의 'KSC 대체투자펀드'를 출범시킨 것이다. 3년 기간의 이 펀드는 푸얼차를 금융투자 상품화한 세계 첫 사례라는 점에서 업계의 주목을 끌었다.

이와 함께 주목되는 것은 하이오 그룹이 내년 중 말레이시아에다 중국 윈난의 푸얼차를 가져다 숙성시키는 28ac(약 4만 3천㎡) 규모의 차 창고를 건립하는 것이다. 푸얼차 차 창고는 지금까지 쿤밍, 광저우, 베이징 등 세 곳에 있었으나 이번 말레이시아 차창 설립으로 중국 푸얼차의 세계화가 촉진될 것이다. 이럴 경우 샤관 등 중국 윈난성 푸얼차 재배 4대 생산 공장들도 하이오 푸얼차 펀드를 통해 해외 진출이 이뤄질 가능성이 높아졌다.

푸얼차는 차창에서 숙성과정이 길어지면 길어질수록 그 가치가 높아진다는 점에서 푸얼차의 세계 진출은 더욱 박차를 가하게 된다. 이 같은 푸얼차의 약진을 지켜보면 자연스럽게 우리 차 산업의 미래가 대비될 수밖에 없다. 푸얼차는 이미 국내에서도 그 명성을 떨치며 엄청난 수량이 공급되고 있고, 또한 엄청난 금액이 중국으로 넘겨지고 있다. 우리나라에서 푸얼차는 상류사회의 차로 자리매김하고 있고, 건강을 위한 필수 차로 인정받고 있다. 그 때문에 한국차의 본거지라 할 수 있는 하동 지역에도 푸얼차 가게가

침투하고 있다는 한숨 섞인 이야기까지 들려오고 있다.

이런 상황이라고 해도 우리 차계가 두 손을 놓고 있을 수만은 없다. '호랑이굴에 끌려가도 정신만 차리면 산다'는 우리 속담처럼 우리도 우리 차의 세계화를 위해 치밀하고 정성어린 준비를 해야 한다. 차 한 덩어리를 다탕에 뜯어놓고 물을 부어가며 이틀 동안 마셔도 계속 같은 빛깔의 맑고 향기롭고 부드러운 차를 우려낼 수 있는 푸얼차의 품질을 보면서 여기에 맞설 수 있는 우리 차를 연구 개발하여 보급하는 차계의 노력이 절실하다.

고수차만 한나절 마신 차회

긴 겨울 추위를 떨어버릴 것 같은 화창한 날씨가 몸과 마음을 한결 누구러뜨리는 오후다. 《차의 세계》 최석환 사장이 특별한 찻자리가 일산에서 펼쳐진다고 해서 따라 나섰다. 4월 16일 토요일 오후 2시반 쯤 고양시 장항동의 마이다스 오피스텔 924호를 찾았다. 문 앞에는 '서경호(瑞慶號) 푸얼차 연구소'라는 작은 간판이 붙어있었다. 문을 열고 들어서니 주인인 허동창(許東昌) 사장과 몇몇 다우들이 우리를 반갑게 맞는다.

방안을 둘러보니 한쪽 벽이 온통 푸얼차로 가득 차 있다. 그냥 푸얼차가 아니다. 모두 '서경호'라는 표시와 '노반장', '정가채' 같은 지역 표시가 있는 고수차(古樹茶)들이다. 서경호는 옛날에 고급 푸얼차에 붙어있던 '호급차(號級茶)'의 품질을 복원하려는 허동창 사장이 자신의 차에 붙인 브랜드명이고 지역명들은 그 호급차를 생산하는 지역들의 이름이다. 이들 지역들이 모두 고차수(古茶樹)에서 찻잎을 채취해 차를 생산하고 있다는 것이 특이하다.

고차수는 100년 이상 된 차나무를 말한다고 한다. 중국농업과학원에서 정의한 바로는 200년 이상 된 차나무를 고수차, 100년에서 200년 된 차나무를 대수차(大樹茶), 100년 미만의 차를 모두 대지차(台地茶)라고 하였으나 현지에선 대지차를 재배차, 집 근처에 심은 수령이 30년 정도의 오래지 않은 차를 실생묘(實生苗) 혹은 소수차(小樹茶)라고 한다. 소수차는 비록 고차수는 못되지만 대지차와는 엄연히 구분되는 좋은 성분을 가지고 있다는 인식이 지배적이란다. 다만 문제는 중국이 자랑하는 푸얼차들이 거의 고차수나 소차수가 아니라 대지차 잎으로 만들어지고 있다는 점이다. 구하기도 힘들고 따라서 생산비가 엄청난 고수차에 비해 비료와 농약으로 키운 대지차로 푸얼차를 만드는 것이 이익이 훨씬 크기 때문이다. 하지만 그렇게 만들어진 푸얼차가 인체에 유해할 것은 두말할 것이 없다. 농약 범벅이 되거나 쉽게 썩는 재배차의 해악을 간과할 수는 없는 일이다.

그래서 서경호는 고집스럽게 좋은 푸얼차 생산에 관심을 갖게 되었다. 건강에 도움을 주고 따라서 문화적 골동품적 가치가 있는 차를 찾아 윈난 현지를 누비다 보니 자연 고수차에 눈을 돌리게 되고 전통적인 차 제조기술을 되살려야 한다는 점에 착목하게 되었다. 10여 년의 노력 끝에 마침내 허동창 사장과 중국 서경호의 정홍익(鄭洪益) 사장은 각 지역 고수 차농들과 제휴하여 전통기술로 호급차를 만드는 데 성공을 거두었다. 2000년 당시 이무(易武)에서 민간의 전통수공으로 푸얼 차병(茶餠)을 만드는 기술을 가진 이는 장이(張毅)라는 노인 한 사람뿐이었다. 장이도 멍하이 차창에 다니다 퇴직한 먼 친척으로부터 기술을 배운 것이었다. 수공으로 차병을 만드는 순서는 찻잎을 따서 살청과 유념을 하고 쇄청 후 황엽을 가려내고 증기로 압제하여 포장하는 것이다. 그 과정에는 물론 정성이 수반되지 않으면 안된다. 그렇게하여 탄생한 것이 고수차로 만든 서경호다.

이날 그 차 맛을 보는 찻자리에는 허동창 사장을 비롯해 차문화협회 인천지부의 김선자(金仙子)회장과 홍은숙, 윤성자, 정해종 회원 그리고 유태재(俞泰在) 고려다완연구소장과 이동빈(李東彬)다우 그리고 최석환 사장과 필자 등 9명이 참석했다. 찻상의 꽃과 다식을 비롯한 다과는 여성 참석자들이 마련하여 한층 운치있는 자리가 되었다.

허동찬 사장이 손수 팽주가 되어 우려낸 차는 정가채(丁家寨)였다. 정가채는 찻잎의 폭이 좁으면서 길게 쭉 뻗어 날씬한 느낌이다. 차 맛의 여운이 길고 깊은 산림속에서 자란 고유의 야향(野香)이 짙다는 평가다. 이어 허사장이 개완(蓋碗)으로 우려낸 차는 2009년산 괄풍채(刮風寨)였다. 라오스 국경 가까운 산림에서 나오는 괄풍채는 잎맥이 굵고 선명하며 차탕은 황갈색이다. 맛은 달고 여운이 길면서 향은 그윽하여 두세 시간이 지난 후에도 입안에 향기가 이어진다는 평을 듣는 고급차다. 괄풍채 대부분의 가구는 소수민족 요족(瑤族)으로 근래에는 인근 라오스에서 나는 차와 소수차를 고수차에 섞어판다는 소문이다. 소수차는 대지차와 달리 비록 수령은 어리나 고수차와 별로 큰 차이가 없는 맛을 지니고 있으나 라오스산 차는 풍토 탓인지 맛이 영 떨어진다고 한다.

이어 마신 차는 2009년산 마흑(麻黑)이다. 마흑은 낙수동 인근의 마흑채에서 나는 차로 대만이나 홍콩 등지에 마흑차로 널리 알려져있는 차다. 차의 기운이 충만하고 운치가 잘 갖추어있어서 차 맛의 여운이 길게 이어진다. 간혹 고수차에 어린잎이 섞인 것이 있으나 최고의 맛을 지닌다는 평을 듣는다. 마흑차 다음에는 만수(曼秀)를 맛본다. 만수의 고차수잎은 비교적 길이가 짧지만 맛과 향은 대체로 좋은 편이다. 탕색은 황색이고 맛의 여운이 길다. 만수는 옛날 명성이 드높던 호급차 송빙호(宋聘號)의 맛을 빼닮았다고 하며 그 때문에 송빙호의 차청이 이곳에서 나온 것이라는 심증을 갖게 한다. 만수의 황산차(荒山茶) 또한 일품이지만 이날은 맛볼 사이가 없었다.

이어 그 유명한 노반장(老班章)을 맛보았다. 역시 2009년 산으로 차를 입에 대자마자 곧장 좋은 맛이 입안 가득 전해온다. 그만큼 맛이 패기가 있고 젊고 힘찬 남성적 기운이 있다. 차의 양강지미(陽剛之美)를 대표한다는 평을 듣는 극품이란 점을 느낄 수 있다. 하지만 노반장은 2004년 이전에는 거의 알려지지 않은 차였다. 지금은 노반장의 명성으로 노반장촌이 명소가 되었고 모차(毛茶)의 값도 천정부지로 치솟고 있다. 그 때문에 인근 방분(邦盆)이나 신반장(新班章), 노만아(老曼峨)의 차들이 노반장으로 둔갑하는 경우까지 생겨나고 있다고 한다.

이어 2005년산 경매(景邁)를 맛보았다. 노반장이 속해있는 포랑산(布郎

山)이 강외9대차산(江外九大茶山)의 하나이지만 경매 역시 강외9대차산 가운데 속한다. 강렬한 맛이 있는 노반장을 마신 다음에 곧 경매를 마셨는데도 기운이 당장 가라앉지 않는다는 느낌을 주니 이 역시 상당한 차품을 느낄수 있는 차라 할 것이다.

이번에는 1999년산 천가채(千家寨)다. 애뢰산(哀牢山) 아래 해발 2,280m에 있는 마을이다. 이곳에 2,700년 수령의 유명한 차왕수(茶王樹)가 살아 있으며 키가 큰 고차수가 무려 300여 그루나 번성하고 있다고 한다. 그런 고차수에서 천가채 차가 만들어진다고 생각하니 차 맛이 저절로 깊고 그윽하다.

이어 청차고(靑茶藁)와 2007년산 월광백(月光白)을 맛보았다. 고차수의 찻잎으로 청차고를 만들어 물어 풀어먹는 것이 청차고이고 흰 달빛이 휘황한 밤에 만들어 빛이 희다고 해서 붙여진 이름이다. 하지만 허 사장은 월광백 가운데는 대지차가 섞인 것이 적지 않다고 주의를 환기한다.

고수에서 나온 찻잎으로 만든 홍차 맛도 다른 청차들과 별로 차이가 없을 정도로 뛰어났다. 이어 이무(易武), 만전(蠻磚, 지금의 만장 曼庄), 혁등(革登), 망지(莽枝), 유락(攸樂), 의방(倚邦) 등 이른바 강내6대차산(江內六大茶山)의 차를 잇달아 맛보았다. 모두 명성에 걸맞게 자기의 특성을 가진 차들이고 향취와 품위를 지녔다고 할 차들이다. 다만 너무 좋은 차들을 한꺼번에 계속 마시고 개다가 다식과 과일을 곁들어 들다보니 맛을 구분하기 어려운 지경이 되었다. 이쯤되면 차품을 평가하는 일도 어렵게 되었다. 아무리 좋은 차라지만 한나절을 차를 마셨으니 마시는 데 지치기도 할 지경이다. 그만큼 화장실도 여러 번 드나들었다.

동석한 유태재 소장은 "이렇게 차를 많이 마셔도 아무 탈이 없고 오히려 배탈 설사를 하는 사람이나 변비를 앓는 이들이 이 차를 마시고 큰 도움을 얻었다."는 체험담을 들려준다. 다산 정약용(茶山 丁若鏞)은 차를 무척이나 좋아해서 하루도 차를 마시지 못하면 견디지 못할 정도였지만 건강을 해칠

까봐 차를 많이 마시는 것은 극력 피했다고 한다. 하지만 다산이 그의 시대에 고수차를 마실 수 있었더라면 그런 걱정을 하지않았을 것 같다.

그러자 허 사장은 차인들이 고수차와 재배차인 대지차를 구분하는 방법을 알아야 한다고 부언한다. "고수차는 뜨거운 물에서 풀어지는 모습이 일정하지만 재배차는 풀어짐이 일정하지 않고 또 차가 오래되어 심하게 마르는 경우에도 고수차는 함몰이 일정하고 기운이 살아있지만 재배차는 함몰된 모양이 일정치 않거나 썩게 된다."고 경험을 말한다. 후발효차인 푸얼차의 강점이 특히 고수차의 경우 더욱 분명히 드러난다는 이야기다.

하지만 그렇게 좋은 고수차를 중국정부가 왜 관심을 갖지않고 외국인인 한국인이 거의 독점하는 수준으로 확보하도록 두겠느냐는 의문이 생겼다. 이에 대해 허 사장은 '중국은 차농들이 거의 재배차에 종사하는데 고수차에 관심을 두게 되면 결국 비료와 농약을 사용하여 생산성을 높여야 하는 차농들을 외면하는 꼴이 되어 어쩔 수 없는 것이라는 대답이다. 국가적인 차 농사의 고충을 이해할만 했다.

그런 점에도 불구하고 서경호의 값이 만만치 않아 불만을 말하는 차인들이 적지 않다고 한다. 하지만 허 사장은 "차가 뛰어나게 좋을 뿐더러 다른 차들과는 달리 관세, 부가세, 소득세 등 80%의 세금을 당당하게 물고 정당하게 수입한 제품과 무관세(500g까지는 세금 없이 들여온다)로 은밀하게 들여온 제품과 비교할 수는 없을 것"이라고 단언한다.

쌍봉사에서 연차를 마시며

순천 송광사에서 저녁예불을 마치고 서둘러 발길을 재촉했지만 화순 쌍봉사(雙峯寺)에 도착한 것은 밤 9시가 거의 다가올 때였다. 10월 말의 찬 공기 속에 달빛조차 보이지 않아 경내가 칠흑같이 어둡다. 조금 지나자 저 멀리 요사채의 불빛을 타고 손전등빛이 다가오며 한 여인이 우리를 맞는다. 이 절에서 템플스테이와 해설사 역할을 맡아 일하는 해인성 보살이다.

해인성 보살은 여러분이 오신다고 하셔서 주지 스님이 방에서 기다리고 계시다면서 우리를 요사채로 안내한다. 서울에서 내려온 언론인 불자들은 가족들을 포함해 거의 30명이 되는데 방안에 들어가니 가득찬다. 두 줄로 배치된 탁상에 일행이 자리를 잡자 스님은 늦은 시간에 오시느라 수고하셨다면서 찻자리를 벌인다.

우선 스님은 탁상에 큰 수반 그릇을 올려놓고 거기에 준비해온 물건을 조심해 올려놓는다. 일행 가운데 한 사람이 그것이 무엇이냐고 묻자 주지 영제(靈濟) 스님은 '옥수수'라고 말을 한다. 일행이 모두 옥수수차는 들어본 적이 없다고 하면서 의아해하자 스님은 '옥수수차란 것은 농담이고 실은 연차'라고 바로 잡는다.

그러면 그렇지 옥수수차가 말이 되느냐면서 스님이 집게로 조심스레 잎을 펼치는 연잎에 시선이 집중된다. 수반에 뜨거운 물이 채워지는 가운데 스님이 펼친 연차는 연꽃 속에 차를 넣어서 특별히 향을 높인 차였다. 연차라면 흔히 연잎을 가늘게 잘라 말려서 만든 것도 있고 연꽃을 가지고 만드는 것도 있는데 쌍봉사에서 만들어 내놓은 차는 연꽃에 녹차를 넣어 꽃잎으로 잘 감싼 후 냉동시켜 사용하는 연차였다. 거기에 스님은 큰 주전자에 준비해온 뜨거운 물을 다시 부어 본격적으로 차를 만들었다. 스님이 나눠준 연차는 연꽃향과 녹차향이 어우러져 입속에서 은은한 기운을 일으키며 퍼져나갔다.

영제 스님은 연꽃이 뜨거운 기운이 있어서 그것을 그냥 마시면 사람에게도 강렬한 기운을 일으켜 들뜨게 하는 관계로 찬 기운을 가진 녹차를 첨가하여 이를 진정시키는 효과를 얻고 있다고 설명했다. 연꽃이 그처럼 뜨거운 기운을 일으킨다는 것도 놀랍지만 녹차를 열을 다스려 중정을 얻고자하는 중화제로 조화롭게 사용하는 스님의 지혜도 대단하다는 생각을 갖게 된다.

그리고 이런 연차를 쌍봉사가 모두 생산하고 있다는 것이 놀랍기만 하다. 스님은 쌍봉사에는 오랜 옛적부터 야생차가 자라고 있었고 또 연못에서 연꽃도 있으니 연차를 만드는 것이 자연스럽다는 이야기다.

이튿날 새벽예불을 마치고 공양을 마친 후 경내를 둘러보니 여기 저기 야생차를 볼 수 있다. 특히 이 절의 창건주나 진배없는 철감도윤(澈鑒道允 · 798~868) 선사의 부도와 탑비가 모셔져 있는 산 중턱 언덕 위로 올라가는 계단 주변에는 크게 자란 차나무가 여기저기서 예쁜 흰 꽃을 피우고 있었다. 계단길 주변의 차나무를 관찰하면서 발걸음을 늦추자 이 절에 사는 진돗개가 먼저 계단 위로 오르며 자꾸 뒤를 돌아보며 주춤거린다. 마치 길을 안내하는데 왜 이리 더디냐는 재촉을 하는 것 같다. 오름길의 오른편에는 대나무 숲이 형성되어있었고 거기에서 표고버섯을 기르는 듯 참나무 등걸들이 쌓여있었다. 사실은 대나무 숲에 차나무가 무성하면 죽로차를 기르기에 안성맞춤일 것이라는 생각이 들었다.

이곳에 이처럼 차나무가 무성한 것은 아주 옛날부터 차나무가 자라고 있었다는 의미도 되지만 다른 한편으로 생각하면 철감도윤 선사가 당나라에 유학하고 돌아올 때 선불교만 도입한 것이 아니라 차씨도 가져온 것이라는 생각도 든다. 그가 중국 츠저우(池州)의 남전산에서 남전보원(南泉普願) 선사로부터 심인을 전수받고 "우리 종문의 법인이 동국으로 가는구나[吾宗法印 歸東國矣]"라는 소리를 들은 선종의 기둥이었던 점도 무시할 수 없으나 '끽다거(喫茶去)' 공안으로 유명한 조주종심(趙州從諗) 선사와 함께 남전사에서 수행하던 법형제였다는 점도 간과할 수 없다할 것이다.

철감도윤은 827년 입당하여 남전 스님 밑에서 수행한 후 847년 범일 스님과 함께 귀국한 후에 신라 9산선문의 하나인 사자산문의 기초를 닦았다. 사자산문은 후일 그의 문인인 징효(徵曉)가 영월 흥녕사에서 정식으로 개산하지만 도윤은 그에 앞서 이미 금강산에서 후학을 지도하고 경문왕의 귀의를 받을 정도로 큰 발자취를 남기고 있다. 그는 귀국하던 847년 쌍봉사도 창건하였다고 한다. 절 이름이 쌍봉사라는 것도 그의 법호에서 유래한 것이라고 영제 스님은 주장한다.

하지만 일설로는 쌍봉사는 도윤 스님 이전에 이미 개창되어 있었다고도 한다. 서당지장 선사의 인가를 받고 귀국하여 동리산문(桐裏山門)을 연 혜철(慧徹·735~861)이 신문왕 원년 839년에 귀국하여 최초로 하안거를 한 곳이 무주(武州) 관내 쌍봉사였다는 것이다. 그런 견해로 보면 쌍봉사는 계당산의 쌍봉 모습을 가탁하여 지어지고 그 쌍봉사를 거점으로 활동하던 철감도윤 스님이 자신의 호를 쌍봉으로 삼은 것이라는 해석이 가능하다.

그 소종래가 어찌되었건 중요한 것은 쌍봉사가 철감도윤 스님으로 하여 유명한 것이고 이 나라에 선풍과 차맥이 존재하는 한 중시되지 않을 수 없다는 사실이다.

그런 철감도윤 스님과 조주종심 선사의 인연을 중시하는 의미에서 쌍봉사 호성전(護聖殿)에는 몇 해전 조주와 도윤 스님의 두 영정이 나란히 봉안되었다. 그러나 우리가 주목하지 않을 수 없는 것은 새로 모셔진 두 영정보다도 철감도윤 선사탑과 탑비라 할 것이다. 선사탑은 868년 신라 경문왕 8년에 조성되었는데 조각의 솜씨가 우아하고 기묘하여 아름답기 그지없어 국보

57호로 지정되었고 귀부와 이수만 남은 탑비도 보물 170호로 지정되었다.

3층 목탑으로 만들어진 대웅전은 1984년 4월 불행하게도 소실된 후 다시 지어진 것인데 석가모니 삼존상이 모셔져있다. 대웅전의 삼존상은 흔히 석존과 문수보살, 보현보살상으로 조성하는 것이 보통인데 쌍봉사의 삼존상은 부처님과 마하가섭 그리고 아난상으로 모셔진 것이 특이하다. 그 중에도 마하가섭의 미소가 파격적이다. 이밖에도 쌍봉사에는 목조 지장보살 삼존상, 시왕상 등이 일괄로 보물 1726호로 지정되어 있으며 극락전 나한전도 눈을 끈다.

이쯤해서 경내를 둘러보고 난 후 다시 보니 쌍봉사의 사격이 보통이 아니라는 것을 실감하게 된다. 철감도윤 선사가 귀국하면서 자리 잡은 곳이 이곳 전라남도 화순군 이양면 중리 계당산(桂堂山)자락이라는 것도 예사롭지 않다. 당나라에서 선법과 차를 배운 철감도윤 선사가 이 땅에 돌아와 선과 차를 일으키려고 했을 때 가장 적합한 곳으로 점지한 것이 바로 이곳이라는 점을 간과할 수 없기 때문이다. 아닌 게 아니라 이 땅은 풍토와 입지로 보아 모두 선과 차의 본거지로 손색이 없는 명당이라 할 것이다. 일행이 주지 스님과 해인성 보살의 배웅을 받으며 일주문을 나와 다시 귀로에 오르면서 뒤를 돌아보자 계당산 아래 오롯이 자리한 쌍봉사의 모습이 새삼 정겹고 의젓하게 느껴졌다.

차인들에게 문을 연 용문선원

　　제2회 세계선차아회 이틀째인 7일 아침 우리 일행은 용문사에서 산을 넘어 상원사(上院寺)로 갔다. 안내해준 스님은 차로 가니까 한 5분만 달리면 도착한다고 했지만 실제 걸린 시간은 20분은 되었다.

　　차에서 내려보니 상원사는 세상에 별로 알려져있지 않지만 만만치 않은 사격(寺格)을 갖춘 사찰이었다. 대웅전도 작지 않고 부속건물도 단출하지 않을 뿐 아니라 당당한 선원건물까지 갖추고 있다. 거기에 건물들이 새로 지은 냄새를 벗고 적당히 연륜을 갖추고 있어서 역사의 무게를 새삼 느끼게 한다. 마당 한 켠에는 두 마리 검둥이 개가 어슬렁대며 찾아온 손님을 마지한다.

　　이때 어제 행사에 참석했던 이 절 의정(義正) 선원장 스님도 오늘 행사준비를 위해 먼저 와 있다가 마당에 나와 일행을 인도한다. 의정 스님은 이절에 초행인 대부분의 참가자들을 위해 절의 역사를 간단히 설명해주었다. 산의 중턱을 차지한 절 마당에서 앞을 내다보니 절이 과시 명당자리란 것을 누구라고 느낄 수 있을 것 같다. 실제 풍수가들도 좌청룡, 우백호를 따지며 이절을 겹겹으로 감싸고 있는 산줄기를 보며 이곳이 '교과서적인 명당자리'의 요건을 모두 갖추었다고 감탄한다는 것이다. 과연 저 멀리 평평하게 전개된 산줄기 사이로 오뚝하게 홀로 솟은 문필봉까지 있으니 그럴 만도 하겠다.

　　더 중요한 것은 이 절이 태고보우 국사가 12대원을 세우고 수도한 곳이고 조선태조 이성계에게 새 왕성을 점지해준 무학 대사가 왕사를 그만두고 잠시 머물러 수행하였다니 수행처로도 만만치 않은 곳이다. 이곳은 또 효령대군의 원찰이기도 하며 일제 침략기에는 의병들의 거점이 되었다가 왜군의 피해를 입기도 했다고 한다.

의정 스님은 특히 용문선원의 현판을 가리키며 그 글씨가 조계종 종정과 백양사 고불총림 방장을 지낸 서옹(西翁) 스님이 열반에 드시기 바로 얼마 전에 써준 마지막 친필로 알려진 글씨라고 설명해준다. 선수행의 중요성에 대한 노선사의 애정이 느껴지는 유물이 아닐 수 없다.

의정 선원장 스님은 이날 우리 아회 참석자들에게 선방의 문을 열어주는 호의를 베풀어주었다. 비록 해제 중이라 해도 일반인에게 선방을 개방하는 일이 없는 것이 우리나라 선원의 일반적인 관례였지만 용문선원은 그 관례를 깨고 '선차아회' 참가자들에게 선방의 문을 흔쾌히 열어주었던 것이다.

그런 깊은 내용을 채 인식하지 못한 채 참가자들은 방을 빙 둘러 앉아서 잠시 참선의 시간을 갖고 고산차회 차인들이 마련해준 말차와 정성스레 빚은 다식을 맛보며 즐기는 시간을 가졌다. 선방의 좌선 관행은 양쪽으로 갈려 면벽하는 자세이지만 이날 차인들은 모두 방 둘레에 앉아서 방 가운데를 향해 앉아 스님의 죽비 소리를 따라 짧은 동안 정적 속에 들었다.

이 자리에선 고미술품 감상의 시간도 가졌다. 서울 강남의 해리슨 호텔이 소유한 세 점의 도자기들이다. 흔히 '막사발'로 알려진 조선의 찻사발 한 점은 500년 전의 유물답게 이날 전시품 가운데 가장 값이 많이 나갈 것이라는 소유자 측의 설명이지만 일반의 관심을 더 끈 것은 두 점의 분청사기 동물상 도자기들이다. 소유자 측은 이것이 제사의 퇴주기(제사를 올리고 나서 퇴주를 모아두는 그릇)가 아닌가 싶다는 설명이지만 그 이름이 각기 상준과 희준이니만치 제사용 '술통'이 아닌가 싶다. '상준(象樽)'은 코끼리 모양의 술통을 뜻하지만 그 형태는 개미향기 같았고 '희준(犧樽)'은 '희생적인 소'를 뜻하고 모양도 실제 소를 표현한 것으로 느껴진다. '희준'과 '상준'은 모두 고대의 제기로 시대에 따라 분청, 백자, 동기 등 재료를 달리해 만들었다고 한다. 분청 제품이니 이 역시 500년 전 제기로 볼 수 있겠다.

이렇게 참가자들이 귀한 고미술품을 감상하는 동안 한쪽 벽을 가리듯 크게 자리잡은 '용상방(龍象榜: 참선 스님들의 소임을 나열해 표시한 이름판) 나무판이 좌중을 흥미롭다는 듯 내려보고 있었다.

휴식시간에 원장 스님 방에서 차를 마시는데 진귀한 일이 눈앞에 전개되었다. 원장 스님이 팽주가 되어 우린 차를 한 순배 돌린 사이에 남쪽 창문 쪽으로 새가 날아와 부리로 유리창을 두드린다. 동박새다. 큰 소리가 난 것은 아니었지만 원장 스님은 금방 알아차리고 바로 일어나 창문을 연다. 준비하고 있던 콩 두 알을 손바닥에 올려놓고 팔을 창밖으로 뻗는다. 눈 깜짝할 사이에 동박새가 날아와 스님의 손바닥 위에 놓인 콩 하나를 물어가자 다시 다른 동박새가 날아와 나머지 콩을 물고 간다. 그러자 스님이 문을 닫고 다시 찻잔에 차를 따라 손들에게 마시기를 권한다. 동박새들이 놀러와 창밖 나뭇가지에 주변을 돌아다닐 때는 콩을 주어도 가져가지 않지만 창을 두드릴 때는 콩을 달라는 신호이기 때문에 그때 먹이를 준다는 것이 스님의 설명이다. 깊은 산속에서 살아가는 수도자가 새와 더불어 마음을 나누는 모습이 이런 것이 아닌가 감동을 준다. 선차아회가 마련해준 또 다른 감동의 이벤트가 아닌가도 싶다.

제9장 | 차문화 국제교류의 현장

차문화로 꽃피는 한류

차문화 한류는 무엇인가

한류(韓流)의 바람이 드디어 차문화에까지 이어지고 있다는 소식이다. 한류 바람의 시원은 원래 대중문화이고 대중 연예인이 중심인데 이제는 차원을 높여 차문화이고 차인과 다예사가 중심이 되고 있다는 이야기다.

차문화로 꽃피고 있는 한류는 구체적으로 〈대장금〉 열풍으로 중국 대륙을 뜨겁게 달아오르게 했던 탤런트 이영애가 이번에는 용정차를 선호하는 음다인으로 부각되고 있다는 점이며, 한국의 전통 다예표연으로 인식되고 있는 가부좌형 혹은 책상다리형 좌식 음다법이 입식 혹은 의자를 사용한 좌식 다예표연이 일상화된 중국에서 새로운 차문화의 영역으로 새롭게 전파되고 있다는 점이다. 그와 함께 한국의 다도구가 중국 다예표연에 이용되는 상황도 흥미로운 현실이다.

차인들의 입장에서는 차문화의 한류바람은 놀랍기도 하고 진기하다는 인상을 가질 수밖에 없다. 일본이나 중국을 포함하는 아시아권에서 한류바람이 거세다는 것은 이미 널리 알려진 일이라서 이제는 별로 새롭다고 할 수 없지만 대중문화의 세계도 아닌 차문화의 세계에서 한류가 새로운 형태로 부각되고 있는 것은 그야말로 놀라운 일이 아닐 수 없다.

특히 차를 아는 사람이면 차가 중국과 일본에서 발달한 문화라는 것을 누구나 수긍하는데 차문화의 뿌리와 전개 등 발달면에서 그다지 두드러지지 않았던 한국의 차문화가 차의 본고장이라는 중국에서 새로운 문화조류로 채용되고 전파되고 있다는 것은 하나의 충격이 아닐 수 없기 때문이다. 그렇지만 현상에 대한 냉정하고 객관적인 논의를 해보면 이런 현상에 대한 다양한 분석이 가능하다.

문화 역량의 성숙 결과다

우선 첫째로 한국의 전반적인 문화수준이랄까, 문화 역량이 이제 아시아권에서 한류를 폭발시킬 만큼 성장하고 있다는 것을 꼽을 수 있겠다. 1960년대 개발 연대부터 시작된 한국의 고도성장은 이미 80년대에 한국을 아시아의 네 마리 용의 하나로 지적할 정도의 경제 역량을 세계적으로 확인시켰다. 특히 1990년대 말부터 일구었던 한국 대중예술의 발전이 아시아권을 선도하는 수준으로 성장하였음이 입증되었다는 사실이다.

처음 TV 연속극이 베트남 등 동남아 여러 나라에서 방영될 때만 해도 한류의 성공은 거의 예측하지 못했다. 하지만 베트남에서 장동건을 모르는 사람이 없을 정도로 드라마의 인기가 높아지고 중국에서 '별은 내 가슴에(星夢奇緣)'로 안재욱의 인기가 하늘을 찌른다는 것과 홍콩 잡지 《아주주간(亞洲週刊)》표지를 인기 배우 김희선이 장식했으며 더불어 무려 8면에 걸친 인터뷰 기사가 실렸다는 것은 연예계에서 한류가 차지하는 위상을 충분히 설명하고도 남는다.

이 같은 한류의 성공은 분명히 한국의 대중문화 수준이 충분히 발전하고 있음을 증명한다. 드라마, 영화, 대중가요 등 한국의 대중문화가 세계적으로 일정한 수준을 이루고 있고 한국적인 그 무엇을 첨가하고 있다는 이야기이기도 하다. 한국의 대중예술이 그저 미국 등 서구의 문화를 아시아 사람들에게 전하는 것이라면 '한류'는 금방 한계에 도달했을 것이다.

하지만 한국의 대중문화는 "미국과 일본의 그림자를 느낄 수 있으면서도 그것을 초월하는 자기만의 독특한 색깔을 개발하고 있고 또 같은 유교 문화권의 공명을 일으킬 수 있는 공통성도 지녔다"는 분석이 있었다. 창조성과 오락성 그리고 동양적인 깊이를 가지면서도 사람을 압도하는 화끈함과 강렬함이 한류에는 내재한다는 이야기다.

한국차문화도 성장했다

그렇다면 대중문화가 아닌 차문화의 세계에서도 한국의 차인들은 우리도 모르는 사이에 상당한 수준 향상을 가져왔다고 말할 수 있겠다. 차 소비의 양에 있어서 한국은 이제 불과 수십 년 전과 비교할 수 없을 정도로 엄청난 양을 소비하고 있다.

그에 따라 차를 연구하는 이들이나 차를 만드는 이들의 수도 이전보다 현저히 늘어나고 있다. 다기를 만드는 사람이나 차를 마실 수 있는 공간이 확대된 것은 물론이고 차학과 차문화를 소개하는 매체와 출판물이 급증하고 있는 것도 엄연한 현실이다. 더불어 우리 차의 역사를 복원하면서 우리 차문화와 차례의 복원에 힘쓰는 이들도 등장하고 있다. 맛있는 전통차를 만드는 노력도 전에 없이 활발하다.

뿐만 아니라 일본과 중국에서 들어오는 차와 차문화의 접촉 빈도도 급증했다. 차문화의 비교 연구와 새로운 개발 가능성이 확대될 수밖에 없는 것이다. 그 과정에서 한국의 차나 차인들이 중국이나 일본에 건너가고 그들의 차와 그들의 다예표연을 심도있게 연구, 비교할 수 있는 기회도 확대되었다. 이제는 한국의 차문화의 독창성과 깊이에 새로운 차문화를 접합시킬 능력도 생겼다고 할 것이다.

2001년 12월 중국 장시성 우민사에서 '마조선국제학술연토회'가 열렸을 때 한국과 중국의 선종 다도표연이 시연되었다. 중국은 입식으로 한국은 좌식으로 각자 자신들이 선종다예의 원형을 잘 표현하고 있다고 자랑하면서 다도표연이 펼쳐졌다. 그러나 양자 사이에는 무엇인가 결여된 것, 부족한 것이 있다는 아쉬움이 컸다.

근래 중국에선 1991년 무원현에서 처음으로 선종다예를 선보였었다. 1993년엔 장시성에서도 선다도를 복원한 다예표연을 시도했다. 중국 선종다도의 특징은 분향 예불의식과 수인(手印)을 이용한 다예다. 그것을 음차에 도입하고 포차(泡茶)의식으로 승화한 것이다.

그런데 이런 중국식 선차 의식은 2004년 4월 무원현에서 열린 제1차 국제차문화절 행사에서 남창직업학교가 선보인 선차표연으로 상당한 변화를 보였다. 중국의 다예에 한국식 좌식다례를 도입했던 것이다. 그리고 2005년 11월 허베이성 스좌장 인민회당에서 열린 '천하조주선차문화교류대회'에서 남창직업학교 선종다예표연팀은 입식과 좌식을 겸한 완벽한 선종다예를 보여주었다. 이것은 곧 다예 한류의 증거라 할 만한 모습이었다.

결가부좌식 한국 선다례의 매력

그러나 한걸음 더 나아가 선차대회의 개막 직전 백림선사 관음전 앞에서 벌어진 무아차회에서 중국 스님이 한국식 다구로 한국 다례를 표연한 사건이 일어났다. 그 스님은 "우연히 한국 다례시연을 보고 한국 다도에 매력을 느꼈다. 한국식 다례는 결가부좌한 자세 등이 중국에서 보기 드문 것이었고 수행과 다예가 결합되는 것은 좋은 결과라고 생각하여 한국 다례에 빠져들었다."라며 한국 다례를 시작하게 된 동기를 밝혔다.

이 이야기에서 알 수 있듯이 한국의 다례에는 그들이 결여하고 있는 선의 자세, 곧 가부좌의 모습을 발견할 수 있다. '다선일미'니 '선다일여(禪茶一如)'니 하는 말을 하고 다채로운 다예표연을 하면서도 중국인들은 선다도의 근본 모습과 그 정신을 그간 채워내지 못했다. 그런데 한국의 다례시연에서 그 모습을 찾아볼 수 있었다는 것이 여간 반갑지 않다. 그리고 그런 의미에서 우리의 선다례의 가치를 그들이 찾아 주기 전에 우리가 제대로 알지 못하고 있다는 안타까운 느낌마저 든다.

그리고 여기서 유의할 것은 중국 스님의 한국 선다례 시연이 바로 중국 백림 선사였다는 점을 간과할 수 없다. 2001년 10월 19일 중국 허베이성 자오현의 백림선사에 한국인들이 〈조주고불선차기념비〉를 건립하고 제막식을 가졌던 것이다. 고불총림 방장 서옹 스님을 비롯한 한국 불교인들과 불교춘추사 그리고 중국 불교를 대표한 백림선사 방장 징후이(淨慧) 스님의 노력의 결실이었다. 그 기념비의 건립으로 '끽다거(喫茶去)' 화두로 유명한 조주 스님이 선과 차를 접목한 선사였다는 것을 널리 세상에 광포하는 것에 그치지 않고 크게는 중국 선맥과 한국 선맥이 하나로 연결되어있다는 것까지 확인시켜 주었다.

구체적으로는 "정중무상은 일찍이 서촉 땅의 주인이 되시고 문하에 고족으로 마조도일(馬祖道一)이 있다."고 말함으로써 한국의 무상 스님이 중국 선종에서 공식적으로 인정을 받았으며 아울러 철감도윤 선사는 물론 도의 홍척, 혜철, 무념, 범일, 현욱의 이름이 모두 거명되어 우리 법맥이 모두 중국에서 공식 인정을 받은 것이다. 그렇게 보면 차문화의 한류는 이미 2001년에 조주선차비의 건립에서 비롯한다고 할 수도 있겠다.

거기에 더욱 연원을 거슬러 올라가면 1990년대 중국에서 다성 육우(陸羽)의 가치를 드높이며 그의 묘지를 복원해 주고 최규용의 〈끽다래(喫茶來)비〉를 건립해준 한국의 차인들의 업적도 간과할 수 없다. 그런 한국차인들의 일깨움이 있었기에 중국 호주를 중심으로 차문화 혹은 육우 차문화 연구가 시동하였기 때문이다.

한류는 대중소비 촉진제

둘째로 한류가 중국의 대중소비 시장에 훌륭한 매개체가 된다는 점을 들

수 있다. 대중연예계건 차계이건 한류는 대중소비를 촉진하는 데 지대한 공헌을 하고 있다는 점이다. 그러고 보면 전혀 차원이 다르고 지향이 다른 문화양상이라고 이해되는 대중문화와 차문화 사이에는 어느 면에서는 상당한 유사점이 있는 것도 같다. 차도 결국에는 대중소비재이며 다예표연(茶藝表演)도 하나의 대중을 상대로 한 공연적 특색을 보이고 있다는 점에서 살펴보면 그렇다.

지금 중국 대륙을 풍미하고 있는 차문화의 한류바람을 보더라도 대중연예인을 이용한 대중소비의 촉발이라는 목적은 다분히 상업적 의미가 강하다는 느낌을 배제하기 어렵다. 가령 중국 대륙에서 큰 인기를 끌었던 TV드라마 '대장금' 열풍에 힘입어 한국의 연기자 이영애가 한류바람의 주역으로 떠오르고 있는 현상도 그중 하나다. 후난성(湖南省)에는 이영애의 얼굴형으로 성형수술을 하려는 여성들의 인파가 쇄도하고 있다는 이야기와 이에 대응하기 위해 중국 당국이 한나라 때 황제의 후궁으로 있다가 화친을 위해 흉노의 왕 선우(禪于)에게 시집간 비운의 여인 왕소군(王昭君)을 드라마로 만들어 반전을 시도하고 있다는 이야기도 들린다.

뿐만 아니라 이영애가 다도에도 관심을 가지고 있고 나아가 중국의 용정차(龍井茶)를 선호한다는 소식은 다분히 용정차 광고용으로 유포되고 있으며 그로 해서 중국인들이 중국차 소비의 호재로 이용하고 있다는 인상을 남긴다. 중국인들은 이영애가 용정차를 마시는 이유에 대해 '한국 여성 특유의 한국적 인상미를 지니고 있는 이영애의 용정차 한잔이야말로 용정차 열풍을 일으키기에 충분하다'는 평을 한다. 뿐만 아니라 일본에서 한류 열풍을 일으키고 있는 배용준의 경우 푸얼차 등을 선호하고 있는 것으로 알려지고 있어 그 역시 대중소비의 한 조작일 가능성이 점쳐지고 있다.

물론 중국 저장성, 항저우(杭州) 인근의 한 시골에까지 '이영애소학교'가 생긴 것을 두고 당장 상업적 목적을 갖고 있다고 하기에는 무리가 있다. 폐교 직전의 이 학교에 이영애가 5만 달러를 기부한 결과로 인해 당장 대중적

소비촉진을 목적으로 한 것이기 보다는 장기적으로 중국에서 이영애의 인기 관리, 이미지 관리 차원의 선행으로 보는 것이 옳을 것이다. 하지만 이 역시 한류스타의 인기 관리로 더 큰 대중적 인기를 유지시키려는 고도의 홍보술이 개재한다는 것을 부인하기 어렵다.

하지만 이런 상황에서 중요한 것은 중국 대륙에 한류가 열풍을 이루고 있다는 사실이며 그 주역이 대중 연예인이라는 것은 누구나 아는 일이지만 이들 대중 연예인들이 자기들의 주종목인 대중연예 분야에서의 인기를 이용해 대중 소비의 역군으로 대단한 역할을 하고 있다는 점이다. 그리고 그 역할이 점점 확대되면서 대중소비의 역군으로서만이 아니라 다른 차원의 문화에도 현저히 공헌하게 된다는 점이다. 구체적으로 한류 스타 이영애는 한국의 TV드라마를 해외에 수출하는 공에 그치지 않고 중국의 차 광고시장과 차 소비시장에서 매우 중요한 역할을 하고 있다.

부정적 요소도 적지 않다

셋째로 한류열풍에는 부정적 요소도 적지 않다는 점이다. 중국 작가 왕쉬펑(王旭烽)은 몇 해전 "한류는 한국과 중국의 문화적 간격을 좁혀주는 데 크게 공헌하였지만 그 가운데 '고려(高麗)'라는 말이 큰 덕을 보고 있다."고 말한 바 있다. 그 일례로서 한·중 교류의 평화적 상징인 고려사도 거론된다. 항저우에 있었던 고려사는 고려 시대 의천이 와서 공부하던 절이라는 인연으로 고려의 지원을 받아 중창되었던 역사를 갖고 있었다.

근래 중국의 지방정부는 막대한 예산을 투입하여 고려사 복원을 하고 있다. 그렇지만 그 고려사의 운영 주체가 중국 불교와 한국 불교인이 아니라 중국 정부라는 점에서 의혹의 대상이 되고 있다. 절이 절답게 운영되는 것이 아니라 상업적 목적이 크다는 점이다. 이것은 한국인 관광객을 노린 시설이고 중국차 선전장에 불과하다는 폄하다.

중국인들이 대중소비의 문제를 전혀 외면하기는 어렵겠지만 그럼에도 불구하고 고려사의 원래 모습을 되살리는 노력 가운데서 한·중 교류의 역사적 의미를 제고하는 역할을 제대로 하는 모습을 보이지 못하고 있는 것이 안타깝다는 것이다. 한류를 대중소비 촉진과 관광수입 증가에 초점을 맞추는 것은 좋으나 한국 사찰의 원래 기능도 살리고 한국 문화의 이해도 높이는 그런 장소로 품격을 높여주면 자연 그런 목적이 달성되리란 충고다.

이렇게 보면 한류는 한국인뿐 아니라 외국인들에게도 상당한 주의와 노력이 있어야 좋은 결실을 맺을 수 있다는 것을 알 수 있다. 한류는 한국이 생산한 문화의 바람이지만 외국에서 퍼져나가고 유통되어 더욱 활성화되고 좋은 문화유산으로 남기 위해서는 한류를 받아들인 외국인들 역시 치밀하고 성의 있는 이해와 노력을 수반하여야 유익하다는 것이다. 차문화의 경우라고 예외일 수는 없다. 한국과 중국과 일본 등이 서로 상대방의 차문화를 성의있게 받아들이는 가운데 자신의 차문화를 발전시키는 노력을 병행해 나가야 한다.

한·중 차 교류사에서 본 푸젠

1. 한·중 차 교류의 역사

한국과 중국 사이의 차 교류의 역사는 유구하고 간단없이 이어지고 있다. 역사에 드러난 공식적인 기록은 《삼국사기》 신라 흥덕왕(興德王) 3년(828)조에 보이는 "당나라로부터 돌아온 사신 대렴(大廉)이 차 종자를 가져왔다. 왕은 그 종자를 지리산(地理山, 智異山)에다 심게 했다. 차는 선덕왕(善德王) 때부터 있어 왔는데 이때에 이르러 아주 성해졌다."는 기사가 최초이다.

이 기록은 한국에 차가 들어온 것이 공식적으로 흥덕왕 3년이라는 사실을 알려준다. 그리고 동시에 차 종자가 지리산 등지에 심어졌다는 사실도 알려준다. 하지만 이 기사를 통해 이미 그전에 한국 땅에 차가 신라 들어와 있었음도 확인해주고 있다. 선덕왕(632~647) 시대에 이미 차가 있어왔다는 사실이다.

실제로 다른 기록들은 신라의 자장 율사(慈藏律師)가 당나라 청량산의 문수보살에 기도하고 643년 귀국하면서 차를 가져왔다거니 신라의 법민왕(法敏王, 문무왕)이 661년에 가락국 시조왕인 김수로왕의 제사에 차를 제수로 사용하였다(《삼국유사》 가락국기조)고 하고 있다.

그러니까 이능화(李能化)의 《조선불교통사(朝鮮佛敎通史)》가 "김해 백월산의 죽로차는 김수로왕비 허씨가 서기 47년에 인도에서 가져와 심은 차나무다."라고 하고 있는 것이 오히려 당연한 것처럼 생각되는 것이다. 이능화의 기술은 《가락국기(駕洛國記)》를 인용하고 있다고 하겠는데 《가락국기》는 김수로왕의 비(妃)가 된 허황옥(許黃玉 · 33~89)이 차와 차씨를 가지고 한반도의 남부 해안으로 배를 타고 들어왔다고 말하고 있다. 근년에 김병모(金秉模, 한양대) 교수는 그런 기록을 연구한 결과 "허황옥이 인도의 아유타국에서 중국 쓰촨으로 망명해온 한 씨족의 일원으로 그곳의 핍박에 못 이겨 다시 그 씨족과 함께 한국 땅으로 망명하는 과정에서 쓰촨의 차와 차 종자를 가져온 것"이라는 연구결과를 발표하고 있다.

그러나 이런 연구는 어디까지나 학자들의 연구일 뿐 아직 학계와 일반이 모두 인정하는 공식적인 기록으로 되지는 못하고 있다.

다만 이런 기록과 연구를 통해 고대 한국이 중국 혹은 일본과 차를 통해 상당히 밀접한 교류를 했다는 역사기록들이 진실일 것이라는 심증을 굳혀준다.

이를테면 《일본서기(日本書紀)》는 "백제 성왕(聖王) 30년에 담혜(曇惠)화상 등 16명의 스님이 불구와 향, 차 등 육법공양물을 일본 아스카 시대 긴메이(欽明 · 509~571) 천황에 전해 주었다."고 기록하였다. 또 《삼국유사(三國遺事)》에는 경덕왕(景德王 · 742~764)이 경주 귀정문루에서 남산 삼화령 미륵세존에 차를 공양하고 돌아가던 충담(忠談) 스님으로부터 차 한 잔을 나누어 받았는데 그 맛이 특이하고 향기가 진동하였다는 기사도 실려있다.

그리고 그런 역사기록과는 무관하게 무수한 풍설이 횡행하고 있다는 점도 간과할 수 없다. 이를테면 백제 침류왕 때인 서기 384년에 호승 마라난타가 동진(東晋)을 거쳐 백제에 불교를 전하면서 차나무도 들여와 한반도 남부지역에 심었다고 하고, 신라의 자장 스님(慈藏 · 610~654)이 당나라에 들어가 청량산에서 문수보살에 기도하고 643년 귀국하면서 차를 가져왔다는 설, 신라의 지장 스님(金地藏 · 696~794)이 중국에 건너올 때 신라의 차를 가져와 728년경 구화산(九華山)에 들어가 수도와 포교를 할 때 이곳에 심고 가꾼 차가 오늘날 '구화산차'가 되었다는 설 등이다. 마라난타가 한반도에 들어온 것이 전남 영광군 법성포(法聖浦)이고 인근에 차가 많이 난다든가 자장 스님이 주석하며 법을 폈던 양산 통도사(梁山 通度寺) 인근에도 차나무가 많이 자란다는 것은 그런 풍문의 진실성을 뒷받침하기도 한다. 이런 기록과 풍설들을 두루 살피면 몇 가지 결론을 이끌어낼 수 있을 것 같다. 하나는 기왕에 알려진 대로 신라 시대인 828년에 대렴(大廉)이 당나라에 사신으로 갔다가 차와 차씨를 가져와 여러 산에 심었다는 것. 다른 하나는 그 이전 김수로왕 때인 서기 47년에 아유타국 공주 허황옥이 중국 쓰촨 지역에서 오면서 차와 차씨를 가져왔다는 것 그리고 그 중간에 많은 포교승과 구법승들이 중국에 드나들면서 간단없이 차를 가져오고 가져간 차의 교류가 있었다는 것을 확인할 수 있다. 심지어 이런 기록 이외에 분명한 기록은 없지만 한국에도 그 이전에 자연적으로 자라던 토종의 차나무가 있었을 것이라는 가정도 세울 수 있다.

2. 푸젠과 푸젠차

그런데 우리가 지금 논의하려는 것은 이런 한중 차 교류사의 오랜 역사에서 푸젠(福建)과 푸젠차(福建茶)는 과연 어떤 위치에 있는가 하는 점이다.

한중 차 교류사에서 포교승과 구법승들의 역할이 컸다는 것은 누구나 인정하는 바다. 그 점에서 우선 푸젠의 불교상황을 볼 필요가 있다.

수·당(隋唐) 시대에 중국 불교는 대단히 은성하였다. '8종 분립의 시대'라고 하기도 했다. 그 중에도 가장 영향력이 컸던 종파가 화엄종(華嚴宗)이었다. 그 중심에 법장(法藏) 스님이 있었다. 무측천(武則天)이 화엄종을 중시하면서 화엄종은 북방에서 전국으로 퍼져나갔다. 푸젠도 예외가 아니었다. 80권본의 화엄경 범본을 서역에서 들여와 신역한 것도 이때였다. 신라승 원표(元表)가 푸젠에 '80화엄경'을 가지고 들어와 수행했다는 것은 의미깊다.

《송고승전》에는 "석원표, 삼한 사람이다. 천보연간(724~756)에 중국 땅에 다니다 서역에서 성인의 유적을 참배하다 우연히 심왕보살(心王菩薩)이 지제산(支提山) 영부(靈府)를 가리켜 줌에 '80화엄경'을 지고 곽동(霍東)을 찾아 천관보살에 예를 올리고 지제석실에서 머물렀다. 회창법난이 일어났을 때 원표는 경을 목함에 넣어 석실에 깊숙이 보관하였다."고 기록하였다.

이 기록으로 신라 사람 원표가 푸젠에 화엄경을 들여와 전한 것이 확인되었다. 더 자세히 알아보면 신라 사람 원표는 뱃길로 중국에 들어와 수행하다가 다시 부처의 성적을 찾아 인도로 가다가 심왕보살을 만나 그의 인도로 '80화엄경'을 목함에 넣어 짊어지고 푸젠의 곽동진 지제산에 들어가 수행하였다. 그러다가 회창법난을 만나자 경을 목함에 넣어 석실에 감추고 뱃길로 신라로 돌아갔다. 귀국 후 그는 지제산과 흡사한 모습을 가진 한국 전남 장흥(長興)의 가지산(迦智山)에 보림사(寶林寺)를 개창하였다. 그래서 보림사 죽로차(竹露茶)는 원표로부터 비롯하였다고 알려져있다. 하지만 일반적으로 이 절은 신라 구산선문(九山禪門)의 하나인 가지산파를 이룩한 도의국사의 후계자 가운데 하나인 보조체징(普照體澄)이 개창한 절로 알려지고 있다. 이런 사실은 이 절이 화엄종 계통의 원표 스님이 개창한 후 선종이 번성하면서 보조 체징에 의해 구산선문의 하나로 바뀌었다는 점을 시사해준다.

그리고 이 점은 한국뿐 아니라 중국에서도 팔종 가운데 선종이 크게 약진하고 있었다는 점을 상기케 한다. 이와 관련해서 신라 왕자 출신 정중무상(淨衆無相) 스님을 생각하지 않을 수 없다. 무상은 처적(處寂) 선사의 법을 이어 정중선파를 창종하였지만 중국 선종의 중흥조격인 마조도일(馬祖道一·709~788)의 스승이란 점에서 중시된다. 그 같은 사실은 흔히 간과되어왔으나 규봉종밀(圭峰宗密)이 쓴 《원각경대소초(圓覺經大疏抄)》에서 마조를 무상의 제자로 기록하면서 공인되기 시작하여 2001년 허베이성 백림선사에 건립된 〈조주선다일미기념비〉에 마조가 무상의 직계 제자임을 기록함으로써 더욱 확고해지고 있다.

마조가 무상의 제자라는 사실은 한국 선종의 뿌리인 구산선문이 거의 모두 마조와 연결되고 있다는 점에서도 예사롭지 않다. 중국에 유학한 신라승들이 마조의 법손이 되어 귀국 후 구산선문 가운데 7대파를 형성한 것이 바로 그

것이다. 이는 결국 한국의 선종이 무상과 무관할 수 없다는 것을 시사한다.

이렇게 무상은 한국과 중국뿐 아니라 일본과 티베트에까지 법을 전했다. 일본의 조동종은 무상의 무념사상에서 이어진 마조의 '평상심이 도'라는 사상을 이어받은 것이며, 티베트에 최초로 중국 불교를 전한 이도 바로 무상이었다.

무상은 또 선차 문화의 시조라고 할 수 있다. 조주의 '끽다거'가 선차의 단초를 연 것이라고 할 수도 있으나 그에 앞서 무상의 선차법이 다선일미(茶禪一味) 정신의 중심에 있다고 하겠다. '역대법보기'에는 무상이 무주(無住)에게 가사와 차를 전했다는 것도 무상이 차를 얼마나 중시했는가를 일깨워준다. 실제 무상 이전에는 선과 차를 매개한 선사의 모습이 보이지않는다. 무상은 선만이 아니라 차문화에 큰 영향을 미쳤으며 때문에 최근 쓰촨의 대자사에서는 무상의 선다법(禪茶法)이 재연되기도 했다. 무상이 중국의 오백나한 가운데 제455번째 조사로 모셔지고 있는 것도 결코 이와 무관하지 않다.

무상이 쓰촨 지역을 중심으로 차와 선을 접목하였던 것은 사실이다. 하지만 무상의 제자인 마조(709~788)가 푸젠에서 성적사(聖跡寺)를 개당하였고 장시성 취안저우산 보봉사(寶峰寺)에서 활동했던 사실 또한 의미심장하다. 일반적으로 한국에서는 마조가 남악회양의 제자로서 장시성(江西省) 난창의 개원사(開元寺·현 佑民寺)에서 활동하였고 마조의 열반지 또한 보봉사라는 점을 들어 장시를 중시한다. 심지어 마조의 제자 서당지장(西堂智藏)이 장시 사람으로 그곳 보화사에서 선풍을 일으킨 점까지 들어 장시 선종의 중요성을 강조하곤 한다. 그 영향으로 장시 지역의 선차가 전래된 곳으로 전남 보림사의 청태전(靑苔錢), 불회사(佛會寺)의 전다(錢茶), 장흥 관산면(冠山面) 죽천리(竹川里)에서 생산된 청태차 등을 들고 이것이 조선 후기까지 이어져 한국차의 중흥조격인 대흥사 초의(草衣)에까지 영향을 주었다고 하고 있다.

그러나 마조와 깊은 인연을 가진 곳은 장시만은 아니다. 마조가 취안저우산에 은거했을 때 백장회해, 남전보원, 서당지장이 그 문하에 들어왔다.

그리고 거기서 차를 선차의 경지로 끌어올렸다. 마조차나 취안저우차가 마조에 기원하는 것은 물론이다. 그러나 마조가 푸젠의 성적사 개당설법 이후 38개의 사찰을 개창한 것은 중국의 차문화를 다선일미의 경지로 상승시키는 데 결정적으로 기여했다는 점에서 푸젠선종의 무게를 간과할 수 없다. 마조가 '즉심시불(卽心是佛)'과 '평상심시도(平常心是道)'를 말하면서 차선일미를 강조하였던 것은 결국 보차회 정신(普茶會精神)으로 이어지고 그것이 거리의 다관(茶館)에까지 이어진 것이라 할 것이다.

푸젠은 마조만이 아니라 간화선을 완성한 원오극근(圜悟克勤)과 대혜종고(大慧宗杲)의 근거지이자 성리학의 주창자 주희(朱熹)의 본거였다. 원오극근은 《벽암록》을 지어 선문의 정통을 세웠으며 그 문하에서 대혜종고가 나와 간화선을 세웠다. 말년에 대혜는 항저우 경산으로 들어가 《정법안장》 등의 저술로 간화선을 펴고 수많은 제자를 길렀다. 그 영향 아래서 150년 후 고봉원묘가 천목산(天目山)에서 사관(死館)을 열고 대혜를 받들며 정진하면서 제대로 계승되고 있다. 뿐더러 푸젠의 무이산(武夷山)은 주자로 해서 유명해진다. 그러나 성리학의 대부인 주자가 한때 대혜종고의 제자인 개선도겸(開善道謙)에게서 불교를 배웠다는 것이 '불법금탕편(佛法金湯編)'에 전한다.

대혜와 주자는 한국에서 대단한 영향을 끼쳤다. 대혜의 '서장'은 조계종으로 대표되는 한국불교의 강원에서 교재로 사용되고 있으며 조선의 유교는 주희의 성리학을 전적으로 계승한 것이라고 할 정도다. 주희의 주자가례는 전통 조선유학의 가례의 전범이 되었으며 다례 또한 예외가 아니다.

특히 주목되는 것은 서기 950년 푸젠성 취안저우(泉州) 초경사(招慶寺)에서 편찬되었던 《조당집(祖堂集)》이 중국에서 자취를 감추었으나 한국의 해인사 고려대장경에 수록 보존되었던 점이다. 현존하는 선종사서(禪宗史書) 가운데 가장 오래된 이 책이 영영 사라져버렸다면 한국과 중국의 수많은 스님들의 행적이 지금 온전히 전해질 수 없었을 것이다.

차를 통한 인연 또한 무시할 수 없다. 삼국 시대에는 구체적인 중국차의 이름이 거론되지 않았으나 각지의 명차들이 많이 수입되었을 것으로 생각된다. 고려 시대에 이르러선 구체적으로 중국차가 거론되고 있다. 서긍(徐兢)의 《선화봉사고려도경》에는 "고려인은 중국의 납다(臘茶)와 아울러 용봉사단(龍鳳賜團)을 귀히 여겨 송국에서 오는 증품(贈品) 외에 송상(宋商)으로부터 구입한다."고 하였다. 납차는 납일 전후에 채취한 엽차(葉茶)이며 용봉사단은 송나라 제실어용(帝室御用)의 귀한 차를 뜻했다. 조선조에서도 용봉차에 대한 인기는 여전했다. 용봉차가 중국의 어느 지역에서 만들어졌는지는 확실치 않다. 대신 고려에선 거란에 뇌원차(腦原茶)를 예물로 보냈다는 기록이 있다.

다만 한 기록(欽英 제1책)에 "음력 2월 상순 복건의 조사(漕司)에서 제1급의 납차를 바치는데, 이름이 북원시신(北苑試新)이다. 모두 사방 1촌되는 작은 덩어리로 황제에게 바치는 것도 100덩이 뿐이다…"라는 것이 있어 납차가 푸젠의 차라는 심증이 간다. 실제 푸젠은 당대에는 병차(餠茶)가 유행하고 송대에는 용단(龍團)이 유행했다. 이로 보면 고려인들이 좋아한 납차와 용봉사단이 모두 푸젠에서 온 것이라는 생각도 든다.

푸젠의 차가 유명해진 것은 다성(茶聖) 육우(陸羽)의 《다경(茶經)》에서 "본 건차는 그 맛이 극히 좋다."라고 한 후에 복건방산노아(福州方山露芽), 고산반암차(鼓山半岩茶), 건주북원공차(建州北苑貢茶), 무이차(武夷茶) 등이 경쟁적으로 이름을 얻은 데 기인한다. 송나라 휘종이 푸젠차를 상찬한 데도 영향이 컸다. 요즘은 철관음 대홍포 백차 등 명차의 산지로 한국에 널리 알려지고 있다.

푸젠의 차완(茶碗) 또한 한국에 잘 알려져 있다. 푸젠 건요(建窯)에서 만든 '흑유천목다완(黑釉天目茶碗)의 명성은 세계적이지만 한국에서 건요는 경덕진요나 월주요(越州窯)의 명성에 뒤진다고 할 수도 있다. 경덕진의 화려한 도자기들이 서구에 알려지고 월주요의 청자기법이 고려자기에 큰 영향을 준 것에 비해 건요의 검은 차완은 한국에선 그리 알려지지 않은 때문이다. 일본에서 천목차완이 일세를 풍미한 것에 비해 한국에선 고려의 비색청자 다완이나 백자다완이 애호되고 있다. 한국에선 일본의 유행에 따라 조선의 이도다완(井戸茶碗)에 대한 선망이 훨씬 크다. 이것이 16세기에 조선에서 만들어진 일종의 막사발이었음에도 불구하고 일본의 차계에서 그 진가를 높이 인정받은 것의 영향이라 할 것이다. 최근 한국의 연구가들은 이도다완이 조선의 백자 기술이 변천하여 만들어진 조질백자(粗質白磁)라고 보고 있지만 그런 형태의 차완을 널리 만들어 애용하는 경향이다.

3. 세계선차문화교류대회

이렇게 한·중 두 나라의 차 교류사 특히 푸젠의 중요성을 살피면서 최근 두 나라 차인들이 갖고 있는 세계선차문화교류대회의 중요성을 상기하게 된다. 이 대회는 선차의 대중화와 두 나라 차인들의 친선을 위해 마련되어 해를 거듭할수록 그 규모가 확대되고 있다.

이 대회가 한국의 《차의 세계》의 발의로 차의 고향인 중국에서 열리기 시작한 것은 매우 뜻깊은 일이다. 제1회 세계선차문화교류대회는 2005년 10월 조주 끽다거의 고향인 허베이성 백림선사에서 열렸고 제2회 대회는 대만의 불광산사에서 성대히 개최되었다. 그리고 제3회 대회는 여산 동림사에서 열렸으며 제4회 대회는 이곳 푸젠의 푸딩 자국사 등에서 열리고 있다. 앞으로 제5회 대회가 한국의 조계사에서 열리고 이어 제6회 대회를 2010년 항저우 영은사에서 열기로 하고 있다. 이 대회를 계기로 백림선사에 '조주선다일미기념비'가 세워지고 동림사에는 '선차기념비'가 세워졌다.

이같이 한국과 중국 차인들의 교류가 빈번해지면서 선차 문화에 대한 일반의 인식이 널리 확대되고 동아시아는 물론 세계인에게 널리 보급되는 계기가 될 전망이다.

일본에 전해진 다선일미

일본에선 일본에 말차를 전한 사람을 흔히 민난 에이사이(明庵榮西)라고 한다. 에이사이는 천태(天台)교의를 배우기 위해 두 번에 걸쳐 송나라에 다녀온 사람이다. 그는 원래 중국을 거쳐 인도에 가서 공부하려는 생각이었으나 뜻을 이루지 못하고 대신 중국에서 선학을 배워왔다.

차(茶)와 다법(茶法)의 일본 전래

1187년께 천태산 만년사(萬年寺)에 주석하던 허암회창(虛庵懷敞)으로부터 5가7종 가운데 1파인 황룡파(黃龍派)의 선을 배우고 1191년에 인가증명서를 얻어 귀국했다.

에이사이가 50세에 귀국할 때 그가 중국에서 배운 선학과 수행과정에서 익힌 말차법을 아울러 가지고 돌아와 일본에 전한 것이다. 규슈 평호도(平戶島)의 고춘원(高春院)에 차 모종을 심기도 했다. 여기서 알 수 있듯이 일본의 말차법은 당초부터 선과 밀접한 관계를 가지고 있었다.

에이사이가 차를 가지고 일본에 귀국한 사실은 당시 중국에서 이미 선과 차가 상당히 밀접한 관계에 있었음을 입증한다. 중국 당나라 시대에 나온 《봉씨문견기(封氏聞見記)》를 보면 "개원(開元, 713~741) 연간에 태산 영엄사(靈巖寺)의 항마사가 선을 크게 보급하고 있었다. 좌선할 때는 졸지 않게 하고 저녁밥도 들지 않았지만 차를 마시는 것은 허용했다. 그 때문에 절에서 공부하는 이는 누구나 몸에 차를 지니고 있다가 어디서나 끓여 마시게 되었는데 이것이 일반에도 전해져 풍속이 되었다.”고 할 정도였다. 이미 8세기경에 중국에선 참선할 때 잠을 쫓기 위해 차를 중요한 음료로 삼았던 것이다.

에이사이가 말차법을 일본에 처음 전했다고 하지만 그전에도 이미 적지 않은 중국 유학승이 있었고 그들이 일본에 차를 전할 기회가 있었던 것은 사실인 것 같다. 당나라 덕종 정원(貞元) 21년 서기 805년에 일본 승려 사이초(最澄, 傳敎大師)가 중국 천태산에서 차의 묘목을 가져와 일본의 히에이산(比叡山)에 이식함에 따라 일본 최초의 차밭인 ‘히요시다원(日吉茶園)’이 생겨났다는 기록이 그것이다. 사이초는 804년에 중국에 와서 천태산에서 도수(道邃)와 행만(行滿)으로부터 천태종의 불법을 학습하고 귀국하면서 차 씨를 가지고 돌아간 것이다.

뿐만 아니라 815년 4월에는 일본 승려 구카이(空海, 弘法大師)와 당나라에서 30여 년 동안 유학한 대승도 에이추(大僧都 永忠)가 헤이안 시대 사가천황(嵯峨天皇)에게 차를 바쳤으며 천황이 긴키 지역에 황실전용 다원을 만들도록 했다는 이야기도 전한다.

사이초는 일본 천태종의 창시자이며 구카이는 일본 진언종의 창시자다. 특히 구카이는 사가천황에게 바친 ‘공해봉헌표(空海奉獻表)’에서 음다(飮茶)에 관한 일본 최초의 기록을 남겼다. 한편 에이추는 사가천황에게 말차가 아닌 전차(煎茶)를 올려 일본의 차생활을 보급했다.

그러니까 사이초로부터 구카이를 거쳐 에이사이에 이르는 모든 일본 스님들이 종파는 달라도 모두 천태산에 와서 불교를 배우고 차까지 배워 일본에 전했다는 점에서 중국 저장성 천태산의 중요성이 강조될 수 있다.

에이사이 자신도 1214년 가마쿠라막부의 3대장군 실조(實朝)가 병에 걸리자 《끽다양생기(喫茶養生記)》를 써 바치면서 말차를 ‘양생의 선약(仙藥)’이라고 하고 약용 효과와 영양 공급, 각성 작용을 설명했다.

이 처방을 따른 실조가 병을 치료하게 되자 에이사이는 일본의 육우(陸羽)로 받들어졌다. 그리고 그가 주석하던 가마구라(鎌倉) 수복사(壽福寺)나 교도 건인사(建仁寺) 등에서는 실제로 말차가 좌선 때 애용되었고 그로부터 차를 마시는 일은 일본의 선종 사찰에서 '다례(茶禮)'로서 정착했던 것이다.

선종 사찰의 다례(茶禮)

당시 선종 사찰에는 생활규범으로써의 '청규(淸規)'가 있어서 그에 따라 법회와 수행이 이뤄졌다. 그리고 그 '청규' 가운데 '다례'가 포함돼 있었다.

그런데 '청규'는 1241년 동복사(東福寺) 개산조 벤넨에니(弁圓圓爾, 聖一國師)가 중국에서 가져온 《선원청규(禪苑淸規)》가 효시였다. 그 책은 송나라 때인 1102년 만들어진 것으로 가마쿠라 시대 일본 선원 수도생활의 기준이 되었다.

이어 원나라 때인 1311년에 만들어진 《선림비용청규(禪林備用淸規)》와 1338년 이뤄진 《칙수백장청규(勅修百丈淸規)》가 일본의 남북조 시대와 무로마치(室町) 시대에 도입되었다. 이렇게 들어온 청규는 일본 선종 사찰의 수행생활 규범집이 되었고 이에 따라 차를 마시는 의례인 '다례'도 정해진 것이다. 무로마치 시대에 사찰에선 대규모 차회가 열리곤 했다.

이를테면 《칙수백장청규》에는 "법을 이어받는 사람은 차를 우려 받고"라는 말도 있고 "새해 중생을 용서하는 상당(上堂)의 차"라는 등의 법식이 상세히 기록되어 있으며 그에 따라 선원 제방에서는 반드시 그 규칙에 따른 끽다법이 행해졌다. 그렇게 해서 15세기에 이르면 선승과 친분이 있는 속인들 사이에도 그 끽다법이 널리 행해지게 된 것이다.

그런데 선종 사찰 다례의 면모는 지금도 건인사 '네머리(요츠 가시라) 식'에서 엿볼 수 있다. 에이사이 스님이 연 건인사에선 요즘도 4월 20일 탄신법요에서 그 의식이 행해지는 것이다. 식순은 우선 향을 피우는 헌향(獻香)

에 이어 과자와 함께 말차가 들어간 천목(天目)이 배치되는 행잔(行盞), 그리고 이어 스님이 정병을 가지고 손님의 천목에 끓는 물을 붓고 차를 저어 돌리는 행다(行茶)의 순으로 되어있다. 일반에도 공개되는 행사다. 또 '여덟머리'라고 하는 것도 있다. 방장, 수좌, 동당(東堂), 서당(西堂), 좌주(座主), 유나(維那), 대화상(大和尙) 2인 등 주객 8인이 앉는 의식이다.

마찬가지로 교도의 상국사(相國寺)에서 열리는 사두재연(四頭齋筵)도 있다. 주인자리, 손님자리, 주인상대, 손님상대 등 네 사람이 앉아 식사 후 평판에 후치다카(緣高)를 태워 가지고 나오고 이어 말차가 들어간 천목을 천목대에 올려서 가지고 와 이를 사람 수대로 사발(曲盆)에 담아 윗자리부터 돌리는데 이후는 건인사 네머리 의식같이 한다. 고상(五山)에서도 비슷한 다례가 행해진다.

차문화의 다양화

가마쿠라 시대를 거쳐 아시가가(足利) 시대가 되면 송나라의 투차(鬪茶) 풍속이 일본에 전해졌고 그것이 무사들의 음차 문화가 되었다. 하지만 그 시대에도 고고한 차풍을 일으킨 이가 있었다. 무로마치(室町)가의 3대 장군 이의만(利義滿)이다.

그는 38세 되던 해에 왕위를 자식에게 물려주고 교토 북쪽에 금각사(金閣寺)를 세웠다. 그에 따라 북산 문화가 일어나고 투차 대신 서원차(書院茶)로 바뀌는 계기가 되었다. 1489년엔 8대 장군 의정(義政)이 교토의 동산에 은각사(銀閣寺)를 세움으로써 동산 문화를 일으켰다.

그리고 그의 문화시종관이었던 예인(藝人) 노아미(能阿彌)는 일본식 점다법을 개발했다. 차인이 입는 복장과 차대의 설치, 다구의 종류와 배열 그리고 행다의 규칙들이 이때 만들어졌다. 때문에 일부에선 일본 다도가 그에서 비롯했다고 평하기도 한다.

같은 선종 사찰의 다례이지만 교도 고상의 차는 특별한 의미가 있다.

'고상문학(五山文學)'이라고 하듯이 고상에서는 선의 경지를 시문이나 그림으로 표현하려는 경향이 강했다. 대표적인 것이 선승 무라안(村庵靈彦 · 1402~1489)의 경우다. 그의 시문집 《무라안고(村庵藁)》에는 〈새 차를 시음하다〉를 비롯해 〈봉차단을 내려주심을 감사하며〉 등의 시문이 수록되어 있으며 '차전(茶煎)', '다연(茶煙)', '전점(煎点)', '봉차단(鳳茶團)' 등 차와 관련된 낱말이 나오고 있어 당시 고상파의 끽다풍을 엿보게 한다. 이로 미루어 에이사이의 다례와는 달리 여기서는 말차 아닌 중국의 단차나 전차가 사용되었음도 알 수 있다.

또 '와비차'의 맹아기에 아시가가(足利義政)에 중용되어 상국사(相國寺), 남선사(南禪寺) 등의 주지를 지낸 오라센 게이산(橫川景三 · 1429~1492)의 《보암집(補庵集)》이나 《보암경화전집(補庵京華前集)》에는 〈석정차(石鼎茶)를 볶다〉, 〈죽원에서 차를 익히다〉 등의 시문이 수록되어 있다. 여기서도 '차를 볶다' 혹은 '익히다'와 같은 표현이 나오는 것을 보면 이 시기 고상에서 마시던 차가 단차(團茶: 전차)였음을 알 수 있다.

중국 당나라 시대 육우(陸羽)의 《다경(茶經)》을 거론할 것도 없이 차는 문인 취미와도 긴밀한 관계를 갖고 있다. 고상은 중국 문화와도 밀접한 관계가 있었기 때문에 중국 선종에서 단차 전차를 일상화했던 것처럼 고상의 다례는 전차로 행해진 것이다.

차와 선, 상인과 선사가 만나다

하지만 지금까지의 차생활은 아직 선을 생각하게 하는 지경은 아닌 것 같다. 구체적으로 차와 선을 연결지을 근거가 없기 때문이다. 용안사(龍安寺) 특방선걸(特芳禪傑)의 법을 이은 대휴종휴(大休宗休 · 1468~1549)는 1516년에 묘심사(妙心寺) 25세가 된 사람이다. 이 대휴의 어록인 '겐도로쿠(見桃錄)'에는 묘심사 15세 송악종선(松嶽宗繕)의 게(偈)가 수록되어 있다.

즉 〈송악화상이 차를 이야기하는 시에 말하기를〉이라는 시에서 "차의 선미(禪味)를 겸할 수가 있고 능히 속진을 피하기에 이른다. 가던 길을 멈추고 이야기를 나누고도 싶은데 풍림(楓林)은 저녁 빛을 재촉한다"는 것이 나온다. '차의 선미를 겸할 수가 있고'라는 경지에 이르러 선과 차를 연결짓는 것이 비로소 가능하게 되었다는 생각이다.

그렇게 해서 16세기에 들어오면 선과 차의 관계가 새롭게 전개된다. 사카에(堺: 지금의 오사카 지방)의 남종사(南宗寺)를 중심으로 선승들이 차회(茶會)를 열기 시작했기 때문이다. 남종사 개산주 다이린 소도우(大林宗套)와 그 주변의 선승들이다.

응인(應仁)의 난을 거쳐 이른바 동산 문화의 시대에는 관상(觀相)적 풍조가 생겨나 차를 마시는 것에서 정신적 사유를 구하려고 하는 경향이 나타났다. '와비차'의 창시자라고 하는 무라타 슈코(村田珠光)가 잇큐(一休宗純)의 문하에 들어갔다는 증거로서 원오극근(園悟克勤)의 붓글씨를 받았다는 전승이 이후의 차의 세계에 사실인 듯이 전해오는 것도 이 당시의 시대적 배경을 반영하는 것이다.

잇큐는 사카에 상인들의 도움을 얻어 1479년 6월에 대덕사(大德寺) 법당을 재건했는데 그때 그의 주위에는 무라타 슈코나 돈아(頓阿) 같은 예술인이 있었다. 잇큐가 활동하던 거의 같은 시기에 요소우 소우이(養叟宗頤)도 1455년 사카에의 양춘암(陽春庵)을 열고 포교에 나섰는데 1485년에 대덕사 주지로 다시 취임한다. 이 시기에 대덕사는 조정과의 관계가 긴밀해지면서 칙명으로 주지가 임명되고 자의(紫衣)가 하사되었으며 그 때문에 그 권위가 높아졌다.

그렇지만 사카에 포교는 요소우의 양춘암과 고가쿠 소코(古岳宗亘)의 남종암(南宗庵)이 중심이 되었다. 이 고가쿠의 시대에 차를 즐기는 사카에 상인들과 선승들 사이의 접촉이 많았다. 센 리큐(千利休)도 그 일례다. 리큐는 남종사의 개산조인 다이린이나 고계(古溪宗陳) 등의 모임에 참여하여 선의 정신을 중심으로 하는 '와비차'를 만들게 된 것이다.

　새로 만들어진 와비차를 기초로 선승 자신이 차회를 연 경우는 1558년 10월 5일 선통사(禪通寺)의 게이소수(慶藏主)가 진전(津田宗達) 등을 초청한 모임이 처음이었다. 그 모임에서 모셔진 걸계는 '춘화화상의 글씨'였는데 대덕사 98대 춘림종숙(春林宗俶)의 묵적이라는 것이 《천왕사옥회기(天王寺屋會記)》에 실려 있다. 이 책에는 이밖에도 1565년 5월 18일 낮에 남종사의 명심(明心)이라는 스님이 차회를 주도한 사실도 기록하고 있다.

　그 후엔 선승들이 주도한 차회의 기록이 계속 나타나고 있다. 당시 사카에 해안암(海眼庵)에 머물고 있던 대덕사파의 선승 선악(仙嶽宗洞)이 1582년 12월 12일 가진 차회도 보인다.

　선암종동은 사카에 거상 다니(谷宗臨)의 동생으로 다이린에 귀의하고 소레이소긴(笑嶺宗訴)의 법을 잇고 1579년에는 대덕사 122대가 되었으며 다시 남종사 6세가 되어 사카에에 해안암을 개창한다. 일본 국보로 지정되어 도쿄 국립박물관에 소장된 원오극근의 묵적도 원래는 그가 소장하던 것이었다.

　이 차회는 종달의 동생이었던 천왕사 도시츠(屋道叱)와 소큐(宗及)을 초청해 행해졌으며 고가쿠의 묵적을 사용하고 히센(備前)요의 물항아리(水指)와 중국 푸젠성 건요(建窯)의 건잔(建盞) 그리고 역시 중국 것이라고 생각되는 둥근 꽃무늬가 있는 천목대가 사용되었다. 이 시기 선승이 주최한 차회로는 도구에 관한 기록이 자세하게 나와 있다. 사카에의 대표적 차인을 초빙하여 선승이 행한 차회로써는 특기할 만한 일이었던 모양이다. 차에도 이름났던 다니의 동생이 주최한 차회라는 점이 평가되어야 할 것이다.

　당시 사카에(지금의 오사카)는 차가 성행한 지역이었다. 그 사까에에 주목한 대덕사파 선승들은 포교의 한 수단으로 차를 생각하면서 새로운 스타일의 와비차를 창안한 것 같다. 선의 전통에 따라 전개되었던 끽다생활은 와비차의 융성을 가져왔다. 와비는 '한적(閑寂)하다'는 말로 이는 차의 중심이 끽다 자체로부터 정신성이 강한 차 예절로 변화한 것을 뜻하는 것이다.

茶禪一味

다시 말하면 차와 선은 중국 당나라 때 문인의 시문과 사찰의 공안에서 흔히 발견되곤 한다. 특히 조주 관음원에 머물던 조주종심(趙州從諗) 선사가 '끽다거(喫茶去)'라는 유명한 선어를 말한 후 그것이 선승과 차인들 사이에선 금과옥조가 되었다. 송나라 시대에 이르러선 그것이 스님들의 가풍이자 '차인의 아취(雅趣)'라고도 했다. 그리고 그 다선(茶禪)이 일본에 전해지면서 '다선일미'가 선림의 법어가 되고 차인들의 법어가 되었다.

일본의 다도는 슈코에서 시작해 쇼오(紹鷗)를 거쳐 센 리큐에 이르러 완성되었다고 한다. 일본 선학의 조사인 잇큐 선사의 선어를 정신적 내용으로 삼아 선으로부터 '다선일미' 그리고 '다도(茶道)'로 발전한 하나의 참선 형식이라 할 것이다. 그런 의미에선 다선일미는 품차나 끽다 그 자체와 무관한 일종의 선어라고 할 수 있다.

그러나 '다선일미'라는 말의 정확한 출처는 모호하다. 선승 잇큐(1394~1481)가 그의 제자인 무라타 슈코(1442~1502)를 인가하면서 자신이 소중히 간직하던 송나라 승려 원오극근(1063~1135)의 묵적을 전해 주었는데 거기에 '선다일미'라는 네 글자가 있었다고 해서 생겨난 것이다. 하지만 실제 그 네 글자가 존재했는지는 아직도 확인할 수 없다.

무라타 슈코는 11세에 출가해 19세에 교도 일휴암(一休庵)에 들어가 잇큐 스님을 모시고 선을 배웠다. 그가 스승에게서 받은 '선다일미'라는 묵적은 선과 차를 결합한 최초의 표지였기에 나중에 그는 차실의 감실에 이를 걸어놓고 찾아오는 사람들에게 예의를 표하게 함으로써 그 정신을 선양했다. 그는 이어 교토에 주광암(珠光庵)을 세우고 선종의 '본래무일물(本來無一物)'의 심경으로 차를 우리고 마심으로써 독특한 초암(草庵) 다풍을 형성했다.

슈코는 '다선일미의 극치는 일미청정(一味淸淨)하고 법희선열(法喜禪悅)함'이라고 하면서 "차실에 들어가면 밖으로는 남과 나의 구분을 모두 잊고

안으로는 유화(柔和)의 덕을 쌓으며, 서로 응대함에 있어서는 근경청적(謹敬淸寂)하고 궁극적으로는 천하태평(天下泰平)에 이른다."고 설명한다. 그는 선을 통해 다도를 예술이자 철학이며 종교로 승화시켰다. 그럼으로써 그는 귀족이 주도하던 동산 문화를 깨고 서민이 주도하는 향토문화를 진흥하는 데 기여했다.

센 리큐의 茶道 확립

무라타 슈코가 세상을 떠나던 해에 다케노 조오(武野紹鷗)가 태어났다. 그는 사카에 출신으로 아버지는 부유한 피혁상이었다. 24세에 교토로 간 그는 와카(和歌)와 다도를 배웠다. 다도는 슈코의 제자로부터 배운 것이다. 36세때 사카에로 돌아온 그는 20년 연하인 센 리큐를 제자로 받아들였다. 48세 되던 해에 그는 '일한거사(一閑居士)'라는 호칭을 얻었으며 그의 다도 생활은 황금기에 접어들었다.

쇼오의 공헌은 와카(和歌)를 다도에 접목한 것이다. 와카를 표구해 차실에 걸어놓음으로써 일본의 다도에 민족적 성격을 띠게 했다. 그는 슈코의 다도를 개혁 발전시켜 소박하면서도 우아한 기풍을 살렸다. 그리하여 전국시대 무사들에게 다실은 영혼의 위안처로 만들었다.

그에 이어 역시 사카에 상인 가문 출신의 센 리큐는 슈코 이래 차인들의 참선정신을 계승했다. 그는 오다 노부나가의 차 시종관을 거쳐 도요토미 히데요시의 차 시종관이 되었다. 1587년 천하통일을 이룬 히데요시는 이를 기념하는 대규모 차회를 열었다. 센 리큐가 주관한 차회엔 원나라 때 화가 옥간(玉澗)의 '원사만종(遠寺晩鐘)'이 벽감에 걸리고 최고급 차합(茶盒)과 쌀 4천만 섬의 가치가 있다는 '송화(松花)'라는 이름의 다관(茶罐)을 사용했다. 이 차회를 통해 63세에 이른 리큐는 그 이름을 떨치게 되었다. 히데요시는 이어 1589년 10월 1일 북야(北野)신사의 정전에서 황금으로 차실을 만들고 대규모 차회를 열었다. 800여 명이 참석한 전례없는 규모였다.

하지만 센 리큐가 내심 추구한 것은 그처럼 호화로운 다회는 아니었다. 물질적 속박에서 일거에 벗어나 마음의 자유를 얻는 그런 차회였다. 그는 "거처는 비가 새지 않으면 되고 음식은 배가 부르면 충분하다."고 해서 은근히 히데요시의 호사취미를 비판했다. 제자들이 그에게 다도의 비결을 물으면 그는 "여름에는 차실을 시원하게 하고 겨울엔 차실을 따뜻하게 하며 연료는 찻물을 잘 끓게 넣고 차는 맛있게 우려내는 것이야말로 바로 차의 비결이다."라고 했다.

그런 정신이니 리큐의 다실은 너무나 협소했다. 두세 사람이 무릎을 맞대고 겨우 앉을 정도였다. 하지만 방이 좁았기 때문에 차인들 사이에 마음이 통했다. 그가 사용한 차 도구 역시 간소한 것이었다. 종래 중국에서 전래한 천목찻잔이나 청자완은 지나치게 화려하여 그가 추구하는 차의 경지를 모두 담아낼 수 없다는 생각이었다.

그는 조선 서민들이 사용하던 고려완(高麗碗)을 즐겨 사용했다. 모양이 고르지 않고 검은빛을 띠며 무늬가 없는 막사발을 그는 최상으로 쳤다. 어롱(魚籠)을 꽃병으로 삼고 조선의 막사발을 다구로 삼는 행위는 황금으로 차실을 만든 히데요시로서는 이해할 수 없었다. 히데요시는 마침내 10년이나 그의 차회를 주도한 일흔의 노인 리큐를 1592년 2월 28일 할복하게 했다. 이리하여 센 리큐는 세계 다도 역사상 최초로 다도의 순교자가 되었다.

그리고 무라타 슈코의 '근경청적' 정신은 센 리큐에 의해 '화경청적(和敬淸寂)'으로 발전되었다. 그러나 중국인들은 그 화경청적도 기실은 송나라 때 백운수단(白雲守端) 선사가 말한 바라고 한다. 아무튼 이렇게 해서 교도 대덕사 19대 주지인 대림종투(1480~1588) 선사의 입실제자인 센 리큐(1522~1592)는 일본의 다도를 완성시키기에 이른 것이다.

백장의 청규정신
1,200년이 지난 지금도 생생하다

백장차규는 백장청규의 편린일 뿐

중국 장시성(江西省) 난창(南昌)공항에서 차로 두 시간 넘게 달려 어둠에 잠기기 시작한 백장사(百丈寺)에 도착했다. 2014년 11월 백장사의 천왕전 앞 광장에 마련된 무대에서는 이제 막 휘황한 불빛 속에 제9회 세계선차문화교류대회의 개막행사가 열리고 있었다.

한국에서 간 일행이 급히 자리를 잡고 무대를 보니 '백장차규(百丈茶規)'라는 현수막 아래에서 대규모 행다 의식이 펼쳐지고 있었다. 좌우로 각기 15명의 인원이 자리하고 정면에는 10명의 수행승이 앉아 있는 가운데 무대 중앙에서 두 청년이 차를 마련해 다른 두 청년에게 돌리도록 하는 절차가 엄숙하고 질서 있게 행해지고 있었다. '백장청규'로 유명한 백장사에서 과거에 선승들의 교육과 생활의례로 차를 생활화하였음을 상기시키는 의례라고 할 수 있다.

그러나 따지고 보면 백장사에서 시연된 '백장차규'가 백장청규 정신을 반영하는 전부는 아닐 것이다. 차를 통해 청정승가의 계율 정신을 지키고 궁극적으로는 승려들이 득도를 이루어야 한다는 백장 스님의 계율 중시의 의도를 반영하는 것에 불과할 것이다.

따라서 대회 둘째 날 열린 연토회의 주제가 '천하청규와 선차 문화'인 것도 이해가 된다. 선차 문화가 중요하지만 그에 앞서 '천하청규'가 전제되고 있는 것이 그것이다. 백장 스님이 내세웠던 백장청규를 비롯한 승가의 청정상과 계율정신이 보다 중요하다는 인식이 은연 중에 전해져 온다.

그러나 이런 주제가 백장사 자체의 자발적인 제안이 아니고 제9차 세계선차문화교류대회를 주최한 주최단의 의도였던 점도 평가할 만하다. 주최권자인 한국 측의 최석환 회장이 그 점을 강조한 점도 그렇고 연토회에서 한국의 의정(義正) 스님이 '칙수백장청규와 선다례와 조계종 선원청규'에 대해 발표하면서 독특하게 환경문제를 거론하였던 점도 그렇다.

백장의 총림요칙 20조

대회가 열린 백장선사의 중심 건물인 대웅보전의 앞면에 걸린 두 개의 현판도 그것을 확인해 준다. 하나는 '백장회해(百丈懷海) 선사 총림요칙(叢林要則) 20조'이고 다른 하나는 '백장회해 선사 소개(簡介)'다.

백장 선사가 그 옛날 깊고 깊은 산중에 이 백장사를 세우고 수행자들을 모아 규율 있는 집단생활을 위해 백장청규를 제정하여 널리 폈던 자취는 지금거의 남아있지 않지만 '총림요칙 20조'만으로도 백장청규의 편린을 짐작할수 있을 것 같다.

> 총림은 무사(無事)로써 흥성을 도모하며 수행은 염불로써 온당함을 삼아야한다.
> 정진은 지계를 제일로 삼아야 하며 질병은 감식(減食)으로 탕약을 삼아야한다.
> 번뇌는 인욕으로 보리를 삼아야 하고 시비(是非)는 변명하지 않음으로써 해탈을 성취한다.
> 유중(留衆)은 노성(老成)으로 진정(眞情)을 이루고 집사(執事)는 마음을 다

해 공을 이룬다.

말[語言]은 적게 하여 직절하게 하고 장유(長幼)는 자비와 화목으로 덕을 늘린다.

학문은 열심히[勤習]하여 입문하고 인과(因果)는 명백함으로 과실이 없도록 한다.

늙고 죽는 것[老死]은 무상으로 경책을 삼으며 불사(佛事)는 정성 엄숙함으로 절실해야 한다.

손님맞이[待客]는 지성으로 공양을 삼으며 산문(山門)은 원로 전통으로 장엄하여야 한다.

모든 일[凡事]은 미리 준비하여 헛고생을 말고 처중(處衆)은 겸손과 공경으로 이치에 맞는다.

위기에는[遇險] 냉정하게 힘을 모아야 하고 제물(濟物)은 자비(慈悲)로 근본을 삼아야 한다.

그러면 이런 총림요칙 20조를 제정하여 승가의 청규로 삼은 백장회해 (720~814) 선사는 과연 누구인가. 대웅전 앞 현판에 나온 간단한 소개글에 보면 우선 눈에 띄는 것이 95세까지 장수한 인물이었다는 점이다. 다음으로 눈에 띄는 대목은 장시 난캉(南康)에서 무려 6년 동안 스승인 마조도일 (馬祖道一)을 시봉하여 마조의 제1 상수제자가 되었다는 점이다. 마조는 육조혜능과 남악회양을 이어 중국 선종의 토대를 닦은 인물로 그의 문하에는 백장이외에도 서당지장, 남전보원 같은 훌륭한 제자들이 있었지만 마조 스님은 백장을 특히 아꼈다는 후문이다.

셋째로 주목되는 것은 백장이 단월들의 요청을 받아들여 홍주신현(지금의 장시성 펑신현 江西省 奉新縣) 대웅산(大雄山)에 들어와 선림을 창건하였다는 점이다. 물이 맑고 산이 깊고 바위가 우뚝하여 기운이 좋은 곳[水淸山靈山岩兀立]을 선택한 백장의 안목이 대단하다는 것이다. 그래서인지 백장선사에서는 중국 선불교에서 손꼽히는 위앙, 임제, 황룡, 양기 등 제종을 배출하게 된다. 이를테면 백장의 제자 황벽희운(黃檗希運)을 이은 제자 임제의현(臨濟義玄·787~867)은 임제종을 열었고, 백장의 제자 위산영우(潙山靈祐·771~853)는 그 제자 앙산혜적(仰山慧寂·814~890)과 함께 위앙종을 세웠다. 이 두 종파는 조동, 운문, 법안종과 함께 중국 선종 5대 유파를 이루게 된다.

그러나 무엇보다 중요한 것은 백장이 중국불교의 적폐를 개혁하기 위해 선종사찰을 독립시켰으며 백장청규를 제정하여 '하루 일하지 않으면 하루 먹지 않는다[一日不作一日不食]'는 기치를 세우고 농선생활(農禪生活)을 함으로써 총림조직을 강화하고 선문의 경제기반을 구축하여 궁극적으로는 선종 발전에 기여했다는 점이다. 그 소개에서는 이것이 중국 불교 역사상 가장 중요한 점이라고 지적하고 있다.

지금도 여전한 1,200년 전 청규정신

이런 자신감과 긍지가 1,200년 전 백장 시대 언저리에서 그친 것은 아니다. 중요한 것은 역사의 우여곡절을 겪고 근년 다시 200억 원을 들여 재건된 대웅산 백장선사(百丈禪寺)가 그저 과거 백장사의 겉모습만을 재현한 것에 그치지 않고 그때의 칼날 같았던 대선사들의 청규정신을 본받아 지키려고 무진 애쓰고 있다는 점이다.

문화대혁명 등 참담한 종교 말살 만행이 이뤄졌던 중국에 진정한 의미의 선객과 선풍이 남아 있을 리 없다고 하면서 중국 승가를 폄하하는 시각도 일부에는 존재하지만 중국인들이 어려운 여건에도 불구하고 찬란했던 당송시대 선의 황금시대를 되살리기 위해 정성을 기울이고 있다는 느낌을 지울 수 없다. 구체적으로 보면 백장선사의 식당인 오관당(五觀堂)에서도 필자는 중국 승가의 몸부림을 상당히 체감할 수 있었다.

"공이 얼마나 든 것인가를 헤아려 음식이 오는 곳을 생각하며, 자신의 덕행이 공양을 받을 만한가를 헤아려 생각하며, 마음을 가다듬어 과오를 떠나고 착함을 애써 행함을 근본으로 하며 몸이 마르고 병들지 않게 식약을 쓸 뿐이며 도업을 이루기 위해 이 음식을 받는다고 생각한다."라고 쓴 큰 편액 아래 방장 스님의 자리가 마련되고 그 양편으로 대중의 식탁이 즐비했다. 맨 앞줄에 스님들의 자리가 정해져 있는 것을 제외하곤 왼편은 남성의 자리, 오른편은 여성들의 자리로 엄격하게 구분되었다.

우리 사찰에서 공양할 때는 대개가 좌식으로 네 개의 그릇과 수저를 받아 음식을 공양하는 데 비해 백장사 오관당에서는 의자에 앉아 식탁에서 두 개의 그릇과 젓가락만으로 공양하고 있었다. 큰 통을 든 스님들이 돌아가며 배식하는데 자신의 취향과 양에 따라 음식 분배를 사양할 수도 있는 것은 우리의 발우 공양과 비슷했다. 공양이 끝난 후 자기 그릇을 개수대에 가지고 나가 각자 닦아 놓는 것도 비슷했다. 그런데 배식을 담당한 스님들은 절에 와서 식당을 처음 찾은 객들에게 스테인리스로 된 큰 그릇에 밥을 받되 반드시 왼손으로 받쳐 들고 입 가까이 받들고 식사하도록 가르쳐 주고 있었다. 오관당에 출입할 때도 문은 하나인데 중간에 발을 늘이고 남자는 오른편으로 여자는 왼편으로 입장하라고 굳이 감시하는 스님이 있다는 것도 흥미로웠다.

다만 우리 일행은 그 오관당에서 식탁에 떨어진 밥을 한 스님이 조심스럽게 주워 먹는 모습을 보면서 저들의 수행관행이 얼마나 철저한가 유추해 볼 수 있었다. 오관당 안팎에는 "화두를 자세히 비춰보라[照顧話頭]"라거나 "염불하는 자는 누구인가[念佛是誰]"라는 글이 주련 곳곳에 붙어 있었다.

폐관수행과 천하청규 석각

오후에 시간을 내서 옛날 대웅전 자리 주변을 살필 기회가 있었다. 그 자리는 지금 천왕전이란 현판을 달고 있지만 문은 완전히 잠겨 있었다. 백장선사 새 건물 가운데는 매우 큰 천왕전 건물이 있는데 여기에 또 천왕전 현판이 달렸으니 이상한 생각도 든다. 그래서 천왕전의 문이 왜 잠겼느냐고 사람에게 물으니 한 법사가 폐관하고 수행에 몰두하고 있는 중이라는 이야기를 전해왔다. 스님이 무문관처럼 격리된 채 묵언수행을 하고 있다는 이야기다. 건물 뒤편으로 가 보아도 역시 출입구가 봉쇄되고 사람의 기척도 느낄 수 없었다. 안내인은 수행 중인 법사가 이 옆의 밭에서 채소를 기르며 그것을 양식으로 삼고 다른 이의 도움은 받지 않고 산다고 설명했다. 청규정신도 대단하지만 한걸음 더 나아가 폐관수행을 감행한 스님이 이 절에 있다는 것이 충격적이다.

그 건물 뒤편으로 조금 올라가니 처음 백장 스님을 도와 백장사를 지은 평신 지역의 명사 감정(甘貞)의 묘가 나온다. 그의 후손들이 감정의 20대 후손인 감림(甘霖)의 묘까지 모셔 표석을 세운 것이 남아 있다. 조금 더 올라가면 '인과불매'의 화두를 탄생시킨 야호암(野狐岩)을 볼 수 있다. 작은 샘물 터 같은 석굴이다. '대수도인도 인과에 떨어지는가'라는 질문에 '떨어지지 않는다[不落因果]'고 대답한 죄업으로 500생 동안 여우의 몸을 받아야 했던 노인이 백장으로부터 '인과에 매이지 않는다[不昧因果]'는 말을 듣고 크게 깨우쳐 여우의 몸을 벗게 되었다는 전설이 그것이다.

야호암에서 조금 더 산을 오르면 '천하청규(天下淸規)' 석각이 나온다. 당나라 때 유명한 서예가인 유공권(柳公權)이 쓴 글씨로 1957년 장시성 인민정부가 '장시성문물보호단위'로 지정하였다. 그 위에는 전각으로 쓴 '벽운(碧雲)'이란 석각과 회해 선사 법어를 기록한 '회해석각'이 있다.

'벽운'은 당나라 선종이 백장산을 두고 쓴 시에 "저녁 종 아침 경쇠 소리 푸른 구름을 넘어가고[暮鐘朝磬碧雲端]"라는 대목이 있어 이를 쓴 것이고, 회해어록은 "신령한 빛 홀로 빛나고 뿌리의 티끌 털어내며 몸이슬이 참모습을 보인다. 글자에 구애됨이 없이 심성이 물들지 않고 본래 자신이 원만히 드러나면 헛된 티끌은 여의고 나면 바로 부처가 여여하다[靈光獨耀 廻脫根塵 體露眞常 不拘文字 心性無染 本自圓成 但離妄塵 卽如如佛]"란 법어를 음각한 것이다. 백장의 선과 청규정신이 백장선사의 뒷산에까지 골골이 물들어 있다는 느낌이다.

이곳에서 조금 더 올라가면 '진용천자'라 불리는 당나라 선종(宣宗)이 한때 백장사에서 스님으로 숨어 지낼 때 홀로 돌 위에서 선정에 들곤 하였다는 '용반석(龍蟠石)'이 있다는 것도 유의할 대목이다.

중국 선가에서 높이 평가되는 지눌의 《진심직설(眞心直說)》

백장선사 거사루에서 3박 4일을 묵으면서 흥미로웠던 또 한 가지 일은 일본 유통처(선물가게) 앞에 마련된 법 공양 서책 출판물 전시대에서 일어났다. 그곳에서 필자는 2012년 쓰촨성의 원통사에서 발행한 《선문보전(禪門寶典)》이란 책을 찾아낸 것이다. 이 책이 누구에 의해 편집되었는지는 알 수 없지만 그 내용 중 고려의 보조국사 지눌(知訥)이 쓴 《진심직설》이 실려 있고 부록으로 그의 《계초심학인문(誠初心學人文)》까지 실려 있는 것을 보고 감격하지 않을 수 없었다. 이 책에 수록된 것 중에 '금강경 육조구결'이나 '육조법보단경 조계원본'이외에 '달마사행관'이니 '홍인조사 최상승론'이니 '황벽전심법요'니 '선해십진'이니 또는 '돈오입도요문론'이니 하는 선종의 중심 자료와 함께 한국 지눌 스님의 저술이 당당히 큰 비중으로 실려 있다는 것이 너무도 반가웠기 때문이다.

백장선사와 우리나라의 인연은 기황후(奇皇后)에게서도 볼 수 있겠다. 기황후의 부군인 원나라 순제가 1335년 백장선사의 주지로 있던 동양덕휘(東陽德輝) 선사에게 명하여 백장청규를 재편찬케 하여 중국 전역에 널리 폈다는 점이다. 백장청규가 사라진 뒤 칙수백장청규가 선가의 보전이 되었다는 점에서 고려 여인 기황후의 간접적인 공로를 생각게 한다.

선차교류대회 폐회 후 일행은 황벽선사와 여산 동림사를 탐방하였다. 백장 스님의 제자인 황벽희운이 머물던 황벽선사는 지금 폐허 가운데 막 재건 공사를 하는 중이었다. 다만 성하게 아직 남아있는 것은 호랑이가 튀어나와 황벽의 설법을 들었다는 전설이 남아있는 샘물 '호포천(虎跑泉)'이다. 거기서 상당히 떨어진 산록에 있는 황벽의 부도탑도 둘러보았다. 천 년을 이어가는 선종가풍의 기개가 느껴지는 곳이다.

정토종 사찰인 여산동림사(廬山東林寺) 역시 지금 재건 공사가 한창이지만 '호계삼소(虎溪三笑)'의 고사로 유명한 호계가 아주 작은 냇물이었다는 사실에 놀라지 않을 수 없었다. 특히 송대 화승 석각(石恪)이나 명대 화가 전공(錢貢)의 〈호계삼소도〉 그림을 보아 오던 사람은 실망이 클 것도 같다. 이 절의 주지인 혜원(慧遠)이 유가의 도연명(陶淵明), 도가의 육수정(陸修靜)과 친분이 깊어 함께 놀다가 '산문 밖으로 결코 나가지 않겠다'는 혜원의 결심이 무너지게 되었다는 이야기가 너무나 아름답다. 백장의 청규정신이 정토종 사찰인 동림사에까지 전해져 엄격한 계율을 만들고 있었다는 이야기도 되니 이쯤해서 우리 승가의 난맥을 돌아보게 되는 대목일 것 같다. 우리 사찰들이 차를 마시면서 차의 의례와 정신을 제대로 계승하려 노력하는 것도 필요하지만 더 중요한 것은 엄격한 청규정신을 새로 제정한 조계종의 '선원청규'를 기반으로 철저히 이행하는 노력이 있어야겠다는 것이다.

선차

禪茶 차를 마시며
나를 찾는다

지은이 | 공종원

펴낸곳 | 월간〈차의 세계〉

편　집 | 박혜윤

디자인 | 정지현

2018년 6월 26일 초판 인쇄

2018년 6월 29일 초판 발행

등록 · 1993년 10월 23일 제 01-a1594호

주소 · 서울시 종로구 운니동 14번지 미래빌딩 4층

전화 · 02) 747-8076~7, 733-8078

팩스 · 02) 747-8079

ISBN 978-89-88417-78-2　03300

값 15,000원